zeitreise 2

1. Auflage A 1 5 4 3 2 1 | 2009 2008 2007 2006 2005

Alle Drucke dieser Auflage sind unverändert und können im Unterricht nebeneinander verwendet werden. Die letzten Zahlen bezeichnen jeweils die Auflage und das Jahr des Druckes.

Internetadresse: www.klett.de

Autoren: Sven Christoffer, Wilfried Dähling, Helmut Heimbach, Klaus Leinen,
Dr. Peter Offergeld, Dr. Hans Steidle
Gesamtgestaltung: Kassler-Design, Leipzig
Piktogramme: Erhard Müller, Leipzig
Kartographien: Kartographisches Büro Borleis & Weis, Leipzig
Reproduktionen: Meyle + Müller, Medien-Management, Pforzheim
Druck: Aprinta, Wemding

Printed in Germany

ISBN 3-12-421020-4

9 783124 210203

zeitreise 2

Autoren:
Sven Christoffer
Wilfried Dähling
Helmut Heimbach
Klaus Leinen
Peter Offergeld
Hans Steidle

Ernst Klett Schulbuchverlag Leipzig
Leipzig Stuttgart Düsseldorf

Inhalt

Auf dem Weg zur Demokratie 82

Industrialisierung und soziale Frage 154

Imperialismus und Erster Weltkrieg 186

Indien – ein außereuropäischer Kulturrraum 222

So arbeitest du mit diesem Buch

Dieses Buch hat sechs Themeneinheiten. Jede beginnt mit einer Auftaktdoppelseite. Ein Bild und ein kurzer Text sagen dir, was dich in dieser Themeneinheit erwartet.
Die große Karte hilft dir, dich in den Ländern und Kontinenten, um die es gehen wird, zurechtzufinden.
Auf dem Zeitstrahl siehst du, durch wie viele Jahre oder Jahrhunderte du in dieser Themeneinheit „reisen" wirst.

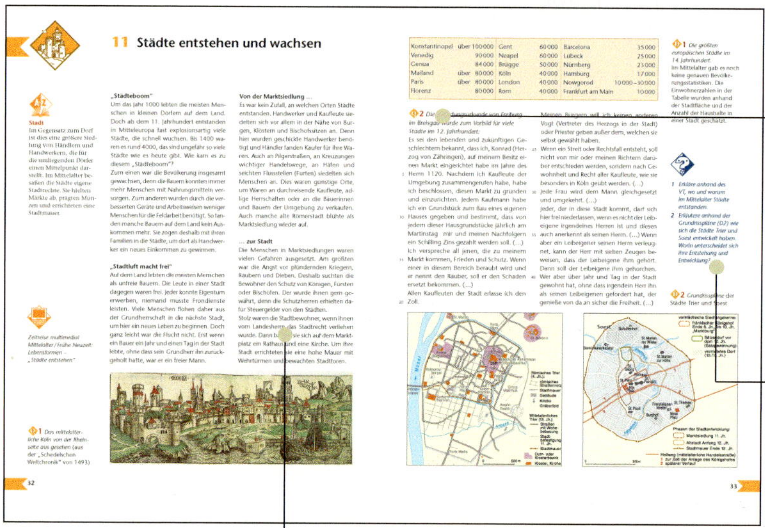

Zum anderen erhältst du verschiedene Materialien zum Thema: Abbildungen von Funden aus vergangenen Zeiten, Fotos und Zeichnungen, dazu Texte aus früheren Zeiten oder auch Berichte von heutigen Forschern.
Fragen und Anregungen helfen dir, die Texte und Materialien zu erschließen.

Jede Themeneinheit ist in mehrere Kapitel eingeteilt, jedes Kapitel steht auf einer Doppelseite. Auf diesen Doppelseiten findest du zum einen Verfassertexte (VT), die unsere Autorinnen und Autoren für das Buch geschrieben haben.

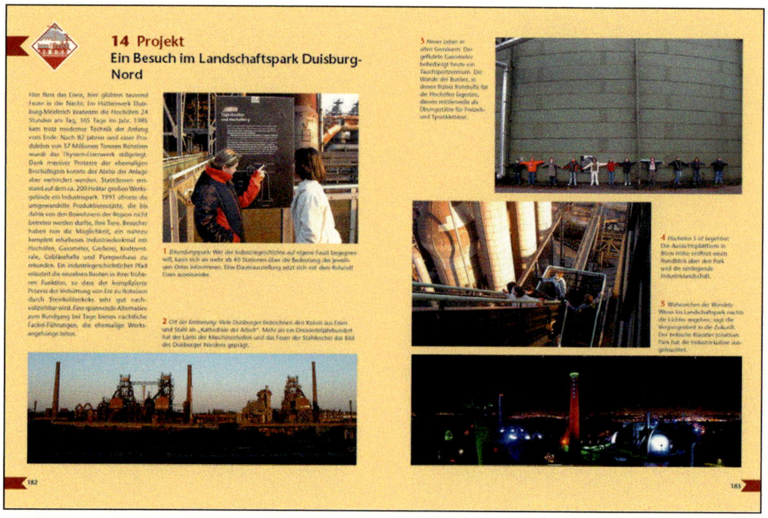

In jeder Themeneinheit gibt es auch eine Projektseite. Auf diesen Seiten bekommen du und deine Klasse verschiedene Anregungen für Projekte, die ihr selber durchführen könnt.

Wenn du eine solche farbige Seite aufschlägst, weißt du sofort: Hier wird eine Methode vorgestellt, die dir beim Lernen in Geschichte hilft. Auf diesen Seiten übst du beispielsweise Bilder genau zu betrachten, mit Statistiken umzugehen oder alte Lieder zu verstehen.

In dem Kasten mit dem roten Rahmen stehen die methodischen Arbeitsschritte, auf die es bei dieser Methode ankommt. Du findest alle Methoden noch einmal gesammelt am Ende des Buches im Methodenglossar.

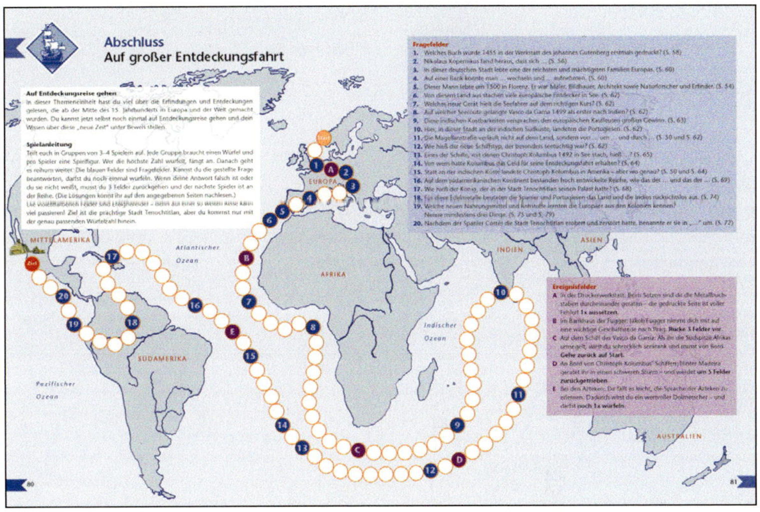

Auf der letzten Doppelseite einer Themeneinheit gibt es ein Spiel, Quiz oder Rätsel, wo es noch einmal um die wichtigsten Dinge aus den Kapiteln geht. Die Lösungen sind kein Problem – entweder weißt du die Antworten sowieso noch oder du schlägst einfach in den Kapiteln nach.

Kleine Symbole helfen dir, dich in den Kapiteln zurechtzufinden:

Jede Themeneinheit hat ihr eigenes Bild. Du findest es auf jeder Doppelseite links oben in der Ecke.

Hier findest du Vorschläge für Projekte, Lesetipps und Adressen von Informationsstellen.

Wichtige geschichtliche Begriffe oder auch schwierige Wörter werden in einem kleinen Lexikon erklärt.

Du kannst für das Fach Geschichte auch den Computer nutzen. Entweder kannst du dich an dieser Stelle mit einem Modul auf der Software „Zeitreise multimedial" beschäftigen. Oder du findest an dieser Stelle einen Hinweis auf interessante Links oder auch auf die Zeitreise-Website http//:www.klett-verlag.de/geschichte/zeitreise-extra. Hier halten wir weitere Materialien für euren Unterricht bereit.

um 500

Der Merowinger Chlodwig eint die Franken und gründet ein neues Großreich.

800

Der Frankenkönig Karl wird zum Kaiser gekrönt.

8./9. Jahrhundert

Im Frankenreich entwickelt sich das Lehnswesen und die Grundherrschaft.

936

Otto I. wird König im Ostfränkischen Reich.

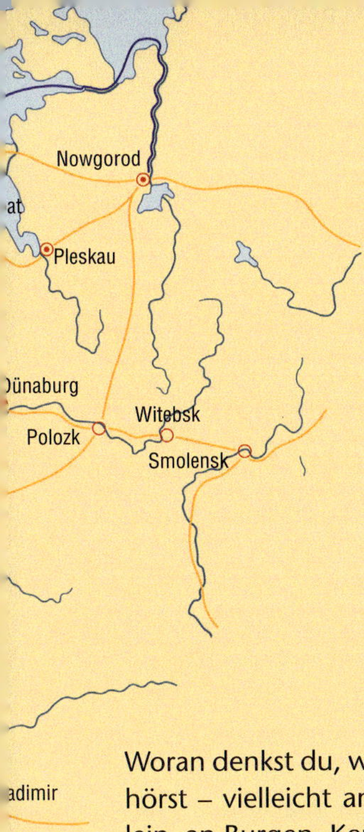

Leben im Mittelalter

Woran denkst du, wenn du das Wort „Mittelalter" hörst – vielleicht an Könige, Ritter und Edelfräulein, an Burgen, Kerker und finstere Verließe?
Das Mittelalter war eine lange Zeit: Es dauerte von ca. 500 bis 1500. Einige Menschen lebten in diesen Jahrhunderten tatsächlich auf Burgen, die meisten aber waren einfache Bauern, die ein hartes Leben auf dem Land führten. Sie arbeiteten von morgens bis abends auf ihren Höfen und mussten Abgaben an ihren Herrn und die Kirche leisten.
Ab dem 12. Jahrhundert zogen einige Menschen auch in die Städte. Hier waren sie „frei", arbeiteten als Handwerker und Händler und verkauften ihre Waren auf dem Markt. Manche Städte wurden durch den Handel groß und wohlhabend, und ihre Kaufleute reisten mit Wagen und Schiffen durch ganz Europa.
Gehe nun selbst auf eine Reise ins mittelalterliche Europa und entdecke, wie Könige herrschten und wie die Menschen auf dem Land, auf einer Burg und in der Stadt lebten.

Ein Minnesänger und zwei Damen beim Tanz (Manessische Liederhandschrift, 14. Jahrhundert).

um 1000
Auf dem Land setzt sich die Dreifelderwirtschaft durch.

1150 – 1350
In Mitteleuropa werden zahlreiche Städte gegründet.

1347/48
Eine Pestwelle erfasst Europa.

1356
Norddeutsche Kaufleute schließen sich zur „Deutschen Hanse" zusammen.

1 Ein neues Großreich auf weströmischem Boden

Q 1 *Der Frankenkönig Chlodwig* lässt sich 498 als erster Germanenkönig christlich taufen (Relief auf einem Buchdeckel, Frankreich 10. Jahrhundert).

Franken
Germanischer Stamm, wahrscheinlich vor dem 3. Jahrhundert aus mehreren kleinen Stämmen am unteren und mittleren Rhein entstanden.

Merowinger
Königsfamilie aus dem Stamm der Franken. Der Merowinger Chlodwig I. machte das Fränkische Reich zur führenden Macht in Europa. Im 7. Jahrhundert verloren die Merowinger ihre Macht an die Karolinger.

Die Franken in Gallien

Im 5. Jahrhundert war das römische Weltreich zerfallen. Im Osten bestand zwar ein Teil des Reiches weiter. Aber die oströmischen Kaiser hatten keinen Einfluss mehr auf den westlichen Teil Europas. Hier herrschten mittlerweile die germanischen Völker, die in der Zeit der Völkerwanderung auf römischen Boden vorgedrungen waren. Eines dieser Völker waren die Franken. Ihr Siedlungsgebiet lag ursprünglich im heutigen Westdeutschland und Belgien. Aber seit dem 3. Jahrhundert hatten sie auch Gallien, das heutige Nordfrankreich, erobert.

„Franken" bedeutete „mutige Krieger", „Freie" oder „Adlige". Sie lebten in mehreren Stämmen, die von Königen angeführt wurden. Einer von ihnen, Chlodwig aus der Familie der Merowinger, einte um 500 gewaltsam alle Franken und unterwarf auch die benachbarten Burgunder und Westgoten.

Die meisten Gallier waren schon seit römischer Zeit Christen. Um sein Reich zu stärken und zu einen, trat Chlodwig mit seinem Gefolge zum Christentum über. So wie er sollten alle anderen Franken den christlichen Glauben annehmen. Die gallischen Äbte und Bischöfe, die große Ländereien besaßen, unterstützten den Herrscher. So gewann Chlodwig mächtige Verbündete.

Chlodwigs Nachfolger

Chlodwig teilte das Reich unter seinen Söhnen auf, die aber ständig Krieg gegeneinander führten. Das schwächte die Macht der Merowinger. Mehr und mehr bestimmten ihre obersten Hofbeamten die Politik. Diese Männer, auch Hausmeier genannt, verwalteten den königlichen Hof und führten das Heer an. Anfang des 8. Jahrhunderts gelang es einem von ihnen, Karl Martell, seine Stärke zu beweisen. Bei Poitiers besiegte er im Jahr 732 muslimische Araberheere, die das Reich von Süden her angegriffen hatten.

Das christliche Königtum

Die Merowinger waren nur noch Schattenkönige. Trotzdem hielten sie an der Macht fest, denn sie glaubten, dass sie göttliche Vorfahren hätten. Nur sie könnten deshalb Könige sein. Pippin, der Sohn Karl Martells, wollte aber die Königswürde für sich erringen. Immerhin war er ein siegreicher und mächtiger Krieger, während der Merowingerkönig Childerich ohne Macht und Gefolgsleute auf seinem Thron saß. Pippin wandte sich deshalb an den Papst, der zu dieser Zeit dringend Schutz gegen die Langobarden in Italien benötigte. Pippin war bereit ihm zu helfen. Dafür stimmte der Papst 751 zu, dass die Merowinger abgesetzt und Pippin zum König gekrönt wurde. In zwei Kriegszügen besiegte König Pippin die Langobarden und übertrug dem Papst die von ihm beanspruchten Gebiete in Italien „für ewige Zeiten".

Drei Jahre später reiste Papst Stephan II. ins Frankenreich, um Pippin selbst zu salben. Pippins Söhne salbte der Papst gleich mit und bestimmte, dass nur noch Pippins Nachfolger Könige werden durften. Außerdem sollte die Salbung den Franken zeigen, dass das Königsheil nun vom christlichen Gott und nicht mehr von den germanischen Göttern kam.

Q 2 *Von der Taufe Chlodwigs erzählt der Bischof Gregor von Tours (573–594):*
Die Königin ließ nicht ab in ihn zu drängen, dass er den wahren Gott erkenne und ablasse von den Götzen. Aber auf keine Weise konnte er zum Glauben bekehrt werden, bis er einmal mit den Alemannen in einen Krieg geriet. Chlodwigs Heer war nahe daran, völlig vernichtet zu werden. Als er das sah, sprach er: „Jesus Christus, gewährst du mir jetzt den Sieg über meine Feinde, so will ich an dich glauben und mich taufen lassen in deinem Namen. Denn ich habe meine Götter angerufen, aber sie sind weit davon entfernt mir zu helfen." Als er dies gesagt hatte, wandten sich die Alemannen und begannen zu fliehen. Darauf ging Chlodwig (...) zum Taufbad.

Q 3 *Über die Verhandlungen mit dem Papst wird in einer Quelle berichtet:*
Bischof Burkhard von Würzburg und Kaplan Fulrad wurden (von Pippin) zu Papst Zacharias gesandt. Wegen der Könige im Frankenreich, die damals keine königliche Gewalt hatten, sollten sie fragen, ob das gut sei oder nicht. Papst Zacharias ließ Pippin die Antwort geben, es sei besser, dass der als König bezeichnet werde, der die Gewalt innehabe und nicht der, der ohne königliche Gewalt verblieben sei. (...) Kraft seines Ansehens als Papst ließ (Zacharias) Pippin zum König machen. Pippin wurde nach der Sitte der Franken zum König gewählt und durch den Erzbischof Bonifatius gesalbt und von den Franken (...) zum König erhoben. Childerich aber, der zu Unrecht König genannt wurde, wurde geschoren und ins Kloster geschickt.

1. *Erläutere, aus welchen Gründen Chlodwig zum christlichen Glauben übertrat (VT). Welche Vorteile brachte ihm dieser Schritt?*
2. *Lies Q2. Welche Gründe werden hier für Chlodwigs Taufe genannt? Hältst du diesen Bericht für glaubwürdig?*
3. *Wie konnten die Hausmeier die Macht im Reich gewinnen?*
4. *Zeige die Schritte auf, die Pippin unternahm, um König zu werden (VT, Q3).*

Q 4 *Gepanzerte Reiter* waren der wichtigste Teil des fränkischen Heers. Sie ersetzten bald die bisherigen Fußsoldaten. Aber die Ausrüstung war teuer, sodass die Krieger eigenes Land besitzen mussten, um sich Pferd, Panzer und Ausrüstung leisten zu können.

2 Karl der Große – fränkischer König und römischer Kaiser

Q1 *Kreuzzüge gegen die Sachsen* (französische Buchmalerei, 14. Jahrhundert)

Karl der Eroberer
Nach Pippins Tod übernahm sein Sohn Karl die Herrschaft. Karl regierte 45 Jahre lang und führte 44 Feldzüge, darunter fünf gegen die Langobarden in Italien, 18 gegen die Sachsen, sieben gegen die Araber in Spanien und einen gegen die Bayern.
Viele Kriege waren gegen Reiche und Völker gerichtet, die nicht dem christlichen Glauben angehörten. So führte Karl von 772 bis 804 einen grausamen Krieg gegen die germanischen Sachsen in Norddeutschland. Immer wieder erhoben sie sich dagegen, christianisiert und ins Frankenreich eingegliedert zu werden. Erbost über den Widerstand ließ Karl im Jahr 782 tausende sächsische Stammesfürsten und Adlige hinrichten. Viele Sachsen mussten sich unter Zwang taufen lassen.

Karl wird römischer Kaiser
799 brach in Rom ein Aufstand von Adligen gegen Papst Leo aus. Daraufhin floh Leo ins sächsische Paderborn, wo sich auch gerade Karl aufhielt, und bat ihn um Hilfe.
Im August 800 brach Karl nach Rom auf, um Gericht über die Aufständischen zu halten. Karl blieb bis Dezember in Rom. Am Weihnachtsabend besuchte er den Festgottesdienst. Angeblich überraschte ihn hier der Papst damit, dass er ihn zum römischen Kaiser krönte. Karl war der Überlieferung nach verärgert. Immerhin hatte der Papst sich das Recht genommen, den höchsten weltlichen Herrscher einzusetzen. Außerdem musste diese Handlung den oströmischen Kaiser in Byzanz verärgern. Immerhin war dieser bisher der alleinige Kaiser in Europa gewesen.

Das neue „Römische" Reich
Karl konnte einen Kompromiss herbeiführen, indem er den Titel „Kaiser, der das römische Kaiserreich lenkt, und der König der Franken" annahm. Damit betonte er, dass er auch als Kaiser zu allererst der Herrscher über die Franken war. Der Kaisertitel verlieh Karl keine neue Macht. Aber er zeigte an, dass er der höchste Herrscher in Europa und dem oströmischen Kaiser gleichgestellt war.
Doch das war nicht alles. Mit Karls Kaiserzeit begann etwas Neues in Europa. Denn Karl fühlte sich nicht nur als Nachfolger der römischen Kaiser, sondern auch als Germanenfürst. So verband er als Kaiser christliche, römische und germanische Traditionen miteinander.

TIPP

Ein spannender Mittelalter-Krimi, der in Westfalen um das Jahr 800 spielt: „Im Schatten des Königs" (Rolf H. Lampe, Emos, 2002)

Q 2 *Über die Kaiserkrönung in Rom Weihnachten 800 berichten zwei zeitgenössische Quellen.*

a) Aus den Jahrbüchern des Frankenreichs:

Als der König gerade am heiligen Weihnachtstag sich vom Gebet vor dem Grab des Apostels Petrus zur Messe erhob, setzte ihm Papst Leo eine Krone aufs Haupt und das Römervolk rief: „Karl dem Erhabenen, von Gott gekrönten großen und den Frieden schützenden Kaiser der Römer, sei langes Leben und Sieg beschieden.“

Und nach den lobenden Zurufen wurde er vom Papst nach der Sitte der alten Kaiser durch Kniefall geehrt und fortan Kaiser und Augustus genannt.

b) Einhard, einer von Karls Beratern und Biografen Karls, schrieb:

Karl kam also nach Rom, um die Kirche aus der großen Zerrüttung (die Aufstände in Rom gegen den Papst) zu reißen. Damals war es, dass er die Ernennung zum Kaiser (…) empfing; das war ihm zuerst so zuwider, dass er versicherte, er würde an jenem Tage, obwohl es ein hohes Fest war, die Kirche nicht betreten haben, wenn er des Papstes Absicht vorher hätte wissen können.

Q 3 *Alkuin, ein Berater Karls des Großen, schrieb über die Missionierung der „heidnischen“ Sachsen:*

Das elende Volk der Sachsen hat deshalb so oft das Taufsakrament verletzt, weil es niemals eine Grundlage des Glaubens im Herzen hatte. Doch muss man wissen, dass der Glaube freiwillig und nicht durch Zwang entsteht. Zur Taufe kann man den Menschen zwingen, nicht aber zum Glauben.

Q 4 *Karls Berater Einhard schrieb 835 über die Sachsenkriege:*

Nach Beendigung dieses Krieges wurde der sächsische, der nur unterbrochen schien, wieder aufgenommen, der langwierigste, grausamste und für das Frankenvolk anstrengendste, den es je geführt hat. Denn die Sachsen, die wie fast alle Völker auf dem Boden Germaniens wild von Natur, dem Götzendienst ergeben und gegen unsere Religion feindselig waren, hielten es nicht für unehrenhaft, göttliches und menschliches Recht zu schänden und zu übertreten.

Dazu kamen noch besondere Umstände, die jeden Tag eine Störung des Friedens verursachen konnten: Die Grenze zwischen uns und den Sachsen verlief fast überall in der Ebene, mit Ausnahme weniger Stellen, wo größere Waldungen oder Bergrücken das beiderseitige Gebiet klar trennen; hier nahm denn Totschlag, Raub und Brandstiftung auf beiden Seiten kein Ende.

Das erbitterte die Franken so, dass sie nicht mehr bloß Gleiches mit Gleichem heimgeben, sondern offen Kriege mit ihnen führen wollten.

D 1 *Das Reich der Franken 500–800*

1. *Beschreibe anhand der Karte D1, wie sich das Frankenreich unter Karl vergrößerte.*
2. *Warum führte Karl so viele Kriege und wie begründete er sie? Wie beurteilst du sein Vorgehen (VT, Q1, Q3, Q4)?*
3. *Welche Gründe hatte der Papst, Karl zum Kaiser zu krönen?*
4. *Vergleiche Q3 und Q4. Wie beurteilt Alkuin die Zwangstaufe der Sachsen?*

3 Der reisende Königshof

D1 *Die Aacher Pfalz, nach Ausgrabungen rekonstruiert.* Heute steht nur noch die Kapelle (1). Das angrenzende Gebäude (2) erhielt den Namen „Lateran", wie der päpstliche Palast in Rom. Dort konnte der Papst bei Besuchen wohnen. In der großen Königshalle (3) hielt der Kaiser Gericht und empfing Gesandte.

Zeitreise multimedial Mittelalter / Frühe Neuzeit: Herrschaft und Kulturen – „Die Aachener Kaiserpfalz"; „Mit dem Königshof auf Reisen"

A-Z

Pfalz
von lat. palatium = Palast
Die Pfalz war ein meist befestigter Wohnort des Königs mit Königshalle, Kapelle und Wirtschaftsgebäuden. Über das gesamte Reich verstreut, boten viele Pfalzen dem König und seinem Gefolge Unterkunft und Verpflegung.

Ein riesiges Reich

Das Reich Karls des Großen reichte von der Nordsee bis zum Mittelmeer, vom Atlantik bis zur Elbe. Zwischen Aachen und Rom lagen 1150 km und zwischen den spanischen und sächsischen Grenzprovinzen sogar rund 1500 km.

Allerdings gab es für dieses Reich noch keine schriftliche Verfassung wie heute. So war nirgends festgelegt, wer welche Rechte und Pflichten hatte, wer Macht ausüben und wer ein Amt besetzen durfte. Es gab keine verlässlichen Gesetze und kaum Städte und Straßen, nur unbefestigte Wege.

Um dieses riesige und ungeordnete Reich zu regieren, brauchte der König Helfer. Daher vergab Karl besondere Ämter an Grafen, Herzöge und Bischöfe. In ihren Gebieten trieben sie die Steuern ein, hielten Gericht und suchten junge Männer für den Kriegsdienst aus. Allerdings befürchtete Karl, dass die Grafen in ihren Gebieten zu mächtig werden könnten. Deshalb schickte er regelmäßig Boten aus, welche die Grafen und Bischöfe überwachen sollten.

Königspfalzen statt Hauptstadt

Heute hat jedes Land eine Hauptstadt, wo sich der Sitz der Regierung befindet. Das war im Mittelalter nicht so. Das Frankenreich hatte keine Hauptstadt. Allerdings gab es einige große Pfalzen wie Aachen und Frankfurt. Diese Pfalzen lagen auf großen Ländereien, die dem König gehörten. Bauern bearbeiteten das Land, kümmerten sich um das Vieh und legten Vorräte an.

Um seine Regierungsgeschäfte zu erledigen, zog der König mit seinem Gefolge von Pfalz zu Pfalz. Auf diese Weise konnte er die Treue der Gefolgsleute und der Bischöfe im gesamten Reich persönlich kontrollieren, selber Streitigkeiten schlichten oder aufständische Adlige bekämpfen.

Bis zu 1000 Menschen reisten bisweilen im Gefolge des Herrschers. Etwa 20 km legte die Gesellschaft an einem Tag zurück. Man rechnete pro Person 2 kg Fleisch, 2 kg Getreide und 3 Liter Wein täglich. Blieb der Hof 10 Tage, so aß man Getreide von 400 Hektar Acker und 800 geschlachtete Rinder oder Schweine. Die 30 Fass Wein oder Bier im Keller wurden leer getrunken. Damit waren die Jahresvorräte eines großen landwirtschaftlichen Betriebs von 1000 Hektar Land und 2000 Stück Vieh aufgebraucht.

Aachen – ein zweites Rom?

Nachdem er zum Kaiser gekrönt worden war, reiste Karl weniger. Stattdessen ließ er seine Aachener Pfalz zum prächtigen Regierungssitz ausbauen und hielt sich in seinen letzten Lebensjahren häufig hier auf. Hatten die früheren Königshöfe noch aus einfachen Holzgebäuden bestanden, so krönte nun eine steinerne Kuppel den Palast. Für die Pfalzkapelle ließ Karl sogar schmuckvolle Marmor- und Schiefersäulen aus Oberitalien kommen. Zudem sammelte Karl Gelehrte um sich. Diese bemühten sich zum einen die antike Kultur des alten Rom wiederzubeleben. Zum anderen ließ Karl aber auch eine Grammatik seiner germanischen Muttersprache erstellen und germanische Göttersagen und Heldenlieder sammeln.

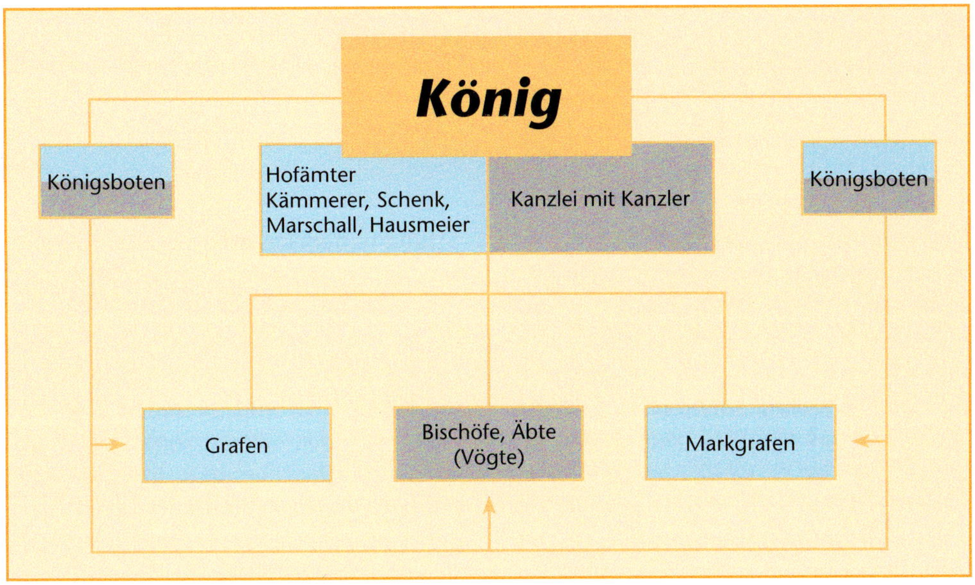

D 2 *Ämter am karolingischen Königshof:*
- Kanzler: leitet die Kanzlei, in der Gesetze und Urkunden ausgestellt werden.
- Kämmerer: verwaltet das königliche Vermögen.
- Schenk: verwaltet die Essens- und Trinkvorräte.
- Marschall: verwaltet die Stallungen.
- Königsboten: überwachen die Amtsverwaltung.

blau: weltliche Amtsträger; grau: geistliche Amtsträger.

Q 1 *Reiterstandbild Karls des Großen* aus dem 9. Jahrhundert. Es ist die älteste bekannte Darstellung des Herrschers.

Q 2 *Blick in die Aachener Pfalzkapelle.* Auf der ersten Empore steht der erhaltene Thron des Kaisers.

TIPP

Der Aachener Dom gehört heute zum UNESCO-Weltkulturerbe. In der Domschatzkammer sind bedeutende Kostbarkeiten seit der Karolingerzeit zu besichtigen (www.aachendom.de).

1. *Fasse zusammen, wie Karl sein Reich verwaltete und beherrschte (VT, D1, D2).*
2. *Ein Königshof benötigte: sichere Wohnung für die Herrscherfamilie, Kirche für Gottesdienst, Quartier für Fürsten, Vorratsgebäude, Versammlungsplatz für die Höflinge, Platz für Zelte, Pferde usw. Warum war Aachen (D1) eine geeignete Pfalz?*

4 Eine Ständegesellschaft

Lehen
Gut (Land, Amt, Würde), das dem Lehnsmann vom Lehnsherrn lebenslang „geliehen“ wird. Dafür muss er seinem Lehnsherrn in Frieden und Krieg dienen.

Vasall
von keltisch gwassawl = der, der dient.
So wurde seit dem 9. Jahrhundert der (adlige) Lehnsmann bezeichnet.

Ständegesellschaft
Im Mittelalter unterschied man zwischen freien und unfreien Menschen. Die Geburt entschied darüber, zu welcher Gruppe (Stand) man gehörte: Kinder von Adligen waren auch adlig, während Kinder von unfreien Bauern immer unfrei blieben.

Eine von Gott gewollte Ordnung

In der mittelalterlichen Gesellschaft hatte jeder seinen Platz. Die Menschen waren in bestimmte Stände eingeteilt. Welchem Stand man angehörte, hing nicht davon ab, ob man fleißig oder weniger fleißig, arm oder reich war. Entscheidend war die Geburt: Wer beispielsweise als Sohn eines Bauern zur Welt kam, konnte niemals König, Graf oder Ritter werden.
Über allen stand der König. Er entschied über Krieg und Frieden, erließ Gesetze und war der höchste Richter im Land. Die Adligen, dazu gehörten die mächtigsten Herzöge und Grafen, waren seine Gefolgsleute. Sie besaßen viel Land und genossen überall hohes Ansehen. Die Ritter waren längst nicht so reich. Sie besaßen eine Burg und halfen mit das Reich zu verwalten. Die Äbtissinnen und Äbte standen einem Kloster vor, zu dem auch viel Land gehören konnte.
Ganz unten standen die Bauernfamilien in den Dörfern und die Bürgerinnen und Bürger in den Städten. Sie besaßen die wenigsten Rechte. Aber auch sie glaubten, dass diese Ordnung von Gott so gewollt sei.

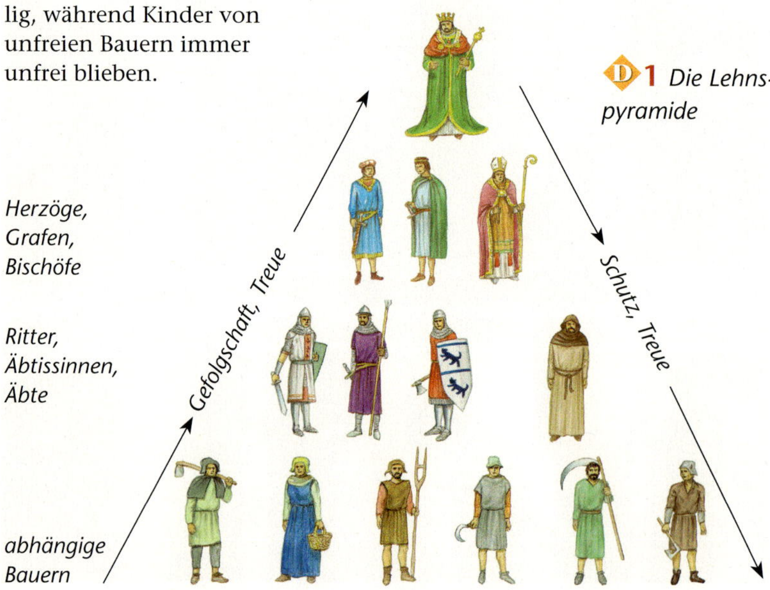

D 1 *Die Lehnspyramide*

Schutz gegen Treue

Da der König in seinem riesigen Reich nicht überall vor Ort sein konnte, musste er sichergehen, dass seine Gefolgsleute ihm treu waren. Lange Zeit war es üblich gewesen, dass der König Land und die darauf lebenden Bauern an die Adligen verschenkte. Karl der Große ging aber dazu über, das Land nur noch zu verleihen. Dieses „Lehen“ verpflichtete die Adligen zu Treue und Gehorsam. In Kriegszeiten dienten sie dem König als Heerführer, in Friedenzeiten standen sie ihm als Berater zur Seite. Dafür versprach der König, sie zu schützen.

Kronvasallen und Untervasallen

Die adligen Lehnsmänner, die ihr Lehen direkt vom König erhielten, waren Kronvasallen. Diese Vasallen belehnten wiederum Ritter, Äbte und Äbtissinnen mit Land und Ämtern. So konnte das Land besser verwaltet und bewirtschaftet werden. Die Untervasallen besaßen nun Untertanen, die verpflichtet waren, ihre Herren in Kriegen zu unterstützen. Allerdings waren die Untervasallen nur ihrem Lehnsherrn und nicht dem König durch einen Eid verbunden. Das konnte zum Nachteil für den König werden, wenn es zum Streit mit einem Vasallen kam.

Lehen werden erblich

Wenn ein Vasall starb, sollte sein Lehen eigentlich an den Herrscher zurückgehen. Auch wenn ein Vasall die Treue brach, sollte ihm sein Lehen abgenommen werden. Doch viele Kronvasallen versuchten ihr Lehen wie Eigentum weiterzuvererben. Mächtige Vasallen waren außerdem in der Lage, sich mit ihrem Heer aus Untervasallen gegen den Lehnsverlust zu wehren. Das Land blieb so nach und nach in den Familien der Adligen. Das schwächte die Macht des Königs, denn er konnte die Lehen nicht mehr frei an treue Gefolgsleute vergeben.

Q1 *Als Karl der Große 804 das Vasallenheer einberief, schickte er auch folgenden Befehl an Abt Fulrad von Altaich (Bayern):*

Wir teilen dir mit, dass wir in diesem Jahr die große Heeresversammlung nach Ostsachsen zusammengerufen haben, und zwar nach Staßfurt an der Bode. Deshalb befehlen wir dir, am 17. Juni mit allen deinen wohlbewaffneten und ausgerüsteten Leuten an dem genannten Platze dich einzustellen. (…) Jeder Berittene soll Schild, Lanze, Schwert und Hirschfänger haben, dazu Bogen, Köcher mit Pfeilen, und eure Packwagen sollen Vorräte aller Art mitführen, Spitzhacken, Äxte, Bohrer, Beile, Spaten, eiserne Grabscheite und alle anderen Werkzeuge, die man bei einem Feldzug braucht. Die Lebensmittel müssen von der Heeresversammlung an gerechnet drei Monate reichen, Waffen und Bekleidung ein halbes Jahr.

Q2 *Über die „gerechte" Ordnung der Gesellschaft schrieb Bischof Burchard von Worms um 1000:*

Der gerechte Gott hat das Leben der Menschen folgendermaßen unterschieden gemacht: Die einen machte er zu Knechten, die anderen zu Herren. Damit soll die Möglichkeit der Knechte, Böses zu tun, durch die Macht der Herren eingeschränkt werden.

Q3 *rechts: Wie ein Lehen übergeben wurde, ist im „Sachsenspiegel" aus dem 13. Jahrhundert anschaulich dargestellt:*

a Abt und Äbtissin vergeben ein Lehen.
b Vasallen huldigen dem Lehnsherrn.
c Eine Burg wird als Lehen vergeben.
d Eine Kirche wird als Lehen vergeben.
e Ein Vasall legt den Lehenseid ab.
f Ein Vasall gibt Ratschläge.
g Ein Ritter als Vasall eines Kronvasallen.
h Ein Kronvasall vor dem Herrscher.

Die Verbindung zwischen Lehnsherrn und Vasall wurde in einem feierlichen Akt hergestellt. Nach dem Handgang oder der Huldigung, bei der sich der Vasall symbolisch unterwarf, schworen sich beide gegenseitig Treue. Dann übergab der Lehnsherr einen Gegenstand, häufig eine Fahne oder einen Schlüssel, der für das Lehen stand.

Q4 *Über Herren und Diener steht im Rechtsbuch „Schwabenspiegel" von 1280:*

Man kann mit der Heiligen Schrift beweisen, dass niemand des andern eigen sein soll. Gott hat den Menschen nach seinem Ebenbild gebildet und von der Hölle erlöst. Als man das früheste Recht setzte, waren alle freie Leute. Wir sollen den Herren darum Dienst tun, dass sie uns beschützen. Und wenn sie die Lande nicht schirmen, ist ihnen niemand einen Dienst schuldig.

1 *Beschreibe die gesellschaftliche Ordnung des Mittelalters (VT, Lexikon, D1, Q2) und vergleiche sie mit dem Leben heute.*
2 *Vergleiche die Quellen Q2 und Q4. Welche Meinung haben die Verfasser zur Ständegesellschaft?*

5 Die Ottonen – Nachfolger Karls des Großen

Q 1 *Ein thronendes Königspaar,* möglicherweise Otto I. und seine Frau Edgith (Standbild aus dem 13. Jahrhundert im Dom von Magdeburg)

Zeitreise multimedial Mittelalter / Frühe Neuzeit: Herrschaft und Kulturen – „Eine Urkunde untersuchen"; „Grenzen verändern sich"

TIPP

Eine aufregende Geschichte über eine junge slawische Fürstentochter am Hof Ottos I. in Magdeburg: „Tiza im Königsbann" (Wiebke von Thadden, Beltz & Gelberg, 2000)

Stämme, Herzöge und Könige

Das Reich Karls des Großen blieb nicht lange bestehen: 843 wurde es zwischen seinen Enkeln Karl, Ludwig und Lothar aufgeteilt. Nach Lothars Tod wurde dessen Reich dann 880 zwischen dem west- und ostfränkischen König aufgeteilt. Der Name der Region erinnert noch heute an das alte Reich und seinen Herrscher: Lothringen. Das West- und das Ostfränkische Reich bestanden als Frankreich und Deutschland weiter.

Die Deutschen lebten in verschiedenen Stämmen, die ihren eigenen Dialekt sprachen und ihr eigenes Recht besaßen. Geführt wurden die Stämme von Herzögen, die möglichst uneingeschränkt in ihren Gebieten herrschen wollten. In Gefahren handelten sie für die schwachen Könige. So verteidigten sie mit ihren Heeren mehrmals das Reich gegen die Ungarn. Dieses Reitervolk war aus Asien in die Donauebenen vorgedrungen und fiel immer wieder plündernd in das Ostfränkische Reich ein.

Otto I. wird König …

Im Jahr 911 starben die Nachkommen Karls des Großen in Ostfranken aus. Daraufhin wählten die Stammesherzöge nicht den westfränkischen Karolinger, sondern einen der ihren zum neuen König, nämlich Herzog Heinrich I. von Sachsen. Dieser erkaufte sich eine neunjährige Waffenruhe von den Ungarn und konnte diese 933 sogar ganz besiegen. Nach Heinrichs Tod erhoben Bischöfe und Herzöge 936 Heinrichs Sohn einstimmig zum neuen König. Die Erzbischöfe von Mainz und Köln salbten und krönten ihn.

Doch leicht war es für Otto nicht, seine Herrschaft zu behaupten. Immer wieder versuchten die Herzöge unabhängig vom König zu regieren. Nach mehreren Aufständen verließ Otto sich nicht mehr auf die Treue von Herzögen und Verwandten, sondern zog Bischöfe und Äbte zum Königsdienst heran. Diese waren gebildet und gelehrt und verfügten als Grundherren auch über große Reichtümer. Der König vermehrte ihre Besitzungen und Herrschaftsrechte, verlangte dafür aber militärische und politische Dienste. Da sie nicht heiraten durften, besaßen die geistlichen Fürsten keine weltlichen Erben, denen sie Lehen und Rechte vererben konnten.

… und Kaiser

Besonderes wichtig war es dem König, die Gebiete östlich der Elbe dem Deutschen Reich einzugliedern. Hier lebten die Slawen nach ihrem eigenen Glauben. In mehreren Kriegszügen unterwarf Otto die slawischen Fürsten und verbreitete in den eroberten Gebieten den christlichen Glauben. Magdeburg, der neue Sitz des Erzbischofs, wurde Ottos Lieblingspfalz.

Doch noch immer drohte dem Reich Gefahr von den Ungarn. 955 gelang es Otto, die ungarischen Angreifer auf dem Lechfeld nahe Augsburg vollständig zu schlagen. Jetzt konnte Otto auch den Kaisertitel anstreben. Nach mehreren Feldzügen besiegte er die italienischen Fürsten, ließ sich zum König von Italien und vom Papst zum römischen Kaiser krönen. Damit war das Kaisertum Karls des Großen wieder hergestellt.

Q 2 *Über die Thronerhebung Ottos 936 in Aachen ließ sich der Mönch Widukind von anderen erzählen. Für lange Zeit ist dies der einzige überlieferte Bericht über eine Königserhebung:*

Und als Ort der allgemeinen Wahl bestimmte man die Pfalz Aachen (...). Als man dort angekommen war, versammelten sich die Herzöge und die vornehmsten Grafen und die Schar der fürstlichen Vasallen im Säulenhof der Basilika Karls des Großen und sie setzten den neuen Herrscher auf einen hier aufgestellten Thronsessel. Hier huldigten sie ihm, gelobten ihm Treue und versprachen ihm Hilfe gegen alle seine Feinde und machten ihn so nach ihrem Brauch zum König. Während dies die Herzöge und die übrigen Amtsträger taten, erwartete der Erzbischof (von Mainz) mit der gesamten Priesterschaft und dem ganzen Volk den Einzug des neuen Königs. Als er eintrat, ging ihm der Erzbischof entgegen, berührte mit seiner Linken die Rechte des Königs, während er mit der Rechten den Hirtenstab hielt (...). Dann (...), sprach er: „Seht, ich bringe euch den von Gott erkorenen, einst von König Heinrich bezeichneten, nun aber von allen Fürsten zum König gemachten Otto; wenn euch diese Wahl gefällt, so erhebt die rechte Hand zum Himmel!" Darauf hoben alle die Rechte in die Höhe und wünschten mit lautem Rufen dem neuen Herrscher Heil. Dann schritt der Erzbischof mit dem König hinter den Altar, auf dem die Abzeichen des Königs lagen, das Schwert mit dem Gürtel, der Krönungsmantel mit den Spangen, der Stab mit dem Zepter, und die Krone (...). Darauf wurde er mit dem heiligen Öl gesalbt und mit dem goldenen Kronreif von den Bischöfen Hildebert und Wichfried gekrönt (...) und dann von ihnen zum Thron geführt.

Q 3 *rechts: Die Kaiserkrone* war eines der drei Schmuckstücke bei der Kaiserkrönung. Diese Krone wurde wahrscheinlich für die Krönung Ottos I. im Jahre 962 hergestellt. Die anderen Schmuckstücke, die einem Kaiser bei der Krönung überreicht wurden, waren das Zepter und der Reichsapfel.

D 1 *Das Reich zur Zeit Ottos des Großen (936–973)*

1 *Beschreibe, wie sich das Frankenreich nach dem Tod Karls des Großen entwickelte (VT, D1).*

2 *Erläutere die Schwierigkeiten, mit denen Otto I. zu kämpfen hatte. Welche Maßnahmen ergriff er, um seine Herrschaft zu sichern?*

3 *Lies Q2 und nenne die einzelnen Handlungen der Krönungszeremonie.*

6 Vom Leben auf der Burg

Hohe Mauern und Zinnen

Wie du schon weißt, lebten die Könige, Adligen und Ritter nicht in normalen Häusern, sondern auf Burgen. Das waren zuerst nur einfache Herrenhöfe, die mit hohen Holzzäunen und Erdwällen geschützt waren. Ab dem 11. Jahrhundert wurden dann richtige Burgen mit dicken, standfesten Steinmauern errichtet. Damit sie vor Feinden gut geschützt war, musste eine Burg an einem Ort liegen, der von Natur aus schwer zugänglich war: auf einem Berg, auf einer kleinen Insel oder auf einer Landzunge.

Mit der Burg wollten die Adligen zunächst einmal allen ihre Macht zeigen. Die Burg war ihr Wohnsitz und bot den Burgbewohnern und allen Menschen in der Umgebung Schutz. Außerdem verwaltete der Burgherr von hier aus seinen Besitz. Die meisten Burgen lagen so, dass man von ihnen aus einen Handelsweg, ein Tal oder einen Fluss überblicken und beherrschen konnte.

Romantisches Burgleben?

Die Burg war eine kleine Stadt für sich mit Wohnräumen, Stallungen und Verteidigungsanlagen. Im Herrenhaus wohnte die Familie des Burgherrn. Hier befanden sich der Rittersaal, Palas genannt, und die Gemächer für die Frauen und Kinder. Die Knechte und Mägde wohnten in den Nebengebäuden. Sie arbeiteten in Haus und Hof und versorgten das Vieh, das in den Stallungen untergebracht war.

Angenehm war das Burgleben nicht. Es war finster und kalt in den Räumen der Burg. Fackeln erzeugten ein düsteres Licht. Nur wenige Räume konnten beheizt werden. Auch die Wasserversorgung bereitete den Burgbewohnern häufig Sorgen. Das Wasser musste aus tiefen Brunnen mit einer Winde an die Oberfläche geholt werden.

Besonders hart waren die Winter. Oft waren die Burgbewohner durch Schnee und Eis von der Außenwelt abgeschnitten und froren. Verglaste Fenster gab es sehr selten. Und selbst Häute vor den Fensteröffnungen konnten die Feuchtigkeit und Kälte kaum abhalten.

Eine Burg wird belagert

Wenn es Krieg gab, suchten die Bauernfamilien mit ihrem Vieh Schutz auf der Burg. Jetzt war es wichtig, dass die Lebensmittel und besonders das Wasser für lange Zeit für viele Menschen reichte. Deshalb hatten viele Burgen große Speicher, Viehställe und einen tiefen Brunnen.

Oft wurde eine Burg monatelang belagert. Im Schutze der Zinnen und Schießscharten wehrten sich die Burgbewohner mit Pfeil und Bogen oder Armbrüsten. Auch Steine, heißes Wasser und Pech schütteten sie auf die Angreifer hinab. Aber spätestens wenn die Vorräte ausgingen und womöglich noch der Brunnen versiegte, sah es schlecht für die Menschen auf der Burg aus.

D 1 *Modell einer Motte.* Diese Frühform einer Ritterburg aus dem 11./12. Jahrhundert bestand aus einer Vorburg und dem Wehrturm auf einem 5–10 Meter hohen Erdhügel.

① Zugbrücke,
② Holzpalisaden,
③ Ställe,
④ Strohdach,
⑤ Wirtschaftsgebäude,
⑥ Innenhof,
⑦ Holzbrücke auf Stützen,
⑧ Hölzener Wehrgang,
⑨ Schindeldach,
⑩ Der Turm steht auf Holzpfählen,
⑪ Erdhügel oder Motte

Q1 *Ritterleben auf der Burg nach einer Beschreibung des Ritters Ulrich von Hutten aus dem Jahr 1518:*

Die uns ernähren, sind bettelarme Bauern, denen wir unsere Äcker, Weinberge, Wiesen und Wälder verpachten. Der einkommende Ertrag ist, gemessen an der aufgewandten Mühe, geringfügig. (...) Die Burg selbst, ob sie auf dem Berg oder in der Ebene liegt, ist nicht als angenehmer Aufenthalt, sondern als Festung gebaut. Sie ist von Mauern und Gräben umgeben, innen ist sie eng und durch Stallungen für Vieh und Pferde zusammengedrängt. Daneben liegen dunkle Kammern, vollgepropft mit Geschützen, Pech, Schwefel und sonstigem Zubehör für Waffen und Kriegsgerät. Überall stinkt es nach Schießpulver; und dann die Hunde und ihr Dreck, auch das – ich muss schon sagen – ein lieblicher Duft! Reiter kommen und gehen (...). Man hört das Blöken der Schafe, das Brüllen der Rinder, das Bellen der Hunde, die Rufe der auf dem Feld Arbeitenden, das Knarren der Fuhrwerke. Ja, sogar das Heulen der Wölfe hört man in unserem Haus, weil es nahe am Wald liegt.

Der ganze Tag bringt vom Morgen an Sorge und Plage, ständige Unruhe und dauernden Betrieb. Äcker müssen gepflügt und umgegraben werden, Weinberge müssen bestellt, Bäume gepflanzt, Wiesen bewässert werden; man muss eggen, säen, düngen, mähen und dreschen (...). Wenn aber einmal ein schlechtes Ertragsjahr kommt, wie in dieser mageren Gegend meistens, dann haben wir fürchterliche Not und Armut.

Q3 *Belagerung einer Burg* (französische Buchmalerei, 15. Jahrhundert)

Q2 *unten: Die Marksburg bei Braubach am Rhein* aus dem 12. Jahrhundert.
① äußeres Tor mit Zugbrücke, Graben; ② Wehrtürme; ③ Burgmauern mit Wehrgang und Schießscharten, dahinter Zwinger; ④ inneres Tor; ⑤ Burgvogt-Turm; ⑥ Herrenhaus (Palast); ⑦ Oberstes Tor; ⑧ Kapellenturm; ⑨ Bergfried mit Verlies; ⑩ Saalbau mit Rittersaal und Kemenate, darunter Küche; ⑪ Brunnen und Zisterne

1. *Vergleiche die frühe Burgform mit einer späteren Burg (D1, Q2). Erkläre, worauf bei dem Bau einer Burg besonders geachtet wurde.*
2. *Die Menschen auf einer Burg bereiten sich auf eine Belagerung vor. Erstelle eine Liste, was sie alles beachten mussten.*
3. *Hättest du gerne auf einer Ritterburg gelebt? Begründe deine Meinung. Lies dazu auch Q1.*

7 Zum Ritter wird man nicht geboren

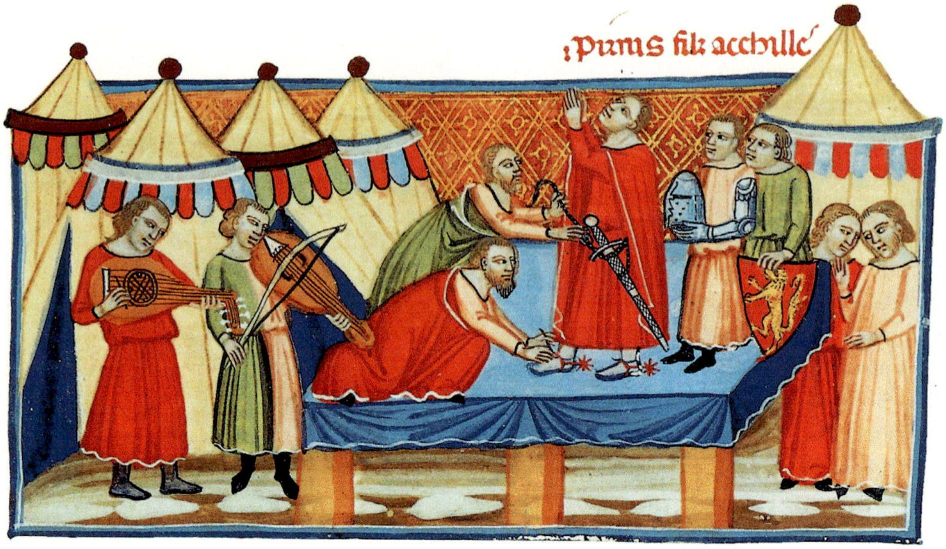

Q 1 *„Schwertleite", ein Knappe wird Ritter.*
Bei der Rittererhebung wurde ein Schwertsegen gesprochen: „Wir bitten dich, Herr, erhöre unsere Bitten und segne mit der Hand deiner Majestät dieses Schwert, mit welchem sich dein Diener zu umgürten wünscht. Segne es, damit es Verteidigung und Schutz für Kirchen, Witwen, Waisen und alle, die Gott dienen, gegen das Wüten der Heiden sein könne. Allen, die ihnen nachstellen, möge es Furcht, Angst und Schrecken einflößen."

Das Leben als Ritter

Jeder Fürst oder König suchte sich aus seiner Grundherrschaft Männer aus, die ihm halfen, das Land zu beherrschen. Diese unfreien Dienstmannen dienten vor allem als Reiterkrieger. Der adlige Herr gab jedem Mann ein Gut mit Bauern, das er zu verwalten hatte. Von den Abgaben der Bauern ernährten sich die Krieger und bezahlten ihre teure Ausrüstung. Seit dem 12. Jahrhundert nannten sie sich „Ritter". Viele Ritter schafften es, unabhängig von ihrem Herrn zu werden. Manche bauten sich sogar eigene Burgen.
Die Ritter hatten ihrem Herrn treu zu dienen und tapfer im Krieg zu kämpfen. In Friedenszeiten hielten die Ritter Jagden und Turniere ab, um ihre Kraft und Geschicklichkeit zu trainieren. Gleichzeitig war ein Turnier auch immer ein großes Fest, das viele Menschen auf die Burg zog.

Aus Jungen werden Ritter

Sollte ein Junge zum Ritter erzogen werden, wurde er mit sieben Jahren auf die Burg eines anderen Ritters, meist eines Onkels oder eines Freundes, gegeben. Dort lernte er als erstes Reiten, Schwimmen und Fechten, aber auch Manieren, Singen, Tanzen und Schachspielen. Mit seinem 14. Geburtstag wurde er dann zum Knappen. Nun diente er dem Burgherrn, trug ihm das Schwert und den Schild, bediente ihn bei Tisch, begleitete ihn zu Turnieren und zog mit ihm in den Krieg. Wenn er seine Sache gut machte, wurde er einige Jahre später feierlich in den Ritterstand aufgenommen.

Mädchen am Hof

Die adligen Mädchen lernten vor allem, wie sie sich als Dame zu verhalten hatten: keine langen schnellen Schritte machen, den Blick senken, wenn sie einem hohen Herrn begegneten, und keinen fremden Mann anreden. Um ihre Gäste zu unterhalten, lernten sie auch Singen, ein Musikinstrument zu spielen, Schach und andere Gesellschaftsspiele. Hinzu kam Unterricht im Lesen, Schreiben und Rechnen, denn eine Burgherrin musste die Ländereien allein verwalten können, wenn ihr Mann in den Krieg zog. Auch wurden junge Frauen in die Heilkunst eingewiesen, sodass sie Kräuter bestimmen, Salben herstellen und Kranke pflegen konnten. Oft waren die jungen Frauen viel gebildeter als ihre Ehemänner. Geheiratet wurde übrigens früh: Schon mit dreizehn waren viele Mädchen Ehefrauen.

TIPP

Ein spannendes Buch über das Leben eines jungen Ritters: „Philipp zwischen Kaiser und König" (Wiebke von Thadden, Beltz & Gelberg, 1999)

Q 2 *Benimmregeln auf der Burg. Aus „Tanhusers Hofzucht", um 1250:*

Wenn ihr euch zum Essen setzt, so sollt ihr sprechen: „Segne es uns Jesus Christus!" Gedenket Gott zu allen Zeiten und vergesst beim Essen nicht die Armen und Waisen. Kein edler Mann soll aus dem Schöpflöffel trinken noch aus Schüsseln. Auch soll sich niemand während des Essens über die Schüsseln legen und dabei schnaufen und schmatzen. Gar mancher beißt von seinem Brotstück ab und taucht es dann wieder nach bäurischer Sitte in die Schüssel, ja mancher legt den Knochen, den er benagt hat, wieder in die Schüssel. (…)

Niemand esse, wenn er den Mund noch voll hat; mancher bläst auch in den Trank, doch sollte man solchen Mangels an Zucht frei sein. (…) Ehe man trinkt, wische man den Mund ab, damit nicht Fett an den Trank komme. (…) Man stochere nicht mit den Messern in den Zähnen herum und schiebe nicht die Speise mit den Fingern auf den Löffel. (…) Man rede nicht mit vollem Mund, esse nicht so gierig, dass man sich in die Finger beißt. Vor dem Essen aber wasche jeder seine Hände.

Q 3 *Bericht von einem Turnier aus dem 13. Jahrhundert:*

Als am Montag die Sonne aufging, wurde die Messe abgehalten. Dann drängte sich in den Straßen die Schar der Knechte (…). Hell erklang der Ruf der Herolde durch die Stadt: „Ziehet aus, ihr edlen Ritter, ziehet aus mit frohem Mute! Denn die Boten der Frauen nehmen euch wahr. Ziehet hinaus aufs Feld mit Freuden, wo der Preis liegt für die um Minne Werbenden!" (…) Erst am Abend endete das Turnier. Nun badeten die Ritter. Mancher war erschöpft; den einen verband man, einem anderen legte man Salben auf, mancher schlief wie tot. (…) Am anderen Tag mussten die, welche in Gefangenschaft gefallen waren, zu den Juden gehen, um gegen hohe Pfänder Geld zu ihrer Auslösung zu erhalten. Wer aber etwas gewonnen hatte, war frohen Mutes.

Q 4 *Ein Lied über die vornehme Dame trug Walther von der Vogelweide vor:*

Wo nämlich eine Frau, vornehm innerlich und äußerlich/prächtig in Kleidung und Kopfschmuck/zur Unterhaltung in Gesellschaft geht,/froh und festlich gestimmt, von Gefolge begleitet/(…) – Da lassen wir alle Blumen/und starren nur die herrliche Frau an.

1. *Vervollständige: Zu einem Leben als Ritter gehörte … (VT, Q1, Q3, Q4).*
2. *Vergleiche, wie Knappen und wie Edelfräulein erzogen wurden. Welche Fertigkeiten mussten sie beherrschen (VT, Q2, Q4, Q5)?*
3. *Spielt die Zeremonie der Schwertleite (Q1) in der Klasse nach.*

Q 5 *Szenen aus dem Ritterleben zeigen diese Buchmalereien (Manessische Liederhandschrift, 14. Jahrhundert);* links: Der Ritter Walter von Klingen besiegt einen Gegner im Turnier; rechts: Der Markgraf von Brandenburg und seine Frau beim Schachspiel.

8 Nur Arbeit und Fron?

Q 1 *Fronende Bauern und ein Meier* (Buchmalerei, 14. Jahrhundert)

A-Z

Grundherr(schaft)
Adlige oder kirchliche Grundbesitzer herrschten über ihr Land und die dort lebenden Menschen. Diese bewirtschafteten das Land; der Grundherr schützte sie.

frei – unfrei – hörig
Ein freier Bauer konnte frei über sein Eigentum verfügen und hinziehen, wohin er wollte. Ein „Unfreier" oder „Höriger" war einem Herrn untergeben: „hörig" heißt „gehorsam". Er lebte von einem Bauerngut, das ihm der Grundherr lieh.

Frondienste
Dienste, die die Hörigen ihrem Grundherrn noch neben den Abgaben leisten mussten, z. B. Erntearbeiten und Fuhrfahrten.

Der Grundherr hat „alles im Griff"

In Deutschland arbeiten heute von 100 Menschen nur drei in der Landwirtschaft; um das Jahr 1100 waren es mindestens 90. Fast alle in der Familie, auch die Kinder, mussten auf dem Feld oder im Hof mitarbeiten, denn die Erträge von Ackerbau und Viehzucht waren gering. Und von dem Wenigen, was übrig blieb, mussten die unfreien Bauern auch noch Abgaben an ihre Herren leisten.

Der Grundherr lebte auf dem Herrensitz. Oft besaß er mehrere Dörfer, in denen abhängige Bauern für ihn arbeiteten. Es war für den Grundherrn nicht leicht, „aus der Ferne" die Arbeit seiner Untertanen zu beaufsichtigen. Außerdem mussten noch die Abgaben der Bauern eingetrieben werden. Für diese Aufgaben setzte der Grundherr Meier ein, die von einem Fronhof aus alles organisierten.

Auf dem Fronhof

Es ist sieben Uhr morgens. Auf dem Fronhof ist schon viel los. Die Mägde und Knechte haben bereits mit der Arbeit begonnen. Als leibeigene Bäuerinnen und Bauern leben sie auf dem Fronhof und verrichten alle Arbeiten in Haus und Hof, aber auch auf den Feldern ihres Grundherrn. Sie haben keinen eigenen Besitz und auch kaum Rechte. Ständig sind sie den Launen des Meiers ausgesetzt, ohne sich wehren zu können.

Es ist nun acht Uhr geworden und die hörigen Bauern sind mit ihren Familien auf dem Fronhof eingetroffen. Sie unterscheiden sich von den Leibeigenen. Hörige Bauern haben einen eigenen Hof, der ihnen vom Grundherrn geliehen wurde. Dafür müssen sie ihm Abgaben und Frondienste leisten.

Inzwischen ist der Meier erschienen und teilt die hörigen Bauern für verschiedene Arbeiten ein: Einige sollen im Wald arbeiten, andere legen neue Wege an und bauen eine Brücke über den Fluss. Die meisten Bauern werden zur Feldarbeit herangezogen. Die Bäuerinnen werden für Gartenarbeiten eingeteilt und die Kinder müssen Honig sammeln. Zum Schluss erinnert der Meier die Bauernfamilien daran, dass morgen die jährliche Getreideabgabe auf dem Fronhof abzuliefern ist.

Wie wurden die Bauern unfrei?

Noch um 800 gab es viele freie Bauern. Sie bestellten ihren eigenen Hof mit unfreien Mägden und Knechten und konnten über ihren Besitz selbst verfügen. Auch sie waren kleine Grundherren.

Freie Bauern waren allerdings auch verpflichtet, wie die Adligen an Kriegszügen teilzunehmen. Für viele Bauern stellte dies eine drückende Last dar, vor allem, weil sie während der Kriegszüge ihre Felder nicht bestellen konnten. Oft führte das dazu, dass ihre Familien kaum noch genug zu essen hatten. Deshalb übergaben die Bauern ihre Höfe einem adligen Herrn oder der Kirche und kauften sich so von der Pflicht der Heeresfolge los. Damit waren sie zwar vom Kriegsdienst befreit, wurden aber abhängig von einem Grundherrn.

D 1 *So war eine Grundherrschaft aufgebaut*

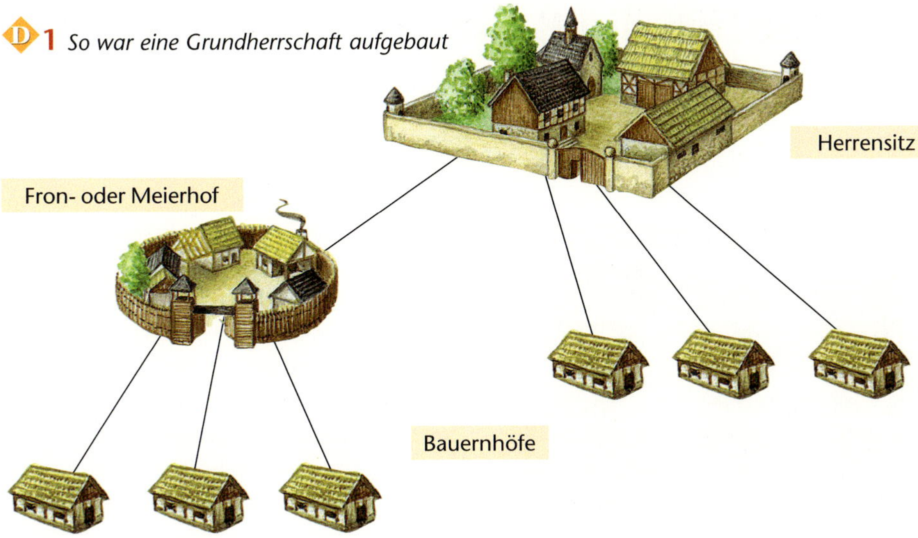

1 *Wo wohnten und lebten der Grundherr, die Meier, Mägde und Knechte, die freien und die unfreien Bauern innerhalb einer Grundherrschaft (VT, D1, D2)?*

2 *Nenne Gründe, warum freie Bauern in eine Grundherrschaft eintraten (VT, Q3). Überlege, wer Vorteile davon hatte.*

3 *Stelle in einer Liste zusammen, welche Abgaben und Arbeiten der hörige Bauer leisten musste (Q2). Sprecht über die Folgen dieser Verpflichtungen.*

Q 2 *Fronordnung aus dem Jahr 893 des Dorfes Rommersheim, das zum Kloster Prüm in der Eifel gehörte:*

[Widrad* gibt an das Kloster] einen Eber, außerdem 1 Pfund Garn, 3 Hühner, 18 Eier. Er leistet jährlich die Weinfuhre, jeweils im Mai und Oktober die Hälfte, fährt 5 Wagenladungen von seinem Mist, gibt 5 Bündel zu je 15 Stück Baumrinde [als Fackeln für die Beleuchtung verwendet], fährt 12 Wagenladungen Holz – 6 Fuß breit, 12 Fuß lang – [zum Kloster], backt Brot und braut Bier [im Backhaus und Brauhaus des Klosters gegen Gebühr].

Jede Hufe liefert 50 Latten und 100 Dachschindeln und tut im Wald bei unserer Schweineherde eine Woche Hirtendienst, wenn sie an der Reihe ist (...). Sie bestellt 3 Morgen Land das ganze Jahr hindurch, jede Woche drei Tage. (...) Sie leistet Wachdienst. Wenn sie 15 Nächte fronen [den Wachdienst verrichten] und Heu ernten, erhalten sie Brot, Bier und Fleisch in reichen Jahren, zu anderen Zeiten nichts. Jeder Hufenbauer unterhält ein eingezäuntes Stück von 135 Fuß und säubert eine Fläche im Herrschaftsgarten. Die Frau muss Beinkleider nähen.

Als Heeressteuer stellt Rommersheim einen Wagen mit 4 Ochsen von Mai bis August [für Transporte im Kriegszug].

**Widrad ist einer von 30 hörigen Bauern des Dorfes.*

Q 3 *Freiwillig in die Grundherrschaft?*
Königsboten berichten Karl dem Großen:

Die ärmeren Freien beklagen sich: Wer einem Bischof, einem Abt oder Grafen (...) sein Eigentum nicht übertragen will, gegen den suchen sie Gelegenheiten, ihn zu verurteilen, oder sie lassen ihn ständig in den Heeresdienst gehen, bis ihnen dieser Arme sein Eigentum überträgt oder verkauft. Die anderen aber, die ihr Eigentum schon übergeben haben, können in Ruhe zu Hause sitzen bleiben.

D 2 *Mittelalterliches Dorf mit Herrenhof und Bauernsiedlung:*
① Mühle des Grundherrn, ② Gärten, ③ Herrenhof, ④ Dorfkirche (der Pfarrer wurde vom Adligen ernannt), ⑤ Bauernhöfe der abhängigen Bauern, ⑥ Wald, ⑦ Bach, ⑧ Felder

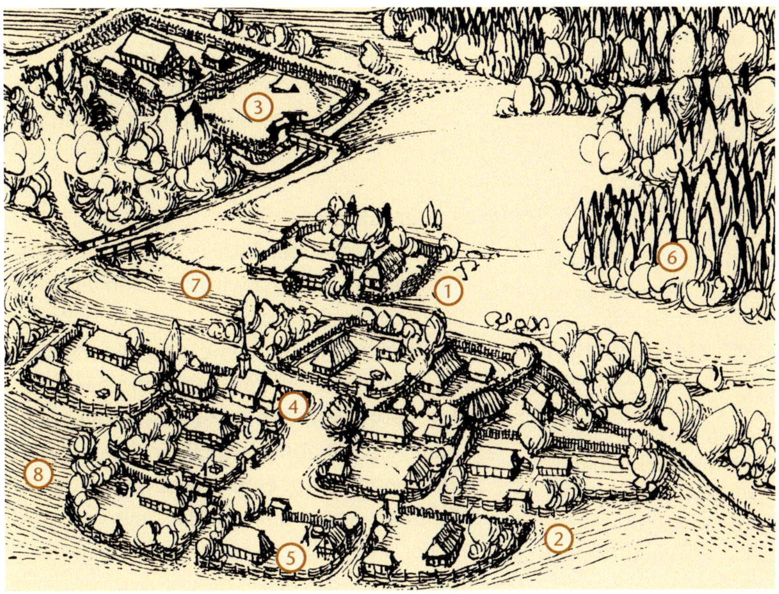

9 So lebten die Bauern

1 *Ein Dorf um 1100* (Rekonstruktionszeichnung)

Zeitreise multimedial Mittelalter / Frühe Neuzeit: Lebensformen – „Ein Dorf um 1100"

Dorf
Dörfer waren im Mittelalter kleinere unbefestigte Bauernsiedlungen. Haufendörfer entstanden mit unregelmäßig verlaufenden Gassen um einen Mittelpunkt (Kirche, Dorfplatz) herum. In Straßendörfern waren die Höfe regelmäßig entlang einer geraden Straße angelegt. Meist wurden sie von einem Dorfherrn geplant und gegründet.

Ein Bauerndorf sah vor 1000 Jahren ganz anders aus als heute: Die Höfe lagen verstreut, umgeben von dichten Wäldern und ausgedehnten Sümpfen. Mehrere strohgedeckte Fachwerk- und Holzhäuser, das Wohnhaus, Ställe und Schuppen, standen um einen Hof. Die Häuser bestanden meist nur aus einem großen Wohnraum mit einem festgestampften Fußboden. Um den Herdplatz spielte sich das tägliche Leben ab. In den dunklen, rauchigen Räumen schliefen die Menschen auf Strohsäcken. Die wenigen Möbel, Tische, Bänke und Kisten, waren einfach und selbst gefertigt. Oft lagen neben dem Wohnraum gleich die Ställe für die Tiere.

Bauernalltag
Der Arbeitstag der Familie beginnt mit Sonnenaufgang. Zuerst wird das Vieh versorgt, bevor es aufs Feld geht. Aus dem Boden müssen mühsam Steine und die Wurzeln von abgeholzten Bäumen geholt werden. Erst dann kann der Bauer den Boden zu einem Acker umpflügen. Die meisten Bauern verwenden dafür einen Hakenpflug, der die Erde nur wenig aufreißt. Deshalb muss der Acker mehrmals kreuzweise gepflügt werden, bevor das Getreide mit der Hand ausgesät werden kann. Alle müssen mithelfen, auch die Kinder. Erst wenn es dunkel wird, kommt die Familie nach Hause.

Keine reiche Ernte
Am Erntetag arbeiten Bauern gemeinsam in einem Flurstück. Mit Sicheln schneiden sie die Getreideähren ab und sammeln sie ein. Später dreschen sie das Getreide und lassen es in der herrschaftlichen Mühle mahlen. Der Ertrag ist gering: Von einem Sack ausgesätem Korn erntet man drei bis vier Säcke Korn. Davon muss je ein Zehntel an den Grundherrn und an die Kirche abgeführt werden; ein Sack wird für die nächste Aussaat gelagert. Der Rest muss für ein Jahr die Familie und ihr Gesinde ernähren. Hagel und Frost gefährden allerdings jede Ernte.

Vom Alltag der Frauen
Das Leben der Frauen ist schwer. Schon mit 16 Jahren sind die meisten verheiratet. Zehn Schwangerschaften sind keine Seltenheit, doch oft kommen die Kinder tot zur Welt oder die Frauen sterben bei der Geburt. Die Bäuerin und ihre Kinder kümmern sich um das Obst und Gemüse im Garten, versorgen Gänse, Enten, Hühner, verarbeiten Milch zu Käse und Butter, pökeln Fleisch ein und arbeiten auf dem Feld mit. Aus grobem Tuch und Leinen nähen sie Kleider, die viele Jahre halten müssen. Wichtig ist, dass sie die Vorräte überwachen, damit die Familie bis zur nächsten Ernte genug zu essen hat.

Angst vor bösen Mächten
Oft glauben die Menschen auf dem Land an böse Mächte in der Natur. An der Kirche und an Häuserwänden sollen Pferdeköpfe, Hufeisen oder schreckliche Fratzen böse Geister abwehren. Bittprozessionen sollen Seuchen und schlechtes Wetter verhindern, denn hinter solchem Unheil vermuten die Bauern bösen Zauber von Geistern und Hexen.

Q1 *Bauernhochzeit* (Malerei aus dem 15. Jahrhundert): Angst gehörte zwar zum Alltag im Dorf, dafür feierte man umso ausgelassener die Feste: kirchliche Feiertage, aber auch Familienfeste wie Taufe und Hochzeit. Den Höhepunkt bildete das mehrtägige Kirchweihfest mit einem Jahrmarkt, üppigem Festessen und Tanz.

1 Verfasse mithilfe des VT und der Materialien einen Bericht, wie ein Tag im Leben eines Kindes oder Jugendlichen in einem mittelalterlichen Dorf verlaufen sein könnte.

2 Zeige auf, inwiefern die Bauernfamilien abhängig von der Natur waren.

Q2 *Das Sonntagsgesetz Karls des Großen von 789 schrieb den Menschen für den Sonntag folgende Regeln vor:*

(…) dass die Männer weder Feldarbeiten verrichten, noch im Weinberg sich beschäftigen, noch auf den Feldern pflügen, mähen oder Holz schneiden, oder einen Zaun errichten, noch in den Wäldern roden oder Bäume fällen, oder im Felsgestein arbeiten, noch in Gerichtsversammlungen zusammenkommen, noch die Jagd ausüben dürfen. Und nur in drei Fällen darf man am Sonntag Transporte durchführen, nämlich im Kriegsfalle oder für die Herbeischaffungen von Lebensmitteln oder, wenn es sehr nötig sein sollte, für die Bestattung eines Toten. Ebenso sollen die Frauen nicht weben, Kleider weder auftrennen noch nähen oder Strickereien anfertigen. Auch haben sie keine Erlaubnis, Wolle zu rupfen, Flachs zu schlagen, Kleidungsstücke öffentlich zu waschen und Hammel zu scheren, damit auf jeder Weide die Ruhe des Sonntags gewahrt werde.

Q3 *Der bäuerliche Jahresablauf* (aus einer Handschrift um das Jahr 818). Es handelt sich um die ältesten Bilder von Bauern im Mittelalter. – Ordne die dargestellten Tätigkeiten den verschiedenen Monaten zu (November und Dezember sind zusammengefasst): am Feuer wärmen – Heuernte (Winterfutter) – Falkenjagd – Pflügen – Getreideernte (Sommergetreide) – Weinernte – Schweineschlachtung und Eichelmast – Aussaat des Wintergetreides.

10 Langsam ändert sich das Leben auf dem Land

Q 1 *Bauer beim Pflügen* (Ausschnitt aus einem Monatsbild, 1416). Der Bauer verwendet den neuen Räderpflug, der die abgetrennten Erdschollen gleichzeitig umwendet.

D 1 *Noch mehr Erfindungen*

Ein neues Pferdegeschirr: Statt Leinen, die den Pferden den Hals zuschnürten, legte man ihnen das Kummet um, einen „gepolsterten Kragen".

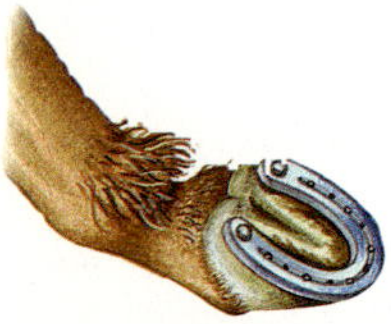

Das Hufeisen: Die Pferde hielten noch länger durch, wenn man ihre Hufe mit Eisenbeschlägen gegen Verletzungen durch Steine schützte.

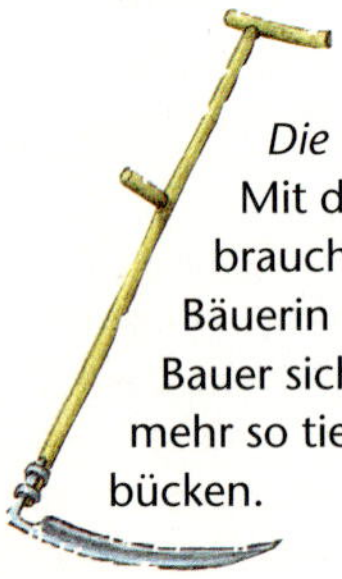

Die Sense: Mit der Sense brauchten die Bäuerin und der Bauer sich nicht mehr so tief zu bücken.

Mehr Land für mehr Menschen

In den Jahren 800 bis 1200 wuchs die Bevölkerung merklich an. Es wurde immer schwieriger, alle Menschen zu ernähren, denn es fehlte an Weide- und Ackerland. Deshalb begannen die Bauern Wald zu roden. Die Bäume wurden niedergebrannt und die Baumstümpfe aus dem Boden gerissen. Anschließend pflügten die Bauern das neu gewonnene Land und bereiteten die Saat vor. Zuerst rodeten die Bauern nur den Wald in der Nähe ihrer Höfe. Später verließen einige Bauernfamilien ihre Dörfer und legten neue Siedlungen in den Wäldern der Mittelgebirge an. Ortsnamen auf -rode, -rade, -reuth oder -brand deuten noch auf diese Zeit hin.

Erfindungen in der Landwirtschaft

Weil immer mehr Menschen ernährt werden mussten, suchten die Bauern nach Wegen, wie sie ihre Ernteerträge steigern konnten. Bisher hatten die Bauern ihr Ackerland in zwei Teile aufgeteilt. Ein Teil wurde bestellt, der andere lag brach und wurde als Viehweide genutzt und so gleichzeitig gedüngt. Im folgenden Jahr war es umgekehrt. Jetzt setzte sich allmählich eine neue Anbauweise durch – die Dreifelderwirtschaft, die viel mehr Ernte einbrachte. In der gleichen Zeit entwickelten die Bauern auch immer bessere Geräte, mit denen sie ihre Erträge steigern und die schwere Feldarbeit erleichtern konnten.

Das Dorf wird eine Gemeinde

Bisher hatten die Bauerndörfer aus vier oder fünf Höfen bestanden. Doch mit der Zeit wuchsen die Dörfer auf bis zu fünfzehn oder mehr Höfe an. Viel mehr Menschen lebten nun zusammen und es gab viele Dinge zu regeln. Dafür tagte mindestens einmal im Jahr die Gemeindeversammlung. Hier wurden der Dorfschulze und die Bauernmeister gewählt. Sie achteten darauf, dass die gemeinsamen Beschlüsse eingehalten wurden, verwalteten die Gemeindekasse und schlichteten Streitigkeiten. Die Dorfordnung hielt die Termine für das Pflügen, Säen und Ernten fest, aber auch, welche Straßen und Wege gebaut werden sollten oder welche Strafen auf Raub oder Diebstahl standen.

Im Dorf gab es außerdem einige Einrichtungen, die der Gemeinde gehörten und die alle Dorfbewohner nutzen durften: die Mühle, der Backofen und das Waschhaus, manchmal auch eine Badestube oder ein Wirtshaus. Hinzu kam die Allmende. Das waren Wald, Wiesen, Flüsse und Seen, wo alle Dorfbewohner Holz schlagen, fischen und ihr Vieh weiden lassen konnten.

Wie frei die Dorfbewohner ihre Angelegenheiten selbst regeln konnten, hing allerdings von ihrem Grundherrn ab. Lag das Dorf weit entfernt, war es für eine Gemeinde leichter, sich selbst zu verwalten, als wenn sie direkt bei der Burg des Grundherrn lebte.

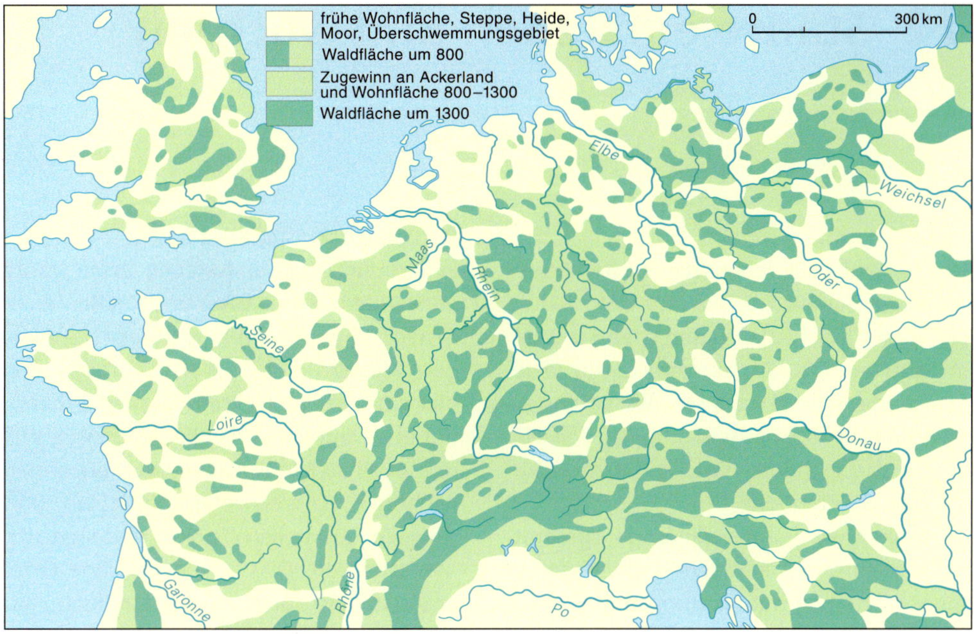

D4 *Verbreitung des Waldes um 800 und um 1300.* Vor 1000 Jahren gab es zwischen Nordsee und Alpen fast nur Wald, keine Städte, kaum Dörfer. Bauernhöfe lagen wie Inseln im riesigen Waldmeer. Die meisten Menschen bewohnten die fruchtbaren Böden am Rand der Mittelgebirge und entlang der großen Flüsse. Heute leben in demselben Gebiet mehr als hundertmal so viel Menschen.

1 *Beschreibe die neuen Techniken und Anbauweisen in der Landwirtschaft und erläutere ihre Auswirkungen (Q1, D1, D2, D3). Welche Veränderungen im bäuerlichen Leben hatten sie zur Folge?*

2 *Stelle dir vor: Du kommst in ein rückständiges Dorf und willst die Bauern dort von den Vorteilen der Dreifelderwirtschaft überzeugen. Was erklärst du ihnen?*

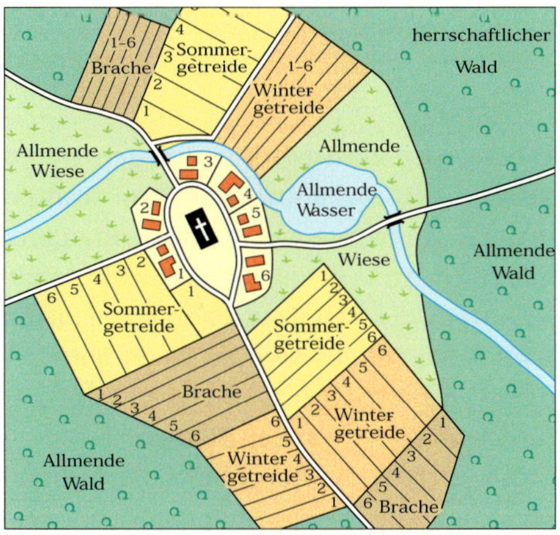

D2 *links: Dreifelderwirtschaft.* Die Karte zeigt, wie die Flur eines Dorfes nach dem Grundsatz der Dreifelderwirtschaft aufgeteilt wurde. – Erläutere dies, indem du auch D3 zur Hilfe nimmst.

D3 *unten: Die neue Anbauweise der Dreifelderwirtschaft löste die Feldgraswirtschaft, den jährlichen Wechsel von Feldbau und Brache, ab.* Wintergetreide (Dinkel, Roggen) wurde im Herbst, Sommergetreide (Hafer, Weizen, Gerste) im Frühjahr ausgesät. Während der Brache erholte sich der Boden, das weidende Vieh düngte ihn.

11 Städte entstehen und wachsen

Stadt
Im Gegensatz zum Dorf ist dies eine größere Siedlung von Händlern und Handwerkern, die für die umliegenden Dörfer einen Mittelpunkt darstellt. Im Mittelalter besaßen die Städte eigene Stadtrechte. Sie hielten Märkte ab, prägten Münzen und errichteten eine Stadtmauer.

Zeitreise multimedial Mittelalter/Frühe Neuzeit: Lebensformen – „Städte entstehen"

„Städteboom"
Um das Jahr 1000 lebten die meisten Menschen in kleinen Dörfern auf dem Land. Doch ab dem 11. Jahrhundert entstanden in Mitteleuropa fast explosionsartig viele Städte, die schnell wuchsen. Bis 1400 waren es rund 4000, das sind ungefähr so viele Städte wie es heute gibt. Wie kam es zu diesem „Städteboom"?
Zum einen war die Bevölkerung insgesamt gewachsen, denn die Bauern konnten immer mehr Menschen mit Nahrungsmitteln versorgen. Zum anderen wurden durch die verbesserten Geräte und Arbeitsweisen weniger Menschen für die Feldarbeit benötigt. So fanden manche Bauern auf dem Land kein Auskommen mehr. Sie zogen deshalb mit ihren Familien in die Städte, um dort als Handwerker ein neues Einkommen zu gewinnen.

„Stadtluft macht frei"
Auf dem Land lebten die meisten Menschen als unfreie Bauern. Die Leute in einer Stadt dagegen waren frei. Jeder konnte Eigentum erwerben, niemand musste Frondienste leisten. Viele Menschen flohen daher aus der Grundherrschaft in die nächste Stadt, um hier ein neues Leben zu beginnen. Doch ganz leicht war die Flucht nicht. Erst wenn ein Bauer ein Jahr und einen Tag in der Stadt lebte, ohne dass sein Grundherr ihn zurückgeholt hatte, war er ein freier Mann.

Von der Marktsiedlung ...
Es war kein Zufall, an welchen Orten Städte entstanden. Handwerker und Kaufleute siedelten sich vor allem in der Nähe von Burgen, Klöstern und Bischofssitzen an. Denn hier wurden geschickte Handwerker benötigt und Händler fanden Käufer für ihre Waren. Auch an Pilgerstraßen, an Kreuzungen wichtiger Handelswege, an Häfen und seichten Flussstellen (Furten) siedelten sich Menschen an. Dies waren günstige Orte, um Waren an durchreisende Kaufleute, adlige Herrschaften oder an die Bäuerinnen und Bauern der Umgebung zu verkaufen. Auch manche alte Römerstadt blühte als Marktsiedlung wieder auf.

... zur Stadt
Die Menschen in Marktsiedlungen waren vielen Gefahren ausgesetzt. Am größten war die Angst vor plündernden Kriegern, Räubern und Dieben. Deshalb suchten die Bewohner den Schutz von Königen, Fürsten oder Bischöfen. Der wurde ihnen gern gewährt, denn die Schutzherren erhielten dafür Steuergelder von den Städten.
Stolz waren die Stadtbewohner, wenn ihnen vom Landesherrn das Stadtrecht verliehen wurde. Dann bauten sie sich auf dem Marktplatz ein Rathaus und eine Kirche. Um ihre Stadt errichteten sie eine hohe Mauer mit Wehrtürmen und bewachten Stadttoren.

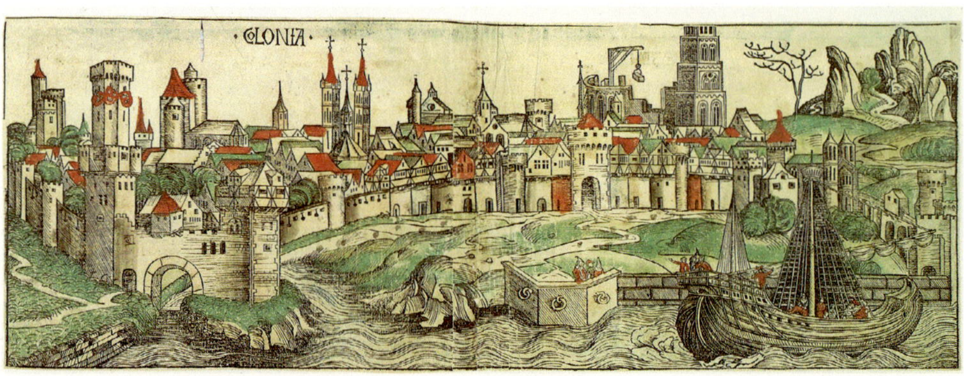

Q1 *Das mittelalterliche Köln von der Rheinseite aus gesehen* (aus der „Schedelschen Weltchronik" von 1493)

Konstantinopel	über 100 000	Gent	60 000	Barcelona	35 000
Venedig	90 000	Neapel	60 000	Lübeck	25 000
Genua	84 000	Brügge	50 000	Nürnberg	23 000
Mailand	über 80 000	Köln	40 000	Hamburg	17 000
Paris	über 80 000	London	40 000	Nowgorod	10 000–30 000
Florenz	80 000	Rom	40 000	Frankfurt am Main	10 000

D 1 *Die größten europäischen Städte im 14. Jahrhundert.*
Im Mittelalter gab es noch keine genauen Bevölkerungsstatistiken. Die Einwohnerzahlen in der Tabelle wurden anhand der Stadtfläche und der Anzahl der Haushalte in einer Stadt geschätzt.

Q 2 *Die Gründungsurkunde von Freiburg im Breisgau wurde zum Vorbild für viele Städte im 12. Jahrhundert:*

Es sei den lebenden und zukünftigen Geschlechtern bekannt, dass ich, Konrad (Herzog von Zähringen), auf meinem Besitz einen Markt eingerichtet habe im Jahre des Herrn 1120. Nachdem ich Kaufleute der Umgebung zusammengerufen habe, habe ich beschlossen, diesen Markt zu gründen und einzurichten. Jedem Kaufmann habe ich ein Grundstück zum Bau eines eigenen Hauses gegeben und bestimmt, dass von jedem dieser Hausgrundstücke jährlich am Martinstag mir und meinen Nachfolgern ein Schilling Zins gezahlt werden soll. (…)
Ich verspreche all jenen, die zu meinem Markt kommen, Frieden und Schutz. Wenn einer in diesem Bereich beraubt wird und er nennt den Räuber, soll er den Schaden ersetzt bekommen. (…)
Allen Kaufleuten der Stadt erlasse ich den Zoll.
Meinen Bürgern will ich keinen anderen Vogt (Vertreter des Herzogs in der Stadt) oder Priester geben außer dem, welchen sie selbst gewählt haben.
Wenn ein Streit oder Rechtsfall entsteht, soll nicht von mir oder meinen Richtern darüber entschieden werden, sondern nach Gewohnheit und Recht aller Kaufleute, wie sie besonders in Köln geübt werden. (…)
Jede Frau wird dem Mann gleichgesetzt und umgekehrt. (…)
Jeder, der in diese Stadt kommt, darf sich hier frei niederlassen, wenn es nicht der Leibeigene irgendeines Herren ist und diesen auch anerkennt als seinen Herrn. (…) Wenn aber ein Leibeigener seinen Herrn verleugnet, kann der Herr mit sieben Zeugen beweisen, dass der Leibeigene ihm gehört. Dann soll der Leibeigene ihm gehorchen.
Wer aber über Jahr und Tag in der Stadt gewohnt hat, ohne dass irgendein Herr ihn als seinen Leibeigenen gefordert hat, der genieße von da an sicher die Freiheit. (…)

1 Erkläre anhand des VT, wo und warum im Mittelalter Städte entstanden.

2 Erläutere anhand der Grundrisspläne (D2) wie sich die Städte Trier und Soest entwickelt haben. Worin unterscheidet sich ihre Entstehung und Entwicklung?

D 2 *Grundrisspläne* der Städte Trier und Soest

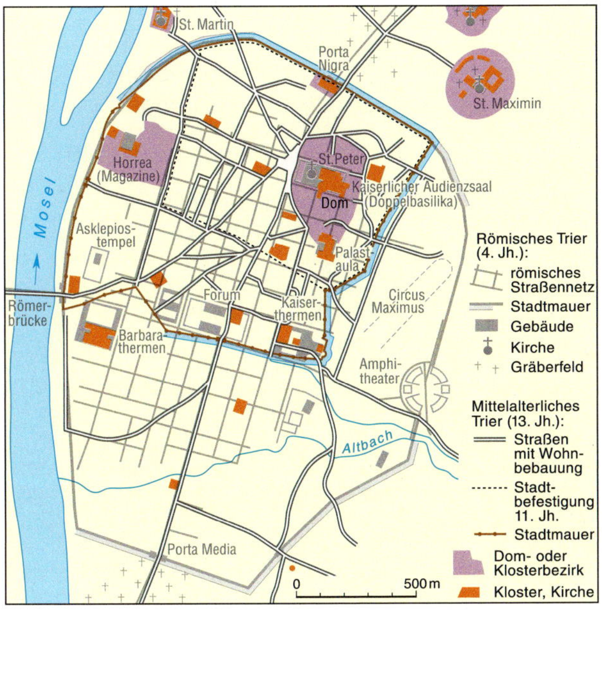

12 Methode
Stadtpläne erzählen aus der Geschichte

Über die Geschichte einer Stadt erfährst du viel, wenn du dich mit ihrem Stadtplan beschäftigst. Du kannst verschiedene Stadtviertel, Sehenswürdigkeiten und wichtige Gebäude erkennen. Das Gebiet der Altstadt ist besonders aufschlussreich, denn hier findest du die ältesten Häuser, Kirchen, Straßen und Plätze. Außerdem lässt sich meist deutlich sehen, wo die Stadtmauer verlief und Wallanlagen und Verteidigungsgräben angelegt waren. Weiterhin kannst du anhand eines Stadtplans sehen, wie sich die Stadt entwickelt und ausgedehnt hat und auch, wie die Menschen in der Stadt gelebt haben.
Machen wir einen Zeitsprung ins Mittelalter. In dieser Zeit war Nürnberg mit 30 000 Einwohnern eine der größten deutschen Städte.

D 1 *Das Wachsen der Stadt Nürnberg* und die Funktion der städtischen Gebäude zeigt diese Geschichtskarte. Im Norden liegt auf dem Felsen die Kaiserburg. Zwei Hauptkirchen wurden vom 12.–16. Jahrhundert errichtet: nördlich der Pegnitz St. Sebald mit den Gebeinen des Heiligen (eine Wallfahrtsstätte), südlich des Flusses St. Lorenz. Im Stapelhaus mussten fremde Kaufleute ihre Ware einige Tage zum Verkauf anbieten. Im Zeughaus wurden die städtischen Waffen gelagert, denn jeder Stadtbewohner war verpflichtet, die Stadt im Krieg zu verteidigen.

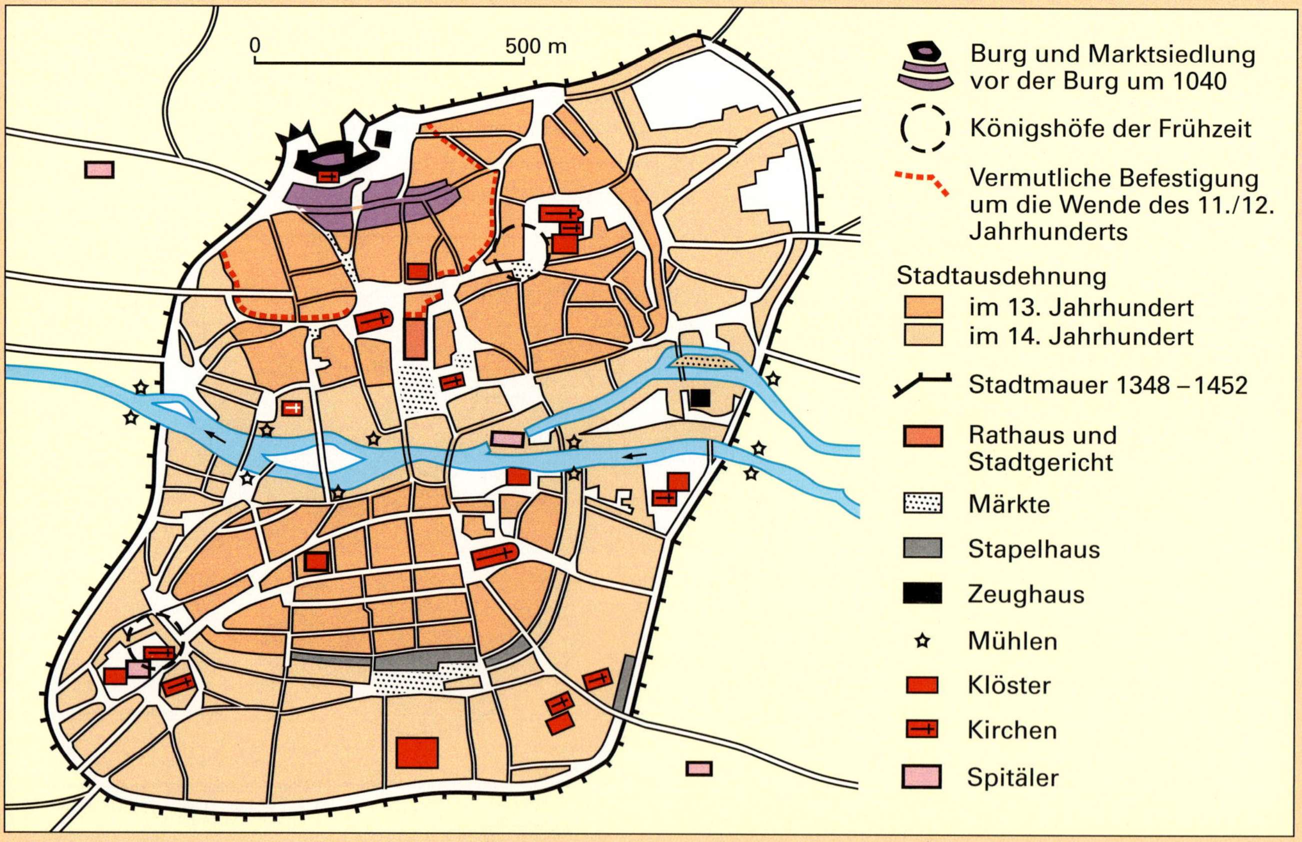

Methodische Arbeitsschritte

1. Wo liegt der älteste Siedlungskern?
2. Wie entwickelte sich die Stadt in den folgenden Jahrhunderten?
3. Welche besonderen Gebäude und Sehenswürdigkeiten erkennst du?
4. Wann wurden diese Gebäude gebaut und welche Funktion hatten sie?
5. Was sagen die Namen von Straßen, Plätzen und Vierteln über ihre (frühere) Bedeutung aus?
6. Wie verlief wohl das wirtschaftliche, kirchliche und gesellschaftliche Leben in der Stadt?

1 Untersuche die Stadtpläne von Nürnberg anhand der methodischen Arbeitsschritte.

2 Sieh auf einer Deutschlandkarte nach, wo Nürnberg liegt. Kannst du vermuten, warum die Stadt an diesem Ort entstanden ist?

3 Besorgt euch einen Plan von eurer Heimat- oder Schulstadt. Könnt ihr darin Spuren aus dem Mittelalter entdecken?

D **2** *Nürnberger Altstadt.* Diese vereinfachte Karte für Touristen zeigt wichtige Sehenswürdigkeiten und Straßen. Auf der Karte siehst du, dass viele Straßen und Gassen noch heute nach alten Berufen benannt sind. Die Meister eines Gewerbes wohnten und arbeiteten im Mittelalter in enger Nachbarschaft, meist in einer Gasse. Die Feuerhitze, die manche Berufsgruppen für ihre Öfen benötigten, konnte aber für die Stadt gefährlich werden, waren doch sehr viele Häuser aus Holz gebaut. Deshalb lebten z. B. Bäcker und Schmiede in der Nähe der Stadtmauer. Weil Gerber und Färber die Nachbarschaft durch Geruch belästigten, waren auch ihre Werk- und Wohnstätten am Stadtrand angesiedelt.

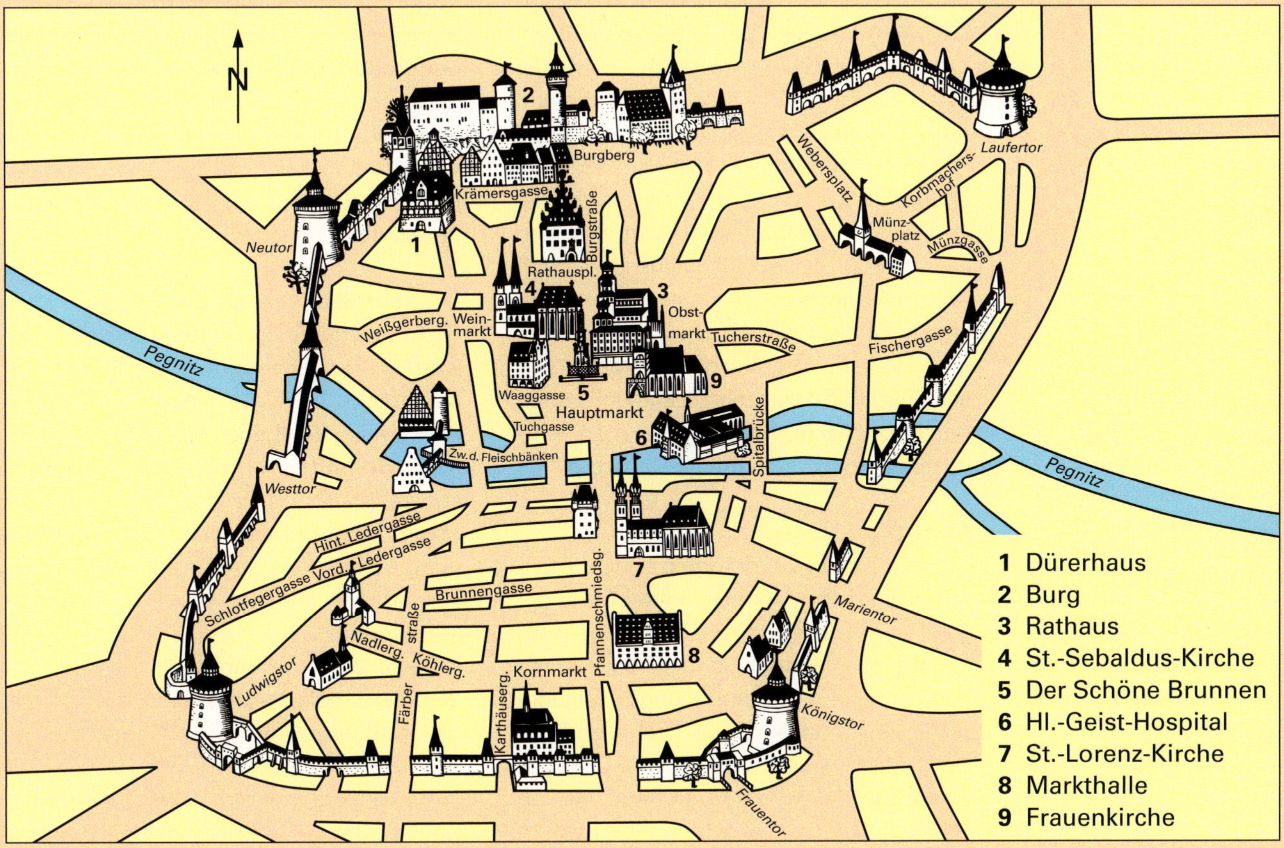

13 Auf dem Markt

Q1 *Marktplatz von Augsburg* um 1530. – Beschreibe den Platz. Beachte, was die Menschen tun und wie sie gekleidet sind.

A-Z

Markt
Ort, an dem Käufer und Verkäufer zu bestimmten Zeiten ihre Geschäfte abschlossen. Weltliche und geistliche Fürsten gründeten und schützten Märkte, indem sie bestimmten Städten das Marktrecht verliehen und den Marktfrieden bestimmten.

Der Markt ist der Mittelpunkt
Bisher hatten die Menschen auf dem Land fast alles, was sie zum Leben brauchten, selbst hergestellt. Das änderte sich in der Stadt. Ein Schuster fertigte nur Schuhe und musste deshalb Kleider und Lebensmittel einkaufen. Den anderen Handwerkern ging es ähnlich. Der Markt, wo viele verschiedene Waren ausgetauscht wurden, war also für alle Stadtbewohner lebensnotwendig. Auf Dauer ließ sich der Tausch von Waren aber nicht mehr wie auf dem Land mit Eiern oder Hühnern „bezahlen". So setzten sich allmählich Geldmünzen als Zahlungsmittel durch. Das Recht, Münzen zu prägen, wurde einer Stadt vom Kaiser verliehen.

Markttag
Schon frühmorgens drängten sich die Menschen auf dem Marktplatz in der Mitte der Stadt. Wenn die Marktfahne aufgezogen war, konnte der Handel beginnen: Bäuerinnen und Bauern aus der Umgebung hatten ihre Stände aufgeschlagen. Laut schreiend boten sie ihre Waren an: Eier, Honig, Geflügel, Zwiebeln, Rüben, Wachs und anderes von Feld und Hof. An einer anderen Ecke stellten die Handwerker ihre Ware aus. Wer Töpfe, Körbe, Tonwaren oder anderes Geschirr brauchte, fand es hier. Lag die Stadt an einer der großen Handelsstraßen oder an einem Fluss wie dem Rhein oder der Mosel, war das Angebot natürlich noch größer: Fernhändler verkauften Salz und Heringe, Tuche, Seide, Pelze, Waffen und manchmal sogar Pfeffer und andere Gewürze aus dem Orient.

Die Stadt lebt vom Markt
Nicht in jeder Stadt durfte Markt gehalten werden. Dazu benötigten die Bürger das Marktrecht. Es wurde ihnen vom Landesherrn, manchmal auch vom Kaiser, verliehen. Oft durfte im Umkreis der Stadt kein anderer Markt abgehalten werden. Auf dem Markt musste sich jeder an die Marktordnung halten. Kein Streit durfte mit Waffen ausgetragen werden, denn es herrschte Marktfriede.
Je mehr Waren in der Stadt verkauft wurden, desto höher waren die Einnahmen für die Stadtkasse. Auch viele Stadtbewohner lebten vom Markt: nicht nur Handwerker und Kaufleute, sondern auch Lastenträger, Gaukler, Bettler und Herbergsbesitzer.

Q2 *Auszug aus der Markt- und Gewerbeordnung für die Stadt Landshut, 1256:*

1. Wir verbieten, Schwerter und Dolche innerhalb der Stadt zu tragen. Und so oft Leute getroffen werden, die Schwerter tragen, so oft werden sie der Stadt 6 Schillinge und dem Richter 60 Pfennige zahlen.

2. Wenn einer (der ein Schwert trägt) kein Geld besitzt, wird ihm die Hand abgeschlagen werden. (…)

4. Wucherer[1], Vorkäufer[2], Gesellschaften, die in der Volkssprache Einung[3] heißen, verbieten wir unter Strafe von 5 Pfund[4] und erklären sie außerdem für rechtlos.

5. Wir verordnen, $2\,^1/_2$ Pfund Rindfleisch für einen Schilling zu verkaufen und ebenso viel Hammelfleisch und drei Pfund Ziegenfleisch. Die Leute, die es anders machen, werden der Stadt 6 Schillinge und dem Richter 60 Pfennige zahlen. (…)

10. Wir verordnen, dass kein Kauf außerhalb des öffentlichen Marktes stattfindet, was die Leute betrifft, die der Stadt Waren zuführen (…)

14. Wir verordnen, dass unsere Bürger den Eimer Römerwein für 5 Schillinge ausschenken, die Fremden aber für ein halbes Pfund und 10 Pfennige. Den besten Frankenwein werden sie für 75 Pfennige, den mittleren für 55 Pfennige ausschenken. Wer zwei Weine zugleich ausschenkt oder mischt und wer das Maß nicht an den Tisch trägt, wird der Stadt 6 Schillinge und dem Richter 60 Pfennige zahlen. (…)

20. Lotterbuben in jeder Art, fahrende Schüler[5] mit langem Haar halten wir fern. Die Leute, die sie über eine Nacht hinaus beherbergen, verurteilen wir zu 1 Pfund.

1 Jemand, der hohe Zinsen verlangt.
2 Jemand, der Waren aufkauft, um sie teurer weiter zu verkaufen.
3 Zusammenschluss von Kaufleuten, um gemeinsam höhere Preise durchzusetzen.
4 1 Pfund Pfennige = 20 Schillinge = 240 Pfennige. Wie viel der Pfennig wert war, hing von seinem Gewicht ab.
5 Studenten, unterwegs von oder zu einer Universitätsstadt.

Q3 *Stadtwaage in Nürnberg.* Der Wiegemeister (Mitte) wiegt den Stoffballen eines Kaufmanns (rechts), um den Zoll festzulegen. Sein Gehilfe (links) setzt die Gewichte.

Q4 *Brotmaß am Freiburger Münster.* Wenn sich ein Bäcker nicht an die vorgeschriebenen Maße hielt, wurde er hart bestraft.

1. *Zähle die Vorteile einer Stadt auf, wenn sie das Markt- und das Münzrecht besaß.*
2. *Erläutere, was alles in der Marktordnung geregelt wurde (Q2).*
3. *Erkläre, warum die Stadtwaage und das Brotmaß für den Handel wichtig waren (Q3, Q4).*
4. *Stell dir vor, du führst einen Freund, der zum ersten Mal in der Stadt ist, über den Markt. Erzähle, was um euch herum geschieht.*

14 Zünfte, Meister und Gesellen

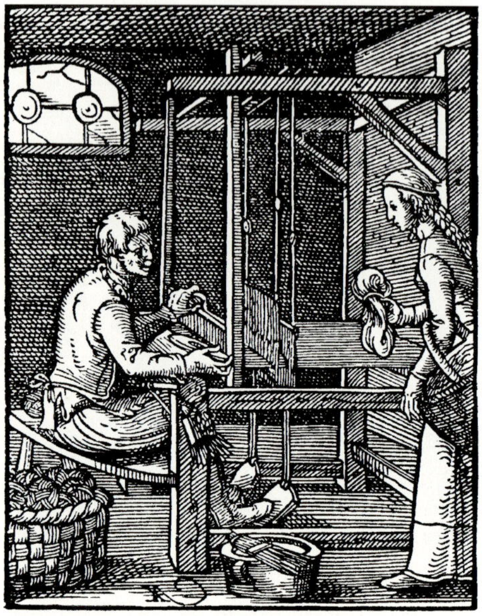

1 *Werkstatt eines Webers* (Holzschnitt aus dem 16. Jahrhundert)

Zunft
aus dem Mittelhochdeutschen: „Regel des Zusammenlebens; was sich ziemt". Die Meister eines Handwerks schlossen sich genossenschaftlich zur Zunft zusammen. Sie legten die Zahl der Betriebe, die Ausbildung, Preise und Herstellung der Güter fest. Außerdem versorgte die Zunft die Hinterbliebenen eines verstorbenen Meisters.

Ohne Handwerker geht es nicht

In der mittelalterlichen Stadt waren die Handwerker gefragte Leute. Für das leibliche Wohl der Bürger sorgten Metzger, Bäcker und Bierbrauer. Natürlich wurden auch Schneider, Schuster, Weber, Zimmerer und Bauleute gebraucht. Um die Stadt zu verteidigen, waren geschickte Waffenschmiede, Kettenhemd- und Eisenhandschuhmacher unentbehrlich.
Die Anforderungen der Stadtbewohner und Bauern an das Handwerk stiegen. Deshalb spezialisierten sich Handwerker, wenn sie auf bestimmten Gebieten besondere Fähigkeiten erworben hatten. Im Schmiedehandwerk arbeiteten beispielsweise Huf- und Nagelschmiede, aber auch Löffel-, Pfannen- und Goldschmiede.

Die Zünfte

Alle Meister, die das gleiche Handwerk ausübten, gehörten einer Zunft an. Jede Zunft hatte ihre Zunftordnung. Darin war festgehalten, wie man Meister wurde, wie viele Meister es in der Zunft geben und wie viele Gesellen und Lehrlinge ein Meister einstellen durfte. Auch über Menge, Qualität und Preise der Erzeugnisse gab es Vorschriften.
In der Kirche hatten die Zünfte oft ihren eigenen Altar und verehrten einen Heiligen als ihren Schutzpatron. Auch im Kriegsfall traten die Zünfte als Gemeinschaft auf: Jeder Berufszweig verteidigte einen bestimmten Abschnitt der Stadtmauer.

Im Hause des Meisters

Die Werkstatt lag im Erdgeschoss des Fachwerkhauses. Hier arbeitete der Meister mit den Gesellen und Lehrlingen. Seine Frau führte den Haushalt und verkaufte die Waren. Nur in wenigen Berufen, so bei den Garnmachern, konnten auch Frauen Meisterinnen werden. Die Gesellen und Lehrlinge sowie Mägde und Knechte lebten in Kammern unter dem Dach. Die Familie des Meisters wohnte im ersten Stock.
Handwerker, die denselben Beruf ausübten, hatten ihre Werkstätten in einer Straße. Namen wie Gerberstraße oder Weber- und Schustergasse erinnern noch heute daran.

Lehrjahre

Sollte der Sohn eine Lehre beginnen, dann schloss sein Vater mit dem Meister einen Vertrag ab. In einem Lehrvertrag aus dem Jahr 1406 steht zum Beispiel: „Meister Marten soll meinen Sohn die ganzen fünf Jahre anständig kleiden, wie es die Zunft verlangt. Für die Lehre will ich dem Meister sechzehn Gulden an Lehrgeld aushändigen."
Hatte der Lehrling die Ausbildung beendet, nahmen die Gesellen ihn in ihre Gemeinschaft auf. Der neue Geselle ging oft zunächst auf Wanderschaft, um in der Fremde Berufserfahrungen zu sammeln. Viele Männer blieben ihr Leben lang Gesellen, denn Meisterstellen waren selten. Außerdem musste man ein Meisterstück anfertigen und einen Geldbetrag an die Zunftkasse zahlen.

Q 5 *Zunftzeichen*
– Welche Handwerke sind jeweils dargestellt?

Q 2 *Amtsbrief der Zunft der Garnmacherinnen. In nur wenigen deutschen Städten existierten Frauenzünfte, z. B. in Köln. Dort beschloss der Rat 1397:*

1. Wenn eine Frau oder ein Mädchen das Garnamt in Köln lernen will, so muss sie eine Lehrzeit von mindestens vier Jahren durchmachen, damit sie lernt, bestes Kaufmannsgut herzustellen. (...)

2. Wenn eine Frau oder ihre Tochter ein Lehrmädchen eingestellt hat, dann muss sie das innerhalb von acht Tagen der Zunft melden und den Namen des Mädchens dort eintragen lassen, damit man jederzeit einwandfrei nachweisen kann, dass es seine Lehrzeit erfüllt hat, wenn es sich später einmal niederlassen und seinen Beruf selbstständig ausüben will. (...)

3. Wenn eine Frau (...) sich selbstständig machen will, so sollen die Frauen, die darauf vereidigt sind, ihre Arbeit prüfen, ob es sich um Kaufmannsgut handelt oder nicht. Ist die Arbeit so, dass man sie dem Kaufmann übergeben kann, so darf sie ihren Beruf ausüben, nachdem sie zwei Gulden Eintrittsgebühr bezahlt hat; die Tochter einer Meisterin zahlt die Hälfte.

Q 3 *In Nürnberg konnte ein Lehrling unter folgenden Bedingungen das Lehrverhältnis beenden:*

Wenn der Meister oder seine Leute einem Lehrling mit dem Essen Abbruch tun. Wenn der Lehrling keine Schlafgelegenheit, wie sie einem Lehrling zusteht, erhält. Wenn der Meister, seine Gesellen, Kinder oder jemand anders den Lehrjungen übermäßig oder in ungebührlicher Weise mit Fäusten, Hämmern oder anderem, wie dies oftmals vorkommt, gefährlich schlagen oder zu schlagen gestattet, so dass er am Leib Schaden erleidet. Wenn der Meister dem Lehrling mehr Arbeit auferlegt oder ihn längere Zeit arbeiten lässt, als es im Handwerk üblich ist. Wenn der Lehrling durch den Meister oder dessen Frau so sehr mit Hausarbeiten, Kinderhüten und anderem belastet wird, dass er an seinem Leib Schaden erleidet und nicht in der Werkstatt sein kann und in der Erlernung seines Handwerks behindert wird.

1 *Stelle die Aufgaben einer Zunft zusammen (VT, Lexikon, Q2). Warum war sie mehr als eine wirtschaftliche Gemeinschaft?*

2 *Beschreibe genau das Aussehen und die Tätigkeiten der Personen auf den Bildern Q1 und Q4. Welche Aufgaben haben Meister und Meisterin, Gesellen und Kinder? Wie sind Laden und Werkstatt eingerichtet?*

3 *Vergleiche die Ausbildung eines Handwerkers im Mittelalter und heute. Was hat sich verändert, was ist gleich geblieben (VT, Q3)?*

Q 4 *Schusterwerkstatt und Laden*

15 Fernkaufleute verbinden die Städte

Fernhandel – ein riskantes Geschäft

An der Nord- und Ostseeküste hatten es deutsche Kaufleute zu Reichtum und Ansehen gebracht. Ihre seetüchtigen Schiffe, die Koggen, liefen Häfen in Russland, Schweden, Norwegen und England an. Die Koggen waren tiefbauchige Handelsschiffe, die 200 Tonnen Fracht aufnehmen konnten.
Doch der Seehandel war ein riskantes Unternehmen: Ein Schiff auszurüsten war kostspielig und immer wieder überfielen Seeräuber die beladenen Koggen. Deshalb schlossen sich einzelne Kaufleute zu Genossenschaften, den Hansen, zusammen. Gemeinsam rüsteten sie nun ihre Schiffe aus, organisierten die Fahrten und heuerten bewaffneten Schutz an.

TIPP

Eine abenteuerliche Erzählung über den wohl berühmtesten Seeräuber zur Hansezeit: „Klaus Störtebeker" (Boy Lornsen, Omnibus, 1999)

Von Hamburg nach Nowgorod

In vielen Hafenstädten an Nord- und Ostsee gründeten die Hansekaufleute Kontore. Das waren Handelsniederlassungen mit Büros, Lagerhäusern und eigenem Hafengelände. Dort wurden die Schiffe beladen, Waren umgeschlagen und Verträge mit ausländischen Kaufleuten geschlossen. Die berühmtesten Kontore waren der Petershof in Nowgorod und der Stalhof in London. Untereinander sprachen die Hansekaufleute wie auch die Kapitäne und Schiffsleute ihre eigene Muttersprache, nämlich niederdeutsch oder auch „plattdütsch". Das Niederdeutsche wurde bald zur Handelssprache im gesamten Ostseeraum. Von Lübeck bis nach Oslo oder Reval konnten sich die Kaufleute so verständigen.
In wichtigen Städten sicherten sich die Kaufleute bestimmte Vorrechte, etwa die zollfreie Ein- und Ausfuhr von Waren und den Schutz vor unliebsamen Konkurrenten. So gewannen die Kaufmannshansen immer mehr Einfluss, sowohl in ihren Heimatstädten als auch im gesamten Nord- und Ostseeraum.

Zeitreise multimedial Mittelalter/Frühe Neuzeit: Lebensformen – „Unterwegs als Hansekaufmann"

D **1** *Die Koggen* lösten ab dem 13. Jahrhundert die bis dahin gebräuchlichen kleineren Holzkähne als Frachtschiffe ab (Modell einer Kogge).

Die Hanse wird zum Städtebund

Mitte des 14. Jahrhunderts schlossen sich die Kaufmannshansen schließlich zur „Deutschen Hanse" zusammen, der in ihrer besten Zeit bis zu 80 Städte angehörten. Fast 200 Jahre lang beherrschte die Hanse den Fernhandel in Nordeuropa. Sie hatte eigene Maße und Münzen sowie eine eigene Rechtsprechung. Doch nicht nur das: Die Hanse war mächtiger als manches Königreich. Sie schloss sogar Bündnisse und führte Kriege wie ein Staat.
Doch Ende des 15. Jahrhunderts veränderte sich die europäische Handelswelt. Als die Spanier den neuen Kontinent Amerika entdeckten, verlagerten sich die wichtigen Handelswege in den Atlantischen Ozean zwischen der „Alten" und der „Neuen Welt". Spanien, Portugal, die Niederlande und England entwickelten sich zu großen See- und Handelmächten, dagegen verloren die Hansestädte an Nord- und Ostsee ihre Bedeutung.

Q1 *Die bremischen Kaufleute wurden 1275 aus der Hanse ausgeschlossen, weil sie sich geweigert hatten, an einer Blockade Norwegens teilzunehmen. 1358 nahm die Stadt Bremen folgende Bedingungen zur Wiederaufnahme in die Hanse an:*

Wir, Ratmänner und Bürgerschaft der Stadt Bremen, richten unseren unendlichen Dank an die ehrbaren Herren Ratmänner der Seestädte und der anderen Städte, ebenso an den gemeinen Kaufmann von der deutschen Hanse des Heiligen Römischen Reiches dafür, dass sie uns in Gnade wieder aufgenommen haben. (…) Wir machen allen (…) bekannt (…), dass wir die folgenden Klauseln und Bedingungen genauestens beachten werden. (…)

Erstens, wann und wie oft auch immer wir von dem Rat der folgenden Städte angesprochen werden, nämlich von Lübeck, Wismar, Rostock, Stralsund und Greifswald, wollen wir zum Vorteil und Nutzen aller vorgenannten Kaufleute, zur Sicherung und Verteidigung des Öresundes ein gutes Schiff, ausgerüstet mit 50 Bewaffneten und anderen Kriegswaffen bereitstellen und dorthin senden, auf unsere Kosten und Gefahr; und wenn Gott uns den Sieg gibt, uns und unseren Verbündeten, über die Seeräuber und andere Angreifer (…) wollen wir die Beute mit unseren Verbündeten nach der Zahl der Beteiligten teilen. Desgleichen wollen wir wann und wie oft auch immer wir vom Rat von Hamburg zur Verteidigung der Elbe aufgefordert werden, auf einem Schiff 100 Bewaffnete bereitstellen und auf die Elbe schicken, ebenfalls auf unsere Kosten und Gefahr. (…)

Weiterhin wollen wir alle Entscheidungen, die von den Ratmännern der vorgenannten Städte im Namen aller erwähnten Kaufleute gefällt worden sind, genauestens befolgen. Wenn einer unserer Bürger es wagen sollte, mit seinen Schiffen und Waren Orte anzulaufen, über die von den Ratmännern und den genannten Kaufleuten Blockade verhängt wurde[1], und so gegen die Entscheidungen verstößt, so soll er seine Güter und sein Leben verlieren.

[1] Gemeint ist die Blockade Flanderns von 1358.

D2 *Hamburger Hafen (Buchmalerei von 1497).* Das Bild zeigt die Zollstelle und das Handelsleben im Hamburger Hafen.

Ware	*Hauptherkunft*
Tuche	Flandern
Fisch	Schonen
Salz	Lüneburg
Butter	Schweden
Felle, Pelze	Russland, Schweden
Getreide	Preußen
Wachs	Russland, Preußen
Bier	Wendische Städte
Kupfer	Schweden, Ungarn
Eisen	Schweden, Ungarn
Öl	Flandern
Flachs	Livland, Norddeutschland
Wein	Rheinland
Leinen	Westfalen

D3 *Gehandelte Waren im Lübecker Hafen*

1. *Nenne die Gründe der norddeutschen Kaufleute, sich zu Hansen zusammenzuschließen.*
2. *Woran wird deutlich, dass die Hanse ein mächtiger Städtebund war? (Siehe auch die Karte auf der ADS 10/11.)*
3. *Untersuche, wie die Hanse mit der Stadt Bremen umging (Q1). Erkläre, warum Bremen wieder in die Hanse aufgenommen werden wollte.*

16 Wer regiert die Stadt?

Q1 *Rathaus und Stadtbrunnen von Paderdorn.* Das mittelalterliche Rathaus wurde 1279 erstmals urkundlich erwähnt. Die Stadtrechte erhielt Paderborn aber bereits um das Jahr 1000.

Stadtherren bestimmen

Anfangs standen die Städte unter der Herrschaft eines Fürsten, Grafen oder eines Bischofs. Diese Stadtherren gewährten der Stadt Schutz, hielten Gericht und verliehen das Markt- und das Münzrecht. Dafür verlangten sie aber Abgaben und Steuern von den Bürgern.

Städte werden unabhängig

Mit der Zeit wurden die Städte immer wohlhabender. Vor allem die Fernkaufleute brachten viel Geld in die Stadt. Diese Fernhändler waren es gewohnt, ihre Angelegenheiten selbst zu regeln. Dies wollten sie nun auch in den Städten tun.
Manche Städte konnten sich von ihrem Schutzherrn einfach freikaufen. In anderen Städten mussten die Kaufleute und Handwerker um ihre Freiheit kämpfen, etwa in Köln und Lübeck, wo der Bischof und der Herzog gestürzt wurden. Manche Städte erhielten auch direkt vom Kaiser den Freiheitsbrief. Als freie Reichsstädte waren sie nur dem Kaiser unterstellt und besaßen besondere Vorrechte.

Stadtrat und Bürgermeister

In den freien Städten regierten nun die wohlhabenden Kaufleute, Fernhändler und andere reiche Stadtbürger. Sie wurden Patrizier genannt. Nur Patrizier konnten in den Stadtrat gewählt werden. Auch der Bürgermeister wurde aus ihrer Mitte ernannt.
Stadtrat und Bürgermeister regelten das Leben in der Stadt. So führte der Bürgermeister den Vorsitz im Gericht, bewahrte die Schlüssel der Stadttore auf und befehligte im Kriegsfall das Stadtheer. Der Stadtrat erließ die Gesetze für die Stadt, beispielsweise die Marktordnung und die Kleiderordnung. Die Patrizier hatten sich so eine mächtige Stellung erkämpft. Keine anderen Stadtbewohner konnten mitregieren oder etwas gegen die Entscheidungen des Stadtrats unternehmen.

Zünfte wollen an die Macht

In vielen Städten wurden die Handwerker unzufrieden damit, wie der Stadtrat regierte. Immerhin zahlten auch sie Steuern und wollten dafür in der Stadt mitbestimmen. In vielen Städten forderten die Zünfte, dass sie eigene Leute in den Rat schicken konnten. An manchen Orten gingen die Zünfte mit Gewalt gegen die Patrizier vor und schafften es, an die Macht zu kommen. In den Städten, in denen jetzt die Handwerker regierten, wanderten die Patrizier allerdings häufig mitsamt ihrem Vermögen aus.
Letztlich wurden die deutschen Städte sehr unterschiedlich regiert. Über manche herrschte ein Fürst oder Bischof, in einigen Städten regierten die Patrizier, in anderen die Zünfte und manchmal regierten auch Patrizier und Zünfte gemeinsam.

Q2 *Wer darf im Rat sitzen? Der Herzog von Sachsen, Heinrich der Löwe, bestimmte als Stadtherr über Lübeck um 1167:*

Wählt man jemanden in den Rat, der soll zwei Jahre darin sitzen, im dritten soll er frei sein, man kann ihn aber bitten, den Rat zu besuchen. Wir bestimmen auch, dass niemand in den Rat komme, der nicht ehelich, von freier Geburt und niemandes Eigentum sei, auch darf er bei keinem Herrn irgendein Amt bekleiden. Er soll von gutem Ruf sein, und auch seine Mutter muss frei und niemandes Eigentum gewesen sein. Er darf keines Geistlichen oder Pfaffen Sohn sein und soll liegendes Eigentum (Grundbesitz) innerhalb der Mauern haben, er darf zu seinem Eide nicht gezwungen sein und seine Nahrung nicht mit Handwerk erworben haben.

Q3 *Ein Chronist berichtet über Kämpfe um das Stadtregiment zwischen Bischof und Bürgern in Straßburg:*

(Am 8. März 1262) zogen die Straßburger aus mit all ihren Berittenen und dem halben Fußvolk. Sie nahmen Steinmetzen und andere Werkleute mit und brachen den Kirchturm zu Mundolsheim ab. Der war gar fest und hoch gemauert, und man fürchtete, der Bischof werde sich dort festsetzen und die Straßen sperren. (...) (Der Bischof zog daraufhin) sein Kriegsvolk zusammen, gegen 300 Reiter und 5000 Mann zu Fuß. Mit denen zog er von Dachstein gegen die Stadt heran, um den Bürgern eine Schlacht zu liefern. (...) Als die Straßburger das merkten, schickten sie Boten zurück. Die liefen durch die ganze Stadt und riefen, der Bischof rücke heran. Da ließ man die Glocken Sturm läuten, und alle Bürger zogen aus gegen den Bischof. (...) Es war so viel Volks, dass man vor lauter Menschen kaum den Erdboden sehen konnte. (...) (Der Bischof verlor den Kampf, konnte fliehen, starb aber bald darauf.) Nach seinem Tode verhandelten die Domherren mit den Bürgern, und der Friede wurde geschlossen. So kam dieser Krieg zu Ende. In ihm erfochten und erwarben die Bürger für die Stadt Nutz und Ehre, für sich selbst aber und ihre Nachkommen große Freiheit und großes Glück. Denn hätte der Bischof die Rechte gewonnen, auf die er in der Stadt Anspruch zu haben vermeinte, so wäre Straßburg sein eigen worden und in seiner Gewalt gewesen.

Q4 *Über einen Bürgeraufstand in Köln berichtet die Chronik 1369:*

Die Weber von Köln rotteten sich zusammen und forderten vom Rat die Herausgabe eines Mannes, der in Haft lag, und setzten ihre Forderung unter Androhung von Gewalt durch. (...) Hierauf hielten die Weber eine Versammlung und berieten, wie man den guten (= reichen) Leuten die Macht nehmen könne. (...)

Es musste nach dem Willen der Weber gehen. Der neue Rat wurde in folgender Weise gebildet: 15 Männer wurden aus den Geschlechtern (der Patrizier) gewählt, wie das von alters her Sitte war; daneben wurde noch ein weiterer Rat erkoren, der zählte 50 Mitglieder. In diesem Rat waren viele Zünfte vertreten. Gott schlage mit Krankheit, die solches ersannen.

Q5 *Zunftvertreter übernehmen 1368 die Herrschaft von den Patriziern in Augsburg* (Malerei aus dem Ratsbuch von Augsburg). Je ein Vertreter der Weber, Bäcker, Kürschner, Metzger, Kaufleute und Bierbrauer betritt die Ratsstube, in der die Patrizier sitzen.

1 *Beschreibe, wie die Städte im Mittelalter regiert wurden. (VT)*

2 *Lies die Textquellen Q3 und Q4. Wer kämpfte gegeneinander und was wollten die Gruppen erreichen?*

3 *Welche Bestimmungen stellte Heinrich der Löwe für den Lübecker Stadtrat auf (Q2)? Kannst du dir denken, mit welcher Absicht er das tat?*

4 *Bereitet in Partnerarbeit ein Streitgespräch zwischen zwei Handwerksmeistern über die Regierung der Patrizier vor und spielt es in der Klasse.*

17 „Stadtluft macht frei“ – und gleich?

Eine verbotene Liebe im mittelalterlichen Regensburg: „Zwischen Kreuz und Davidstern“ (Carlo Ross, Omnibus, 2001)

Zeitreise multimedial Mittelalter / Frühe Neuzeit: Lebensformen – „Besuch im jüdischen Worms“

Nicht alle waren „Bürger“

Meistens besaßen nur die Patrizier und die Handwerksmeister das Bürgerrecht, denn dazu musste man ein Grundstück, ein Haus und ein gewisses Vermögen besitzen. Handwerksgesellen und Lehrlinge galten nicht als Bürger, ebenso wenig wie die vielen Knechte, Mägde, Fuhrleute, Lastenträger und Tagelöhner, die bei den Meistern und Patriziern arbeiteten.

Menschen „zweiter Klasse“ waren auch die jüdischen Familien. Sie mussten in den abgegrenzten Gettos wohnen und bestimmte Kennzeichen an der Kleidung tragen. Dabei waren es besonders auch die jüdischen Fernhändler und Kaufleute, die durch ihre Geschäfte dazu beitrugen, dass ihre Städte groß und wohlhabend wurden.

Frauen in der Stadt

Frauen besaßen nur selten das Bürgerrecht, nämlich wenn sie selbstständig Handel oder ein Gewerbe betrieben. Ansonsten hatten Frauen keine politischen Rechte und konnten daher kein Amt im Stadtrat oder im Gericht übernehmen. Aber sie waren frei. Dazu gehörte, dass sie Besitz erben und vererben konnten.

Auch wenn die Handwerker- und Kauffrauen nicht gleichberechtigt waren, so hatten sie doch ein gesichertes Leben. Anders war es bei den Mägden: Sie arbeiteten im Haus einer wohlhabenden Familie, manchmal auch in der Werkstatt eines Handwerkers und auf Baustellen. Ihr Lohn war gering und vor Entlassung waren sie nicht sicher.

Einen schlechten Ruf hatten die Dirnen und die Frauen, die in den Badehäusern arbeiteten. Die reichen Frauen legten deshalb großen Wert darauf, nicht mit einer Magd oder gar Dirne verwechselt zu werden. Dafür sorgten die Kleiderordnungen des Stadtrats. Darin war genau vorgeschrieben, wer sich wie kleiden durfte.

Arme und Ehrlose

Richtig gut ging es nur den Familien der reichen Oberschicht. Viele Handwerker dagegen erwirtschafteten oft nur mühsam genug zum Leben. Wenn das Geschäft schlecht ging oder der Familienvater starb, konnte eine Familie schnell zu den armen Leuten gehören. Und davon gab es viele in der Stadt: die Tagelöhner und Lohnarbeiter, die keine feste Anstellung hatten, sondern sich jeden Tag neue Arbeit suchen mussten. Wer keine Arbeit fand oder zu krank und zu alt zum Arbeiten war, dem blieb nichts anderes übrig, als zu betteln. In schlechten Zeiten lebte fast die Hälfte der Stadtbewohner von Almosen.

Bettler und Obdachlose gehörten zu den recht- und ehrlosen Menschen, ebenso Spielleute, Gaukler, Musikanten und Dirnen. Auf diese Leute sahen alle anderen Stadtbewohner herab. Sie konnten leicht aus der Stadt verwiesen werden und durften vor Gericht nicht als Zeugen auftreten. Zu den „Unehrlichen“ zählte auch der Henker, der außerhalb der Stadt wohnen musste.

Q1 *Kieler Kleiderordnung, 1417 vom Stadtrat erlassen:*

Keine Frau darf gekrauste Tücher tragen und mehr als zwei Mäntel haben, die mit Pelzwerk gefüttert sind. Sie darf auch keinerlei Geschmeide mit teurem Gestein und Perlen an allen ihren Kleidern tragen, wenn ihr Mann an die Stadt nicht mindestens 400 Mark Silber zu versteuern hat. Wenn eine Frau dessen überführt wird, so soll das der Stadt mit mindestens 10 Mark gebessert [wieder gutgemacht] werden.
Dieselbe Strafe trifft den Übertreter der weiteren Bestimmungen: Wenn der Mann der Stadt für mindestens 200 Mark Silber Steuern zahlt, so darf seine Frau für eine Mark Silber an allen ihren Kleidern tragen. (…)
Wenn der Mann zwar Steuern zahlt, aber nicht für 100 Mark, so darf seine Frau keinerlei Geschmeide tragen. Insbesondere darf keine Bürgersfrau Pelzwerk unten an ihren Kleidern tragen.
Insbesondere wird empfohlen, dass keine Dienstmagd Spangen, Scharlachtuch und vergoldete Geschmeide trägt, die mehr als 8 Schillinge [= $^1/_2$ Mark] wert sind. Wer dagegen verstößt, soll das Geschmeide sofort abgeben und sein Dienstherr oder seine Dienstherrin sollen drei Mark Silber Strafe zahlen oder die Dienstbotin (…) aus dem Brote jagen.

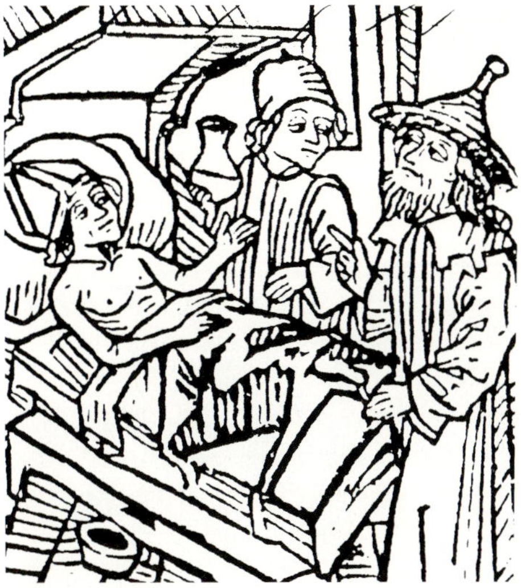

Q2 *In einem Roman aus dem 11. Jahrhundert gibt ein Vater seinem Sohn folgende Ratschläge für die Ehe:*

Wenn du eine edle Gattin heimführen willst, um mit ihr teure Kinder zu zeugen, dann suche dir eine Frau, die du kennst und niemals ohne den Rat deiner Mutter! Sobald du sie gefunden hast, ziemt es sich, sie in jeder Weise in Ehren zu halten und mit Güte zu behandeln; sei dennoch ihr Herr, damit sie sich nicht etwas herausnimmt, mit dir irgendeinen Streit zu haben; denn kein größeres Übel kann es für Männer geben, als wenn sie denen unterworfen sind, deren Herren sie sein sollten.

Q3 *Ein jüdischer Arzt behandelt einen Bischof* (Holzschnitt). Jüdische Ärzte waren zum Teil sehr begehrt und wurden oft zu hoch stehenden Patriziern, Kirchenmännern und sogar Fürsten gerufen. Da sie sehr gebildet waren, verhalfen jüdische Ärzte und Gelehrte manchen Städten zu großem Ansehen im Land.

1. *Liste die verschiedenen Personengruppen auf, die in einer Stadt lebten (VT, Q3, Q4). Wer von ihnen besaß das Bürgerrecht? Wer war angesehen, wer galt dagegen als ehrlos?*
2. *Untersuche, welche Unterscheidungen die Kieler Kleiderordnung trifft (Q1). Aus welchem Grund wurden solche Kleiderordnungen erlassen?*
3. *Vergleiche die verschiedenen Lebenslagen, die auf den drei Bildern (Q4) dargestellt sind.*
4. *Stelle dir vor, du bist vom Land in eine Stadt gekommen. Berichte einem Freund, welche Hoffnungen sich erfüllt haben, aber auch, worüber du enttäuscht bist.*

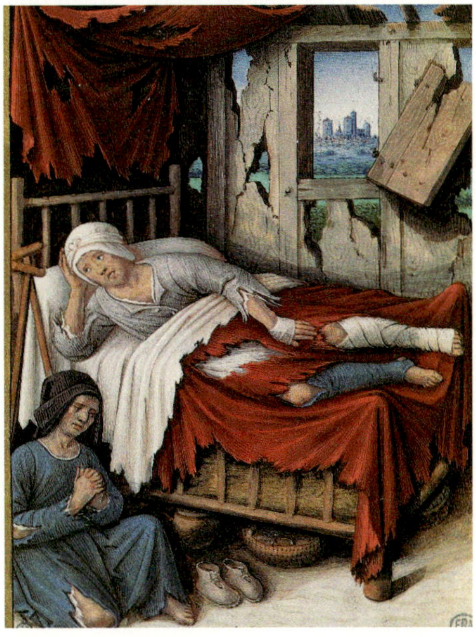

Q4 *Menschen in der Stadt* (Gemälde von Jean Bourdichon, †1521)

18 Auch Ratten machen Geschichte

Q 1 *Bei Pestepidemien* bestattete man die Toten möglichst schnell in Massengräbern (Darstellung aus Tournai in Belgien, um 1350).

TIPP

Von dem düsteren Jahr 1348 erzählt dieses Buch: „Im Schatten des schwarzen Todes" (Harald Parigger, dtv junior, 2001)

Der „schwarze Tod"

Im Oktober 1347 lief ein Handelsschiff von der Halbinsel Krim in den sizilianischen Hafen Messina ein. Doch statt kostbarer Waren aus Ost- und Mittelasien bot das Schiff den Menschen im Hafen einen grauenvollen Anblick: Überall auf dem Deck lagen Leichen, daneben noch Lebende, die mit glasigen, fiebrigen Augen den Tod erwarteten. Herbeigeeilte Ärzte stellten bei den Toten und Totkranken schwarze Schwellungen unter den Armen und an den Lenden fest. Helfen konnten sie den Menschen nicht mehr, vielmehr breitete sich „der schwarze Tod" in Windeseile in der ganzen Stadt und von dort über ganz Europa aus. Wer von der Seuche infiziert war, den überkamen Erbrechen, Eiterbeulen und hohes Fieber.

Auf Karren wurden die Toten zusammengesammelt und in Massengräbern verscharrt. Angst und Panik erfasste die Menschen in Dörfern und Städten, denn niemand wusste, woher die Seuche kam und was man dagegen tun konnte. Jeder dritte Einwohner in Europa fiel der Pest zum Opfer, die Städte entvölkerten sich, ganze Landstriche verödeten. Erst vier Jahre später, 1351, hörte das große Sterben allmählich auf.

Eine Strafe Gottes?

Im 14. Jahrhundert dachte man, giftige Dämpfe aus Indien und Arabien hätten die Pest nach Europa gebracht. Vor der vergifteten Luft versuchten sich viele Menschen zu schützen, indem sie reinigende Kräuter verbrannten oder sich Mund und Nase verhüllten. Andere glauben, Gott hätte die Pest über die Menschen geschickt, um sie für ihre Sünden zu bestrafen. Männer und Frauen zogen in Büßergruppen durch das Land, sangen Klagelieder und geißelten sich selbst. So hofften sie, Gott in seinem Zorn zu besänftigen. Doch immer wieder wurde auch nach Sündenböcken gesucht, denen man die Schuld an der Seuche geben konnte. Oft traf es die jüdischen Einwohner eines Ortes: Dafür, dass sie angeblich einen Brunnen vergiftet hätten, wurden sie angegriffen, vertrieben oder sogar umgebracht.

Es stank zum Himmel

Heute wissen wir, dass der sehr ansteckende Pestbazillus durch Flöhe übertragen wird, die von Ratten auf die Menschen überspringen. Doch es waren nicht die Rattenflöhe allein, die ansteckende Krankheiten wie Pest, Cholera und Typhus in den Städten verbreiteten. Ansteckung und Seuchen drohten auch sonst, denn in den mittelalterlichen Städten lebten die Menschen auf engstem Raum zusammen. Es gab auch noch keine Kanalisation oder Müllabfuhr. Hausmüll und Essensreste wurden vor die Haustüren geschüttet, wo ihn Schweine, Gänse und Hühner, aber auch Ratten fraßen. Abwässer und Fäkalien flossen einfach auf die Straße oder in den Stadtbach und verunreinigten die Brunnen. Besonders im Sommer herrschte ein unerträglicher Gestank in den Gassen. Dies alles war ein idealer Nährboden für Krankheitserreger, die dann von Ratten, Läusen, Flöhen und Wanzen auf die Menschen übertragen wurden.

Q2 *Wie die Pest in Florenz wütete, beschrieb der italienische Dichter Giovanni Boccaccio (1313–1375) in einer Erzählung:*

Etwa zu Frühlingsanfang des genannten Jahres begann die Krankheit schrecklich und erstaunlich ihre verheerenden Wirkungen zu zeigen. Dabei war aber nicht, wie im Orient, das Nasenbluten ein offenbares Zeichen unvermeidlichen Todes, sondern es kamen zu Anfang der Krankheit gleichermaßen bei Mann und Weib an den Leisten oder in den Achselhöhlen gewisse Geschwulste zum Vorschein, die manchmal so groß wie ein gewöhnlicher Apfel, manchmal wie ein Ei wurden, bei den einen sich in größerer, bei den andern in geringerer Anzahl zeigten und schlechtweg Pestbeulen genannt wurden. (…)

Aus diesen und vielen anderen ähnlichen und schlimmeren Ereignissen entstand ein allgemeiner Schrecken, und mancherlei Vorkehrungen wurden von denen getroffen, die noch am Leben waren. Fast alle strebten zu ein und demselben grausamen Ziele hin, die Kranken nämlich und was zu ihnen gehörte, zu vermeiden und zu fliehen, in der Hoffnung, sich auf solche Weise selbst zu retten. Einige waren der Meinung, ein mäßiges Leben, frei von jeder Üppigkeit, vermöge die Widerstandskraft besonders zu stärken. (…) Andere aber waren der entgegengesetzten Meinung zugetan und versicherten, viel zu trinken, gut zu leben, mit Gesang und Scherz umherzugehen, in allen Dingen, soweit es sich tun ließe, seine Lust zu befriedigen und über jedes Ereignis zu lachen und zu spaßen, sei das sicherste Heilmittel für ein solches Übel. (…) Wir wollen davon schweigen, dass ein Mitbürger den andern mied, dass der Nachbar fast nie den Nachbarn pflegte und die Verwandten einander selten oder nie besuchten; aber mit solchen Schrecken hatte dieses Elend die Brust der Männer wie der Frauen erfüllt, dass ein Bruder den andern im Stich ließ, der Onkel seinen Neffen, die Schwester den Bruder und oft die Frau den Mann, ja, was das Schrecklichste ist und kaum glaublich scheint: Vater und Mutter weigerten sich, ihre Kinder zu besuchen und zu pflegen, als wären es nicht die ihrigen. In dieser allgemeinen Entfremdung blieb den Männern und Frauen, die erkrankten – und ihre Zahl war unermesslich –, keine Hilfe außer dem Mitleid der wenigen Freunde, die sie nicht verließen, oder dem Geiz der Wärter, die sich durch einen unverhältnismäßig hohen Lohn zu Dienstleistungen bewegen ließen.

D1 *Wie alt wurden die die Menschen in einer mittelalterlichen Stadt?*

Auf dem Friedhof St. Johann in Schaffhausen aus dem 12. bis 15. Jahrhundert sind die Skelette der Verstorbenen untersucht worden. Danach starben zwischen dem 20. und 40. Lebensjahr doppelt so viele Frauen wie Männer. Lesehilfe: Fast die Hälfte aller Beerdigten starben zwischen der Geburt und dem 10. Lebensjahr.

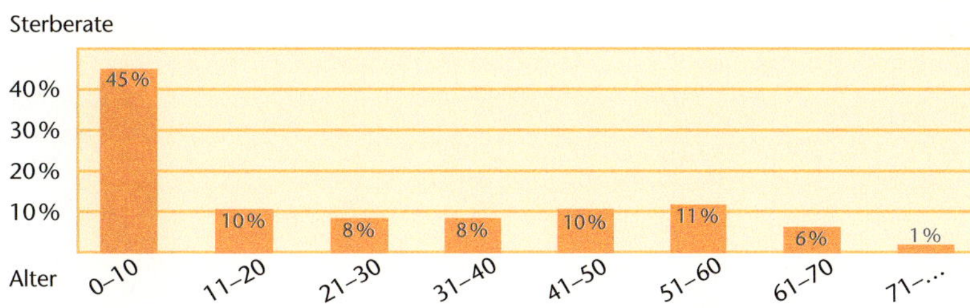

Q3 *Ehgraben und darüber ein Abtritt (Toilette).* Ehgräben dienten in den Städten als Kloake und Grundstücksgrenze (Buchmalerei, 15. Jahrhundert).

1 *Beschreibe die Lebensbedingungen in den mittelalterlichen Städten (VT, D1, Q3).*

2 *Erläutere, wie sich die Pest über ganz Europa ausbreiten konnte.*

3 *Suche Gründe für die verschiedenen Reaktionen der Menschen auf die Pest (Q2).*

4 *Sammelt Material über Seuchen, die es heute noch gibt. Erforscht ihre Ursachen und wie sie bekämpft werden.*

19 Abschluss
Menschen auf dem Land, auf der Burg und in der Stadt

Auf dieser Seite erzählen sechs Mädchen und Jungen, wie ihr Leben in den Jahren zwischen 800 und 1400 ausgesehen hat. Dummerweise sind die Begriffe aus den einzelnen Berichten durcheinander geraten. Aber du schaffst es bestimmt, alles wieder richtig zusammenzufügen. Das kannst du entweder alleine oder in der Gruppe erledigen.

Einzelarbeit:
Zeichne die Figuren in dein Heft ab oder kopiere die Bilder und klebe sie in dein Heft ein. Nimm am besten für jedes Bild eine neue Seite. Überlege jetzt, welche Begriffe zu welcher Figur gehören, und schreibe sie als Stichwörter neben das Bild.
Verfasse dann mit den Begriffen einen kurzen Text, wie ihn das jeweilige Mädchen oder der Junge erzählt haben könnten. Du kannst natürlich noch etwas ergänzen, wenn dir mehr zu einer Person und ihrem Leben einfällt.

Gruppenarbeit:
Teilt euch in sechs Gruppen auf. Jede Gruppe erhält eine der abgebildeten Figuren als Aufgabe. Nun zeichnet jede Gruppe ihr Bild auf ein DIN-A3-Blatt. Ihr könnt das Bild auch kopieren (am besten vergrößert), anmalen, ausschneiden und aufkleben.
Überlegt jetzt, welche Begriffe zu eurer Person gehören, und schreibt sie als Stichwörter neben das Bild.
Verfasst dann mit den Begriffen einen kurzen Text, wie ihn euer Mädchen oder Junge erzählt haben könnte. Ihr könnt natürlich noch etwas ergänzen, wenn euch mehr zu der Figur und ihrem Leben einfällt.
Wenn alle Gruppen fertig sind, hängt ihr die sechs Plakate in einer sinnvollen Reihenfolge nebeneinander auf. Jede Gruppe stellt ihre Person der Klasse vor. Bestimmt dafür vorher eine Sprecherin oder einen Sprecher aus der Gruppe.

Pfalz

Stadtrat

Hallo, ich heiße Tilman und bin Pferdeknecht am Königshof. Zurzeit weilt unser König und Kaiser Karl der Große hier in Aachen.

Patrizier

Guten Morgen, ich bin Wiebke, die Tochter von Bauer Onno. Unser Hof gehört zum Gut Wolfshagen im Münsterland.

Kogge

Gesellen

Ritter

Burgherrin

Markt

Burggraben

Bürgermeister

Meister

Seid gegrüßt. Lorenz ist mein Name und ich bin Knappe bei Ritter Gunther auf Burg Tiefenstein im Sauerland.

Schwertleite

Freie Städte

Hallo, ich bin Simon und habe vor ein paar Wochen beim Schmied Dietrich in Bielefeld als Lehrling angefangen.

Kaufleute

Grundherr

Meier

Hofämter

Kontore

Hanse

hörige Bauern

Bürgerrecht

Zunft

Abgaben

Bergfried

Dreifelderwirtschaft

„Unehrliche"

Handwerker

„reisender Königshof"

Ahoi, ich heiß' Claas und bin Schiffsjunge auf einem Handelsschiff von Kaufmann Lange aus Hamburg.

Turnier

Frondienste

Königsboten

Vasallen

Städtebünde

Kleiderordnung

Fernhandel

Lübeck

Pflug

Guten Tag, mein Name ist Ulrike. Ich bin die älteste Tochter des Kölner Ratsherrn Jansen.

Webergasse und Schmiedeweg

Frankenreich

Belagerung

Lehnsherren

„Stadtluft macht frei"

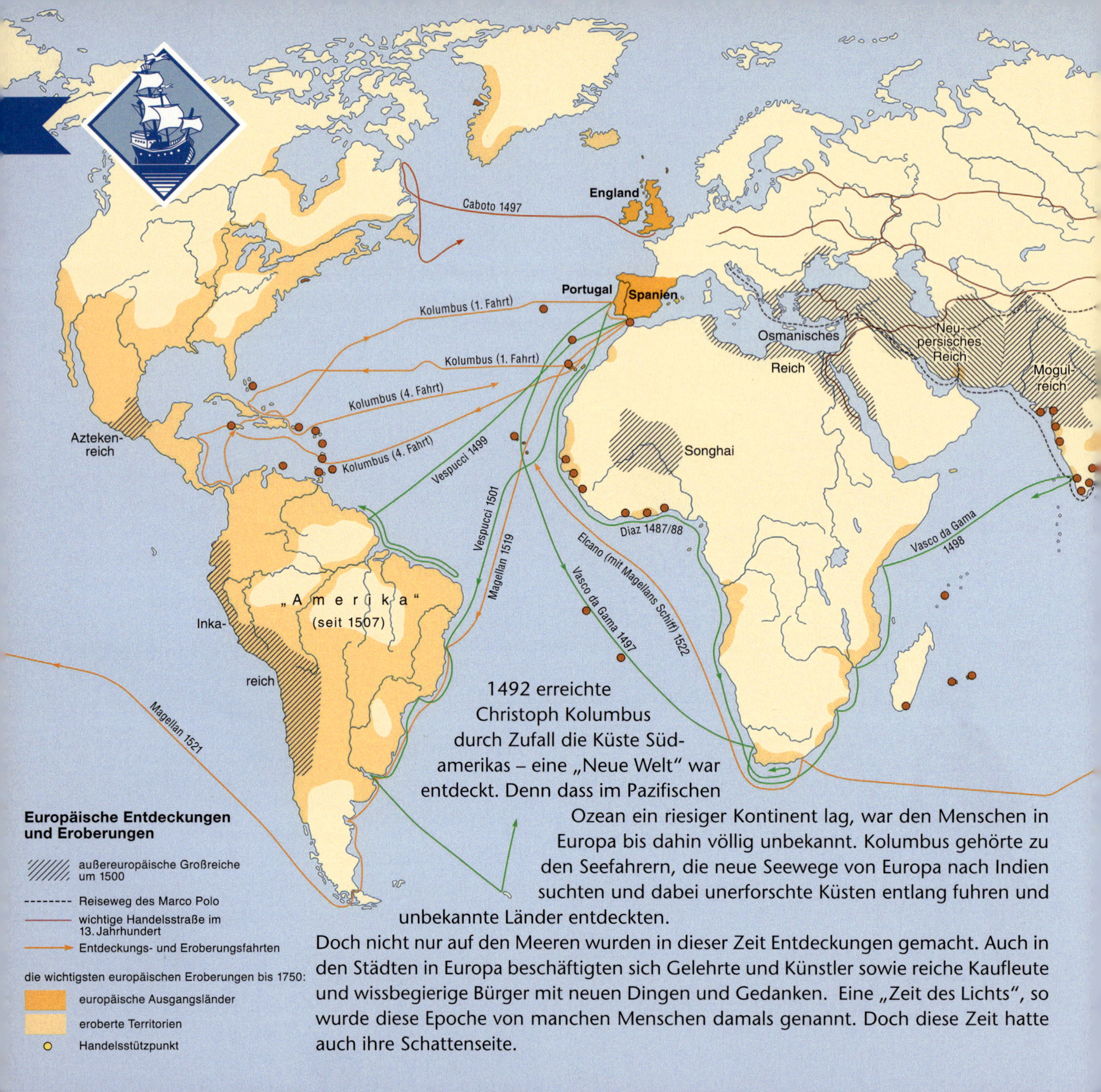

1492 erreichte Christoph Kolumbus durch Zufall die Küste Südamerikas – eine „Neue Welt" war entdeckt. Denn dass im Pazifischen Ozean ein riesiger Kontinent lag, war den Menschen in Europa bis dahin völlig unbekannt. Kolumbus gehörte zu den Seefahrern, die neue Seewege von Europa nach Indien suchten und dabei unerforschte Küsten entlang fuhren und unbekannte Länder entdeckten.

Doch nicht nur auf den Meeren wurden in dieser Zeit Entdeckungen gemacht. Auch in den Städten in Europa beschäftigten sich Gelehrte und Künstler sowie reiche Kaufleute und wissbegierige Bürger mit neuen Dingen und Gedanken. Eine „Zeit des Lichts", so wurde diese Epoche von manchen Menschen damals genannt. Doch diese Zeit hatte auch ihre Schattenseite.

um 1450

Johannes Gutenberg erfindet den Buchdruck mit beweglichen Buchstaben.

1452 – 1519

In Florenz lebt ein außergewöhnlicher Mann: Leonardo da Vinci – Maler, Bildhauer, Architekt, Naturforscher und Erfinder.

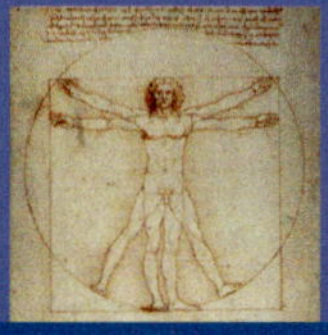

1492

Christoph Kolumbus „entdeckt" Amerika.

1519 – 1521

Magellan gelingt die erste Weltumseglung; er selbe kommt auf der Fahrt um

Aufbruch in eine neue Zeit

Auf diesem Holzschnitt aus der Zeit um 1530 erscheint die Erde noch als Scheibe. Der Mensch versucht einen Blick hinter das Himmelsgewölbe zu werfen: Evin geheimnisvolles Räderwerk scheint die Gestirne anzutreiben.

1519 – 1533

Die Spanier erobern die Reiche der Azteken und der Inka.

um 1520

Das Unternehmen der Familie Fugger ist eines der führenden Handels- und Bankhäuser in Europa.

1543

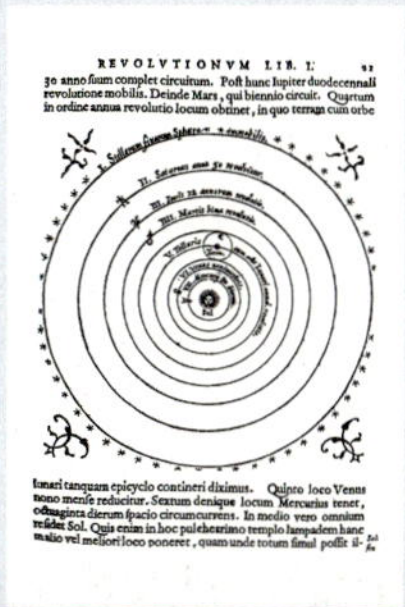

Nikolaus Kopernikus behauptet, dass sich die Sonne nicht um die Erde, sondern die Erde um die Sonne dreht.

1 Der Mensch im Mittelpunkt

Q 1 *Selbstbildnis des Malers Albrecht Dürer aus Nürnberg* (1498).
Maler und Bildhauer der Renaissance bildeten die Menschen möglichst lebensnah und individuell ab. So kam das eigene Aussehen und die Persönlichkeit der gemalten Damen oder Herren zum ersten Mal richtig zum Ausdruck.

Humanismus
von lat. humanus = menschlich
Geistige Bewegung, die im 14. Jahrhundert in Italien begann und sich über ganz Europa ausbreitete. Ihr Vorbild ist die Antike. Die Kunst, aber auch die Wissenschaft wendet sich dem Menschen zu und sieht in ihm eine eigenständige Persönlichkeit.

Renaissance
franz. „Wiedergeburt"
Bezeichnung für die Zeit am Ende des Mittelalters, in der die Antike wiederentdeckt und der Mensch und die Künste „wiedergeboren" wurden.

Das Denken ändert sich

Im Mittelalter hatte jeder Mensch, ob Bauer, Nonne oder Ritter, seinen festen Platz in der Gesellschaft, an dem nicht zu rütteln war. Vielmehr glaubten die Menschen, dass diese Ordnung von Gott so gewollt war. So verkündete es auch die Kirche, die große Macht über die Menschen hatte. Denn nur durch Buße, gute Werke und durch einen Geistlichen konnte man von seinen Sünden freigesprochen werden.

In Italien waren Städte wie Florenz, Venedig oder Mailand durch ihren Handel reich und mächtig geworden. Der Papst in Rom wie auch der Kaiser verloren hier immer mehr an Einfluss. Stattdessen hatten vornehme und reiche Kaufleute und Fürsten nun das Sagen. Diese selbstbewussten Familien wollten sich von der Kirche und ihrer alten Ordnung nicht mehr einengen lassen. Auch Künstler und Gelehrte, die oft mit den Handelsfamilien und Fürsten bekannt oder befreundet waren, suchten nach neuen Leitbildern und Ideen. Diese fanden sie in ihrer nächsten Umgebung.

Die Antike als Vorbild

Überall in Italien gab es noch Reste aus der Römerzeit: Tempel, Grabstätten und Amphitheater. Jahrhundertelang hatte man die Antike als heidnische Zeit verurteilt, doch nun wurde sie als ein glanzvolles Zeitalter wiederentdeckt. Die reichen italienischen Bürger nannten sich nun „Patrizier" und die Gelehrten machten sich auf die Suche nach den Schriften der römischen und griechischen Philosophen. In den Klosterbibliotheken wurden sie fündig, studierten die Schriften eifrig und übersetzten sie ins Italienische und in andere europäische Sprachen. So verbreitete sich ein neues Denken und eine neue Sicht auf den Menschen.

Der Mensch im Mittelpunkt

Der Mensch wurde nun als freies, selbstbewusstes Wesen gesehen, das Verstand und persönlichen Fähigkeiten besitzt. Jeder sollte seine geistigen und körperlichen Kräfte gebrauchen können und sein Leben selbst bestimmen, ohne von kirchlichen Vorschriften eingeengt zu werden. Diese neue Sicht auf den Menschen nennt man Humanismus. Die Gelehrten beschäftigten sich nicht mehr mit dem Übermenschlichen, dem Göttlichen, sondern mit dem Menschlichen. Sie sahen darin keinen Widerspruch zum christlichen Glauben, denn der Mensch galt ja als das Ebenbild Gottes.

Eine neue Kunst

Nicht nur die Gelehrten, sondern auch die Künstler fanden ihre Vorbilder in der Antike. Wiedergeburt, „Renaissance" nennt man die neue Kunstrichtung, welche die Baukunst der Griechen und Römer wiederbeleben wollte. Säulen und Kuppeln zieren die Renaissance-Bauten. In Florenz plante und baute der Architekt Brunelleschi 1420 eine Kuppel für den Dom, die rund 90 Meter hoch war.

Q4 *Dom von Florenz.* Mit 39 m Durchmesser war die 1436 von Filippo Brunelleschi gebaute Kuppel die größte in Europa seit der Errichtung des Pantheons im antiken Rom.

Q2 *Der italienische Gelehrte Pico della Mirandola (1463–1494) schrieb einen Aufsatz, in dem er Gott sprechen lässt:*

Ich habe dich (den Menschen) in die Mitte der Welt gesetzt, damit du von dort bequem um dich schaust, was es alles in dieser Welt gibt. Wir haben dich weder als einen Himmlischen noch als einen Irdischen, weder als einen Sterblichen noch einen Unsterblichen geschaffen, damit du als dein eigener Bildhauer und Dichter vollkommen frei, dir selbst die Form bestimmst, in der du zu leben wünschst. Es steht dir frei, in die Unterwelt des Viehs zu entarten. Es steht dir ebenso frei, in die höhere Welt des Göttlichen dich durch den Entschluss deines eigenen Geistes zu erheben.

Q3 *In dem Roman „Gargantua und Pantagruel" (ab 1532) des französischen Schriftstellers François Rabelais gab Gargantua seinem Sohn Pantagruel gute Ratschläge für sein Studium in Paris:*

Darum, mein Sohn, ermahne ich dich, dass du deine Jugend wohl anwendest, um in Wissenschaft und Tugend dazuzulernen. (…) Ich setze voraus und will, dass du die Sprachen gründlich erlernst; erstlich das Griechische (…); zweitens das Lateinische, ferner das Hebräische, der Heiligen Schrift wegen. (…) Für die Freien Künste, für Geometrie, Arithmetik und Musik habe ich dir bereits Geschmack beigebracht, als du noch ein kleiner Bube von sechs Jahren warst. Setze das nun weiter fort und erlerne die Astronomie in all ihren Gesetzen. (…) Es ist mein Wunsch, dass du dich mit den Dingen der Natur eingehend beschäftigst, sodass es kein Meer, keinen Fluss, kein Bächlein gebe, von dem du die Fische nicht kenntest. Kein Vogel der Luft, kein Baum oder Strauch, keine Staude, kein Kraut des Feldes, kein Metall im Schoß der Erde, kein Edelstein des Morgen- oder Mittaglandes darf dir unbekannt bleiben.

Q5 *Die Zentralperspektive, auch eine neue Entdeckung in der Kunst:* Mathematisch genau wurde ein dreidimensionaler, wirklichkeitsgetreuer Raum in die Bilder übertragen.

Zeitreise multimedial Mittelalter/Frühe Neuzeit: Aufbruch in eine neue Zeit – „Malen mit der Zentralperspektive"; „Die Renaissance im Bild"

1. *Wo fanden die Menschen in den italienischen Städten im 15. Jahrhundert ihre Vorbilder (VT, Q4)?*
2. *Worin bestanden die neuen Vorstellungen vom Menschen (VT, Q1)? Überlege, wem das neue Menschenbild Vorteile brachte.*
3. *Wie versuchten die Gelehrten ihre neuen Vorstellungen mit dem christlichen Glauben zu vereinbaren (Q2)?*
4. *Beschreibe die neuen Leistungen der Renaissance-Kunst (VT, Q1, Q4, Q5).*

2 Brillen, Flugmaschinen und Schießpulver

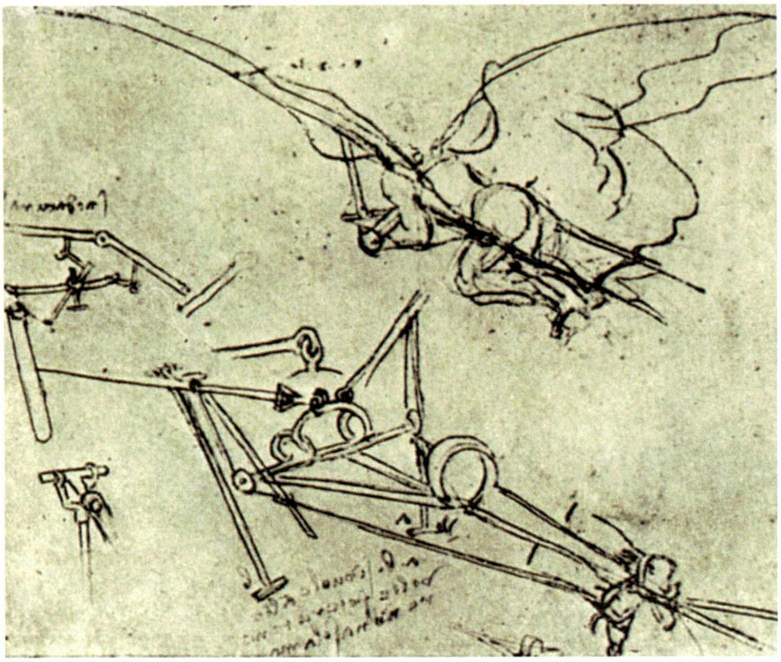

Q1 *Entwurf einer Flugmaschine von Leonardo da Vinci.*
– Beschreibe die Flugapparate. An welche moderne Sportart erinnern sie dich?

Leonardo da Vinci

Leonardo da Vinci entsprach weitgehend dem Ideal des „umfassend entwickelten Menschen“, denn er war auf vielen Gebieten interessiert und tätig. So schuf er als Maler beispielsweise das berühmte Porträt der Mona Lisa. Außerdem war er ein genauer Naturforscher und einfallsreicher Erfinder. Er nahm Leichenöffnungen vor, um zu sehen, wie der menschliche Körper aufgebaut war. Die einzelnen Körperteile und Organe bildete er dann in Wachsmodellen nach.

Zwar konnten viele seiner Ideen, so der Flugapparat, ein Tauchanzug aus Leder oder auch ein mit Kanonen versehener Panzer, nicht genutzt werden. Aber seine Entwürfe zeigen die menschliche Neugier und den Willen, die Welt zu beherrschen und das menschliche Leben zu verändern und zu erleichtern. Dabei machte es nichts, wenn nicht alles verwirklicht werden konnte – wichtig war es, Dinge auszuprobieren.

Q2 *Brillengestell aus Knochen*

Brille und Uhr verändern das Leben

Nicht nur Forscher und Gelehrte machten in dieser Zeit Entdeckungen, auch Handwerksmeister probierten neue Dinge aus. So wollten Kaufleute und Beamte in den Städten die Zeit genauer messen können. Die bisherigen Uhren wie die Sonnenuhren waren noch recht ungenau und außerdem vom Wetter abhängig. Kurz vor 1300 hatte man bereits die Gewichtsräderuhr erfunden, die bei jedem Wetter und auch nachts die Zeit verkündete. Als zu Beginn des 16. Jahrhunderts die Spiralfeder erfunden wurde, ließen sich kleine Uhren bauen, die jeder Kaufmann und Bürger in der Tasche tragen konnte. Eine andere wichtige Erfindung für die Gelehrten, aber auch für die Kaufleute war die Brille. Jetzt konnten sie genau lesen, was in einem Vertrag oder in einem gelehrten Text stand, auch wenn ihre Augen schlechter wurden.

Teufelswerkzeug Schwarzpulver

Bereits um 1250 soll dem Mönch Berthold Schwarz ein Gemisch aus Schwefel, Salpeter und Holzkohle in einem Mörser explodiert sein. Wir wissen nichts Genaues darüber, vielleicht hielten die Mönche die zufällige Entdeckung für Teufelswerkzeug.

In China wurde Schwarzpulver schon seit dem 9. Jahrhundert für Feuerwerkskörper und Leuchtsignale verwendet. Die Europäer nutzten es anders: Das Schießpulver sollte Kugeln aus Geschützen und Feuerwaffen schleudern. Schmiede fertigten die Waffenrohre zunächst aus Eisenringen, später aus Bronze. Im 15. Jahrhundert setzte man die Geschützrohre auf Gestelle mit Rädern. Mit diesen beweglichen Geschützen veränderte sich die Kriegstechnik grundlegend. Denn mit ihnen konnte man Breschen in Burg- und Stadtmauern schießen. Auch Ritter in schweren Rüstungen konnten gegen die Feuerwaffen nichts mehr ausrichten.

Q3 *Über Menschen, Waffen und Krieg schreibt der niederländische Humanist Erasmus von Rotterdam (1466–1535) in einem Brief:*

Wir sind schlimmer als die Tiere, von denen nicht alle kämpfen, sondern nur die wilden. Sie aber kämpfen wenigstens mit ihren eigenen, natürlichen Waffen, nicht wie wir, mit durch teuflische List ersonnenen Maschinen. Sie kämpfen für ihre Jungen oder um Nahrung; unsere Kriege entspringen meistens dem Ehrgeiz, dem Zorn, der Begierde oder einer anderen derartigen Krankheit der Seele. Kein Krieg laufe so glücklich ab, dass er nicht mehr Böses als Gutes brächte. Niemand schade im Kriegführen seinem Feinde, er hätte denn zuerst den Seinen manches Unheil angerichtet. „Aber“, wirst du sagen, „das Recht der Fürsten muss gewahrt bleiben.“ Es steht mir nicht an, so vermessen über die Angelegenheiten der Fürsten zu sprechen. Doch eines weiß ich, dass oft das höchste Recht das höchste Unrecht ist und dass es Fürsten gibt, die erst vereinbaren, was sie haben wollen, und dann nach dem einen oder anderen Rechtsanspruch suchen, um ihren Anschlag zu vertuschen.

Q4 *Studie von Leonardo da Vinci über die Proportionen des menschlichen Körpers.* Der Künstler wollte den harmonischen, ausgewogenen Körper finden. Dafür passte er die perfekte Figur des Menschen in geometrische Formen ein.

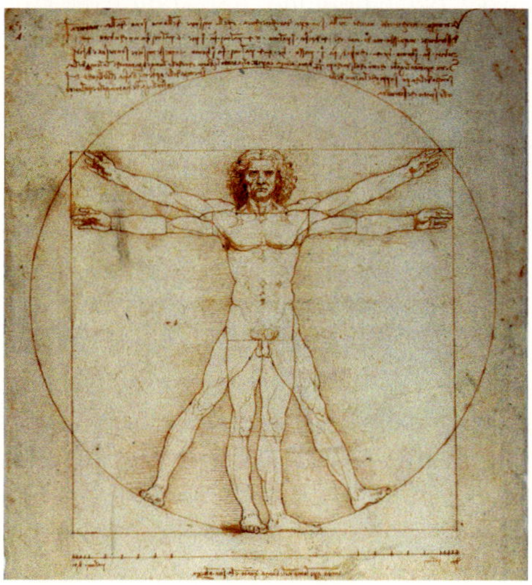

Q5 *Taschenuhr* (16. Jahrhundert). Seit der Erfindung der Spiralfeder zu Beginn des 16. Jahrhunderts ließen sich kleine, tragbare Uhren bauen, die alle 24 Stunden des Tages anzeigten.

Q6 *Leonardo da Vinci über das Studium der Natur:*

Es ist notwendig, dass der Maler, um ein guter Darsteller der Gliedmaßen in den Stellungen und Gesten bei nacktem Körper zu sein, die Anatomie der Sehnen, Knochen, Muskeln und Fasern kenne, damit er bei verschiedenen Bewegungen und Kraftanstrengungen wisse, welche Sehnen und welcher Muskel der Ursprung der Bewegung sei, und also nur diesen Muskel deutlich und angeschwollen mache, und nicht alle am ganzen Körper, wie manche tun, die, um als große Zeichner zu erscheinen, ihre nackten Gestalten hölzern und ohne Anmut machen, sodass sie eher einem Sack voller Nüsse als einem menschlichen Äußeren gleichen, oder eher einem Bündel Rettiche als muskulösen nackten Körpern.

1. *Kannst du dir vorstellen, warum Leonardo da Vinci sich mit dem Fliegen beschäftigte (VT, Q1)?*
2. *Welche Forderungen stellte Leonardo da Vinci an den Maler (Q6)?*
3. *Welche Veränderungen brachten die Erfindungen von Pendeluhr und Taschenuhr mit sich?*
4. *Welche Folgen hatte die Erfindung des Schwarzpulvers für die Kriegsführung (VT, Q7)?*
5. *Gib mit eigenen Worten wieder, wie Erasmus die Kriegsführung der Menschen beurteilt (Q3).*

Q7 *Neues Kriegsgerät* (Titelblatt des Feuerwerkbuches, Augsburg 1529). – Welche Geräte kannst du auf dem Bild erkennen und wozu wurden sie verwendet?

3 Ein neues Weltbild

Die Erde – in der Mitte des Kosmos?

Vielleicht hast du schon mal beobachtet, dass bei einem Schiff, das am Horizont erscheint, zuerst die Mastspitze oder der Schornstein zu sehen sind? Schon die ersten Seefahrer in der Antike stellten fest, dass ein Schiff hinter dem Horizont auftaucht. Daraus schlossen sie, dass die Erde eine Kugel sei. Der griechische Gelehrte Aristoteles, der im 4. Jahrhundert v. Chr. lebte, suchte und fand Beweise für die Kugelform der Erde: Bei einer Mondfinsternis kann man den Schatten der Erdkugel auf dem Mond sehen. Auch sieht man in Ägypten Sterne, die in nördlichen Ländern nicht zu sehen sind.

Ein anderer griechischer Gelehrter, der Astronom Ptolemäus, entwickelte im 2. Jahrhundert n. Chr. ein Bild des gesamten Kosmos. Nach Ptolemäus stand die Erde still in der Mitte des Weltalls. Sonne, Mond und Sterne waren leuchtende Punkte an durchsichtigen Kugelschalen, die sich um die Erde drehen. Dieses Bild, mit der Erde im Zentrum, wird auch „geozentrisches Weltbild" genannt.

heliozentrisches Weltbild
von griech. helios = der Sonnengott
Die Sonne und nicht die Erde bildet den Mittelpunkt, das Zentrum, dieses neuen Weltbildes. Nikolaus Kopernikus zeichnete es als erster auf.

Die Erde – nur ein Planet unter vielen?

Erst im 16. Jahrhundert kamen Zweifel an dem geozentrischen Weltbild auf. Der Astronom und Mathematiker Nikolaus Kopernikus beobachtete und berechnete viele Jahre lang den Lauf der Planeten. Ihm fiel auf, dass die Planeten mit ihren Bahnen eigenartige Schleifen bildeten. Kopernikus fand die Antwort darauf: Die Erde ist ein Planet und kreist wie alle Planeten um die Sonne. Weil sich die Planeten dabei gegenseitig überholen, sehen ihre Bahnen, von der Erde beobachtet, wie Schleifen aus. Kopernikus' Entdeckung wird auch „heliozentrisches Weltbild" genannt.

Wie reagiert die Kirche?

1543, kurz vor seinem Tod, veröffentlichte Kopernikus seine Studien. Die meisten Gelehrten, die Kopernikus Texte lasen, lehnten sie ab. Kaum einer mochte sich vorstellen, auf einer Kugel zu leben, die kreiste und sich drehte. Außerdem widersprach Kopernikus' Bild der Bibel: Der Mensch war doch die Krone der Schöpfung. Also konnte die Erde nicht nur ein Planet unter vielen anderen im Weltall sein. Vielmehr müsste Gott die Erde doch in den Mittelpunkt seiner Schöpfung gestellt haben.

90 Jahre später versuchte der Italiener Galileo Galilei die Beobachtungen von Kopernikus zu beweisen. Daraufhin wurde ihm der Prozess wegen Ketzerei gemacht. Um nicht auf dem Scheiterhaufen zu enden, gab Galilei zum Schein zu, dass er sich geirrt habe. So kam er mit lebenslangem Hausarrest davon; seine Schriften wurden verbrannt. Erst im 18. Jahrhundert erkannten Gelehrte und andere Menschen allmählich an, dass Kopernikus und Galilei Recht gehabt hatten.

Q1 *Der erste Globus, hergestellt 1492 von Martin Behaim.* Behaim nahm selber an Entdeckungsfahrten teil. Nachdem er aus Portugal in seine Heimatstadt Nürnberg zurückgekehrt war, fertigte er den „Erdapfel" an. Der amerikanische Kontinent ist darauf allerdings noch nicht zu finden.

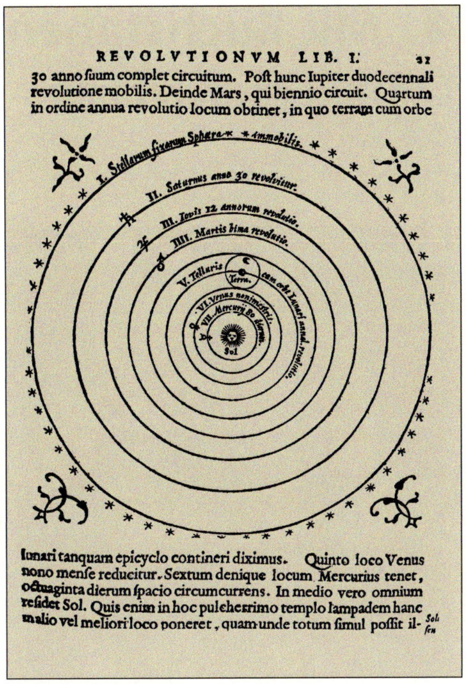
REVOLVTIONVM LIB. I. 21

30 anno suum complet circuitum. Post hunc Iupiter duodecennali revolutione mobilis. Deinde Mars, qui biennio circuit. Quartum in ordine annua revolutio locum obtinet, in quo terram cum orbe

lunari tanquam epicyclo contineri diximus. Quinto loco Venus nono mense reducitur. Sextum denique locum Mercurius tenet, octuaginta dierum spacio circumcurrens. In medio vero omnium residet Sol. Quis enim in hoc pulcherrimo templo lampadem hanc in alio vel meliori loco poneret, quam unde totum simul possit il- Soli sen

Q4 *links: Das Weltbild des Ptolemäus* mit der Erde im Mittelpunkt und den Planeten- und Sternensphären um sie herum. Außerhalb dieses Systems befindet sich der Bereich Gottes.

Q5 *rechts: Die Kreisbahnen der Planeten um die Sonne,* wie sie Nikolaus Kopernikus in seinem Buch „Über die Bewegungen der Himmelskörper" darstellte.

Q2 *In seinem „Dialog über die beiden hauptsächlichsten Weltsysteme" schrieb Galileo Galilei im Jahr 1632:*

Simplicius: Woraus schließt Ihr aber, dass nicht die Erde, sondern die Sonne das Zentrum der Planetendrehungen ist?

Salvatius: Es ergibt sich dies aus ganz augenscheinlichen und darum durchaus beweisenden Beobachtungen. Die, welche am handgreiflichsten dartut, dass die Erde jenem Mittelpunkte entrückt ist, die Sonne aber in demselben steht, ist die Tatsache, dass sich alle Planeten bald näher, bald weiter entfernt von der Erde befinden (…) Wenn es nun wahr ist, dass die Bahnen der Planeten (…) um die Sonne als Zentrum gehen, so ist es umso mehr gerechtfertigt, die Ruhe der Sonne und nicht der Erde beizulegen, insofern es richtiger ist, dem Mittelpunkte von beweglichen Sphären Unbeweglichkeit beizumessen als irgendeinem anderen von diesem Mittelpunkte verschiedenen Orte. Danach kann man der Erde (…) eine Bewegung von einjähriger Dauer zuerkennen und die Ruhe der Sonne belassen. Wenn dem so ist, so folgt mit Notwendigkeit, dass auch die tägliche Bewegung der Erde zukommt; denn steht die Sonne fest und die Erde drehte sich nicht um sich selber, sondern hätte bloß die jährliche Bewegung um die Sonne, so würde unser Jahr nur aus einem Tag und einer Nacht bestehen, nämlich einem sechsmonatigen Tag und einer sechsmonatigen Nacht.

Q3 *Kardinal Roberto Bellarmino, der Berater des Gerichts gegen Galilei, schrieb in einem Brief vom 12. April 1615:*

Wenn man aber behaupten will, die Sonne stehe wirklich im Mittelpunkt der Welt und bewege sich nur um sich selbst, ohne von Osten nach Westen zu laufen, und die Erde stehe am dritten Himmel und bewege sich mit der größten Schnelligkeit um die Sonne, so läuft man damit große Gefahr, nicht nur alle Philosophen und (…) Theologen zu reizen, sondern auch unseren heiligen Glauben zu beleidigen, indem man die Heilige Schrift eines Fehlers überführt. (…) Wenn ihr nicht nur die Väter, sondern auch die modernen Kommentare über (die Bibel) lesen wollt, werdet ihr finden, dass die alle übereinstimmend die Stellen, sie wörtlich auffassend, dahin erklären, dass die Sonne am Himmel ist und sich mit der größten Schnelligkeit um die Erde bewegt und dass die Erde vom Himmel sehr weit entfernt ist und unbeweglich im Mittelpunkt der Welt steht.

1. *Fasse zusammen, wie sich das Bild der Erde von Aristoteles über Ptolemäus bis zu Kopernikus entwickelte (VT, Q4, Q5).*
2. *Lies Q2 . Welche Argumente nennt Galilei für das Weltbild des Kopernikus?*
3. *Wie argumentieren Galileis Gegner in Q3?*
4. *Wie erklärst du die Reaktion der Kirche auf Kopernikus und Galilei?*

4 Mit Buchstaben und Druckerschwärze

Q 1 *Eine Druckerwerkstatt im 16. Jahrhundert* (Kupferstich von Philipp Galle).
Mit dem Buchdruck entstanden auch neue Berufe: Metallgießer für die Lettern, Papierhersteller, Drucker, Buchbinder und letztlich die Buchhändler sorgten dafür, dass Bücher hergestellt und verkauft werden konnten.

Bücher werden gebraucht

Im Mittelalter wurden Bücher mit Feder und Tinte auf Pergament geschrieben. Wollte man einen Text vervielfältigen, musste er immer wieder abgeschrieben werden. Das taten vor allem Mönche in den Klöstern. Um eine Bibel abzuschreiben, benötigte ein Mönch ein bis zwei Jahre. Der Wert so eines Buches entsprach etwa dem Preis von 30 Ochsen. Kein Wunder, dass Bücher sorgfältig behütet und in Bibliotheken manchmal sogar mit Ketten gesichert wurden.
Ab dem 13. Jahrhundert wurden in Europa aber immer mehr Bücher benötigt. In den neu gegründeten Universitäten mussten die Studenten alles mitschreiben, was ihre Lehrer vortrugen. Viel besser wären eigene Bücher, die man in Ruhe zu Hause studieren konnte. Auch wollten die Gelehrten ihre Studien gerne veröffentlichen. Außerdem brauchte man auch in manchen Kaufmanns- und Fürstenhäusern Bibeln, Rechtsbücher, Grammatiken sowie Heil- und Kräuterbücher. So suchte man nach Wegen, Bücher schneller und preiswerter herstellen zu können.

Gedruckte Bücher in ganz Europa

Ein uns nicht bekannter Erfinder schnitt Texte in Holzplatten, bestrich diese mit Farbe, drückte ein Blatt darauf und erhielt so eine ganze Buchseite. Auf diese Weise konnten viele Blätter gedruckt werden, aber danach hatte der Drucker für die benutzten Holzplatten keine Verwendung mehr.
Der Mainzer Goldschmied Johannes Gutenberg hatte die entscheidende Idee: Er stellte aus Metall einzelne Buchstaben her, die zu Texten zusammengesetzt wurden. Diese Buchstaben werden auch „Lettern" genannt. Nach dem Druck ließen sich die Buchstaben wieder auseinander nehmen und neu zusammensetzen. Im Jahr 1455 wurde mit dieser Technik eine Bibel hergestellt. Sie kostete zehnmal weniger als eine handgeschriebene!
Schon um 1500 gab es in etwa 270 Städten insgesamt 1150 Druckereien, in denen nahezu zehn Millionen Bücher gedruckt wurden. Viele Adlige, Gelehrte und reiche Bürger richteten sich Bibliotheken ein. Wissen und Neuigkeiten verbreiteten sich nun viel schneller als vorher.

A-Z

Pergament
Bevor das Papier bekannt war, schrieb man auf Pergament. Das waren Tierhäute, die enthaart, geglättet, getrocknet und gespannt worden waren.

D1 *Gutenbergs Druckverfahren* (Rekonstruktionszeichnung). ① Die einzelnen Lettern werden aus einer Bleimischung gegossen. ② Der Setzer fügt die Lettern in einem so genannten „Winkelhaken“ zuerst zu Zeilen und dann zu einer ganzen Seite zusammen. ③ Die Druckvorlage wird mit Druckerschwärze eingefärbt und auf ein feuchtes Blatt gepresst ④. Das Ergebnis ist ein sauber bedruckter Bogen ⑤.

Q2 *Erzbischof Berthold von Mainz erließ am 22. März 1485 ein Gesetz:*

Wenngleich die Druckerkunst es leicht macht, die Werke zur Bildung zu beschaffen, so haben wir doch erfahren, dass gewisse Leute diese Kunst missbrauchen. (...) Sie haben nämlich Bücher, die von göttlichen Dingen handeln, aus der lateinischen in die deutsche Sprache übersetzt. (...) Laien (Menschen, die keine Priester sind) und ungelehrte Menschen (die nicht studiert haben) und das weibliche Geschlecht, in deren Hände die Bücher fallen, können nicht das wahre Verständnis herauslesen. Da der wahre Anfang der Buchdruckerkunst in diesem unseren goldenen Mainz mit Gottes Willen hervorgetreten ist, soll auch von uns diese Kunst geschützt werden. Daher befehlen wir, keine Werke aus der lateinischen oder sonst einer Sprache ins volkstümliche Deutsch zu übersetzen, wenn nicht die Werke vor der Drucklegung (...) durch Doktoren der Universität Mainz durchgesehen und zum Druck freigegeben wurden.

Q3 *Über die Vorteile des Buchdrucks schrieb Bonus Accursius, um 1475:*

(Der Buchdruck) ist eine wahrhaft nutzbringende und gar schöne Kunst, denn Abschriften von Büchern zu verschaffen ist wegen der hohen Preise für jedermann nicht gerade leicht. Aber wenn dies Gott sei Dank für dich auch kein Hinderungsgrund ist, so musst doch auch du den Buchdruck wegen seiner künstlerischen Schönheit hochschätzen; und dann auch deshalb, weil dieser Buchdruck, sobald er einmal richtig feststeht, immer in derselben Weise durch alle Druckbogen fortschreitet, so dass ein Fehler kaum möglich ist, eine Sache, mit der es beim Abschreiben von Büchern ganz anders aussieht.

Q4 *Über gedruckte und handgeschriebene Bücher urteilte Johannes Trithemius, Abt von Sponheim, 1494*

Niemand möge denken (...): Wozu muss ich mich noch mit Abschreiben schinden, wo doch die Druckkunst so viele und so große Bücher ans Licht bringt, dass man um billiges Geld eine große Bibliothek einrichten kann? Fürwahr, wer so daherredet, der schickt sich an, durch sein Nichtstun Finsternis einreißen zu lassen. Wer wüsste nicht, wie groß der Unterschied zwischen Schrift und Druck ist? Geschriebenes, wenn man es auf Pergament bringt, wird an die tausend Jahre Bestand haben; Gedrucktes aber, da es auf Papier steht, wie lange wird es halten? Wenn Gedrucktes in einem Band aus Papier an die zweihundert Jahre Bestand haben wird, wird es hoch kommen.

Zeitreise multimedial Mittelalter/Frühe Neuzeit: Aufbruch in eine neue Zeit – „Wie ein Buch gedruckt wird“

1. *Beschreibe die Buchdrucktechnik, die Gutenberg erfunden hat (VT, Q1, D1).*
2. *Welche Veränderungen führte der Buchdruck herbei (VT, Q2)? Was fürchtete der Erbischof von Mainz?*
3. *Lies Q3 und Q4 und gib die Meinung der beiden Zeitgenossen mit eigenen Worten wieder.*

5 Regiert Geld die Welt?

Q1 *Schalterraum einer Bank in Florenz* (Holzschnitt aus Florenz, 1490). – Vergleiche die Einrichtung und die Tätigkeiten mit einer Bank von heute.

A-Z

Kredit
von lat. credere = glauben, vertrauen.
Ein Kreditgeber stellt einem Kreditnehmer eine bestimmte Summe Geld zur Verfügung. Der Kreditnehmer verspricht, diesen Betrag zu einem bestimmten Termin mit Zinsen zurückzuzahlen.

Verleger/Verlag
Ein Kaufmann stellt Heimarbeitern Rohstoffe und Werkezeuge zur Verfügung, beispielsweise Flachs, Wolle und Webstühle. Für die fertigen Waren erhalten die Arbeiter einen Festpreis. Heute ist der Verlag ein Unternehmen, das Bücher, Zeitungen und Zeitschriften herstellt.

Monopol
Wenn es für eine bestimmte Ware nur einen Anbieter gibt, so besitzt dieser eine Monopolstellung. Er muss auf keine Konkurrenten Rücksicht nehmen und kann den Preis für seine Ware allein bestimmen.

Händler treffen sich

In Nordeuropa hatten die Hansestädte sowie Flandern und die Niederlande ein weit verzweigtes Handelsnetz aufgebaut. Den südeuropäischen Raum beherrschten die italienischen Handelsstädte. Ihre Fernkaufleute handelten vor allem mit kostbaren Waren aus dem Orient: mit seltenen Gewürzen, feinen Seidenstoffen und chinesischem Porzellan.
Zwischen dem nördlichen und dem südlichen Handelsraum gab es zwar zahlreiche Verbindungswege, aber diese waren mühselig und gefährlich. Deswegen kamen sich die Fernhändler aus Nord und Süd auf halbem Weg entgegen. Zu festen Terminen versammelten sie sich mit ihren Waren in günstig gelegenen Städten wie Paris, Genf oder Frankfurt zu einer Messe. So gelangten Luxuswaren aus dem Orient nach Nordeuropa oder etwa flandrische Tuche nach Italien.

Handel – auch mit Geld

In den Städten war es üblich geworden, Waren nicht mehr zu tauschen, sondern gegen Münzgeld zu verkaufen. Da jeder Landesherr eigene Münzen prägen ließ, waren viele Münzen von unterschiedlichem Gewicht und Wert im Umlauf.
Italienische Handelsleute erkannten, dass sich mit Geld gut verdienen ließ. Auf Märkten stellten sie Bänke auf und stapelten darauf Münzen. Kaufleute aus vielen Ländern konnten „auf der Bank" ihre Münzen umtauschen. Die Banken nahmen auch Geld in Verwahrung und gaben darüber eine Bescheinigung aus. Diesen Schein konnte der Kaufmann in einer anderen Bank wieder gegen Geld einlösen. So musste er auf die gefährlichen Fernreisen kein Bargeld mitnehmen.
Auch Kredite gaben die Banken. Da Christen der Geldverleih gegen Zins verboten war, übernahmen dies jüdische Händler. Bald stiegen aber auch Christen in das Geschäft ein – die kirchlichen Verbote kümmerten sie angesichts des lockenden Gewinns nicht mehr.

Die Fugger in Augsburg

In Deutschland entstanden ebenfalls Handels- und Bankhäuser. Eines der bekanntesten war das der Familie Fugger. Die Fugger hatten als Verleger für Stoffe angefangen. Ihre Tuche und bald auch andere Waren verkauften sie in ganz Europa. In vielen Städten gründeten sie Niederlassungen.
Als nächstes stiegen die Fugger ins Bankgeschäft ein und verliehen Geld an Herzöge, Fürsten und sogar an Kaiser Karl V. Als Pfand erhielten sie dessen Kupfer- und Silbergruben in Tirol, Böhmen und Ungarn. Bald besaßen die Fugger alle wichtigen Kupfer- und Silberminen in Europa und hatten so das Monopol in diesem Markt: Sie konnten die Preise für diese Metalle bestimmen. Doch nicht nur wirtschaftlich wurden die Fugger zu einer der mächtigsten Familien Europas. Karl V. hatte sich riesige Geldsummen bei den Fuggern geliehen, um die Kaiserwahl zu gewinnen. Er verdankte ihnen also seine Krone, wodurch die Fugger auch politisches Gewicht erhielten.

Q2 *Im Jahr 1523 klagten Grafen und Ritter gegen Jakob Fugger, weil dieser das Monopol über Kupfer- und Silbererz besaß. Daraufhin schrieb Jakob Fugger an Kaiser Karl V.:*

Es ist auch bekannt, dass Eure kaiserliche Majestät die Krone ohne meine Hilfe nicht erlangen hätte können. An mich habe ich dabei wenig gedacht. Ich hätte statt Euch auch Eure Gegner unterstützen können. Denn viel Geld und Gut ist mir von dieser Seite angeboten worden. Welcher Nachteil aber hieraus Eurer kaiserlichen Majestät erwachsen wäre, das können Eure Majestät selbst erkennen.

Q4 *Jakob Fugger, der „Reiche"* (rechts), mit seinem Buchhalter in seinem Augsburger Kontor (Buchillustration von 1520). – Welche Niederlassungen und Handelsverbindungen sind auf den Ablagefächern im Hintergrund aufgeführt?

Q3 *Der Reformer Martin Luther urteilt in seiner Schrift „von Kaufshandlungen und Wucher" von 1525 über die Großkaufleute:*

Ebenso verkaufen etliche ihr Gut teurer, denn es auf gemeinem Markt gilt und im Kauf gang und gäbe ist und steigern also die Ware aus keiner Ursache, denn dass sie wissen, dass desselbigen Guts keins mehr im Lande ist oder in Kürze keins mehr kommen wird und man es haben müsse. Das ist reine Gier, die die Notlage des Nächsten ausnutzen und an seinem Schaden reich werden will. Das sind alles öffentliche Diebe, Räuber und Wucherer. Ebenso kaufen etliche ein Gut oder eine Ware in einem Lande oder in einer Stadt ganz und gar auf, auf dass sie alleine solch Gut ganz und gar in ihrer Gewalt haben und diese darnach weitergeben können, so teuer sie wollen oder können. Nun ist droben gesagt, dass die Regel falsch und unchristlich ist, dass jemand sein Gut so teuer gibt, als er will und kann. Viel gräulicher ist das, dass man darauf ein Gut alleine aufkauft, welches auch die kaiserlichen und weltlichen Rechte verbieten und heißen's Monopolia.

Zeitreise multimedial Mittelalter / Frühe Neuzeit: Aufbruch in eine neue Zeit – „Arbeit im Bergbau"

1. *Überlege, welche Vorteile Kaufleute und andere Menschen von den Banken hatten (VT). Welche Schwierigkeiten können sich aber auch daraus ergeben?*
2. *Erläutere, wie die Familie Fugger Reichtum und Macht gewann (VT, Q2, Q4, D1).*
3. *Gib Luthers Kritik an den Großkaufleuten mit eigenen Worten wieder (Q3). Erkläre dabei auch den Begriff „Monopol".*

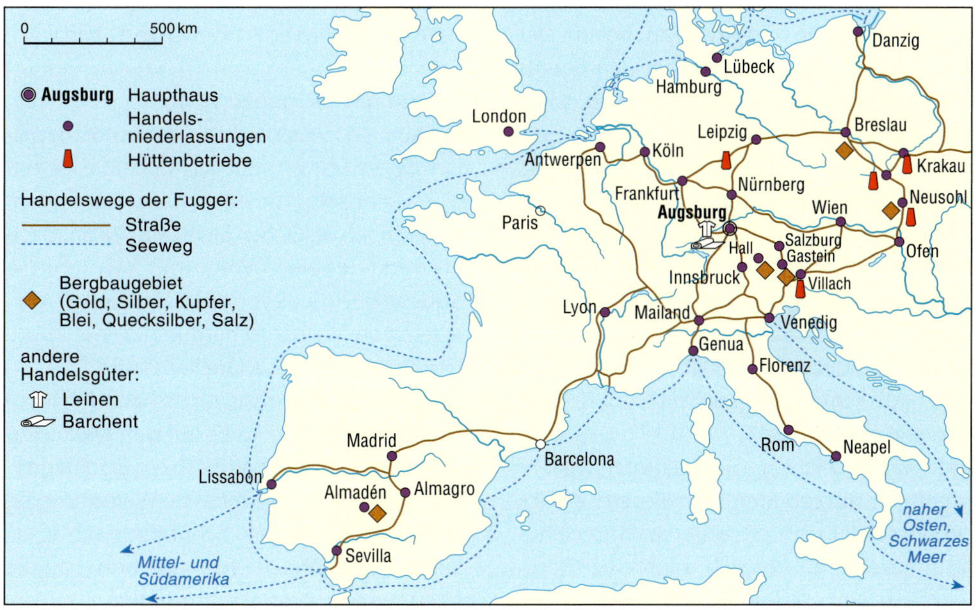

D1 *Das Wirtschaftsnetz der Fugger*

6 Auf der Suche nach den Schätzen Indiens

Q 1 *Die Karavelle* war ein leichtes, aber stabil gebautes Schiff. Diese Bauweise machte die Karavelle besonders hochseetüchtig.

Zimt, Ingwer und Vanille

1453 eroberten die muslimischen Türken Konstantinopel. Mit ihrem riesigen Reich im Vorderen Orient kontrollierten sie nun die Handelswege nach Indien und China. Auf die ostasiatischen Waren schlugen sie einen sehr hohen Zoll, wodurch diese Waren noch teurer wurden. Grund genug für die europäischen Fernhändler, nach neuen Handelswegen in den Orient zu suchen. Der Seeweg um Afrika nach Indien, den bereits antike Geografen für möglich hielten, sollte die Lösung sein.

Heinrich der Seefahrer

In Portugal förderte Prinz Heinrich die Seefahrt ganz besonders und und ließ den Seeweg um Afrika herum planmäßig erforschen. Heinrich war Mathematiker und Astronom. Angeblich trank er keinen Alkohol und hatte keinen Umgang mit Frauen, lebte also wie ein Mönch.
Ihm war es wichtig, die Seefahrer wissenschaftlich auszubilden. Zu diesem Zweck gründete Heinrich die erste Seefahrerschule in Europa, an der sich auch eine Sternwarte befand. Arabische und europäische Wissenschaftler arbeiteten hier zusammen. Die portugiesischen Seefahrer lernten die Stellungen der Gestirne zu lesen, die ihnen die wichtigsten Orientierungspunkte auf der weiten See waren. Außerdem wurde ein neuer, hochseetüchtiger Schiffstyp gebaut: die Karavelle. Alle neu entdeckten Gebiete ließ Prinz Heinrich in verlässliche Karten einzeichnen.

Rund um Afrika …

Die Erfolge stellten sich bald ein: 1419 wurde die Insel Madeira entdeckt und besiedelt, 1431 die Azoren und 1434 gelang es, das Kap Bajador zu umsegeln. An diesem 15 Meilen langen Riff brechen sich Wellen und Meeresströmungen. Dahinter vermuteten viele das Ende der Welt, wo das Meer koche. Prinz Heinrich aber ermutigte seine Kapitäne weiterzusegeln, und das Wagnis gelang! Bartolomeo Diaz erreichte 1487 die Südspitze Afrikas. Aber seine Mannschaft meuterte, sodass Diaz umkehren musste. Vasco da Gama war es schließlich, der Afrika umfuhr und den Weg nach Indien fand. 1498 landete er im Hafen Kalikut, wo er die kostbaren und begehrten Gewürze erwarb.

… und um die ganze Welt

Im Jahr 1519 versuchte Fernando Magellan einen Seeweg zu den portugiesischen „Gewürzinseln" im Stillen Ozean zu finden, diesmal in westlicher Richtung. Tatsächlich entdeckte er einen Weg, und zwar um die Südspitze Amerikas herum, zwischen den Inseln von Feuerland hindurch. Diese Route heißt noch heute „Magellanstraße".
Magellan kehrte zwar nicht nach Portugal zurück – er wurde 1521 auf den Molukken von dortigen Einheimischen erschlagen. Trotzdem gilt er als der erste Weltumsegler. Die Gewürze, die sein Schiff mitbrachte, erzielten einen hohen Preis – viel höher als die Kosten der ganzen Weltumseglung.

Zeitreise multimedial Mittelalter / Frühe Neuzeit: Aufbruch in eine neue Zeit – „Auf den Spuren der Entdecker"

D1 *Gewürze,* die wir heute fast in jedem Geschäft oder auf dem Markt kaufen können, waren im 15. Jahrhundert teure Luxuswaren, etwa Ingwer, Vanille, Zimt, Muskatnuss, Pfeffer, Nelken, Safran, Anis und Pistazien.

Q2 *König Manuel von Portugal teilt dem deutschen Kaiser Maximilian 1499 in einem Brief die Entdeckung des Seewegs nach Indien mit:*

Was einstmals die Reiche der Römer, Karthager und anderer Völker (...) nicht vermochten (...) – nämlich die Umsegelung der Erde von Westen nach Osten durch den Atlantik und das (...) Indische Meer –, das hat die Gnade Gottes (...) den Königen von Portugal in unserer Regierungszeit gewährt. (...) Im Übrigen haben sie (Vasco da Gama und seine Schiffe) eine Fülle von orientalischen Waren, die über die ganze Welt verbreitet sind, nämlich Zimt, Nelken, Pfeffer, Ingwer, Muskatnuss, Moschus, Benzoeharz, Weihrauch und alle Arten von Spezereien (Gewürzen) ebenso wie von Edelsteinen und Perlen (...) von den indischen Handelsplätzen mitgebracht, (...). Daher müssen über den derart glücklichen Ausgang sowohl Eure Majestät als auch alle christlichen Fürsten (...) aufs Höchste frohlocken, (...) dass diesen bedeutenden Warenhandel, den wir bis zu diesem Tag den Händlern der Ungläubigen zu entreißen strebten, (...) hinfort Christen und Mauren innehaben werden.

Q3 *Über den wissenschaftlichen Charakter von Entdeckungsreisen schrieb Pedro Nuñez 1537:*

Es steht fest, dass die Entdeckung von Küsten, Inseln und Kontinenten nicht zufällig erfolgt. Unsere Seefahrer genießen eine gründliche Ausbildung, bevor sie in See stechen. Sie kennen die Navigationsinstrumente, die Grundlagen der Sternenkunde und Geometrie, das heißt alle die Dinge, die schon Ptolemäus im 1. Buch seiner „Geographia" fordert. Unsere Entdeckungsreisenden führen Seekarten mit exakten Seekartenmarkierungen an Bord, die sich von denen früherer Seefahrer erheblich unterscheiden. Früher kannte man nur 12 Winde und segelte ohne Kompass. Vermutlich deshalb hielten sich die Schiffsführer damaliger Zeiten immer in Sichtweite der Küste und segelten stets nur mit günstigem Rückenwind.

1 *Vollziehe auf der Karte der ADS 50/51 die Entdeckungsfahrten der portugiesischen Seefahrer nach.*

2 *Das Sprichwort: „Geh doch dahin, wo der Pfeffer wächst!", hatte für die Kaufleute des 15. Jahrhunderts eine ganz besondere Bedeutung. Begründe dies (VT, D1, Q2).*

3 *Erläutere, wie Heinrich der Seefahrer zu seinem Namen gekommen ist (VT, Q3, Q4, Q5).*

Q4 *Der Jakobsstab:* Mit einem Querstab des Geräts peilt der Seefahrer den Horizont, mit dem anderen die Gestirne an. Er stellt den Winkel zwischen Erdoberfläche und Sonne oder Stern fest. Auf der Tabelle des Langstabes liest er ab, wie weit nördlich oder südlich des Äquators sein Schiff segelt.

Q5 *Der Magnetkompass,* bereits den Chinesen und Arabern bekannt, ermöglicht durch die sichere Nordanzeige der Kompassnadel, dass Seefahrer frei über große Meeresflächen Kurs halten konnten. In der Seefahrerschule wurde das Gerät verfeinert. – Die Zeichnung hebt den Kompass als besonders groß hervor. Warum wohl?

7 Kolumbus „entdeckt" Amerika

1 *Landung des Kolumbus auf Haiti* (kolorierter Kupferstich von Theodor de Bry aus dem Jahr 1594)

2 *Christoph Kolumbus* (Gemälde von Ridolfo Ghirlandaio, 1506)

Westwärts nach Osten?

Die meisten Indienfahrer hatten vor, Afrika in Richtung Osten zu umrunden. Doch Christoph Kolumbus, ein erfahrener Handelsfahrer und ausgezeichneter Kapitän aus Genua, war davon überzeugt, dass man die „Ostländer" auch erreichen konnte, wenn man westwärts um die Erdkugel herum segelte. Jahrelang bemühte er sich, in Portugal und Spanien reiche Unterstützer für seinen Plan zu finden. Doch viele Leute schüttelten nur den Kopf über seine Pläne.

Im Jahr 1492 ließ sich schließlich das spanische Königspaar Isabella und Ferdinand überreden, Kolumbus Geld zu geben, damit er drei Schiffe für die weite Reise ausrüsten konnte. Dafür versprach Kolumbus, im Namen der spanischen Krone Länder zu entdecken und alle dort lebenden Menschen zu Christen zu machen. Außerdem hofften er und seine Auftraggeber auch, große Reichtümer zu erwerben.

Auf dem Weg in eine neue Welt

Am 3. August 1492 verließ Kolumbus an Bord der „Santa Maria" Spanien. Er rechnete mit einer Fahrtzeit von drei Wochen, doch es wurden über zwei Monate daraus. Allmählich gingen das Essen und Trinkwasser zur Neige und die Matrosen verloren das Vertrauen in ihren Kapitän. Manche hatten auch Angst, nie mehr nach Hause zurückzukehren, sondern vom Meer oder Seeungeheuern verschlungen zu werden. Nur mit Mühe konnte Kolumbus eine Meuterei verhindern.

Am 12. Oktober 1492 landeten Kolumbus' Schiffe dann endlich auf der Insel Guanahani, einer kleinen Insel der Bahamas. Kolumbus nannte die Insel San Salvador (Heiliger Erlöser) und erklärte sie zum Besitz des spanischen Königs. Von San Salvador aus segelten Kolumbus und seine Leute weiter durch die Inseln der Karibik und „entdeckten" Kuba und Haiti. Dort gründete Kolumbus Weihnachten 1492 die erste spanische Kolonie.

Auf der Rückfahrt führten Kolumbus' Schiffe Früchte, Pflanzen und Tiere mit an Bord, die den Menschen in Europa völlig unbekannt waren. Auch einige eingeborene Männer und Frauen hatten die Spanier auf ihre Schiffe verschleppt, um sie in Spanien zu zeigen.

Kolumbus' Irrtum

In den folgenden Jahren fuhr Kolumbus noch dreimal über den Atlantik. 1498 betrat er im heutigen Venezuela erstmals das Festland. Doch bis zu seinem Tod 1506 glaubte Kolumbus, dass er in Indien und nicht auf einem völlig neuen Erdteil gelandet war. Deshalb nannte er die Eingeborenen auch „Indianer" oder auf Spanisch „Indios". Erst nach und nach wurde den Seefahrern und Forschern klar, dass Kolumbus einen riesigen Doppelkontinent und damit eine „Neue Welt" entdeckt hatte. 1499 bis 1501 erkundete Amerigo Vespucci die südamerikanische Küste. Nach ihm erhielt der neue Kontinent seinen Namen: „Amerika".

D1 *Schnitt durch die „Santa Maria", das Schiff des Kolumbus* (Rekonstruktionszeichnung): **1** Admiralskajüte, **2** Steuerruder, **3** Kompass, **4** Luke zum Schiffsladeraum, **5** Kanone, **6** Entwässerungspumpe, **7** Hebevorrichtung für Anker und Segel, **8** Pökelfleisch, **9** Schiffszwieback, **10** Fässer, **11** Ölvorrat, **12** Wasservorrat, **13** Schiffsladeraum, **14** Weinfässer, **15** Zwiebeln und Knoblauch, **16** Mehlsäcke, **17** Waffen- und Munitionskammer, **18** Abstellkammer für Segel, **19** Lagerraum für Taue

Q3 *Vertrag zwischen Kolumbus und dem spanischen Königspaar aus dem Jahr 1492:*
In Ansehung, dass Ihr, Christoforo Colón, abreist auf unseren Befehl um mit unseren Leuten zu entdecken und zu erobern gewisse Inseln und Festlande im ozeanischen Meer und dass man hofft, dass mit Gottes Hilfe man einige dieser genannten Inseln und Festlande (...) durch Eure (...) Geschicklichkeit entdecken wird; und dass es so eine gerechte und vernünftige Sache ist, da Ihr Euch für unseren Dienst der genannten Gefahr aussetzt, (...) haben wir die Absicht (...),dass Ihr (...) unser Admiral der genannten Inseln und Festlande sein sollt (...); und in der Eigenschaft als (...) Vize-König und Gouverneur handeln könnt.

Q4 *Das Bordtagebuch von Christoph Kolumbus ist verloren gegangen. Aber der Bischof Bartolomé de Las Casas hat eine Zusammenfassung mit einigen wörtlichen Übernahmen aus dem Tagebuch angefertigt:*
12. Oktober 1492
Zwei Stunden nach Mitternacht tauchte das Land vor ihnen auf (...). Sie holten alle Segel ein (...) und drehten bei; so brachten sie die Zeit bis zum Freitag, an dem sie dann eine kleine Insel der Bahamas erreichten, die in der Sprache der Indios Guanahani heißt. Schon bald sahen sie nackte Leute am Strand. Der Admiral ging mit dem bewaffneten Boot an Land. (...) Der Admiral rief die beiden Kapitäne und die anderen, die an Land gegangen waren, zu sich; ebenso Rodrigo Descovedo, den Notar der Flotte, und Rodrigo Sánchez aus Segovia, und sagte, sie sollten bestätigen und rechtlich bezeugen, dass er vor aller Augen von der Insel Besitz ergriff, wie er es dann auch im Namen des Königs und der Königin, seiner Herren, tat. (...) Das Folgende sind wörtliche Äußerungen des Admirals in seinem Buch über die erste Fahrt und die Entdeckung dieser Insel: „Da ich ihre Freundschaft gewinnen wollte, und bemerkte, dass es Leute waren, die sich eher durch Liebe für unseren heiligen Glauben gewinnen und zu ihm bekehren ließen, gab ich einigen von ihnen ein paar bunte Mützen und einige Ketten aus Glasperlen, die sie sich um den Hals hängten, und allerhand andere Dinge von geringem Wert, an denen sie großes Vergnügen fanden. (...) Sie sind sicher hervorragende Arbeitskräfte; sie haben einen aufgeweckten Verstand, denn ich sehe, dass sie sehr schnell alles nachsagen können, was man ihnen vorspricht."

TIPP

Wie der dreizehnjährige Fernan Kolumbus die Reise in die neue Welt erlebt, erzählt dieses Buch: „Der Sohn des Columbus" (Hans Baumann, dtv, 1997)

1. *Vergleiche den Bericht aus dem Schiffstagebuch des Kolumbus über die Landung auf San Salvador (Q4) mit der Darstellung über die Landung auf der Insel Haiti auf dem Kupferstich (Q1). Welche Übereinstimmungen und Unterschiede stellst du fest?*
2. *Erzähle die Landung der Spanier aus der Sicht der Eingeborenen nach (Q1, Q4).*
3. *Auf welchem Irrtum gründet der Begriff „Indianer"?*

8 Methode
Historische Karten untersuchen

Geschichtskarten erlauben eine rasche Orientierung über räumliche Zustände und Entwicklungen einer bestimmten historischen Epoche. Sie sind immer aus heutiger Sicht und nach dem heutigen Kenntnisstand erstellt. Ganz anders dagegen historische Karten: Sie entstanden in früheren Zeiten und stellen daher eine besondere Sorte von Quellen dar. Sie wurden von Gelehrten, Seefahrern und Entdeckern gezeichnet und spiegeln so das Wissen der damaligen Zeit wider. An historischen Karten können wir ablesen, wie die Menschen in vergangenen Zeiten die Welt gesehen haben, was sie von ihr wussten und wie sie sich die Gestalt der Erde vorstellten.

Q 1 *Karte in einem englischen Gebetbuch* aus dem 13. Jahrhundert.

Methodische Arbeitsschritte

1. Aus welcher Zeit stammt die Karte?
2. Welche Kontinente und Länder sind dargestellt?
3. Gibt es Einzelheiten, die besonders hervorgehoben sind?
4. Über welche Kenntnisse verfügte der Zeichner, was war ihm dagegen noch nicht bekannt?
5. Zu welchem Zweck wurde die Karte angefertigt?
6. Welche geografischen, politischen oder religiösen Vorstellungen der damaligen Zeit lassen sich aus der Karte ablesen?

Q2 *Weltkarte des Kartenzeichners Paolo Toscanelli (1474).* Vermutlich benutzte Christoph Kolumbus diese Karte. Sie befindet sich heute in der Nationalbibliothek in Florenz.

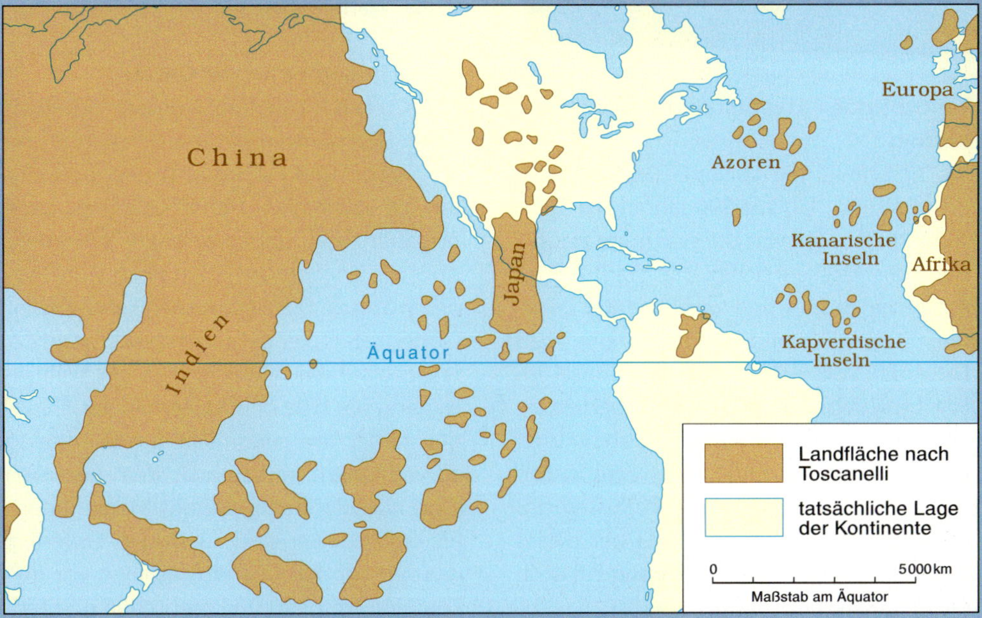

1 *Stelle fest, welche Länder und Erdteile auf beiden Karten verzeichnet sind (Q1 und Q2).*

2 *Vergleiche mit heutigen Karten und beschreibe die Unterschiede.*

3 *Überlege, wer die Karten wohl jeweils benutzte.*

4 *Nimm die Kopie einer Weltkarte und versuche sie einer Kugel anzupassen: Was passiert? Welche Probleme tauchen auf? Erkundige dich bei deinem Erdkundelehrer, wie die Kartografen (Kartenmacher) diese Probleme heute lösen.*

TIPP

Ein spannender historischer Roman über Entdecker, Entdeckungen und den jungen Kartenzeichner Caspar: „Das Geheimnis des Kartenmachers" (Rainer M. Schöder, Arena, 2002)

D1 *Europa und die Lage der „Ostländer" (Rekonstruktion nach Toscanelli, 1474).* Kolumbus orientierte sich an den geografischen Vorstellungen Toscanellis: Bei der Landung in Amerika glaubte er die „Ostländer" erreicht zu haben.

9 Das Aztekenreich

Q1 *„Die schönste Stadt der Welt"*, sagte Cortés über Tenochtitlan; die Europäer verglichen sie mit Venedig.
In der Stadt wohnten 200 000–300 000 Menschen (schematisierte Darstellung von 1572).

Tenochtitlan – Hauptstadt eines großen Reiches

Wo sich heute die Millionenstadt Mexico-City erstreckt, lag vor 500 Jahren die Stadt Tenochtitlan. Sie war die prächtige Hauptstadt des Aztekenreiches. Die Stadt lag inmitten eines Sees und war über vier Dämme mit dem Festland verbunden. Um 1325 hatte das Volk der Azteken diese Insel im See besiedelt. Von hier aus eroberten sie das mexikanische Hochland, unterwarfen die umliegenden Indiovölker und dehnten ihr Reich letztlich von den Küsten des Atlantiks bis zum Pazifik aus. Über dieses Reich herrschte ein König, dessen Palast in Tenochtitlan stand.

Vom Leben der Azteken

Die meisten Azteken lebten als Bauern auf dem Land. In den Städten wohnten vor allem die Adligen, Priester und Kaufleute sowie Handwerker, Baumeister und Künstler. Sie schufen prachtvolle Tempelpyramiden, kunstvolle Bildhandschriften und feine Schmuckstücke aus Gold und Edelsteinen. Auf den Märkten verkauften Händler Luxuswaren wie Felle oder Edelsteine, die sie bei anderen Indiostämmen eingetauscht hatten. Goldschmiede und Federkünstler, die prächtigen Schmuck aus Papageienfedern anfertigten, waren unter den Handwerkern besonders angesehen.
Im Stadtzentrum lag ein großer, gepflasterter Platz. Hier befand sich der Tempelbezirk mit den Palästen der Priester und das Schloss des Königs Moctezuma. Dieser Palast besaß unzählige Räume, in denen auch die Könige anderer Indiostämme wohnten, die mit den Azteken verbündet waren. Im Erdgeschoss gab es Gerichtssäle und riesige Lagerräume. Dort lagerten die Abgaben unterworfener Indiostämme, etwa Nahrungsmittel, Baumwolle, Waffen, Juwelen oder Gold.

Menschenopfer für die Götter

Die Azteken lebten fast ununterbrochen im Krieg. Denn um die Städte zu versorgen und die Tempel und Paläste zu bauen, benötigten die aztekischen Herrscher immer neue Abgaben von unterworfenen Stämmen. Aber die Kriegszüge hatten noch einen anderen Zweck: Die Gefangenen konnten den Göttern als Opfer gebracht werden. Die Azteken glaubten nämlich, dass ein Weltuntergang die Erde bereits viermal verschlungen hätte. Um einen weiteren Untergang zu verhindern, mussten sie dem höchsten Gott Huitzilopochtli ständig Menschenopfer bringen. Bei einem einzigen Opferfest wurden auf den Götterpyramiden vor den Tempeln bis zu 70 000 Menschen getötet.

2 *Tenochtitlan in den Schilderungen von zwei Europäern*

a) Der spanische Hauptmann Bernal Diaz:

Wir sahen die große Wasserleitung, die von Chapultepec kommt und die ganze Stadt mit süßem Wasser versorgt, und die langen hölzernen Brücken, von denen die Dammstraßen unterbrochen waren, um die Verbindung zwischen den vielen Teilen des Sees zu ermöglichen. Auf dem See wimmelte es von Fahrzeugen, die Waren und Lebensmittel aller Art geladen hatten. Wir stellten einwandfrei fest, dass man Mexiko[1] nur über die Zugbrücken oder in Kähnen erreichen konnte. Aus allen Orten ragten die weißen Opfertempel wie Burgen über die Häuser mit ihren Söllern, über kleinere kapellenartige Bauten und über die Befestigungstürme hinaus. Es war ein einmaliger Blick. (…) Dann besahen wir uns von hier oben aus noch einmal den Marktplatz mit seinem Gewimmel von Menschen, die einen Lärm machten, den man über eine Stunde weit hören konnte. Leute, die Konstantinopel und Rom gesehen hatten, erzählten, dass sie noch nirgendwo einen so großen und volkreichen Marktplatz gefunden hätten.

[1] So nannten die Spanier Tenochtitlan später.

b) Der Spanier Fernando Cortés, 1520:

Die Stadt hat viele öffentliche Plätze, auf denen beständig Markt gehalten wird und allerlei Handel in Kauf und Verkauf stattfindet. Dann hat sie auch einen anderen öffentlichen Platz, (…) rundum ganz mit Säulenhallen umgeben, wo sich täglich über sechzigtausend Seelen zusammenfinden: Käufer und Verkäufer von (…) Lebensmitteln, Kleinodien aus Gold und Silber, Blech, Messing, Knochen, Muscheln, Hummerschalen und Federn. (…) Es gibt Häuser (…), wo man zubereitete Arzneien verkauft, Tränke und auch Salben und Pflaster. Es gibt Häuser (…), wo die Köpfe gewaschen und geschoren werden. Es gibt Häuser, wo man für Geld Essen und Trinken verabreicht.

1 *Marktszene von Tlatelolco,* einem Stadtteil der Aztekenhauptstadt Tenochtitlan (Modellfoto)

1 Was hat die Spanier beim Anblick von Tenochtitlan beeindruckt (Q2)?

2 Vergleiche das Stadtbild und das Leben in Tenochtitlan mit einer Stadt um 1500 in Europa. Was stellst du fest?

3 Sammelt Material über die Azteken sowie über die Maya und Inka.

2 *Der große Tempelplatz in Tenochtitlan (Modellfoto).* Links: die Pyramide mit den Tempeln des Regengottes Tlaloc und des Kriegsgottes Huizilopochtli. Mitte: der kreisrunde Opferstein. Im Hintergrund: der Salzsee und der Vulkan Popocatepetl.

10 Projekt
Freundschaftsbänder knüpfen

Von den Indios gelernt
Der Brauch, Freundschaftsbänder mit farbenfrohen Mustern zu knüpfen und Menschen zu schenken, die man besonders mag, ist schon sehr alt. Er kommt von den Indios aus Mittel- und Südamerika. In ihren alten Geschichten wird erzählt, dass man sich etwas wünschen darf, wenn man das Band umgebunden bekommt. Danach darf man es nicht mehr ablegen. Wenn es sich von selbst löst, geht der Wunsch in Erfüllung.
Vielleicht hast du Spaß daran, selbst mal Freundschaftsbänder herzustellen. Dafür musst du keine Expertin oder kein Experte sein. Habe etwas Geduld und denke daran: Es ist noch kein Meister vom Himmel gefallen.

Du brauchst dazu:
- Sticktwistgarn, Seidenschnüre oder Lederbändchen. Es eignet sich auch anderes Material; es darf nur nicht flusen und muss reißfest sein
- Lineal, Schere und Klebeband.

Freundschaftsbänder zu flechten macht Spaß und sie sehen toll am Handgelenk aus.

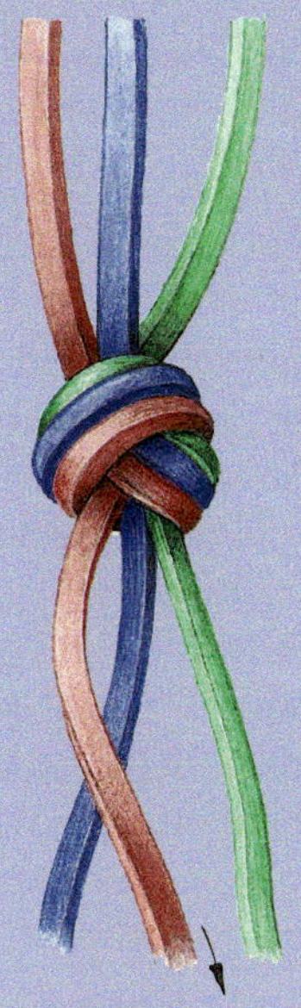

2

Und so wird's gemacht:
Fang mit einem Dreierzopf an. Jeder Dreierzopf besteht aus drei Strängen. Ein Strang wird aus einem oder mehreren Fäden, Schnüren oder Bändchen gebildet. Je dicker die einzelnen Stränge sind, desto breiter wird dein Freundschaftsband.

1 Schnüre zuschneiden und zusammenknoten: Schneide zuerst deine drei Stränge auf einer Länge von 45 cm zu und lege sie nebeneinander. Miss auf einer Seite 12 cm ab und knote die drei Schnüre an dieser Stelle zusammen. Jetzt befestige den Knoten auf dem Tisch oder einer Unterlage. Das geschieht am besten mit Klebeband.

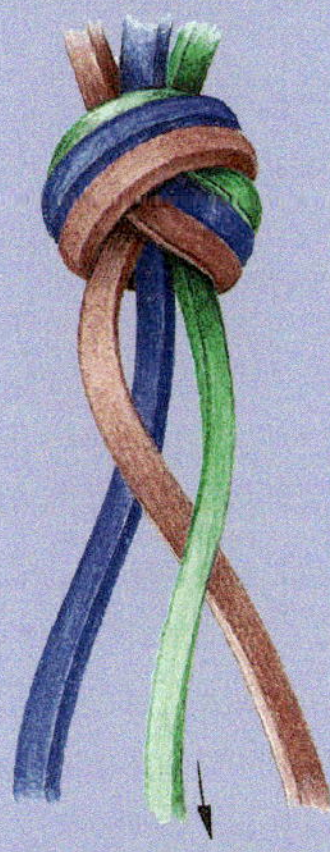

3

2 Den Zopf flechten: Führe den linken Strang über den nächsten und lege ihn in der Mitte ab (2). Dann wird der rechte Strang über den nächsten gezogen und wieder in der Mitte abgelegt (3). Nach diesem Schema geht's abwechselnd weiter: von links zur Mitte, von rechts zur Mitte. Achte darauf, dass du nicht zu locker flechtest.

3 Nochmal verknoten: Verknote die Schüre so, dass auch unten noch 12 cm frei bleiben. Jetzt sicherst du auch die Enden der einzelnen Stränge mit einem Knoten, damit sie nicht ausfransen. Fertig! Wenn es dir gefällt, kannst du die Enden des Zopfes noch mit Perlen schmücken (4).

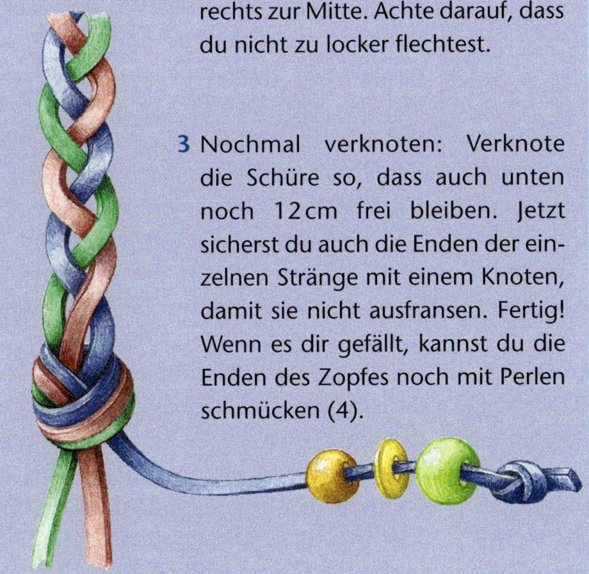

4

Vielleicht hast du Lust, mit einem bunten Doppelzopf ein etwas schwierigeres Freundschaftsband zu flechten. Er besteht aus sieben Strängen. Dabei bilden je zwei Sticktwistfäden derselben Farbe einen gemeinsamen Strang. Insgesamt brauchst du also 14 Fäden in sieben unterschiedlichen Farben.

5

1 Schnüre zuschneiden und zusammenknoten: Schneide die Fäden auf einer Länge von 40 cm zu und lege sie nebeneinander. Lass oben 10 cm frei, verknote alle Fäden und befestige sie mit einem Klebeband auf dem Tisch. Ordne die Fäden so an, dass je zwei von derselben Farbe einen Strang bilden.

6

2 Den Zopf flechten: Ziehe den äußeren linken Strang über den nächsten, führe ihn unter die zwei folgenden durch und lege ihn in der Mitte ab (5). Nimm dann den äußeren rechten Strang und verfahre ebenso: über den nächsten, unter die zwei folgenden durch und in der Mitte ablegen (6). Nach diesem Schema flechtest du weiter: von außen, einmal drüber, zweimal drunter, ablegen. Nicht zu locker flechten.

3 Nochmals verknoten: Beende den Doppelzopf mit einem Knoten. Jetzt hast du noch zu beiden Seiten die 14 etwa 10 cm langen Fäden. Daraus machst du drei Stränge mit einmal vier und zweimal fünf Fäden und flechtest einen Dreierzopf. Ein Knoten als Abschluss und dein Prachtstück ist fertig (7).

7

11 Mit Kreuz und Schwert

1 *Moctezumas Begegnung mit Cortés* wurde 1560 von einem aztekischen Künstler im Auftrag der Spanier gezeichnet. Moctezuma wird von drei hochgestellten Azteken begleitet und hat als Geschenke Mais, Geflügel und Wild mitgebracht. Hinter Cortés steht die aztekische Dolmetscherin Marina, über ihm seine Leibwache.

Verlockende Goldschätze

Eine seltsame Nachricht erreichte Moctezuma 1519 in Form einer Bilderschrift: „Bärtige Männer in großen Booten sind vom Ozean hergekommen." Moctezuma schickte sofort Abgesandte mit Geschenken an die Küste. Dort trafen sie auf Hernando Cortés und seine Gefährten, die von Kuba nach Mexiko übergesetzt waren.

Der Spanier Cortés hatte sein gesamtes Vermögen eingesetzt, um das Land zu finden, in dem angeblich unermessliche Goldschätze warteten. Mit 500 Mann, 14 Geschützen und 16 Pferden hatte er sich auf nach Tenochtitlan gemacht. Auf ihrem Weg ins Hochland von Mexiko trafen die Spanier auf Indiostämme, die von den Azteken unterworfen worden waren. Cortés gelang es, einige von ihnen als Verbündete zu gewinnen.

Moctezuma empfing die Spanier feierlich in der Stadt. Der König und die aztekischen Priester glaubten, dass die Götter nun endlich zurückgekehrt waren und den Menschen Frieden brachten. Doch bald merkten die Azteken, dass keine Götter, sondern goldgierige Menschen in ihre Stadt eingezogen waren, die nun die Häuser und Tempel nach Goldschätzen und Juwelen durchsuchten.

Tenochtitlan wird zerstört

Der aztekische Glaube war für die spanischen Eroberer sehr fremd und sie empörten sich über die religiösen Bräuche und Menschenopfer. Cortés verlangte, dass die Götterbilder zerstört wurden, und ließ gegen den Widerstand der Priester ein Kreuz auf der Tempelpyramide errichten.

Bald kam es zum Aufstand der Menschen in Tenochtitlan. Daraufhin nahm Cortés Moctezuma als Geisel gefangen. Als dieser auf Verlangen der Spanier zu seinen Untertanen sprach, wurde er von Pfeilen und Steinen tödlich getroffen. Unter großen Verlusten retteten sich Cortés und die Überlebenden. Im Mai 1521 kehrte Cortés jedoch mit Verstärkung zurück, belagerte Tenochtitlán und eroberte die Stadt schließlich am 13. August. Tausende von Frauen, Kindern und Männern wurden erschlagen. Ihre Leichen bedeckten die Trümmer von Tenochtitlan. Die Stadt glich einem umgeflügten Acker, so der Augenzeuge Bernal Diaz.

Die Spanier schütteten mit den Trümmern die Kanäle zu und errichteten auf dem Tempelplatz eine riesige Kirche. Die Stadt wurde in „Mexiko" umbenannt und blieb für Jahrhunderte die Hauptstadt des riesigen spanischen Kolonialreiches in Südamerika. Cortés selbst wurde zum Herrscher über die Kolonie ernannt, die nun Neuspanien hieß.

Q2 *Wie Moctezuma den Spanier Cortés empfing, ist in einer aztekischen Überlieferung festgehalten:*

Unser Herr! Du hast dich ermüdet, (...) aber nun bist du in deinem Land angekommen. Du bist in deiner Stadt Mexiko angelangt. Du bist hierher gekommen, um dich auf deinen Thron zu setzen, den eine kurze Zeit lang für dich diejenigen aufbewahrten, die schon dahingegangen sind, deine Stellvertreter. (...) Oh, könnte doch einer von ihnen dabei sein und mit Erstaunen sehen, was ich, (...) der Überlebende unserer Herrscher, nunmehr sehe. (...)

Ich war schon seit einer Reihe von Tagen bekümmert (...). Und du bist aus den Wolken und aus dem Nebel gekommen. Denn das hatten uns unsere Könige hinterlassen, die deine Stadt regierten: Du müsstest nach hier kommen und dich auf deinem Platz niederlassen, dich auf deinen Stuhl setzen. Nun hat es sich jetzt erfüllt: Du bist mit großer Mühsal gekommen, mit großem Eifer kamst du. Komm her zu deinem Lande, komm und ruhe dich aus. Nimm Besitz von deinen Palästen. Gib Erfrischung deinem Körper. Seid willkommen in eurem Lande, unsere Herren!

Q3 *Wie die Missionierung der Azteken erfolgte, berichtet ein spanischer Geistlicher 1525:*

Aber neben all den schrecklichen Berichten erregte einer unseren Jubel. Alle Götzenbilder, die auf den Höfen standen, ließ Cortés umwerfen, dann zerbrechen, in Stücke schlagen und schließlich über die hohen Treppenstufen hinabwerfen. Nur das eine große Marmorbild blieb stehen, weil es zu gewaltig war und nicht so leicht zerstört werden konnte. Über den Bildersturz geriet Moctezuma, der dabei war, in große Erregung; und auch alle Höflinge entsetzten sich und klagten: „Oh wir Unglücklichen, wir Armen! Die Götter werden uns in ihrem Zorn die Feldfrüchte nehmen, von denen wir leben, und uns Hungers sterben lassen; auch alle Arten von Krankheiten werden über uns kommen, wie es schon oft geschah, wenn die Götter nicht versöhnt waren."

Q4 *Eroberung Tenochtitlans 1521* (Darstellung von einem mexikanischen Maler, um 1550)

Q5 *Boten berichten Moctezuma von der Ankunft der Spanier 1519:*

Erschrocken hörte Moctezuma davon, wie die Kanone brüllt, wie ihr Donner trifft, dass man taub und ohnmächtig wird. Die Gesandten sagten: „Ein Ding wie ein Ball aus Stein fliegt aus ihrem Bauch heraus, sprüht Funken und regnet Feuer. (...) Wenn sie den Baum trifft, verweht er in Splittern, als ob ein Zauberer in seinem Inneren ihn fortgeblasen hätte." (...) Und die Gesandten berichteten weiter: „Ihre Kriegstracht und ihre Waffen sind ganz aus Eisen gemacht. Sie kleiden sich ganz aus Eisen, mit Eisen bedecken sie ihren Kopf, aus Eisen sind ihre Schwerter, ihre Bogen, ihre Schilde und Lanzen. Sie werden von Hirschen auf dem Rücken getragen, wohin sie wollen. Herr, auf diesen Hirschen sind sie so hoch wie Dächer. Ihr Körper ist ganz verborgen, nur ihre Gesichter sind nicht bedeckt. Ihre Haut ist weiß,wie aus Kalk gemacht. (...)" Als Moctezuma diesen Bericht gehört hatte, griff die Furcht ihn an. Sie schwächte sein Herz bis zur Ohnmacht, es schrumpfte zusammen. Und die Verzweiflung eroberte ihn.

1 *Vergleiche, wie die Azteken die Spanier empfingen und wie sich die Eroberer verhielten (VT, Q1, Q2, Q3).*
2 *Finde anhand von Q4 und Q5 heraus, warum die Spanier den aztekischen Kriegern überlegen waren.*
3 *Überlege, aus welchen verschiedenen Gründen die Spanier das Aztekenreich erobern wollten.*

12 Der Reichtum der „Neuen Welt" für die Europäer

Q1 *Die Silberbergwerke von Potosi* (zeitgenössischer Stich). Im heutigen Bolivien entstand in den Anden auf 4000 Meter Höhe ein Zentrum der Silberproduktion. Hier, in der Stadt Potosi, lebten im Jahre 1611 etwa 150 000 Einwohner. Viele von ihnen mussten unter unsäglichen Bedingungen das Silber für die Europäer fördern.

Q2 *Monstranz*, hergestellt aus dem Gold der Indios. Kolumbus übergab das erste Gold aus der Neuen Welt dem Papst.

Gold und Silber für die Eroberer

1531 begann der Spanier Francisco Pizarro das zweite große Reich in Südamerika zu erobern: das der Inka. Er nahm ihren König gefangen und verlangte von den Inkas, einen riesigen Raum mit Gold zu füllen. Dann würde er ihren Herrscher freilassen. Die Inkas erfüllten die Forderung und trugen Tausende von goldenen Kunstgegenständen zusammen. Den größten Teil schmolzen die Spanier sofort zu Goldbarren, die nach Spanien transportiert wurden. Den Inkaherrscher ließ Pizarro töten.

Vergeblich versuchten die Inkas ihre Gold- und Silberminen vor den Spaniern geheim zu halten. Doch die Eroberer nahmen die Minen mit Gewalt in Besitz und ließen sich vom spanischen König das Recht übertragen, das Gold und Silber zu fördern. Die privaten Minenbesitzer mussten ein Fünftel an die spanische Krone abgeben. „Silberflotten" brachten dieses Silber und die Steuergelder nach Spanien.

Die Indios werden vernichtet

Neben den Gold- und Silberminen entdeckten die Europäer bald eine weitere Geldquelle: Auf großen Plantagen bauten sie Kaffee, Kakao, Tee, Tabak, Baumwolle und Zuckerrohr an. Doch Anbau und Ernte waren harte Arbeit – zu hart für die spanischen Eroberer und Einwanderer. Deshalb versklavten sie die einheimischen Männer, Frauen und Kinder und ließen sie auf den Feldern wie auch in den Bergwerken für sich arbeiten. Unzählige Indios starben, entweder durch Unfälle oder weil sie geschwächt waren und nicht genug zu essen bekamen. Hinzu kamen Krankheiten wie Masern und Pocken. Die Europäer hatten diese Krankheiten eingeschleppt und die Indios besaßen gegen sie keine Abwehrkräfte. Man schätzt, dass 50 Jahre nach der Eroberung 90 Prozent der ursprünglichen Bevölkerung in den spanischen Kolonien vernichtet war. Um diese Arbeitskräfte zu „ersetzen", begannen die Europäer bald, Männer und Frauen aus Afrika als Sklaven in die südamerikanischen Kolonien zu verschleppen.

Die „Heiden" bekehren

Mit den Eroberern kamen auch die Missionare ins Land. Sie glaubten, dass die Seelen der Indios nur errettet werden könnten, wenn diese den „rechten", also den christlichen Glauben annahmen. Mit Zwang und Gewalt wurden die einheimischen Frauen und Männer dazu gebracht, sich taufen zu lassen und ihren eigenen Glauben aufzugeben. Damit zerstörten die Europäer einen wichtigen Teil der jahrhundertealten indianischen Kultur.

Es gab aber auch Missionare, die dagegen protestierten, wie mit den Indios umgegangen wurde. So kämpfte besonders der Priester Bartolomé de Las Casas gegen die Sklaverei. Doch selbst Protestbriefe an den spanischen König führten zu nichts.

Q3 *Ein Spanier berichtete im 16. Jahrhundert über die Zwangsarbeit im Bergwerk, die Mita genannt wurde:*

Ein Indianer (kehrte) vom Bergwerk zurück. Und er fand seine Frau tot. Und der Dorfvorsteher kam zu ihm und sagte: „Ich weiß, ich tue dir weh, du kommst gerade erst aus dem Stollen und findest dich als Witwer wieder, mit zwei Söhnen zu ernähren und du bist (...) erschöpft von der Arbeit. Aber ich kann nicht anders: Ich finde keinen Indianer für die Mita und wenn die Zahl nicht voll wird, verbrennen sie mich, peitschen sie mich, trinken sie mein Blut. Hab' Mitleid mit mir, kehr wieder zurück ins Bergwerk." Da nahm der Indianer seine zwei kleinen Söhne, umarmte und küsste sie zärtlich und hängte sie an einem Baum auf. Dann nahm er ein Küchenmesser und stieß es sich durch den Hals, um nicht wieder ins Bergwerk zu müssen.

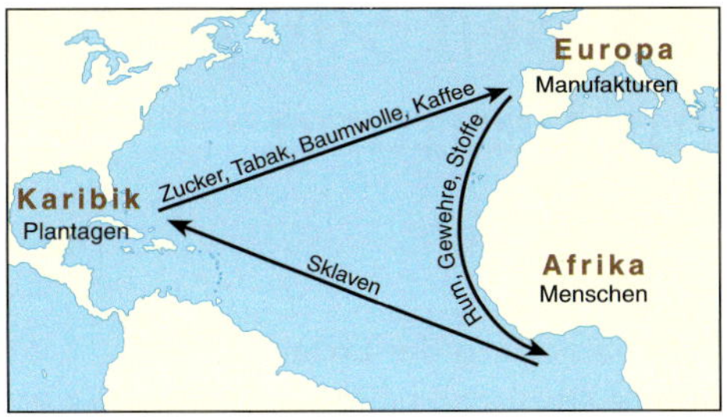

D2 *Der so genannte Dreieckshandel.* Etwa zehn Millionen Menschen wurden bis ins 19. Jahrhundert als Sklaven aus Afrika nach Amerika verschleppt.

Q4 *Der Jesuit und Missionar José de Acosta, der 15 Jahre lang in der Neuen Welt gelebt hatte, urteilte über die spanischen Eroberer:*

Gott hat in seiner Weisheit im Boden jener so unendlich weit entfernten Heidenländer Gold und Silber in Hülle und Fülle wachsen lassen, damit wenigstens die Goldgier die Christen dorthin locke, wohin die Liebe zu Christus sie niemals ziehen würde.

1 *Erläutere, wie die Spanier das Land und die Menschen in den Kolonien ausbeuteten (VT, Q1, Q3, D1).*

2 *Wie urteilt José de Acosta über die spanischen Eroberer und Missionare (Q4)?*

D1 *Indianische Reiche vor der Eroberung, die Kolonialherrschaft und ihre Folgen.*
Die Bevölkerungszahlen (rechts) beruhen auf Schätzungen.

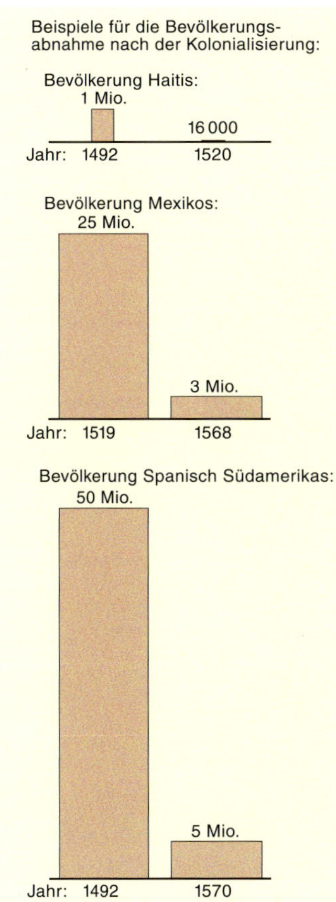

13 Seit 500 Jahren kein Ende der Ausbeutung

Europäisierung der Erde

Für die spanischen und portugiesischen Eroberer war es selbstverständlich, dass ihnen die Länder auch gehörten, die sie entdeckt hatten. Auf ihre Bitte teilte der Papst 1494 die Erdkugel in einen spanischen und einen portugiesischen Teil auf, indem er eine Linie von Pol zu Pol zog. Alle westlich gelegenen Teile der nicht-christlichen Welt sollten Spanien gehören, alle östlichen Gebiete sollte Portugal erhalten. Die Portugiesen eroberten daraufhin ab 1500 das heutige Brasilien.

Dem spanischen und portugiesischen Beispiel folgten bald andere Länder. Niederländer, Engländer und Franzosen drangen auf fast alle Kontinente vor. Ihre „Entdeckungen“ trugen sie als Kolonien in die Weltkarten ein. In Nordamerika ließen sich englische und französische Siedler nieder, während in Afrika und Asien private Handelsgesellschaften ihre Stützpunkte errichteten. So bestimmten bald die Europäer, was wirtschaftlich und politisch in der Welt geschah. Von der einheimischen Bevölkerung in den Kolonien erwarteten die weißen „Herren“, dass sie sich unterwarfen oder anpassten. Dazu war den Kolonialherren jedes Mittel recht. Die Folgen der europäischen Eroberung und Herrschaft sind in vielen ehemaligen Kolonien, den heutigen „Entwicklungsländern“, noch immer spürbar.

Südamerika heute

In den Staaten Südamerikas leben heute verschiedene Bevölkerungsgruppen: zum einen die Indios, zum anderen die Nachkommen der europäischen Einwanderer sowie die Nachfahren der afrikanischen Sklaven. Gerade die indianische Bevölkerung leidet heute noch unter großer Armut. Die großen Plantagen, auf denen Kaffee, Kakao, Bananen und Baumwolle angebaut werden, gehören einigen wenigen Grundbesitzern. Männer, Frauen und auch Kinder verdienen hier als billige Lohnarbeiter ihren Lebensunterhalt. Doch auch in den Städten sieht es nicht besser aus. Viele, die auf der Suche nach Arbeit in die Stadt gegangen sind, bleiben arbeitslos, leben von Gelegenheitsjobs oder vom Betteln und wohnen in den großen Elendsvierteln am Rande der Großstädte.

spanischer Besitz
portugiesischer Besitz
niederländischer Besitz
britischer (bis 1707 englischer) Besitz
französischer Besitz
russischer Besitz
dänischer Besitz
○ kolonialer Stützpunkt

D 1 *Die europäischen Kolonien* um die Mitte des 18. Jahrhunderts

Q1 *Die Friedensnobelpreisträgerin Rigoberta Menchú, eine Indianerin, erzählt aus ihrem Leben:*

Ich begann mit acht Jahren mein Leben zu verdienen, indem ich an der Südküste im Pazifik auf den Ländereien der Patrones arbeitete. Ich erinnere mich, wie ich mich entschied, arbeiten zu gehen, weil ich das schmerzerfüllte Gesicht meiner immer erschöpften Mutter nicht mehr aushielt. Immer musste sie Kaffee oder Baumwolle pflücken; mit ihrem Neugeborenen auf dem Rücken und meinen fünf hunrigen Geschwistern um sich herum. (...) Wir verließen die Hochebene, um in den Fincas zu arbeiten, weil mein Vater nur ein kleines Stück Land hatte, das nicht viel hergab: nur ein wenig Mais und Bohnen, gerade genug, um vier oder fünf Monate zu leben. Für den Rest des Jahres waren wir gezwungen, zu den Fincas hinunterzuwandern. (...)

Mit acht Jahren verdiente ich mein erstes Geld auf der Finca. Ich hatte täglich 35 Pfund Kaffee zu pflücken und bekam dafür 20 Centavos*. Wenn ich die Menge nicht schaffte, musste ich am nächsten Tag für dieselben 20 Centavos weiterarbeiten. Wenn man einmal sein Tagessoll nicht schaffte, blieb man unweigerlich mit seiner Arbeit zurück, bis man zum Schluss vielleicht zwei ganze Tage unentgeltlich nacharbeiten musste, um das Gesamtsoll zu erfüllen. (...) An manchen Tagen schaffte ich kaum 28 Pfund. Besonders, wenn es heiß war. Da bekam ich Kopfschmerzen und war oft so erschöpft, dass ich mich unter einen Kaffestrauch legte und schlief, und da fanden mich dann meine Brüder. (...)

Die Kaffeebohnen werden von den Sträuchern gepflückt, aber manchmal, wenn sie schon sehr reif sind und von selbst von den Sträuchern fallen, müssen sie aufgesammelt werden. Das ist schwieriger als pflücken. Bei der Arbeit musste man sehr behutsam sein, damit kein Strauch beschädigt wurde. Die Aufseher beobachteten uns scharf und jeder kleine Schaden wurde Bohne für Bohne vom Lohn abgezogen. (...)

Zwei Jahre lang arbeitete ich für 20 Centavos, obwohl ich oft mehr als 35 Pfund pflückte. Ich schaffte immer mehr und steigerte mich um ein, zwei, drei Pfund. Als ich 70 Pfund pro Tag schaffte, zahlten sie mir dafür 35 Centavos. Ich war stolz, dass ich jetzt merklich zum Lebensunterhalt der Familie beisteuern konnte.

* ca. 25 Euro-Cent

Q2 *Junge als Arbeiter auf einer Kaffeeplantage in Mittelamerika.*

Q3 *Protest landloser Bauern* (Bild des argentinischen Malers Adolfo Perez Esquvel). Auf den Transparenten steht „Agrarreform", „Recht auf Land", „Das Land – ein Geschenk Gottes". Ihre Proteste begründen die Bauern oft damit, dass Gerechtigkeit ein christliches Gebot ist.

1 *Erkläre den Begriff „Europäisierung der Erde" mit eigenen Worten.*
2 *Beschreibe die Arbeit auf einer Plantage und überlege, warum den Arbeitern so wenig bezahlt wird.*
3 *Betrachte Q4. Was will der Künstler mit seinem Bild ausdrücken?*

14 Methode
Eine Pro-Contra-Diskussion führen

D 1 *Eine Gruppe von Schülerinnen bereitet ihre Argumente für die Diskussionsrunde vor.*

Feiern oder nicht feiern?
1992 fanden in Spanien und in Südamerika große Feiern statt. Der Grund: 500 Jahre zuvor hatte Christoph Kolumbus Amerika „entdeckt". Für die Spanier schien alles klar zu sein: Ein so großes Ereignis müsste gefeiert werden. Die Stadt Sevilla putzte sich besonders heraus, denn hier war Kolumbus am Ende seiner ersten Reise an Land gegangen. Politiker hielten Festreden und einer von ihnen nannte die Entdeckung Amerikas das wichtigste Ereignis der Weltgeschichte nach der Geburt Jesu Christi. Auch in vielen Ländern Südamerikas feierten die Menschen fröhliche Feste. Doch viele Indios sahen das Ereignis ganz anders. Sie protestierten gegen die Feierlichkeiten. Einige meinten sogar, Kolumbus sei eigentlich ein Verbrecher gewesen, der die Vernichtung vieler Indios zu verantworten habe.

Eine Pro-Contra-Diskussion führen
Ist die Entdeckung Amerikas ein Grund zum Feiern oder nicht? Wenn zwei gegensätzliche Meinungen aufeinander treffen, ist es oft nicht einfach, der einen oder anderen Seite zuzustimmen. Ein Streitgespräch, in dem beide Seiten ihre Standpunkte begründen, kann da weiterhelfen. Wir nennen das eine Pro-Contra-Diskussion.

Methodische Arbeitsschritte

1. Wählt einen Diskussionsleiter / eine Diskussionsleiterin.
2. Bildet zwei Gruppen, die jeweils entgegengesetzte Meinungen vertreten.
3. Gebt den Gruppen Zeit, um ihre Argumente zu sammeln.
4. Stimmt darüber ab, wer für die eine Meinung ist und wer für die andere. Haltet das Ergebnis fest.
5. Hört euch die Argumente der beiden Gruppen an und stellt ihnen anschließend Fragen.
6. Stimmt noch einmal zu den gegensätzlichen Meinungen ab.
7. Wertet die Diskussion aus:
   – Welche Argumente waren überzeugend, welche nicht?
   – Hat sich das Abstimmungsergebnis verändert und wenn ja, warum?

Q2 *Protestdemonstration in Buenos Aires, Argentinien, 1992*

1. *Bereitet eine Pro-Contra-Diskussion vor. Die Materialien auf dieser Seite können euch helfen, Argumente zu finden.*
2. *Wie sieht der Verfasser von Q1 Christoph Kolumbus? Gib seine Argumente in eigenen Worten wieder.*
3. *Was könntest du ihm entgegnen? Was hat Kolumbus deiner Meinung nach geleistet?*
4. *Liste anhand der Materialien D1 und D2 die Annehmlichkeiten auf, die uns heute die Entdeckung Amerikas gebracht hat. Finde weitere Beispiele.*

Q1 *Zum 500-jährigen Jubiläum der Entdeckung Amerikas fanden in der „Alten" und der „Neuen" Welt zahlreiche Feiern statt – aber es gab auch kritische Stimmen. In der „Badischen Zeitung" erschien 1991 folgender Artikel:*

„Es gibt nichts zu feiern", sagte der Präsident der brasilianischen Indianerstiftung (Funai), Sidney Poßuelo. „Die westliche und christliche Zivilisation kann auf absolut nichts stolz sein, denn was sich nach der Entdeckung Amerikas ereignete, war eine unerbittliche und tragische Unterdrückung der indianischen Völker." (…) Als zwei Jahre nach Kolumbus der Portugiese Pedro Alvaro Cabral in Brasilien landete, lebten dort fünf Millionen Indianer. Heute sind es noch 230 000, die verstreut in 180 Gruppen vor allem im Amazonasgebiet siedeln. Die Weißen hätten den Namen Gottes benutzt, „nur um uns auszuplündern und in die Armut zu stürzen", sagte die Indianerführerin Ana Maria Guacho aus Ecuador. Für ihre nordamerikanische Cherokee-Kollegin Jane Elliot war Kolumbus schlicht „ein Mörder".

D2 *Reiseführer für die Karibik*

D1 *Was die Menschen in Lateinamerika und in Europa voneinander übernahmen:*

Von Europa nach Amerika	*Aus den Kolonien nach Europa*
– Nutztiere: Pferd, Esel, Rind, Schaf, Huhn – Getreide: Weizen – Pflanzen: Ölbaum, Weinstock, Bananen (aus Afrika) – Nutzpflanzen / Rohstoffe: Zuckerrohr, Kaffeebohnen – Technische Erfindungen: Wagenrad, Pflug, Segelschiff – Kulturelle Erfindungen: Alphabet, Saiteninstrumente – Christlicher Glauben	– Früchte: Ananas, Papaya, Avocado – Gemüse: Tomaten, Paprika, Kartoffeln, Bohnen – Getreide: Mais – Genussmittel: Kakao, Tabak, Vanille, Mate – Rohstoffe: Kautschuk

15 Abschluss
Auf großer Entdeckungsfahrt

Auf Entdeckungsreise gehen
In dieser Themeneinheit hast du viel über die Erfindungen und Entdeckungen gelesen, die ab der Mitte des 15. Jahrhunderts in Europa und der Welt gemacht wurden. Du kannst jetzt selbst noch einmal auf Entdeckungsreise gehen und dein Wissen über diese „neue Zeit" unter Beweis stellen.

Spielanleitung
Teilt euch in Gruppen von 3–4 Spielern auf. Jede Gruppe braucht einen Würfel und pro Spieler eine Spielfigur. Wer die höchste Zahl würfelt, fängt an. Danach geht es reihum weiter. Die blauen Felder sind Fragefelder. Kannst du die gestellte Frage beantworten, darfst du noch einmal würfeln. Wenn deine Antwort falsch ist oder du sie nicht weißt, musst du 3 Felder zurückgehen und der nächste Spieler ist an der Reihe. (Die Lösungen könnt ihr auf den angegebenen Seiten nachlesen.)
Die violettfarbenen Felder sind Ereignisfelder – denn auf einer so weiten Reise kann viel passieren! Ziel ist die prächtige Stadt Tenochtitlan, aber du kommst nur mit der genau passenden Würfelzahl hinein.

Fragefelder

1. Welches Buch wurde 1455 in der Werkstatt des Johannes Gutenberg erstmals gedruckt? (S. 58)
2. Nikolaus Kopernikus fand heraus, dass sich … (S. 56)
3. In dieser deutschen Stadt lebte eine der reichsten und mächtigsten Familien Europas. (S. 60)
4. Auf einer Bank konnte man … wechseln und … aufnehmen. (S. 60)
5. Dieser Mann lebte um 1500 in Florenz. Er war Maler, Bildhauer, Architekt sowie Naturforscher und Erfinder. (S. 54)
6. Von diesem Land aus stachen viele europäische Entdecker in See. (S. 62)
7. Welches neue Gerät hielt die Seefahrer auf dem richtigen Kurs? (S. 63)
8. Auf welcher Seeroute gelangte Vasco da Gama 1499 als erster nach Indien? (S. 62)
9. Diese indischen Kostbarkeiten versprachen den europäischen Kaufleuten großen Gewinn. (S. 63)
10. Hier, in dieser Stadt an der indischen Südküste, landeten die Portugiesen. (S. 62)
11. Die Magellanstraße verläuft nicht auf dem Land, sondern von … um … und durch … (S. 50 und S. 62)
12. Wie hieß der neue Schiffstyp, der besonders seetüchtig war? (S. 62)
13. Eines der Schiffe, mit denen Christoph Kolumbus 1492 in See stach, hieß …? (S. 65)
14. Von wem hatte Kolumbus das Geld für seine Entdeckungsfahrt erhalten? (S. 64)
15. Statt an der indischen Küste landete Christoph Kolumbus in Amerika – aber wo genau? (S. 50 und S. 64)
16. Auf dem südamerikanischen Kontinent bestanden hoch entwickelte Reiche, wie das der … und das der … (S. 69)
17. Wie hieß der König, der in der Stadt Tenochtitlan seinen Palast hatte? (S. 68)
18. Für diese Edelmetalle beuteten die Spanier und Portugiesen das Land und die Indios rücksichtslos aus. (S. 74)
19. Welche neuen Nahrungsmittel und Rohstoffe lernten die Europäer aus den Kolonien kennen? Nenne mindestens drei Dinge. (S. 75 und S. 79)
20. Nachdem der Spanier Cortés die Stadt Tenochtitlan erobert und zerstört hatte, benannte er sie in „…“ um. (S. 72)

Ereignisfelder

A In der Druckerwerkstatt: Beim Setzen sind dir die Metallbuchstaben durcheinander geraten – die gedruckte Seite ist voller Fehler! **1x aussetzen.**

B Im Bankhaus der Fugger: Jakob Fugger nimmt dich mit auf eine wichtige Geschäftsreise nach Prag. **Rücke 3 Felder vor.**

C Auf dem Schiff des Vasco da Gama: Als ihr die Südspitze Afrikas umsegelt, wirst du schrecklich seekrank und musst von Bord. **Gehe zurück auf Start.**

D An Bord von Christoph Kolumbus' Schiffen: Hinter Madeira geratet ihr in einen schweren Sturm – und werdet **um 5 Felder zurückgetrieben.**

E Bei den Azteken: Dir fällt es leicht, die Sprache der Azteken zu erlernen. Dadurch wirst du ein wertvoller Dolmetscher – und darfst **noch 1x würfeln.**

Die erfolgreichen Revolutionen in Nordamerika und Frankreich stärkten den Freiheitswillen anderer Völker. So entstanden in Mittel- und Südamerika Widerstandsbewegungen gegen die spanische Kolonialherrschaft. Nur Brasilien löste sich ohne Krieg von seiner Kolonialmacht Portugal. Liberia entstand als ein Staat für die freigelassenen nordamerikanischen Sklaven und erklärte sich 1847 zur Republik.

Über Jahrhunderte lebten die Menschen in Europa unter der Herrschaft von Fürsten und Königen. Doch ab dem 18. Jahrhundert lehnten immer mehr Menschen diese Regierungsform ab. Oftmals waren sie auch bereit, für die Ideen von Freiheit und Gerechtigkeit zu kämpfen.
Hinzu kam, dass Schriftsteller, Philosophen und Naturwissenschaftler die Menschen aufforderten, alles mit ihrem eigenen Verstand infrage zu stellen, was sie bisher durch Tradition und Überlieferung kannten – auch die bestehende Ordnung des Staates. Diese neue Denkweise nannte man schon im 18. Jahrhundert „Aufklärung".

1776

Die 13 britischen Kolonien in Nordamerika erklären ihre Unabhängigkeit.

1789

In Frankreich werden die Menschenrechte garantiert.

1804

Napoleon wird Kaiser der Franzosen.

1848

In den Ländern des Deut schen Bundes, in Ungarn Italien und Frankreich brechen Revolutionen au

Auf dem Weg zur Demokratie

Der „Ballhausschwur“ am 20. Juni 1789
(Gemälde von Jacques Louis David, um 1790).
Die Abgeordneten der französischen Nationalversammlung schwören, sich erst zu trennen, wenn Frankreich eine Verfassung erhält. Diese Szene hat so allerdings nicht stattgefunden, sondern wurde vom Maler besonders ausgeschmückt.

1848/1849

Die erste deutsche Nationalversammlung tagt in der Frankfurter Paulskirche.

1871

Deutschland wird als Kaiserreich geeint.

1919

In Deutschland dürfen Frauen zum ersten Mal wählen.

1949

Mit dem Grundgesetz beginnt der demokratische Neuanfang in Deutschland.

1 Wir leben in einer Demokratie

Q 1 *Der Deutsche Bundestag.* Die Abgeordneten im Bundestag wählen den Bundeskanzler und stimmen über Bundesgesetze ab. In den Bundestag werden alle vier Jahre 299 Abgeordnete direkt gewählt, weitere 299 über Listen der Parteien.

„Alle Staatsgewalt geht vom Volke aus."
„Die Regierung kürzt uns jetzt auch noch die Rente." „Der kleine Mann hat noch nie etwas zu sagen gehabt." „Die da oben machen doch, was sie wollen." „Der Staat ...". „Die Politiker ...".
Klagen wie diese hast du sicher auch schon gehört. Sind „die da oben" wirklich so mächtig? Haben „einfache Leute" tatsächlich nichts zu sagen?
„Alle Staatsgewalt geht vom Volke aus", heißt es im Grundgesetz. Das ist immerhin unsere Verfassung; sie enthält die „Spielregeln", nach denen bei uns Politik gemacht wird.
Aber sind wir nicht alle zusammen das Volk – wir, die Bürgerinnen und Bürger der Bundesrepublik Deutschland? Dann müsste uns doch die Macht gehören? Wir könnten also alle Entscheidungen auch anders treffen – vielleicht ohne Politiker?

Eine indirekte Demokratie
So funktionierte Demokratie tatsächlich einmal: im alten Griechenland, genauer in Athen. Alle Dinge, die für die Stadt wichtig waren, haben die Bürger miteinander diskutiert und am Ende entschieden. Doch wie sollten wir eine Volksversammlung abhalten – mit über 80 Millionen Bundesbürgern?
Wir brauchen andere „Spielregeln" wie das Volkes an öffentlichen Entscheidungen beteiligt ist. In modernen Demokratien wählen die Bürgerinnen und Bürger im Landkreis, im Bundesland und für ganz Deutschland Personen oder Parteien, die für sie handeln sollen. Unsere Politikerinnen und Politiker haben also nur einen Auftrag auf Zeit, nämlich bis zur nächsten Wahl.

Vom Wahlrecht hängt die Freiheit ab
Nach Artikel 38 des Grundgesetzes gelten für das Wahlrecht bestimmte Grundsätze:
Die Wahl ist allgemein, d. h. alle Bürgerinnen und Bürger ab 18 Jahren dürfen wählen. Früher war zum Beispiel das Wahlrecht vom Besitz abhängig und auf die männlichen Bürger beschränkt.
Die Wahl ist unmittelbar, d. h. alle Personen werden direkt gewählt. In den USA findet die Wahl des Präsidenten zum Beispiel indirekt über Wahlmänner statt.
Die Wahl ist frei, d.h. niemand darf eingeschüchtert werden, wie das zum Beispiel in der Zeit des Nationalsozialismus war.
Die Wahl ist gleich, d. h. jede Stimme zählt gleich. Beim preußischen Dreiklassenwahlrecht, das von 1848 bis 1918 galt, hing das Gewicht der Stimme vom Einkommen ab.
Die Wahl ist geheim, d. h. niemand darf sehen, welche Partei oder Person auf dem Wahlzettel angekreuzt wird. In der DDR wurden die Bürger zur offenen Stimmabgabe aufgefordert. Dadurch übte die herrschende Partei Druck aus, „richtig" zu wählen.

A-Z

indirekte Demokratie
oder repräsentative Demokratie. Das Volk wählt Vertreter (Repräsentanten), die im Namen des Volkes handeln.

direkte Demokratie
Die Bürger eines Staates bestimmen unmittelbar, was in der Politik geschieht. Dazu müssen sie alle z. B. auf einem Marktplatz zusammenkommen können.

Q 2 *Das Bundesverfassungsgericht* wacht darüber, dass die vom Bundestag verabschiedeten Gesetze mit dem Grundgesetz vereinbar sind.

Q 3 *Das Demonstrationsrecht* ist für Bürgerinnen und Bürger in einer Demokratie wichtig. So können sie auf Missstände aufmerksam machen.

Q 4 *Der Bundespräsident* ist das Staatsoberhaupt. Er überprüft, ob ein Gesetz verfassungsmäßig zustande gekommen ist, und unterschreibt es dann. 2004 wurde Wolfgang Köhler (Mitte) zum neuen Bundespräsidenten gewählt und, hier im Bild, vereidigt.

D 1 *Der deutsche Bundesrat besteht aus den Vertretern der Bundesländer.* Die Länder haben je nach Einwohnerzahl drei bis sechs Stimmen. Der Vorsitz im Bundesrat wechselt jährlich.

Q 5 *Aus dem Grundgesetz der Bundesrepublik Deutschland:*

Art. 3: Alle Menschen sind vor dem Gesetz gleich.

Art. 20,2: Alle Staatgewalt geht vom Volke aus. Sie wird vom Volke in Wahlen und Abstimmungen (...) ausgeübt.

Art. 38,1: Die Abgeordneten des Deutschen Bundestages sind Vertreter des ganzen Volkes.

Art. 38,2: Wahlberechtigt ist, wer das achtzehnte Lebensjahr vollendet hat.

?

1. *Die Abgeordneten des Bundestages kann man auch als Volksvertreter bezeichnen. Warum?*
2. *„Wer nicht wählt, wählt den politischen Gegner." Hältst du diese Aussage für zutreffend? Begründe deine Meinung.*
3. *Warum ist es wichtig, in politischen Parteien mitzuarbeiten?*

Q 6 *Der Bundeskanzler* legt als Regierungschef die wichtigsten politischen Themen fest und trägt für die Politik der Bundesregierung die Verantwortung. Gerhard Schröder (SPD) wurde im September 2000 zum Bundeskanzler gewählt.

2 Als Fürsten und Könige regierten

Q 1 *Das Schloss von Versailles* (Gemälde von 1722)

absolute Herrscher
beanspruchten im 17. und 18. Jahrhundert fast überall in Europa die uneingeschränkte Macht im Staat. Ihr Vorbild war Ludwig XIV., der seine Herrschaft auf königliche Beamte, Richter und ein ständig kriegsbereites Heer stützte.

Gottesgnadentum
Ludwig XIV. und andere Herrscher sahen sich als „Könige von Gottes Gnaden“. Auch die Kirche lehrte, alle Gewalt auf Erden komme nur von Gott. Dadurch erschien der König vielen Menschen unangreifbar.

Ein absoluter Herrscher

1643 wurde Ludwig XIV. König von Frankreich. Allerdings war er erst fünf Jahre alt. Selbstverständlich konnte er noch nicht selber regieren; das besorgte der Erste Minister des Königreichs. Nach dessen Tod 1661 fragten die Minister den jungen König, an wen sie sich nun wenden sollten. Ludwig antwortete ihnen: „Von jetzt an nur an mich!“

Alle wichtigen Fragen entschied der König in den folgenden Jahrzehnten tatsächlich allein. Die Minister durften sich ohne die Zustimmung des Königs nicht treffen. Sie berichteten dem König einzeln und gaben Ratschläge, dann erteilte der König seine Anordnungen und Befehle. Er beeinflusste die Urteile der königlichen Gerichte, ließ Menschen durch geheime Befehle verhaften und führte Kriege, um seinen Ruhm zu vergrößern.

Wie die meisten Herrscher der damaligen Zeit glaubte auch Ludwig XIV., die Macht des Königs käme nur von Gott. Als „Herrscher von Gottes Gnaden“ fühlte er sich anderen Menschen gegenüber nicht verantwortlich. Sie waren nur Untertanen, die zu gehorchen hatten.

Die Hofgesellschaft in Versailles

In Versailles, 14 Kilometer westlich von Paris, ließ Ludwig XIV. ein Schloss mit beinahe 2000 Räumen bauen. Viele Zimmer waren mit Spiegeln, Wandteppichen, Tapeten und Kronleuchtern prächtig ausgestattet. Im königlichen Park setzten Gärtner jährlich 150 000 Pflanzen nach einem genauen Plan, und ein gewaltiges Pumpwerk versorgte die 1400 Springbrunnen und künstlichen Seen täglich mit 5 Millionen Liter Wasser.

Für die Mitglieder der Hofgesellschaft veranstaltete der König fast jeden Tag Feste, Feuerwerke, Gondelfahrten, Jagden und Turniere, dazu gab es Theater- und Opernaufführungen. Tausende von Adligen aus ganz Frankreich kamen an den Hof von Versailles. Wer angenehm auffallen wollte, musste sich modisch kleiden, Tanzunterricht nehmen, Komplimente machen und die Etikette des Hofes genau beachten. Der König belohnte Schmeichler mit Ämtern, Titeln und Geld. Aus stolzen Adligen wurden ergebene Höflinge. So konnte der König auch gegenüber dem Adel absolut regieren und brauchte keinen Widerstand zu befürchten.

Bezahlen musste das Volk

Die meisten Könige und Fürsten Europas wollten auch so leben und regieren wie Ludwig XIV. Nach dem Vorbild von Versailles ließen sie sich Schlösser bauen und Gärten anlegen. Man kleidete sich nach französischer Mode und übernahm französische Sitten und Französisch als Sprache am Hof. Auch in den deutschen Kleinstaaten leisteten sich die Fürsten eine verschwenderische Hofhaltung. Das kostete oft mehr Geld, als durch Steuern wieder hereinkam. Die Beamten erfanden neue Abgaben oder ließen Handwerker dafür bezahlen, dass sie sich „Hoflieferant“ nennen durften. Manche Fürsten verkauften sogar ihre Untertanen als Soldaten ins Ausland.

Q2 *Der Herzog von Saint Simon (1675–1755) lebte mehr als 20 Jahre am Hofe Ludwigs XIV. In seinen Memoiren schrieb er über die Prunksucht des Königs:*

In allem liebte er Glanz, Verschwendung, Fülle. Es war wohl berechnet, dass er die Sucht, ihm hierin nachzueifern, in jeder Weise begünstigte. Er impfte sie seinem ganzen Hofe ein. Wer alles draufgehen ließ für Küche, Kleidung, Wagen, Haushalt und Spiel, der gewann sein Wohlwollen. Um solcher Dinge willen redete er die Leute an. Indem er so den Luxus gewissermaßen zur Ehrensache und für manche zur Notwendigkeit machte, richtete er nacheinander alle zugrunde, bis sie schließlich einzig und allein von seiner Gnade abhingen.

So befriedigte er seinen Hochmut und seinen Ehrgeiz. Sein Hof war blendend, und die Rangunterschiede verschwanden in dem allgemeinen Wirrwarr. Er hat dem Lande damals eine Wunde geschlagen, die wie ein Krebsschaden an allem frisst. Vom Hofe aus hat die Verschwendungssucht Paris, die Provinzen, das Heer ergriffen. Man schätzt einen jeden, der eine gewisse Stellung einnimmt, nur noch nach seinem Aufwand in der Küche und im Haus ein. (...) Der Hochmut wächst ins Ungemessene. Die Folgen sind nicht abzusehen.

Q3 *Herrscherbild Ludwigs XIV.* Das Gemälde zeigt Ludwig XIV. im Alter von 63 Jahren. Er hatte es von seinem Hofmaler als Geschenk für den spanischen Hof anfertigen lassen. Doch Ludwig fand so großen Gefallen an dem Bild, dass er es als Prunkstück für seine Kunstsammlung in Versailles behielt. Ludwig XIV. regierte Frankreich 54 Jahre lang. Für Schlossbauten, Hofhaltung und Kriege verbrauchte der König so viele Staatsgelder, dass Frankreich bei seinem Tod 1715 ruiniert war.

Q4 *Das Treppenhaus des Brühler Schlosses.* Als Erzbischof und Kurfürst von Köln ließ sich Clemens August ab 1725 das Schloss Augustusburg als Sommerresidenz bauen. Da er gleichzeitig auch noch Bischof von Hildesheim, Münster, Osnabrück und Paderborn war, verfügte er über reiche Einnahmen und konnte sich mehrere Schlossbauten leisten. Alle Welt sollte sehen, dass er ein mächtiger Kirchenfürst war. Als gebildeter Mann förderte Clemens August auch die Wissenschaft und bemühte sich um eine gute Verwaltung des Landes. Seinen Luxus bezahlten die Bürger und Bauern aber mit Steuern und Kirchenspenden.

1 *Beschreibe das Leben am Versailler Hof (VT, Q2).*

2 *Erkläre den Begriff „Absolutismus" mit eigenen Worten.*

3 *Wie hat der Künstler den König in Q3 dargestellt? Welche Symbole werden hervorgehoben?*

4 *Beschreibe das Treppenhaus im Schloss Augustusburg (Q4). Welche Wirkung hatte es wohl auf Besucher?*

3 „Habe Mut, dich deines eigenen Verstandes zu bedienen!“

Q1 *Otto von Guericke* bewies 1657 in Magdeburg, dass zwei Halbkugeln, in denen man ein Vakuum durch Auspumpen der Luft erzeugt, nicht einmal von 16 Pferden auseinander gerissen werden können.

A-Z

Aufklärung
heißt ursprünglich „hell bzw. klar machen“. Der Begriff bezeichnet eine neue Denkweise im 18. Jahrhundert, die darauf abzielte, alle Gebiete des Lebens durch die Vernunft zu erklären und Erkenntnisse kritisch zu überprüfen.

Gewaltenteilung
Trennung der Staatsgewalt in Gesetzgebung (Legislative), Vollziehung (Exekutive) und Rechtsprechung (Judikative). Die Gewaltenteilung ist der wichtigste Kern von demokratischen Verfassungen.

Eine neue Vorstellung von der Welt

1603 gründeten einige Gelehrte in Rom eine Akademie. Sie wollten durch Experimente und vernünftiges Nachdenken die Vorgänge in der Natur erklären. Einige beobachteten mit dem gerade erfundenen Mikroskop das Leben in Wassertropfen, andere suchten mit dem neuartigen Fernrohr den Himmel ab. Wieder andere maßen die Ausdehnung von Luft und Wasser bei unterschiedlichen Temperaturen. Bald gab es weitere Akademien dieser Art, so auch in London. Hier entdeckte der Physiker und Astronom Isaac Newton 1666 das Gesetz der Schwerkraft. Der englische König spottete aber über die Wissenschaftler, weil sie sich mit so sonderbaren Dingen beschäftigten, wie die Luft zu wiegen.

Doch frei zu forschen, entsprach dem Willen vieler Menschen. Sie wollten nicht einfach kritiklos übernehmen, was ihnen überliefert worden war. Vielmehr gingen sie den Dingen mithilfe ihres eigenen Verstandes auf den Grund. So erkannten sie, dass in der Natur alles nach bestimmten und erforschbaren Gesetzen abläuft.

Sein Leben in die Hand nehmen

„Vernunft“ und „Fortschritt“ wurden zu Leitbegriffen einer neuen Zeit, die wir Aufklärung nennen. „Habe Mut, dich deines eigenen Verstandes zu bedienen!“, forderte der deutsche Philosoph Kant. Die Aufklärer wandten sich gegen jede Art von Vorurteilen und Aberglauben, so zum Beispiel gegen die Verfolgung von angeblichen „Hexen“. Bald richtete sich die Kritik aber auch dagegen, dass die Kirche die Menschen bevormundete. Auch dass die Adligen bevorzugt behandelt wurden, fanden die Aufklärer nicht richtig.

Einen besseren Staat schaffen

Die Aufklärer waren davon überzeugt, dass alle Menschen von Natur aus frei seien und gleiche Rechte hätten. Solche Vorstellungen waren nicht mit der absolutistischen Herrschaft eines Königs „von Gottes Gnaden“ zu vereinbaren.

Der Franzose Charles de Montesquieu meinte, die Menschen könnten nur dann als freie Bürger leben, wenn keiner zu viel Macht hätte. Die Befugnisse im Staat müssten daher klar aufgeteilt werden: Ein gewähltes Parlament sollte als gesetzgebende Gewalt Regeln für das Zusammenleben der Bürger im Staat aufstellen. Der König, seine Minister und die Beamten hätten als ausführende Gewalt dafür zu sorgen, dass die Gesetze eingehalten und die staatlichen Aufgaben erledigt würden. Daneben sollten unabhängige Richter sicherstellen, dass Herkunft und Vermögen von Angeklagten vor Gericht keine Rolle spielten. Sie dürften allein auf der Grundlage der Gesetze Recht sprechen. Nach dem Modell der Gewaltenteilung funktionieren heute alle modernen Demokratien. Der König ist allerdings durch einen gewählten Regierungschef ersetzt worden. Das kann zum Beispiel ein Präsident, Ministerpräsident oder Kanzler sein.

Q2 *Im Salon der Madame Geoffrin* (dritte von rechts in der ersten Reihe). Das Gemälde von Gabriel Lemonnier zeigt den Aufklärer d'Alembert 1745 beim Vortrag seiner Gedanken. In den Salons gebildeter und wohlhabender Frauen kamen Menschen zusammen, die frei und ungehindert diskutieren wollten. Im Hintergrund ist die Büste des Aufklärers Voltaire aufgestellt.

Q3 *Das selbstständige Denken der Menschen galt allen Aufklärern als Schlüssel zur Veränderung. Der französische Aufklärer Voltaire (1694–1778) schrieb darüber:*

Mehrere Völker, die lange Zeit nur Hornvieh waren und wiederkäuten, beginnen zu denken. Ist erst einmal die Zeit des Denkens gekommen, dann ist es unmöglich den Geistern diese Kraft wieder zu nehmen, die sie erworben haben. Diejenigen, die denken, müssen als denkende Wesen behandelt werden, so wie man Bestien als Bestien behandelt.

Q4 *Freiheit und Gleichheit waren für den Aufklärer Jean-Jacques Rousseau zentrale Menschenrechte. Er forderte 1762:*

Der Mensch wird frei geboren, und überall ist er in Ketten. (...) Solange ein Volk gezwungen wird zu gehorchen und gehorcht, so tut es wohl; sobald es aber das Joch abwerfen kann und es abwirft, so tut es besser (...). Rechtmäßige Gewalt kann nur auf einer Übereinkunft der Menschen gründen (...). Auf seine Freiheit verzichten, heißt auf seine Menschheit, die Menschenrechte, ja selbst auf seine Pflichten verzichten. Eine solche Entsagung ist mit der Natur des Menschen unvereinbar.

Q5 *Über den Ursprung politischer Autorität äußerte sich Denis Diderot 1751 in einem Artikel, der in der berühmten Enzyklopädie erschien, die er zusammen mit dem Aufklärer d'Alembert in 35 Bänden herausgab. Sie enthielt das gesamte Wissen der Zeit und verbreitete die Gedanken der Aufklärung in Europa, Amerika und anderen Teilen der Welt, die von Europäern beherrscht wurden. Darin heißt es:*

Kein Mensch hat von Natur das Recht erhalten über andere zu herrschen. (...) Wenn man genau prüft, kann man politische Autorität immer auf folgende zwei Quellen zurückführen: Entweder auf die Stärke und Macht eines Mannes, der die Autorität an sich gerissen hat – oder auf das Einverständnis der Menschen, die sich der Autorität durch einen Vertrag unterworfen haben, der zwischen ihnen und dem Träger der Autorität geschlossen oder unterstellt wurde. Die Autorität, die durch Gewalt errungen wird, ist nichts als eine Usurpation (d. h. Anmaßung der Gewalt). Sie dauert nur so lange, wie die Macht der Befehlenden größer ist als die Macht der Gehorchenden. Wenn letztere die Oberhand gewinnen und das Joch abschütteln, dann tun sie es mit ebenso viel Recht und Berechtigung, wie es ihnen der andere aufgezwungen hat.

1. *Stelle aus dem VT die wichtigsten Gedanken der Aufklärung zusammen.*
2. *Welchen Eindruck machen die Gäste im Salon der Madame Geoffrin (Q2) auf dich? Beurteile ihre Kleidung, ihre Haltung, ihren Gesichtsausdruck. Warum haben sie sich wohl unter der Büste des Aufklärers Voltaire (Q3) versammelt?*
3. *Vergleiche die Texte Q3, Q4 und Q5. Überlege, warum manche Aufklärer auf Befehl absolutistischer Könige ins Gefängnis geworfen wurden.*
4. *Die Lehre von der Gewaltenteilung ist in Artikel 20 Absatz 2 des Grundgesetzes enthalten. Schlage nach und erkläre das Prinzip.*

4 Ein freieres Leben in Amerika?

Q 1 *Die Halbinsel Manhattan* kaufte der Holländer Peter Minuit (1580–1638) den Indianern 1626 für ganze 24 Dollar ab. So viel hatte er für die Glasperlen, Messer und Beile bezahlt, die er den Indianern gab (Stich aus dem 19. Jahrhundert).

A-Z

Puritaner
Anhänger einer Reformbewegung innerhalb der Kirche von England. Sie wollten die Kirche von katholischen Einflüssen „reinigen“. Der puritanische Glaube lehnt sich an die strenge Lehre Calvins an und wurde zu einer der stärksten Religionen in den Kolonien.

Reservat
Durch Verträge traten die Indianer den Weißen ihr Land ab. Teile davon wurden ihnen als Lebensraum „reserviert“.

„Auf nach Amerika!“

Zwischen 1607 und 1732 gründeten englische Siedler und Seefahrer an der Ostküste Nordamerikas 13 Kolonien für ihr Mutterland England. Hier wanderten zunächst Leute aus England ein, bald aber auch Iren, Deutsche, Niederländer und Franzosen. Die meisten kamen, weil es in ihren Heimatländern für die schnell wachsende Bevölkerung nicht mehr genug Ackerland und Arbeit gab, andere wurden wegen ihrer Religion verfolgt. So zum Beispiel die englischen Puritaner, von denen im Jahr 1620 102 Frauen und Männer mit ihrem Schiff „Mayflower“ an der nordamerikanischen Küste landeten und dort die Kolonie Massachusetts gründeten.

Siedler und Ureinwohner

Die ersten Siedler waren von den Indianern freundlich aufgenommen worden. Als sie vom Hungertod bedroht waren, brachten die Indianer sogar Lebensmittel und zeigten ihnen, wie man Maisfelder anlegte. Andere Europäer trafen auf kriegerische Stämme oder forderten den Zorn der Indianer heraus, weil sie ihnen Land und Jagdgebiete wegnahmen. Die Zahl weißer Siedler wuchs schnell; um 1750 lebten schätzungsweise 1,5 Millionen Europäer in den 13 englischen Kolonien. Die Indianer aber verloren immer mehr Land an die Siedler.

Die Indianer werden verdrängt

Bis 1890 mussten die Indianer immer weiter nach Westen in meist unfruchtbare Gebiete zurückweichen. Sie verloren durch Hunger und Krankheiten, die von den Europäern eingeschleppt wurden, weit mehr Menschen als in Kämpfen und Kriegszügen.
Heute stammen etwa sieben Millionen US-Amerikaner von den indianischen Ureinwohnern ab. 1,4 Millionen von ihnen bezeichnen sich als „Vollblutindianer“. Davon leben noch 400 000 in den Reservaten, die ihnen die Regierung im 19. Jahrhundert zugewiesen hatte.

Freiheit – aber nicht für alle

Mit dem Anbau von Getreide, Reis, Mais, Tabak und Baumwolle, aber auch durch Fisch- und Holzreichtum, Handel und Gewerbe kamen viele Bewohner der Kolonien zu Wohlstand. Das machte sie selbstbewusst und stolz auf ihre Leistung. Weil das Mutterland England weit weg war, hatten sie viele Freiheiten und durften sich weitgehend selbst verwalten.
Bald wurden die Arbeitskräfte in den Kolonien knapp. Daher warb man in Europa junge, fleißige Menschen mit dem Versprechen an, sie würden in Amerika Land und Arbeit bekommen. Wer seine Überfahrt nicht bezahlen konnte, musste sich verpflichten mehrere Jahre ohne Lohn zu arbeiten.
Viel schlechter erging es allerdings den Männern, Frauen und Kindern aus Afrika, die von Sklavenhändlern in die Neue Welt gebracht wurden. In den Kolonien des Südens war das Klima günstig für Tabak, Baumwolle, Zuckerrohr und Reis. Dort bewirtschafteten reiche Grundbesitzer riesige Plantagen. Ihre Sklaven lebten in schäbigen Hütten, wurden häufig von brutalen Aufsehern bewacht und konnten nach Belieben verkauft, ausgepeitscht und sogar getötet werden.

Q2 *Mit unglaublicher Brutalität gingen holländische Siedler 1642 gegen die Manhattan-Indianer vor, die man beschuldigte, ein Schwein gestohlen zu haben. Ein Augenzeuge berichtet:*

An der Mutterbrust trinkende Säuglinge wurden mit Bajonetten durchstochen und aus den Armen der Mütter gerissen und ins Wasser geworfen. Andere Kinder warf man lebend in die Flammen. Babies, die in kleinen Tragkörbchen schliefen, wurden mit Säbeln in Stücke gehackt, den schreienden Eltern und Großeltern hieb man Glieder vom Leib, stach sie nieder oder schlug ihnen die Schädel ein.

Q3 *Der Häuptling der Manhattan-Indianer, Metacoment, rief seine Stammeskrieger zur Gegenwehr auf:*

Es ist unmöglich, mit diesen weißhäutigen Raubmenschen in Frieden zu leben. Man kann sich nur von ihnen zerstören lassen oder versuchen, sie selbst zu zerstören. Das ist aber nur möglich, wenn wir einen Krieg nicht so führen, wie wir es gewohnt sind, sondern wie sie ihn selbst führen, also einen Krieg aus dem Hinterhalt und mit dem Willen, alles, was eine weiße Haut besitzt, zu töten.

Q4 *In einer amerikanischen Zeitung hieß es im Jahre 1845:*

Die reichen und schönen Täler von Wyoming sind dazu bestimmt, von der angelsächsischen Rasse in Besitz genommen zu werden. (...) Die Indianer müssen der immer weiter vorrückenden und immer mehr anschwellenden Flut der Einwanderer weichen oder sie wird sie hinwegspülen. Das Geschick der Einwanderer ist in Lettern geschrieben, die nicht zu missdeuten sind. Der gleiche unerforschliche Gebieter, der Rom zum Untergang verurteilte, hat die Vernichtung der roten Menschen in Amerika beschlossen.

Q5 *Die amerikanische Armee* führte im Winter 1838/1839 eine Umsiedlungsaktion durch (Gemälde von Robert Lindeneux, 1942). 15 000 Cherokees wurden gewaltsam aus ihrer angestammten Heimat vertrieben und in ein Reservat gebracht. Mehr als 4 000 Indianer starben auf dem Zug, weil die Armee keine Rücksicht auf Kranke und Schwache nahm.

1. *Erläutere, wie sich das Verhältnis zwischen den amerikanischen Ureinwohnern un den weißen Siedlern entwickelte.*
2. *Wie wird die Aneignung von Indianerland in Q3 begründet?*

D1 *links: Die englischen Kolonien in Nordamerika*

5 Die erste Demokratie

Q1 *Das Massaker von Boston, 1770* (zeitgenössischer Stich). Als die englische Regierung neue Steuern auf Tee, Blei, Glas und Farben einführte, kam es in Boston zu einem Zusammenstoß zwischen Siedlern und englischen „Rotröcken". Dabei wurden fünf Kolonisten getötet.

Menschenrechte
Rechte, die allen Menschen gleichermaßen und von Geburt an zustehen

Die „Boston-Tea-Party"

Boston, Nordamerika, 1770: Im Hafen der Stadt liegen Schiffe der englischen Ostindien-Handelsgesellschaft, beladen mit Tee für die Siedler in der Kolonie Massachusetts. Plötzlich stürmen Männer, die wie Indianer aussehen, an Bord der Schiffe, überwältigen die Mannschaften und werfen 342 Kisten Tee ins Hafenbecken. Der Überfall geht als „Boston-Tea-Party" in die Geschichte ein.
Die Indianer waren nicht echt. Männer einer Geheimorganisation hatten sich verkleidet, um unerkannt gegen die hohen Zölle auf Tee zu protestieren. Die Aktion wurde von den meisten Siedlern begrüßt. Sie sahen nicht ein, dass sie Steuern und Zölle bezahlen mussten, aber nicht wie die Bürger Englands im Parlament darüber mitbestimmen durften. „No taxation without representation" – „Keine Steuern ohne eigene Vertreter im Parlament", so lautete ihre Losung.

Die Kolonisten wagen den Kampf

Die englische Regierung setzte Soldaten ein, doch damit brachte sie die Bürger der Kolonien erst recht gegen sich auf. Diese waren erbost darüber, dass die Regierung in London eine Reihe von Gesetzen nur zum Nutzen des Mutterlandes erlassen hatte. So schrieb ein Gesetz von 1660 vor, dass die Kolonien Waren wie Zucker und Tabak nur nach England ausführen durften. Ein anderes untersagte den Kolonisten Eisenwaren herzustellen. 1765 wurden sogar Steuern auf alle Drucksachen und Dokumente erhoben. Diese Steuer begründete die britische Regierung damit, dass sie einen kostspieligen Krieg gegen die Franzosen in Nordamerika geführt hatte.

Ein neuer Staat wird geboren

Die Kolonien brauchten eine gemeinsame Organisation, wenn sie ihre Interessen durchsetzen wollten. Sie schickten daher Vertreter zu einem Kontinentalkongress, um über eine gemeinsame Antwort an die englische Regierung zu beraten. Als britische Truppen 1775 bei Lexington ein Waffenlager der Rebellen fanden, kam es zu Gefechten. Die Kolonisten wählten daraufhin den Tabakpflanzer George Washington zum Befehlshaber ihrer Freiwilligenarmee.
Am 4. Juli 1776 erklärten Vertreter aller Kolonien in Philadelphia ihre Unabhängigkeit von England. Das nahmen das englische Parlament und der König nicht einfach hin. Es kam zum Krieg zwischen den Kolonien und England, der bis 1783 dauerte. Letztlich siegten die Siedler und gründeten aus den 13 Kolonien die „United States of America" (USA). 1787 kamen Vertreter der ehemaligen Kolonien zusammen, um dem neuen Staat eine Verfassung zu geben. Mit ihr wurde die erste moderne Demokratie begründet. 1789 wählten die Amerikaner George Washington zum Präsidenten.

Q2 *Darf ein Herrscher abgesetzt werden? Darüber dachte schon der Engländer John Locke (1632–1704) nach:*

Die Vernunft lehrt allen Menschen, dass wir alle gleich und unabhängig sind, dass daher keiner dem anderen in Bezug auf sein Leben und sein Eigentum schaden soll. Wenn wir betrachten, in welchem Zustand sich die Menschen von Natur befinden, so sehen wir: Dies ist ein Zustand völliger Freiheit (...). Gebraucht der Herrscher die Gewalt gegen das Volk ohne Vollmacht und im Gegensatz zu dem Vertrauen, das in ihn gesetzt wurde, (...) so hat das Volk das Recht, die Gewalt durch Gewalt zu beseitigen. Unter allen Umständen ist es das richtige Hilfsmittel gegen ungesetzliche Gewalt, ihr mit Gewalt zu begegnen.

Q4 *Frauen und Männer kämpfen für die Unabhängigkeit* (zeitgenössischer Stich). In der Mitte sieht man Molly Pitcher im Gefecht. Ihr Mann ist vor wenigen Augenblicken als Kanonier gefallen; an seiner Stelle hat sie die Kanone geladen, die nun gegen den Feind gerichtet wird.

Q3 *Die Unabhängigkeitserklärung der 13 englischen Kolonien wurde am 4. Juli 1776 in Philadelphia unterzeichnet. Sie beginnt mit den Menschenrechten:*

Folgende Wahrheiten erachten wir als selbstverständlich: dass alle Menschen gleich geschaffen sind; dass sie von ihrem Schöpfer mit gewissen unveräußerlichen Rechten ausgestattet sind; dass dazu Leben, Freiheit und das Streben nach Glück gehören; dass zur Sicherung dieser Rechte Regierungen unter den Menschen eingesetzt werden, die ihre rechtmäßige Macht aus der Zustimmung der Regierten herleiten; dass, wenn immer irgendeine Regierungsform sich als diesen Zielen abträglich erweist, es das Recht des Volkes ist, sie zu ändern oder abzuschaffen und eine neue Regierung einzusetzen.

Q5 *George Washington (1732–1799)* war der erste US-amerikanische Präsident (1789–1797).

1. *Erkläre, aus welchem Grund sich in den 13 nordamerikanischen Kolonien eine Unabhängigkeitsbewegung gebildet hat.*
2. *Vergleiche die beiden Bilder Q1 und Q4 und beschreibe, wie sich die Situation der Kolonisten verändert hat. Wie wirken die Szenen auf dich?*
3. *Vergleiche die Quellentexte Q2 und Q3. Wie hängen beide miteinander zusammen?*

D1 *Die nordamerikanischen Flaggen: 1775 (links) und 1777 (rechts). – Erkläre die Veränderung.*

6 Methode
Ein Verfassungsschema interpretieren

Staatenbund
In einem Staatenbund besitzt jeder Staat die volle Souveränität (Unabhängigkeit). Der Zusammenschluss dient nur der Verwirklichung gemeinsamer Ziele.

Bundesstaat
In einem Bundesstaat werden die Aufgaben zwischen einer zentralen Regierung und den Länderregierungen geteilt.

Zeitreise multimedial
Das 19. Jahrhundert

Von Mai bis September 1787 fand in Philadelphia eines der großen Experimente der Menschheitsgeschichte statt: Ein Staat sollte konstruiert werden, wie es ihn vorher noch nicht gegeben hatte.
Gewählte Vertreter aus den 13 Einzelstaaten kamen zusammen und verhandelten über die Form des zukünftigen Staates. Eine Frage war besonders umstritten: Sollten die USA in Zukunft ein Staatenbund oder ein Bundesstaat sein?

Teilung der Staatsgewalten

Das Ergebnis war ein Kompromiss. Nach dem Modell des französischen Aufklärers Montesquieu wurden die Gewalten klar geteilt: Die gesetzgebende Gewalt (Legislative) liegt beim Kongress. Er setzt sich aus zwei Häusern zusammen, die die Interessen des Bundesstaates und der Einzelstaaten berücksichtigen. In den Senat entsendet jeder Staat zwei Senatoren. Die Abgeordneten des Repräsentantenhauses werden direkt aus jedem Bundesstaat gewählt; wie viele es sind, hängt von der Bevölkerungszahl des Staates ab. Der Präsident als Chef der ausführenden Gewalt (Exekutive) wird indirekt, nämlich über so genannte „Wahlmänner", von den Bürgern gewählt. Er ist anders als ein deutscher Bundeskanzler nicht auf eine Mehrheit im Parlament, also im Kongress angewiesen. Das gibt ihm große Macht und Unabhängigkeit. Der Präsident ist Staatsoberhaupt und Regierungschef.
Der Oberste Gerichtshof entscheidet als richterliche Gewalt (Judikative), ob Gesetze mit der Verfassung übereinstimmen.

D 1 *Die Verfassung der USA.* Sie besteht seit 1787 in ihren wesentlichen Elementen. Durch so genannte „Zusätze" ist sie allerdings immer wieder ergänzt worden. Das geschah 1791 zum ersten Mal, als die Grundrechte der Bürger formuliert wurden. Dazu gehörten Glaubens-, Presse- und Versammlungsfreiheit, die Unverletzlichkeit der Person, des Eigentums und der Wohnung.

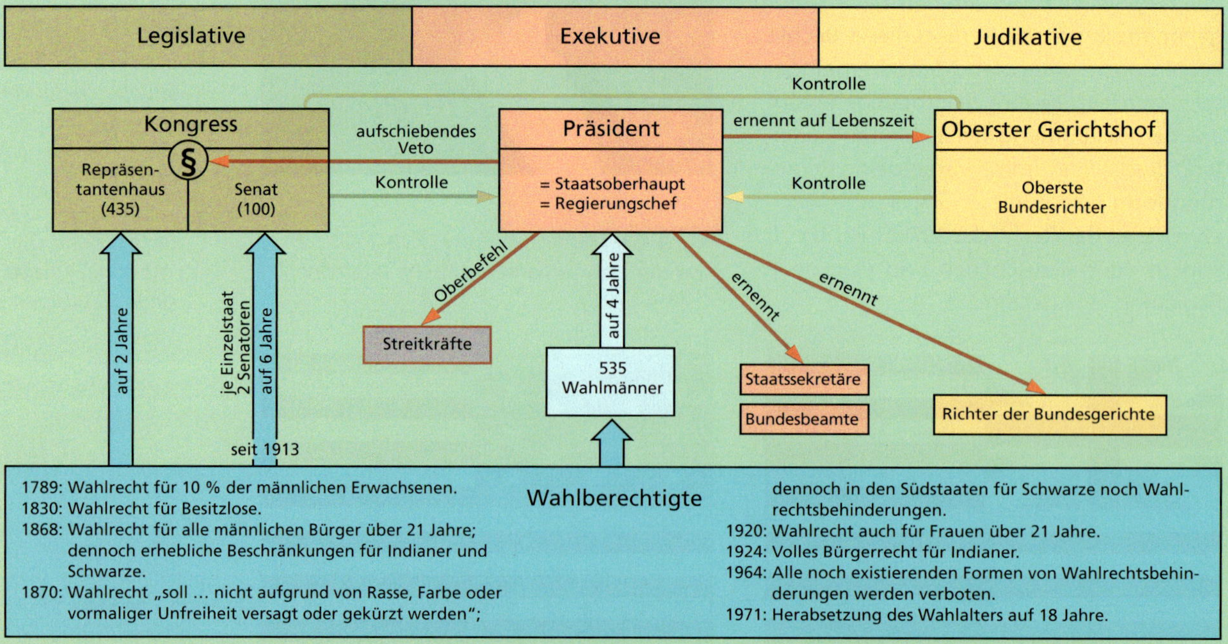

Methodische Arbeitsschritte

Das Schema nach Gruppen und Personen zerlegen

1. Wie ist das Schema gegliedert? Lassen sich verschiedene Blöcke, Farben und Symbole erkennen?
2. Wie sind die Blöcke miteinander verbunden? Welche Richtung und Bedeutung haben Pfeile und Linien?
3. Gibt es Begriffe, die du im Lexikon nachschlagen musst?

Verfassungsmerkmale Machtausübung, Gesetzgebung und Rechtsprechung

3. Wer darf Gesetze vorschlagen? Wer arbeitet sie aus? Wer erlässt sie?
4. Wer sorgt dafür, dass Regierung und Bürger sich an die Gesetze halten?
5. Wer regiert den Staat, d.h. übt Macht mithilfe der Gesetze aus?
6. Wer kann durch seinen Einspruch dafür sorgen, dass ein Gesetz vorläufig nicht in Kraft treten darf? Wer darf Gesetze sogar rückgängig machen?
7. Gibt es Grundrechte, die kein neues Gesetz verletzen darf?

Verfassungsmerkmal Wahl

8. Welche Ämter werden durch Wahl besetzt, welche nicht?
9. Wer darf wählen, wer nicht? Wer darf gewählt werden?

Verfassungsmerkmale Machtverteilung und Machtkontrolle

10. Welche Macht haben die verschiedenen Personen bzw. Gruppen im Staat? Wo ist besonders viel Macht konzentriert?
11. Wo sind „Sicherungen“ in der Verfassung eingebaut, damit Einzelne ihre Macht nicht missbrauchen können (z. B. um eine Diktatur zu errichten)?

1 Untersuche das Verfassungsschema der USA und stelle die demokratischen Elemente heraus. Nenne aber auch die Einschränkungen, die bis 1924 bestanden.

2 Welche Aufgaben im Staat erfüllen die drei Gewalten? Wodurch ist sichergestellt, dass keine zu viel Macht hat?

3 Die „Väter“ der US-amerikanischen Verfassung mussten sich zwischen einem Bundesstaat und einem Staatenbund entscheiden. Welche Vorteile, welche Nachteile sind mit dem jeweiligen System verbunden?

4 Wie heißt der jetzige Präsident der USA? Wer war sein Vorgänger?

D **2** *Wer spricht hier?* – Ordne die Sätze den richtigen Personen im Schaubild zu.

„Wir sind auf Lebenszeit ernannt, damit wir völlig unabhängig die Regierung kontrollieren können.“

„Auch wenn wir im Staate nichts direkt entscheiden können, so besitzen wir doch die eigentliche Macht. Wir bestimmen nämlich in regelmäßigen Abständen neu, wer für uns Gesetze macht und wer sie ausführt.“

„Ich regiere die Vereinigten Staaten von Amerika.“

„Wir werden alle vier Jahre von den Bürgerinnen und Bürgern gewählt. Unsere einzige Aufgabe besteht darin, den Präsidenten zu wählen.“

„Wir sind zusammen 535 Männer und Frauen, auf zwei Häuser aufgeteilt.“

„Wir sind von den Bürgerinnen und Bürgern unseres Bundesstaates für sechs Jahre gewählt worden, damit wir uns an der Gesetzgebung beteiligen.“

„Ich ernenne die Obersten Richter, damit sie meine Amtsführung kontrollieren.“

7 Freiheit und Gerechtigkeit für alle?

Q1 *Die Freiheitsstatue* steht in der Einfahrt zum Hafen von New York. Die französische Regierung schenkte sie den USA 1886. In der rechten Hand trägt die Figur eine Fackel als Zeichen der Freiheit, in der linken hält sie die Unabängigkeitserklärung.

A-Z

Amerikanischer Bürgerkrieg
Von 1861 bis 1865 kämpften Nord- und Südstaaten der USA gegeneinander. Die Staaten im Norden wollten die Sklaverei abschaffen, die Südstaaten wollten sie beibehalten und drohten damit, sich aus der Union zu lösen. Dieser Konflikt führte zum Krieg, der über 600 000 Soldaten das Leben kostete. Im April 1865 kapitulierte die Armee der Südstaaten.

Bürgerrechtsbewegung
Seit den 1950er-Jahren setzten sich US-Bürger unterschiedlicher Herkunft für die tatsächliche Gleichberechtigung der Minderheiten ein. Ab 1964 verboten neue Gesetze die Diskriminierung aufgrund von Rasse, Geschlecht oder der Zugehörigkeit zu ethnischen oder religiösen Gruppen.

Der Traum von Freiheit und Erfolg

In keinem Land der Erde leben so viele Menschen unterschiedlichster Herkunft zusammen wie in den Vereinigten Staaten von Amerika. Lange Zeit waren die USA der einzige demokratisch regierte Staat der Welt. Jahr für Jahr kamen Hunderttausende von Menschen, die hier ihr Glück suchten. Die Einwohnerzahlen der USA spiegeln das wider: Um 1800 lag die Bevölkerungszahl schon bei vier bis fünf Millionen, 1850 waren es 23 Millionen, 1940 fast 132 Millionen und 2001 mehr als 285 Millionen.
Bis in die zweite Hälfte des 19. Jahrhunderts kamen die Zuwanderer überwiegend aus Nord-, Mittel- und Westeuropa, also aus Ländern mit einer langen gemeinsamen Geschichte. Sie lebten sich meist recht schnell in der neuen Heimat ein, da vieles so ähnlich war wie in Europa.

„Schmelztiegel" der Völker

Zu Beginn des 20. Jahrhunderts strömten immer mehr Menschen aus Süd- und Osteuropa in die Städte der USA ein. Für viele ansässige Familien waren diese Zuwanderer Fremde. Sie trugen noch lange die Volkstrachten ihrer Heimat, sprachen nur gebrochen Englisch und blieben in eigenen Stadtvierteln unter sich. Auch gehörten die meisten dieser Einwanderer der katholischen Kirche an, während die Einheimischen überwiegend Protestanten waren. Hinzu kam außerdem, dass sie als Billigarbeiter die Löhne der Einheimischen unterboten. Doch letztlich integrierte die amerikanische Gesellschaft auch diese Neubürger. Man bezeichnete Amerika als „melting pot", das heißt Schmelztiegel der Völker und Nationen.

Die Bürgerrechtsbewegung

Minderheiten, besonders die Afro-Amerikaner, mussten hart um ihre politischen Rechte kämpfen. Die Sklaverei wurde erst nach dem amerikansichen Bürgerkrieg 1865 durch den 13. Zusatz zur Verfassung verboten. Ein weiterer sicherte den ehemaligen Sklaven die Bürgerrechte zu. Doch einzelne Südstaaten, die im Bürgerkrieg für die Beibehaltung der Sklaverei gekämpft hatten, behinderten Farbige trotzdem in ihren politischen Rechten, vor allem daran, das Wahlrecht auszuüben.
Darüber hinaus wurden in vielen Bereichen des öffentlichen Lebens Rassentrennungen vorgenommen. An Schulen etwa durften farbige nicht mit weißen Kindern zusammen unterrichtet werden. Erst die Bürgerrechtsbewegung erkämpfte in den 1960er-Jahren Veränderungen. So schaffte der 24. Verfassungszusatz 1964 die Wahlsteuer ab. In den Südstaaten stieg die Wahlbeteiligung der Afro-Amerikaner von 28,6 auf 47,5 Prozent. Eine völlige Chancengleichheit ist aber bis heute nicht erreicht.

Q2 *„I have a Dream" – aus einer Rede, die der Führer der amerikanischen Bürgerrechtsbewegung, Martin Luther King, am 28. August 1963 hielt:*

Als die Erbauer unserer Republik die herrlichen Worte der Verfassung und der Unabhängigkeitserklärung schrieben, unterzeichneten sie einen Schuldschein, an dem jeder Amerikaner seinen Anteil erben sollte. Dieser Schuldschein war ein Versprechen, dass allen Menschen, ja, schwarzen Menschen ebenso wie weißen, die unveräußerlichen Rechte des Lebens, der Freiheit und des Strebens nach Glück zugesichert werden sollten. Heute ist es offensichtlich, dass Amerika, was seine farbigen Brüder betrifft, diese Schuld nicht bezahlt hat. (...) Ich habe einen Traum, dass meine vier kleinen Kinder eines Tages inmitten einer Nation leben werden, in der man sie nicht nach ihrer Hautfarbe, sondern nach ihrem Charakter beurteilt. (...) Ich habe einen Traum, dass eines Tages unten in Alabama mit seinen bösartigen Rassisten (...) kleine schwarze Jungen und Mädchen kleinen weißen Jungen und Mädchen als Brüder und Schwestern die Hände reichen können. (...) Mit diesem Glauben werden wir imstande sein, einen Stein der Hoffnung aus dem Berg der Verzweiflung herauszuhauen. (...) Mit diesem Glauben werden wir imstande sein, zusammen zu arbeiten, zusammen zu beten, zusammen ins Gefängnis zu gehen, zusammen für die Freiheit aufzustehen, wissend, dass wir eines Tages frei sein werden.

Q4 *Demonstration* gegen den Schulbesuch von farbigen Kindern und Jugendlichen an „weißen" Schulen in den 1950er-Jahren.

1. *Aus welchen Gründen wurde die Freiheisstatue (Q1) mit den Symbolen Fackel und Unabhängigkeitserklärung ausgestattet?*
2. *Zeichne einen Zeitstrahl und trage die folgenden Jahreszahlen ein: 1776, 1787, 1865, 1963, 1964. Schreibe jeweils eine kurze Erläuterung.*
3. *Mit welchem Argument fordert Martin Luther King in Q2 ein Ende der Rassentrennung? Welche Vision hat er?*
4. *Beurteile das Foto Q4. Überlege, wer dem Mädchen wohl das Plakat umgehängt hat.*

Q3 *Der „Marsch auf Washington" am 28. August 1963.* Über 200 000 Bürgerrechtler demonstrierten an diesem Tag gegen die Rassentrennung in der amerikanischen Gesellschaft. Angeführt wurde der Marsch von dem schwarzen Pfarrer Martin Luther King (sechster von rechts). Martin Luther King erhielt 1964 für seinen Einsatz in dieser Bewegung den Friedensnobelpreis. 1968 fiel er einem Attentat zum Opfer.

8 In Frankreich ist die Staatskasse leer

Q1 *„Hoffen wir, dass das Spiel bald ein Ende nimmt,"* seufzt der Bauer auf der französischen Karikatur aus dem Jahr 1789. Aus seiner Tasche hängen Zettel, auf denen die Salz-, Tabak- und die Kopfsteuer, Abgaben und Dienste genannt werden; auf der Hacke steht: „Mit Tränen getränkt". Auf den anderen Zetteln steht: „Bischof, Abt, Herzog, Graf, Pension, Großspurigkeit" und auf dem Degen: „Gerötet vom Blut". Dem Dritten Stand war es verboten zu jagen.
– Wie stellt der Künstler diesen Zustand dar?

Privilegien
Sonderrechte für einzelne Personen oder Personengruppen im Staat.

Ständegesellschaft
Die Einteilung der Gesellschaft in Adel, Klerus und Bürgertum. Die Zugehörigkeit zu einem bestimmten Stand war in der Regel durch die Geburt vorgegeben.

Vorrechte von Adel und Geistlichkeit

Als Ludwig XVI. 1774 König von Frankreich wurde, hatte das Land einen langen Wirtschaftsaufschwung hinter sich. Viele Bürger waren durch Handel, Bankgeschäfte, Schifffahrt oder einen eigenen Betrieb reich geworden. Doch im Staat galten sie nicht viel. Wenn wichtige Positionen in der Verwaltung oder Offiziersstellen in der Armee zu besetzen waren, bekamen Adlige den Vorzug. Viele wollten sich nur Titel, Einkommen und Rechte sichern. Die Pflichten, die damit verbunden waren, nahmen sie aber nicht ernst. Neben dem Adel war der Klerus mächtig und einflussreich. Den Reichtum der Kirche genossen vor allem hohe Geistliche, die meistens aus dem Adel stammten. Zu diesen Zuständen bemerkte der Aufklärer Voltaire einmal spöttisch, die Vorrechte einzelner Personengruppen, für die es in der Natur weder eine Erklärung noch eine Rechtfertigung gebe, könne er dann anerkennen, wenn Adlige „mit Sporen an den Füßen" und Bauern „mit Sätteln auf dem Rücken" geboren würden.

Ein ungerechtes Steuersystem

85 Prozent der französischen Bevölkerung lebten auf dem Land, ein großer Teil davon in sehr ärmlichen Verhältnissen. Die Bauern mussten adligen Herren und der Kirche einen Teil der Ernte abgeben und dem König Steuern zahlen. Auch in den Städten war es für Handwerker, Kleinhändler, Arbeiter und Dienstboten nicht einfach, für das tägliche Leben aufzukommen. Ein Maurer musste zum Beispiel mehr als die Hälfte seines Lohns alleine für Brot und Miete aufwänden. Trotzdem verlangte der König von ihm die allgemeine Kopfsteuer.
Die beiden ersten Stände, Adel und Klerus, waren davon befreit. Selbst reiche Adlige bezahlten kaum Steuern und auch der Klerus musste nur freiwillige Abgaben leisten.

Am Rande des Staatsbankrotts

Die Hofgesellschaft in Versailles lebte in Saus und Braus, veranstaltete rauschende Feste und verschwendete täglich ganze Vermögen. Gleichzeitig unterstütze Frankreich die amerikanischen Kolonisten im Krieg gegen England, was noch mal viel Geld kostete. Bald war der Staat hoch verschuldet und konnte seine Zinsen nur noch durch neue Kredite bezahlen. Um mehr Steuern einnehmen zu können, schlugen die Finanzminister Reformen vor. Doch Adel und Klerus wehrten sich, denn sie wollten ihre Privilegien nicht verlieren.

Wachsende Unzufriedenheit

Zur gleichen Zeit verschlechterte sich die wirtschaftliche Lage in Frankreich: In den Städten waren viele Menschen ohne Arbeit. Gleichzeitig stieg aber der Brotpreis seit 1787 ständig an, nachdem Überschwemmungen, Dürreperioden und ein strenger Winter zu Missernten geführt hatten. Handwerker und arme Bauern hungerten und ihre Wut auf den Adel und den König wuchs.

Q2 *Straßenbau im 18. Jahrhundert* (Gemälde von Joseph Vernet). Frankreich war im 18. Jahrhundert das reichste Land Europas. Seit der Zeit Ludwigs XIV. förderte der Staat Handel und Gewerbe durch den Bau von Kanälen und Straßen. Bei großen Bauprojekten fanden Tausende von Menschen Arbeit, wenn auch bei geringen Löhnen.

Q3 *Durch ein gerechteres Steuersystem wollte Finanzminister Calonne die Einnahmen erhöhen. 1787 erklärte er:*

Was bleibt, um einen entsetzlichen Fehlbetrag zu decken und das ersehnte Gleichgewicht im Staatshaushalt herzustellen? (...) Die Missbräuche. Ja, meine Herren, in den Missbräuchen selber findet sich ein Schatz von Reichtümern, die der Staat zurückfordern darf und zurückfordern muss, um die Ordnung wieder herzustellen. Die Missbräuche werden verteidigt durch persönliche Interessen, Einfluss, Vermögen und alte Vorurteile (...). Das sind die [Missbräuche], die auf der arbeitenden und erwerbenden Klasse lasten: die Missbräuche der Geldprivilegien, die Befreiung vom gemeinsamen Recht und all die ungerechten Bevorzugungen, die einen Teil der Steuerpflichtigen nur entlasten können, um das Los der anderen zu erschweren; die allgemeine Ungleichheit in der Erhebung der Abgaben, das ungeheure Missverhältnis in den [Steuer]leistungen der verschiedenen Provinzen und den Lasten der Untertanen ein und desselben Souveräns.

1. *Welche Stände verkörpern die drei Männer in der Karikatur Q1? Begründe deine Aussagen, indem du Kleidung, Haltung und Texte auswertest.*
2. *Vergleiche die Balkendiagramme in D2. Was sagen sie über die Ständegesellschaft in Frankreich aus? Berechne den Anteil der ersten beiden Stände an der Gesamtbevölkerung in Prozent.*
3. *Beurteile die Einnahmen und Ausgaben des französischen Staates in D1. Warum drohte ohne Erhöhung der Steuern ein Staatsbankrott?*
4. *Gib mit eigenen Worten wieder, wie Calonne das geplante neue Steuersystem begründet (Q3).*

D1 *Der französische Staatshaushalt 1788*

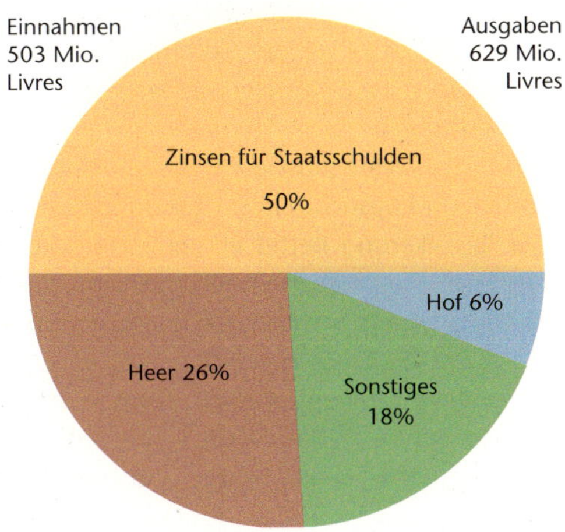

D2 *Die französische Ständegesellschaft vor 1789*

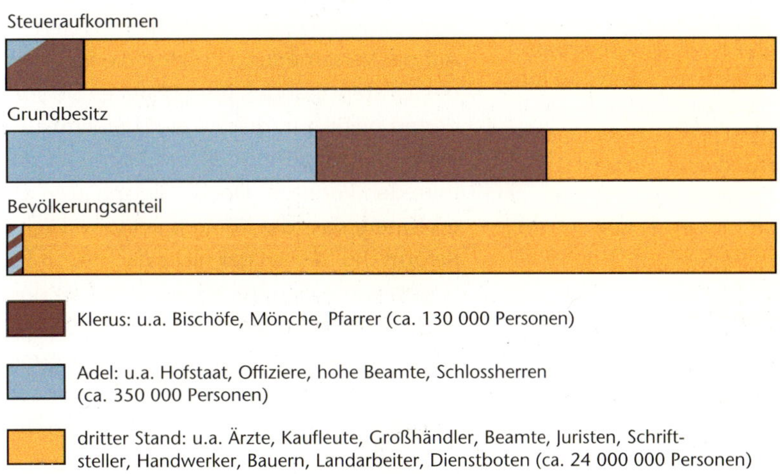

9 Revolution in Frankreich

Q1 *Die Eröffnung der Generalstände am 5. Mai 1789* (Gemälde von A. Couder). Die drei Stände sitzen in geschlossenen Blöcken zu ebener Erde. Die Vertreter des Dritten Standes waren vor allem Rechtsanwälte und Richter, daneben Kaufleute, Unternehmer und Großgrundbesitzer.

A-Z

Generalstände
Parlament, in dem die drei Stände über die Steuerpläne des Königs beschlossen. Jeder Stand hatte eine Stimme. 1614 hatten sich die Generalstände das letzte Mal versammelt. Seither regierten die Könige unabhängig von ihrem Rat.

Kokarde
Abzeichen, auch Erkennungszeichen. Die Farben Blau, Weiß, Rot zeigten 1789 eine revolutionäre Gesinnung an.

Eröffnung der Generalstände

Am 5. Mai 1789 geschah etwas Unglaubliches: Der König eröffnete im Schloss von Versailles eine Versammlung, der die gewählten Vertreter aller drei Stände angehörten. Man nannte sie die Generalstände: rund 300 Geistliche, 300 Adlige und 600 Bürgerliche aus ganz Frankreich. Das hatte es seit 1614 nicht mehr gegeben, und es war für den König auch nicht ohne Risiko.
Doch der König wollte die Steuerfreiheit von Adel und Klerus abschaffen und höhere Steuern für den Dritten Stand durchsetzen. Dazu brauchte er die Zustimmung der Generalstände. Ihm blieb also nichts anderes übrig, als sie alle nach Versailles zu rufen.
Auf der Versammlung nutzten die Vertreter des Dritten Standes ihre Chance. Sie forderten nicht nur, die Steuern gerechter zu verteilen, sondern auch dass sie politisch mitreden konnten. Doch bald mussten sie erkennen, dass der König an eine wirkliche Reform des Staates gar nicht dachte.
Gegen den Willen des Königs luden sie nun die Abgeordneten der beiden anderen Stände ein, gemeinsam über eine neue Ordnung für ganz Frankreich zu beraten und über die Vorschläge abzustimmen. Mehrere Geistliche und einige Adlige waren dazu bereit.

Die Nationalversammlung

Doch es kam zum Streit darüber, wie abgestimmt werden sollte: Sollte man nach Köpfen oder nach Ständen auszählen? Im ersten Fall hätte sich der Dritte Stand durchgesetzt, im zweiten Adel und Klerus.
Die Vertreter des Bürgertums waren nicht mehr bereit nachzugeben und erklärten sich kurzerhand zur Nationalversammlung. Die Begründung war einfach: 98 Prozent aller Franzosen würden von ihnen vertreten, also beinahe die gesamte Nation!
Der König ließ den Tagungsraum schließen. Daraufhin zogen die Abgeordneten des Dritten Standes in ein leer stehendes Ballhaus des Hofes um. Dort schworen sie den feierlichen Eid, nicht eher auseinanderzugehen, bis Frankreich eine Verfassung habe.

„Zu den Waffen, Bürger!"

Nun überstürzten sich die Ereignisse:
Am 12. Juli lässt Ludwig XVI. Truppen an den Grenzen von Paris aufmarschieren.
Am 13. Juli werden Waffenmagazine gestürmt, einfache Piken geschmiedet. Hungernde Menschen plündern Bäckerläden.
Eine Menschenmenge zieht am 14. Juli zur Bastille. Dort lagern Kanonen und andere Waffen. Der Kommandant der Festung lehnt die Übergabe ab und lässt schießen. Später sichert man der Besatzung freien Abzug zu. Doch als der Kommandant die Festung verlässt, wird er niedergeworfen und enthauptet.
Am 17. Juli zieht Ludwig XVI. seine Truppen zurück und besucht Paris. Unter dem Jubel der Bevölkerung heftet er sich eine blau-weiß-rote Kokarde an seinen Hut. Eine Nationalgarde aus bewaffneten Bürgern sorgt in Paris für Ruhe und Ordnung.
Im Laufe des Juli und August stürmen Bauern die Schlösser des Adels, verlangen die Bücher mit den Lehnsrechten und verbrennen sie.

Q2 *rechts: Sturm auf die Bastille am 14. Juli 1789* (zeitgenössischer Stich). Die alte Festung wurde als Staatsgefängnis und Waffenmagazin genutzt. Daher war sie in den Augen der Bevölkerung ein Symbol des verhassten Absolutismus. Tatsächlich beherbergte sie im Juli 1789 aber nur noch sieben Gefangene.

Q3 *„Was ist der Dritte Stand?" Unter diesem Schlagwort verfasste der Abbé Sieyès, ein Geistlicher adliger Herkunft, im Januar 1789 ein Flugblatt. Darin hieß es:*

Was ist der Dritte Stand? – Alles.
Was ist er bis jetzt in der politischen Ordnung gewesen? – Nichts.
Was fordert er? – Endlich etwas zu sein. (…)
Was braucht die Nation, um zu bestehen und zu blühen? – Private Verrichtungen und öffentliche Ämter. (…)
Diese Arbeiten halten die Gesellschaft zusammen. Wer übt sie aus? Der Dritte Stand. Wer wollte es noch bezweifeln, dass der Dritte Stand alles umfasst, um eine vollständige Nation zu bilden? Er ist der starke und kräftige Mann, dessen einer Arm noch immer in Ketten liegt.

Q4 *Bevor der König die Generalstände einberief, ließ er Missstände aller Art in Beschwerdeheften zusammentragen. Es gab etwa 60 000 davon. Die Bauern des Dorfes Guyancourt forderten zum Beispiel:*

1. dass alle Steuern von den drei Ständen ohne irgendwelche Ausnahmen gezahlt werden, von jedem Stand gemäß seinen Kräften,
2. das gleiche Gesetz und Recht im ganzen Königreich,
5. die völlige Beseitigung jeglicher Art von Zehnten in Naturalien,
8. dass die Eigentumsrechte heilig und unverletzlich seien,
9. dass rascher und mit weniger Parteilichkeit Recht gesprochen werde,
10. dass alle Frondienste, welcher Art sie auch sein mögen, beseitigt werden,
11. dass die Einziehung zum Heeresdienst nur in dringenden Fällen erfolge und (...) ohne irgendwelche Ausnahme.

Q5 *Frauen des Dritten Standes verfassten 1789 eine Bittschrift an den König. Darin hieß es:*

In einer Zeit, da ein jeder bemüht ist seine Ansprüche und Rechte geltend zu machen (...), sollte es da nicht auch den Frauen möglich sein, ihrer Stimme Gehör zu verschaffen? (...) Die Frauen des Dritten Standes werden fast alle ohne Reichtümer geboren; ihre Erziehung wird vernachlässigt (...). Wir bitten Euch inständig, Sire, kostenlose Schulen einzurichten, damit wir unsere Sprache von Grund auf erlernen können, die Religion und die geistlichen und sittlichen Werte (...). Ebenso [ist] es nur gerecht, ihre [der Frauen] Stimmen zu zählen, da sie doch wie die Männer dazu verpflichtet sind, die königlichen Abgaben zu zahlen und den Verpflichtungen des Handels nachzukommen. Man wird eventuell vorbringen, alles, was man ihnen gewähren könne, sei ihnen zu gestatten, sich durch Bevollmächtigte in den Generalständen vertreten zu lassen. Man könnte dem entgegnen, (...) dass weder ein Adliger einen Nichtadligen vertreten kann noch dieser einen Adligen; ebenso (...) können Frauen nur von Frauen vertreten werden.

1 Woran erkennt man auf dem Gemälde Q1 die Abgeordneten der drei Stände? Wo sitzen der König und die Königin, wo die höchsten Würdenträger des Staates?

2 Stelle in einer Tabelle die Forderungen des Dritten Standes zusammen. Unterscheide dabei nach den Forderungen der Bauern (Q4), der Frauen (Q5) und nach allgemeinen Forderungen (Q2, Q4).

3 Prüfe, wobei die Flugschrift des Abbé Sieyès die Abgeordneten des Dritten Standes unterstützt hat (Q3, VT).

10 Methode
Karikaturen richtig deuten

Zeitreise multimedial
Das 19. Jahrhundert

Das Jahr 1789

Den Franzosen gilt das Jahr 1789 bis heute als das wichtigste ihrer gesamten Geschichte. Es beendete das Zeitalter des absolutistischen Königtums und gab der großen Mehrheit des Volkes zum ersten Mal die Möglichkeit Politik mitzugestalten. Gleichzeitig sind Franzosen auch stolz darauf, dass ihr Land für andere zum Vorbild wurde. So ist auch der 14. Juli bis heute der französische Nationalfeiertag.

Mit der Feder „aufgespießt"

Was die Menschen um das Jahr 1789 bewegt hat, können wir heute noch aus ihren Bildern ablesen. Besonders aussagekräftig sind Karikaturen. In Karikaturen drücken Zeichner ihre Meinung zu bestimmten Personen oder Ereignissen auf lustige, spöttische und besonders dirkete Weise aus. Bestimmte Merkmale eines Vorgangs oder einer Person werden dabei übertrieben dargestellt und dadurch lächerlich gemacht. Mit einer Karikatur will der Zeichner also nicht einfach informieren, sondern auch Anstoß erregen und seine Zeitgenossen zum Nachdenken bringen.

Q 1 *Q1 „Wusste ich's doch, dass wir auch einmal an die Reihe kämen!"* (Karikatur aus dem Jahr 1789).

„Es lebe der gute Vater des Volkes"

„Mit Mut vollbracht"

„Friede und Eintracht"

„Um die Nation zu schützen"

Jahr der Veröffentlichung

„Es lebe der König. Es lebe die Nation." (Nation bedeutet: das ganze französische Volk, unabhängig von den sozialen Unterschieden)

die drei Stände

Kokarde mit den Farben der Revolution

„Grundsteuer"

„Gleicheit und Freiheit"

„Erleichterung für das Volk"

Methodische Arbeitsschritte

1. Aus welcher Zeit stammt die Karikatur? Wer hat sie gezeichnet?
2. Welche Szene zeigt das Bild? Welche Gegenstände, Sachverhalte, Tiere oder Personen werden abgebildet?
3. Wo weicht der Künstler oder die Künstlerin von der Wirklichkeit ab. Was ist also übertrieben oder verzerrt dargestellt?
4. Welche Symbole erkennst du? Erkläre ihre Bedeutung.
5. Gegen wen richtet sich die Kritik? Wird zum Beispiel eine Person verspottet, oder werden gesellschaftliche Verhältnisse kritisiert?
6. Versuche die Aussage der Karikatur in einem Satz zusammenzufassen.
7. Überlege, welche Wirkung der Zeichner beim Betrachter erzielen wollte:
   Welches Publikum sollte angesprochen werden?
   Ergreift der Karikaturist für eine Person oder eine Sache Partei?
   Wie wirkt die Karikatur auf dich?

Q 2 *Das Ende der alten Zeit* (französische Karikatur aus dem Jahr 1789). – Ordne die folgenden Begriffe den Ziffern zu und trage sie in einer Tabelle ein.

Hut mit Federschmuck	Wappen
Schild	Brustpanzer
Bischofsmütze	Säbel
Kardinalshut	Degen
Kragen eines Geistlichen	Orden
Arm- und Schulterrüstung	Bischofsstab
Beckenschutz	Helm

Adel	*Klerus*
⑭ Helm	⑤ Kragen eines Geistlichen

1 Bearbeite die Karikatur Q1 nach den methodischen Arbeitsschritten.

2 Vergleiche diese Darstellung mit der Karikatur Q1, S. 98. Welche Veränderungen stellst du fest? Beachte vor allem die Aussagen der kurzen Texte und die Symbole:
- Hacke
- Kohlkopf, Vögel
- Kokarden

Wer sagt: „Es lebe der König; es lebe die Nation"?
Was soll der Begriff „Nation" hier ausdrücken?

3 Welchem Stand gehören die jungen Männer in Q2 an? Welchen Ständen sind die Gegenstände am Boden zuzuordnen? Drücke die Aussage der Karikatur in einem Satz aus.

4 Das Jahr 1789 hat die alte Gesellschaftsordnung in Frankreich beseitigt. Welche der beiden Karikaturen drückt den Wandel deutlicher aus? Begründe deine Entscheidung.

11 Die Erklärung der Menschenrechte

Q1 *Die Erklärung der Menschen- und Bürgerrechte vom 26. August 1789* auf einer Bildtafel der Revolutionszeit. (Die deutsche Übersetzung der Artikel ist hier in gekürzter Form in das Original eingefügt worden.) – Wie sind die Sonnenstrahlen und das Auge im Dreieck zu deuten?

Die „große Angst"

Seit dem 19. Juli läuten täglich in vielen tausend französischen Dörfern und Städten die Sturmglocken. Bauern besetzen die Schlösser des Landadels, verlangen die Herausgabe der Dienstbarkeitsbücher und verbrennen sie in Freudenfeuern. Hunderte von Schlössern werden ausgeraubt und angezündet. Gerüchte gehen um, eine der europäischen Mächte plane einen Angriff auf Frankreich. Andere erzählen voller Furcht, dass sich der Adel gegen das Volk verschworen habe.

„Weg mit den Privilegien!"

Viele Adlige flüchten in diesem Sommer 1789 aus Frankreich. Selbst Kirchen und Klöster sind nicht mehr sicher, und auch die besitzenden Bürger fürchten um ihr Eigentum. Die Abgeordneten der Nationalversammlung wissen, dass sie schnell handeln müssen, wenn sie das Chaos verhindern wollen.

In einer Sitzung am 4. August schlägt gegen 11 Uhr abends einer der reichsten Grundbesitzer Frankreichs vor, die alten Vorrechte des Adels abzuschaffen. In einer Welle der Begeisterung tritt nun ein Adliger nach dem anderen vor und verkündet feierlich, auf seine Privilegien zu verzichten. Am frühen Morgen gibt es die alte Ordnung nicht mehr.

Ab sofort sollen alle Franzosen Steuern zahlen. Die Leibeigenschaft der Bauern ist aufgehoben und sie können sich von ihren Abgaben und Frondiensten freikaufen. Bauern dürfen nun auch auf ihrem Besitz jagen. Der Kirchenzehnt wird in eine allgemeine Geldsteuer umgewandelt.

„Freiheit, Gleichheit, Brüderlichkeit!"

So lautet nun überall die Parole. Der Dritte Stand hat sich durchgesetzt. Aber er fordert mehr: Die Stände sollen ganz verschwinden. Ein Graf, Herzog oder Bischof darf nicht mehr Rechte haben als ein einfacher Bürger.

Am 26. August 1789 ist es so weit. Die Nationalversammlung verkündet ein Dokument, das die Vorrechte des Adels und der Geistlichkeit endgültig beseitigt: die Erklärung der Menschen- und Bürgerrechte. Alle Franzosen sind nun als Staatsbürger gleich. Doch es bleiben Fragen: Wie werden die Menschen mit ihrer neu gewonnenen Freiheit umgehen? Ist Frankreich überhaupt noch zu regieren, wenn jeder tun kann, was er will?

Q2 *rechts: Zug der Frauen nach Versailles* (zeitgenössische Radierung). Am 5. Oktober 1789 zogen mehrere Tausend Frauen aus den Pariser Arbeitervierteln nach Versailles, weil sie ihre Familien nicht mehr ernähren konnten. Ihnen schlossen sich Nationalgardisten der neuen Bürgerwehr an. Die Frauen drangen in die königlichen Gemächer ein und machten den König für die Hungersnot verantwortlich. Der König musste schließlich nach Paris umziehen und die Beschlüsse der Nationalversammlung anerkennen.

Q3 *Die Schriftstellerin Olympe de Gouges,* mit bürgerlichem Namen Marie Aubry, besuchte die Sitzungen der Nationalversammlung, gründete eine republikanische Frauengesellschaft und verfasste politische Briefe und Streitschriften. 1793 wurde sie hingerichtet, weil sie die Führer der Revolution kritisiert hatte.

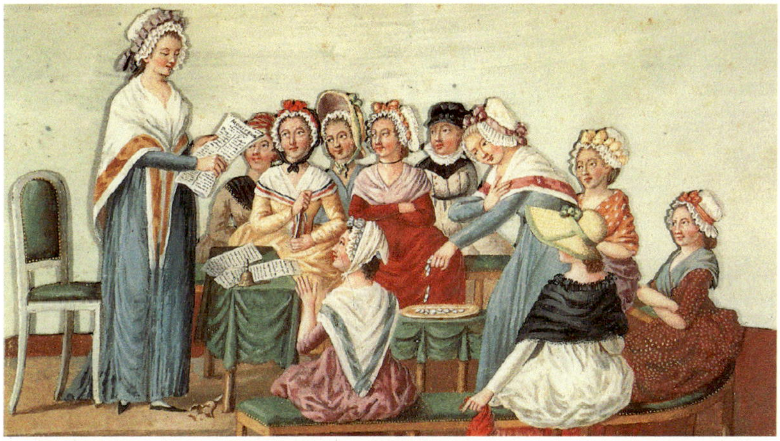

Q5 *Patriotischer Frauenklub* (Zeichnung der Brüder Leseur von 1791). Frauen hatten maßgeblich dazu beigetragen, die Ideen der Aufklärung zu verbreiten. In der Revolution gründeten sie Klubs um zu diskutieren, Beschlüsse zu fassen und politische Forderungen zu stellen.

Q4 *Olympe de Gouges in ihrer „Erklärung der Rechte der Frau und Bürgerin", 1791:*

Art. 1: Die Frau ist frei geboren und bleibt dem Manne gegenüber gleichberechtigt. Die sozialen Unterschiede können nur auf dem allgemeinen Nutzen gegründet sein.

Art. 2: Der Zweck jeder politischen Verbindung ist die Bewahrung der natürlichen und unverjährbaren Rechte der Frau und des Mannes; diese Rechte sind Freiheit, Eigentum, Sicherheit und vor allem das Recht auf Widerstand gegen Unterdrückung.

Art. 6: Das Gesetz soll Ausdruck des Willens aller sein; alle Bürgerinnen und Bürger sollen persönlich oder über Vertreter zu seiner Entstehung beitragen, für alle sollen die gleichen Bedingungen gelten.

Q6 *Ist die neue „Gleichheit" mit Vorrechten der Männer vereinbar? Die Männer der Nationalversammlung betonten immer wieder, dass alle Franzosen gleich seien. Doch als sie Frankreich 1791 eine neue Verfassung gaben, waren sie nicht bereit, den Frauen das Wahlrecht zuzugestehen. Olympe de Gouges zeigte sich von der Entwicklung tief enttäuscht:*

Mann (...), sag an, wer hat dir die selbstherrliche Macht verliehen, mein Geschlecht zu unterdrücken? Einzig der Mann (...) fällt in diesem Jahrhundert der Aufklärung und Vernunft in gröbste Unwissenheit zurück und glaubt, despotisch über ein Geschlecht verfügen zu können, das alle intellektuellen Fähigkeiten besitzt. Er ist es, der Nutzen aus der Revolution zieht und seinen Anspruch auf Gleichheit geltend macht.

1. *Die linke Frauengestalt in Q1 verkörpert die Nation; das kannst du an den Farben erkennen. Welche symbolische Bedeutung haben die Ketten?*
2. *Wodurch unterscheidet sich das Manifest der Olympe de Gouges (Q4) von der Menschenrechtserklärung (Q1)?*
3. *Die Ideen von 1789 finden sich heute in den Verfassungen fast aller Staaten wieder. Vergleiche mit den Artikeln 1 bis 19 des Grundgesetzes.*

12 Projekt
Die Menschenrechte heute

Die Erklärung der Menschen- und Bürgerrechte von 1789 war ein Dokument, das vielleicht wie kein zweites gewirkt hat. Menschen in aller Welt haben seitdem dafür gekämpft, dass ihnen diese Rechte garantiert sind. Menschenrechte gehen uns alle etwas an. Daher müssen wir uns darum kümmern, dass sie auch eingehalten werden. Wenn Menschen gefoltert oder durch Terror eingeschüchtert werden, sollten wir darauf aufmerksam machen. Auch das ist ein Beitrag zum weltweiten Kampf um die Menschenrechte.

Q 1 *1948 kamen in Paris Vertreter aus den damals 48 Mitgliedsstaaten der Vereinten Nationen (United Nations Organization = UNO) zusammen. Sie veröffentlichten die „Allgemeine Erklärung der Menschenrechte“:*

Art. 1: Alle Menschen sind frei und gleich an Rechten geboren. (...)

Art. 3: Jeder Mensch hat das Recht auf Leben, Freiheit und Sicherheit der Person.

Art. 4: Niemand darf in Sklaverei und Leibeigenschaft gehalten werden. (...)

Art. 5: Niemand darf der Folter oder grausamer, unmenschlicher oder erniedrigender Behandlung oder Strafe unterworfen werden.

Art. 9: Niemand darf willkürlich festgenommen, in Haft gehalten oder des Landes verwiesen werden.

Art. 18: Jeder Mensch hat den Anspruch auf Gedanken-, Gewissens- und Religionsfreiheit. (...)

D 1 *Amnesty International (ai)*

Amnesty International ist eine von weit über 1000 Organisationen, die sich für den Schutz der Menschenrechte einsetzen. Mehr als 1,5 Millionen Mitglieder und Förderer von ai setzen sich weltweit für die Freilassung und Unterstützung von Personen ein, die wegen ihrer Überzeugung, ethnischen Herkunft, wegen ihres Glaubens oder ihres Geschlechts inhaftiert sind und Gewalt weder angewandt noch befürwortet haben. Darüber hinaus kämpft ai gegen Folter und Todesstrafe sowie das „Verschwindenlassen“ von Menschen an. 191 von 194 Staaten der Erde sind Mitglieder der UNO. Sie haben alle die Menschenrechtserklärung unterschrieben. Trotzdem hat Amnesty International für das Jahr 2001 Menschenrechtsverletzungen in 152 Staaten festgestellt: Legale Hinrichtungen fanden in 27 Staaten statt, außergerichtliche Hinrichtungen in 47 Staaten. In 111 Ländern wurde staatliche Folter und Misshandlung festgestellt. Für 35 Staaten ist das „Verschwindenlassen“ von Menschen belegt. In mindestens 56 Staaten gab es gewaltlose politische Gefangene.

Menschenrechtsverletzungen: Eine Ausstellung planen und durchführen

1 Entscheidet euch für ein bestimmtes Thema, z. B. Folter und Misshandlung politischer Gefangener, Unterdrückung von Minderheiten, moderne Sklaverei. Wenn ihr mehrere Themen wählt, lasst sie von verschiedenen Gruppen bearbeiten. Formuliert einen Titel für eure Ausstellung.

2 Überlegt, für welches Publikum die Ausstellung durchgeführt werden soll: für die eigene Klasse, die Schulgemeinschaft, einen Elternabend oder eine Abschlussfeier.

3 Sammelt Material: Zeitungsberichte, Fotos, Grafiken, Statistiken, Bücher u. a.

4 Ordnet das Material den Themen zu und bearbeitet es: Fotos muss man häufig vergrößern und eine Bildlegende dazu schreiben. Bei Texten sollte man immer überlegen, ob sie noch gekürzt werden können.

5 Für eine Ausstellung außerhalb der Klasse braucht man Stellwände; fragt den Hausmeister.

6 Gestaltet ein Plakat für eure Mitschüler, schreibt Einladungen für Eltern und Lehrer. Legt fest, wer die Besucher empfängt und sie durch die Ausstellung führt.

Q **2** *Moderne Sklaverei. Henriette Akofa wächst in Togo auf. Als sie fünfzehn ist, wird sie von einer Freundin der Familie mit falschen Versprechungen nach Paris gelockt. Dort wird sie jahrelang in einem Haushalt wie eine Gefangene gehalten und ausgebeutet. In ihrem Buch „Keine Zeit für Tränen" aus dem Jahr 2000 berichtet sie auch über das Schicksal anderer Mädchen:*

Celine, ein Mädchen aus Benin, war als Hausangestellte eines afrikanischen Botschafters nach Paris gekommen. Man hatte auch ihr versprochen, dass sie nur auf die Kinder aufpassen müsse, im Gegenzug könne sie die Schule besuchen. Tatsächlich aber schuftete sie den ganzen Tag im Haus und schlief auf dem Boden. Die Hausherrin beleidigte sie zuerst, dann schlug sie sie aus nichtigem Anlass. Die Schläge wurden immer schlimmer, bis ihre „Arbeitgeber" ihr eines Tages mehrere Zähne ausschlugen. (...) Einmal schüttete die Hausherrin ihr heißes Öl in die Ohren und warf sie schließlich einfach auf die Straße.

Q **3** *Über das Schicksal von Kindersoldaten berichtete UNICEF 2003:*

Für die Kommandeure sind Kinder eine ideale Verstärkung: Sie bekommen kaum Sold, sind gehorsam und begreifen oft die Gefahr, in die sie sich begeben, noch nicht. Deshalb werden sie auch an vorderster Front eingesetzt. „Sie haben mich aus meinem Dorf entführt, mich geschlagen und mir Drogen gegeben, damit ich tat, was sie wollten. Sie sagten: ‚Wenn du nicht kämpfst und unsere Feinde tötest, dann töten wir dich' ", (...) erzählt Charlie aus Sierra Leone. (...) Was ihm und weiteren 10 000 Kindern zugemutet wurde, ist entsetzlich: Sie mussten Dörfer niederbrennen, wurden dazu gezwungen, Menschen Arme und Beine abzuschlagen – oft in ihrer eigenen Nachbarschaft. (...) Auch Mädchen haben die Rebellen entführt, vergewaltigt und sie gezwungen mit ihnen zu leben. Sie wurden oft über Jahre sexuell missbraucht. Viele wurden nach den Vergewaltigungen schwanger und kehrten, selbst noch lange nicht erwachsen, mit einem Kind zurück.

Q **4** *Etwa 300 000 Kindersoldaten* werden weltweit in Konflikten eingesetzt, die meisten davon in Afrika. Sie schleppen Munition, spionierven feindliche Stellungen aus und kämpfen. Manchmal werden sie sogar gezwungen eigene Nachbarn und Verwandte umzubringen, um sie an die Truppe zu fesseln und eine Rückkehr in die Dörfer unmöglich zu machen.

Wichtige Organisationen, die sich für die Menschenrechte einsetzen

- Organisationen der UNO: UNHCHR Hoher Kommissar für Menschenrechte www.unhchr.ch
- UNICEF Weltkinderhilfswerk www.unicef.de
- terres des hommes www.tdh.de
- Amnesty International www.amnesty.de

13 Frankreich wird Republik

Q 1 *Die Kutsche mit der königlichen Familie* wird unter Bewachung der Nationalgarde nach Paris zurückgeleitet (zeitgenössischer Stich).

A-Z

konstitutionelle Monarchie
Der König ist als Staatsoberhaupt an eine Verfassung (Konstitution) gebunden. Seine Macht ist durch ein Parlament (Volksvertretung) eingeschränkt.

Republik
Staatsform, die auf der Volkssouveränität gründet, d. h. das Volk als höchste Gewalt ansieht. Regierung und Parlament werden nur auf Zeit gewählt.

„Der König will fliehen!"

Seit Oktober 1789 lebte die köngliche Familie im Stadtschloss von Paris. Dort fühlte sie sich aber nicht sicher. Daher entschloss sich Ludwig XVI. ins Ausland zu fliehen. Von dort aus wollte er mit königstreuen Truppen nach Paris marschieren und die Revolution beenden. In der Nacht zum 21. Juni 1791 verließ die königliche Familie heimlich die Hauptstadt. Doch 60 Kilometer vor der Grenze fiel einem Postmeister die Kutsche auf. Bei näherem Hinsehen erkannte er Ludwig XVI., als Diener verkleidet. Der König wurde unter Beschimpfungen nach Paris zurückgebracht, wo er von nun an fast wie ein Gefangener in seinem Schloss lebte.

Wie soll Frankreich regiert werden?

In der Nähe des Schlosses tagte die Nationalversammlung und diskutierte die neue Verfassung für Frankreich. Jetzt stellte sich die Frage, ob man überhaupt noch einen König brauchte. Die Mehrheit war dafür: Frankreich wurde eine konstitutionelle Monarchie. Zwar regierte Ludwig XVI. weiter als König, aber er musste einen Eid auf die Verfassung leisten. Diese wiederum schränkte seine bisher absolute Macht stark ein.

Das Ausland droht mit Krieg

Zu dieser Zeit bereiteten sich der deutsche Kaiser und der König von Preußen darauf vor, in Frankreich militärisch einzugreifen. Denn sie wollten nicht, dass einfache Bürger die Rechte eines Königs schwächten. Außerdem war der Kaiser in Wien der Schwager Ludwigs XVI. Französische Adlige, die in das benachbarte Kurfürstentum Trier geflohen waren, stellten eine Armee auf, um ihren König zu befreien. Die Nationalversammlung erklärte daraufhin Österreich im April 1792 den Krieg. Viele Franzosen waren begeistert, denn sie glaubten, durch einen Krieg ließen sich die revolutionären Ideen überall in Europa verbreiten. Auch Ludwig XVI. war für den Krieg – doch setzte er insgeheim auf einen Sieg der Österreicher und ihrer Verbündeten.

Der König wird hingerichtet

Die verbündeten Fürsten drohten, Paris zu zerstören, wenn dem König auch nur „die mindeste Gewalt oder Beleidigung" zugefügt würde. Die Drohung löste erst Angst, dann Empörung aus. Man warf dem König Verrat vor. Eine bewaffnete Volksmenge drang ins Schloss ein, tötete die Wachsoldaten und nahm Ludwig XVI. gefangen.
Mittlerweile marschierten die Preußen und Österreicher auf Paris zu und Gerüchte über eine Gegenrevolution königstreuer Adliger machten die Runde. Verschärfend kam hinzu, dass viele Menschen hungerten. In dieser Situation gewannen radikale Revolutionäre und ihre Anhänger aus den unteren Volksgruppen die Oberhand. Eine neue Nationalversammlung setzte den König am 21. September 1792 ab und erklärte Frankreich zur Republik. Ludwig XVI. wurde wegen Landesverrats angeklagt und schließlich zum Tode verurteilt. Wenige Monate später wurde auch die Königin Marie Antoinette hingerichtet.

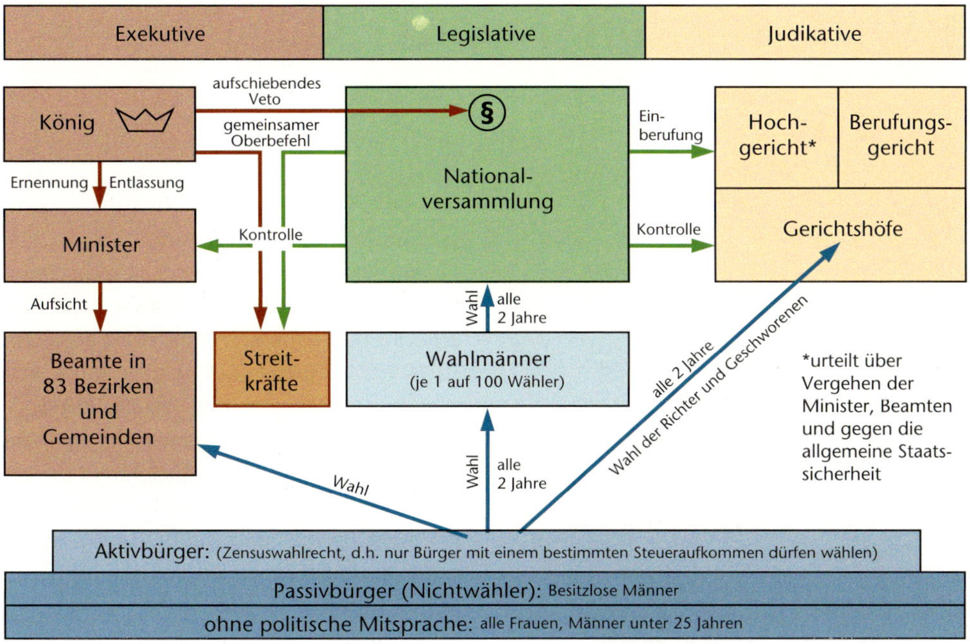

D 1 *Die Verfassung Frankreichs vom 3. September 1791.* Von den 25 Millionen Einwohnern Frankreichs zählten etwa 4 Millionen zu den Aktivbürgern, nur ungefähr 50 000 Bürger zahlten so hohe Steuern, dass sie auch als Wahlmänner gewählt werden durften.

Q 2 *Für den Tod des Köngs stimmte auch Maximilien de Robespierre, ein junger Rechtsanwalt aus der nordfranzösischen Stadt Arras. Vor den übrigen Abgeordneten begründete er seine Entscheidung so:*

Welches ist der Entschluss, den die gesunde Politik vorschreibt, um die werdende Republik zu festigen? Dass man die Verachtung des Königtums tief in die Herzen eingrabe und alle Anhänger des Königs mit Betäubung schlage (...).

Die Völker schleudern den Blitz, das ist ihr Urteil, sie klagen die Könige nicht an, sie versenken sie in das Nichts (...). Ah, wir sind so zart gegen die Unterdrücker, weil wir ohne Erbarmen gegen die Unterdrückten sind! (...) Ludwig muss sterben, weil das Vaterland leben muss!

1 Zeichne einen Zeitstrahl für den Zeitraum von 1789 bis 1793. Trage die Ereignisse ein, die Ludwig XVI. betreffen. Wie verändert sich seine politische Stellung, wie seine persönliche Situation?

2 Wie begründet Robespierre in Q2 das Todesurteil gegen Ludwig XVI.?

3 Beschreibe die Einzelheiten in der Abbildung Q3. Wie wird das Ereignis dargestellt?

4 Untersuche die Verfassung der konstitutionellen Monarchie Frankreichs nach den methodischen Arbeitsschritten von S. 94/95. Vergleiche den Staatsaufbau mit dem der USA.

Q 3 *Die Hinrichtung Ludwigs XVI.* am 21. Januar 1793 durch die Guillotine (zeitgenössischer Stich)

14 Die Revolution wird radikaler

Q 1 *Hungernde Menschen in den Pariser Elendsvierteln* (Aquarell von 1793). Wie die Menschen auf dem Bild bezahlten die einfachen Leute meist mit Papiergeld. Da die Revolutionsregierung immer mehr davon druckte, misstrauten die Menschen seinem Wert und gaben nur ungern Waren dafür her. Dadurch wurde Getreide knapp und Brot teuer.

A-Z

Sansculotte
(frz. sans = ohne; culotte = Kniehose). Bezeichnung für die radikalen Republikaner.

„Das Vaterland ist in Gefahr!"
Mit diesem Aufruf wandte sich die Nationalversammlung im Sommer 1793 an alle Franzosen. Frankreich war für einen Krieg schlecht gerüstet, denn die meisten adligen Offiziere waren geflohen. Viele marschierten sogar mit dem Feind gegen Paris. Die Revolutionsregierung nutzte die nationale Begeisterung und warb Freiwillige an. Schlecht ausgerüstet, aber entschlossen drängten sie Österreicher und Preußen zurück. Bald gewannen die gegnerischen Berufsheere aber wieder die Oberhand.
Gleichzeitig kam es in vielen Provinzen Frankreichs zu Aufständen gegen die Revolutionsregierung. Zwar hatten es die meisten Bürger und Bauern begrüßt, dass der Adel auf Privilegien verzichten musste. Doch nun ließ die Regierung in Paris die Kirchengüter einziehen und Klöster schließen. Als auch Priester verhaftet wurden, die den Eid auf die Verfassung verweigerten, rebellierte die gläubige Landbevölkerung.

Jakobiner und Girondisten
Eine dreifache Krise bedrohte nun die Revolution: der Bürgerkrieg auf dem Land, der auswärtige Feind und eine Hungersnot in Paris. Im Nationalkonvent, so nannte sich die dritte Nationalversammlung seit September 1792, waren republikanisch gesinnte Abgeordnete in der Mehrheit. Am besten organisiert waren die Jakobiner. So wurden sie nach ihrem Versammlungssort, einem ehemaligen Jakobinerkloster, genannt. Ihre Führer Robespierre und Danton hielten mitreißende Reden im Konvent, während Jean Marat in Zeitungsartikeln den Volkszorn gegen König und Kirche lenkte.
Die Gegner der Jakobiner vertraten die Interessen der Bürgerinnen und Bürger mit eigenem Besitz. Sie waren anfangs auch bereit, mit dem König zusammenzuarbeiten. Da einige Abgeordnete aus der Landschaft Gironde kamen, hießen sie die Girondisten.

Sansculotten beherrschen die Straße
Die Jakobiner stützten sich vor allem auf die Volksschichten, die nichts oder wenig besaßen und bisher kaum beachtet worden waren, wie Handwerker, Arbeiter, Marktfrauen, Wäscherinnen, Näherinnen, Tagelöhner und Kleinhändler. Sie forderten Gleichheit und meinten damit nicht nur politische Rechte wie das Wahlrecht für alle, sondern auch Brot, Kleidung und Wohnungen zu bezahlbaren Preisen. Wenn sie bewaffnet auftraten, schüchterten sie sogar die Abgeordneten des Konvents ein.
Die radikalsten unter ihnen nannte man Sansculotten, weil sie die Kniehosen und Seidenstrümpfe der Reichen verachteten und stattdessen lange Hosen trugen. Sie sprachen sich mit „Bürger" an und duzten auch Fremde. Frauen und Männer zeigten ihre revolutionäre Gesinnung, indem sie blau-weiß-rot gestreifte Kleidung trugen. Das waren die Farben der Nation.

Q5 *„Bürgerinnen" und „Bürger" des neuen Frankreich* tanzen um einen „Freiheitsbaum" und singen Revolutionslieder (zeitgenössische Radierung). Freiheitsbäume waren überall in Frankreich am 14. Juli 1790 zum Andenken an den Sturm auf die Bastille gepflanzt worden. Die rote Mütze galt seit der Antike als Zeichen der befreiten Sklaven; sie war nun die Kopfbedeckung der Sansculotten.

Q2 *Die Erziehung von Kindern und Jugendlichen sollte nach dem Willen des Jakobiners Saint-Just so aussehen:*

Die Kinder gehören fünf Jahre lang ihrer Mutter, wenn sie selber sie ernährt hat, dann bis zu ihrem Tod der Republik (...).

Das Kind und der Bürger gehört dem Vaterland. Gemeinsame Erziehung ist Pflicht. Die Disziplin der Kindheit ist unerbittlich hart. (...)

Im Alter von fünf bis sechzehn Jahren werden die männlichen Kinder für das Vaterland erzogen. (...)

Kinder dürfen weder geschlagen noch liebkost werden. Man lehrt sie das Gute, indem man sie der Natur überlässt. (...)

Die Kinder werden zu allen Jahreszeiten in Leinen gekleidet.

Sie schlafen auf Matten und ruhen acht Stunden. Sie werden gemeinsam ernährt. Sie bekommen nur Wurzeln, Früchte, Gemüse, Brot und Wasser zu essen (...).

Alle Kinder tragen bis zum Alter von sechzehn Jahren die gleiche Kleidung. Von sechzehn bis einundzwanzig tragen sie die Kleidung des Arbeiters, von einundzwanzig bis fünfundzwanzig den Soldatenrock (...).

Die Mädchen werden im Hause ihrer Mütter erzogen.

Q3 *Das Gesetz zur allgemeinen Volksbewaffnung („Levee en masse") von 1793:*

Art. 2: Die jungen Männer gehen an die Front, die Verheirateten schmieden Waffen und übernehmen den Verpflegungstransport; die Frauen nähen Zelte, Uniformen und tun in den Hospitälern Dienst; die Kinder zupfen aus altem Leinenzeug Scharpie (Verbandsmaterial); die Greise lassen sich auf öffentliche Plätze tragen, um den Soldaten Mut und Hass gegen die Könige zu predigen und ihnen die Einheit der Republik einzuschärfen.

Art. 7: Niemand kann sich bei dem Wehrdienst, zu dem er einberufen wird, von einem anderen vertreten lassen.

Q4 *Das bekannteste Revolutionslied lautete in einer radikalen Fassung so:*

Ah, das geht ran, das geht ran,
das geht ran,
Die Aristokraten an die Laterne;
Ah, das geht ran, das geht ran,
das geht ran,
Die Aristokraten, hängt sie dran!
Und wenn sie alle hängen, marsch,
Haut man ihn'n die Schippe vorn Arsch.
Ah! das geht ran, das geht ran,
das geht ran.

A-Z

Levee en masse
Allgemeine Wehrpflicht, im August 1793 von den Jakobinern eingeführt, um im Krieg gegen zahlreiche europäische Mächte bestehen zu können.

1 *Mit welchen Argumenten konnten radikale Politiker seit 1792 vor allem die unteren Volksschichten für sich gewinnen (VT, Q1)?*
2 *Gegen wen richtet sich der Text des Revolutionsliedes Q4?*
3 *Welche Symbole sind in Q5 abgebildet? Welche Bedeutung haben sie? Zu welcher Gruppe gehört der Mann rechts? Worauf will er die anderen hinweisen?*
4 *An welchem antiken Vorbild orientiert sich Saint-Just in Q2? Was hältst du von seinem Vorschlag?*

15 Terror statt Freiheit

Q1 *Ein Revolutionstribunal verhört einen Bürger* (zeitgenössischer Stich). Hunderte von „Verdächtigen" wurden täglich vor solche Ausschüsse geladen: Adlige, Priester, wohlhabende Bürger, aber auch Handwerker, Bauern und Arbeiter. Ein Verteidiger, wie vor Gericht üblich, war nicht zugelassen. Urteile wurden schnell und willkürlich gesprochen. Sie lauteten meistens: „Tod durch die Guillotine!"

A-Z

Direktorium
Regierung Frankreichs 1795–1799. Sie begünstigte das Besitzbürgertum.

Die Schreckensherrschaft beginnt

Die Jahre 1793/94 gingen als die Zeit des „großen Terrors" in die französische Geschichte ein. Tausende von Menschen wurden ohne einen ordentlichen Prozess hingerichtet. Fast jeder konnte plötzlich verhaftet und eingesperrt werden.
Wie war das in einem Staat möglich, der gerade erst die Menschenrechte zu seiner Grundlage gemacht hatte?
1793 kamen von überall her schlechte Nachrichten: Räuberbanden zogen plündernd durchs Land, vielerorts gab es Aufstände königstreuer Bauern. In den Städten hungerten die Menschen. Zu alledem hatte England ein starkes Bündnis europäischer Staaten gegen Frankreich zusammengebracht. Ihr Plan war, die Revolutionsregierung in Paris abzusetzen und die Monarchie wieder einzuführen. Im Konvent setzten sich nun die radikalen Jakobiner gegen die Girondisten durch. Robespierre wurde Vorsitzender einer Notstandsregierung, die als „Wohlfahrtsausschuss" fast unbeschränkte Vollmacht erhielt.

Die Jakobiner werden entmachtet

Der Wohlfahrtsausschuss zwang Händler und Bauern, billiges Getreide zu liefern. Auch für Brot, Fleisch, Salz, Zucker und alltägliche Gebrauchsgegenstände wurden niedrige Höchstpreise festgesetzt. Wer sich nicht daran hielt, galt als „Feind der Republik" – ebenso wie Geistliche, Adlige und alle, die kein „Zeugnis staatsbürgerlicher Gesinnung" vorzeigen konnten. Verdächtigungen und anonyme Anzeigen waren an der Tagesordung, denn die Bürger wurden dazu angehalten sich gegenseitig zu bespitzeln. Revolutionsgerichte sprachen ein Todesurteil nach dem anderen. Fast 40 000 Menschen kamen um, auch alte Revolutionäre – erst die Girondisten, dann die Jakobiner selbst. Nun musste jeder um sein Leben fürchten. In dieser Situation verschworen sich ehemalige Anhänger gegen Robespierre und stürzten ihn. Am 27. Juli 1794 wurde er unter der Guillotine hingerichtet.

Das Direktorium

Im Konvent gewannen nun Bürger die Mehrheit, die während der Revolution zu Vermögen gekommen waren. Viele hatten das enteignete Land billig erworben, andere waren durch Lieferungen an die Armee reich geworden. Sie wollten die Republik behalten, aber eine, die ihren Interessen nützte.
Eine neue Verfassung beendete 1795 die radikale Phase der Revolution. Ein Direktorium aus fünf Männern übernahm die Regierungsgewalt. Die wichtigsten Ziele waren nun, dass Eigentum geschützt und die Gesetze beachtet wurden. Das Wahlrecht für alle männlichen Franzosen ab 21 Jahren wurde wieder abgeschafft. Man beschränkte es auf diejenigen, die auch Steuern zahlten. Doch Feste wie der 14. Juli sowie der Revolutionskalender, der mit dem Jahr 1 der Republik (1792) begann, blieben erhalten.

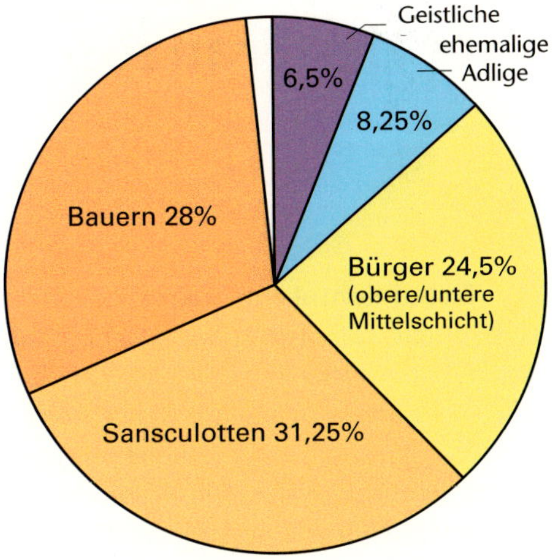

D 1 *Bilanz des Terrors:* Zwischen Oktober 1793 und Juli 1794 wurden etwa 13 000 Menschen hingerichtet, von denen wir wissen, welcher Bevölkerungsgruppe sie zuzurechnen sind. Die ehemalige Königin Marie-Antoinette starb im Oktober 1793 unter der Guillotine.

Q 4 *Maximilien de Robespierre (1758–1794) wuchs in ärmlichen Verhältnissen auf.* Da er sehr begabt war, bekam er ein Stipendium an der Universität, studierte Rechtswissenschaften und wurde Anwalt. 1789 wurde er als Abgeordneter des Dritten Standes in die Generalstände gewählt. 1793 gehörte er zu den führenden Jakobinern.

Q 2 *Der Jakobiner Jean Paul Marat schrieb am 10. August 1792 in einem Zeitungsartikel:*

Niemand verabscheut Blutvergießen mehr als ich, aber um zu verhindern, dass das Blut in Strömen fließt, dringe ich in euch, einige Tropfen zu vergießen. Um die Pflichten der Menschlichkeit mit der Sorge für die öffentliche Sicherheit in Einklang zu bringen schlage ich euch vor die revolutionsfeindlichen Mitglieder der Stadtverwaltung, der Friedensrichter (...) und der Nationalversammlung auszumerzen.

Q 3 *Wie funktionierte die Politik des Terrors? Aus dem Gesetz über die Verdächtigen, Konventsbeschluss vom 17. September 1793:*

Art. 1: Unmittelbar nach der Verkündung dieses Gesetzes werden alle Verdächtigen, die sich auf dem Gebiet der Republik befinden und noch auf freiem Fuße sind, verhaftet und eingesperrt.

Art. 2: Als verdächtig gelten:

1. diejenigen, die sich durch ihr Verhalten, ihre Beziehungen, ihre Reden oder ihre Schriften als Anhänger der Tyrannei und des Föderalismus (hier: Rebellion gegen den Konvent in mehreren Provinzen nach dem Sturz der Girondisten von Mai bis Dezember 1793) und als Feinde der Freiheit zu erkennen gegeben haben; (...)

5. jene der einstmals Adligen, die Gatten und Gattinnen, Väter und Mütter, Söhne und Töchter, Brüder und Schwestern, die nicht beständig ihre Verbundenheit mit der Revolution bekundet haben, sowie Emigranten.

Q 5 *Der Jakobiner Camille Desmoulins veröffentlichte am 20. Dezember 1793 einen Appell an Robespierre, in dem er ein Ende des Terrors forderte. Wenig später wurde er verhaftet und unter der Guillotine hingerichtet. In dem Zeitungsartikel heißt es:*

Die Menschenrechtserklärung kennt kein Haus der Verdächtigung (...). Es gibt keine verdächtigen Personen, es gibt nur Angeklagte für Delikte, die durch das Recht festgelegt sind (...). Sie wollen alle Ihre Feinde durch die Guillotine auslöschen. Gab es jemals einen größeren Irrsinn? Können Sie auch nur einen Einzigen auf dem Schafott hinrichten ohne sich zehn Feinde in seiner Familie oder unter seinen Freunde zu machen? Glauben Sie, dass diese Frauen, diese alten und gebrechlichen Menschen (...), die Sie einsperren, gefährlich sind?

1 *Beschreibe die Personen in Q1. Welchen Bevölkerungsschichten könnten sie angehören? Erscheinen sie dir für eine Gerichtsverhandlung geeignet? Versetze dich in die Lage des Mannes links. Was droht ihm, wenn er „schuldig" gesprochen wird?*

2 *Warum glaubten anfangs viele Menschen, die harten Maßnahmen Robespierres seien notwendig um die Republik zu retten (VT)?*

3 *Wie rechtfertigt Marat in Q2 die Ermordung einiger Abgeordneter?*

4 *Mit welchen Argumenten lehnt Desmoulins in Q5 den Terror ab?*

D 2 *Die Guillotine* (Modell). Die Hinrichtung mit dem Beil führte nicht immer zum Tode; deshalb entwickelte der französische Arzt Guillotin das „humanere" Fallbeil.

16 Napoleon wird Kaiser der Franzosen

Q 1 *Napoleon Bonaparte* überquert die Alpen (Ölgemälde von Jacques Louis David, 1801). Statt des Pferdes benutzte Napoleon in Wirklichkeit ein Maultier.

A–Z

Bürgerliches Gesetzbuch
Es regelt die privaten und wirtschaftlichen Beziehungen der Bürger, z. B. das Erbrecht oder den Kaufvertrag.

General des Direktoriums

Im Herbst des Jahres 1795 entstand für die neue Regierung Frankreichs eine gefährliche Situation: Die Anhänger der Monarchie planten einen gewaltsamen Umsturz. In seiner Not übertrug das Direktorium einem 26-jährigen Artilleriegeneral das Kommando über die Regierungstruppen in Paris. Der ließ mitten in der Stadt Kanonen aufstellen und auf die anstürmenden Königsanhänger feuern. Der junge Offizier hieß Napoleon Bonaparte.

Die Direktoren waren mit ihrem General zufrieden. Sie gaben ihm 1796 den Oberbefehl über die Italienarmee, die bisher ziemlich erfolglos gegen Österreich gekämpft hatte. Napoleon besiegte die Österreicher und eroberte Land für Frankreich. Das machte ihn auch beim französischen Volk beliebt.

Vom Ersten Konsul zum Kaiser

1799 nutzte Napoleon seine Macht zu einem Staatsstreich: Er setzte das Direktorium ab, nannte sich selbst Erster Konsul und übernahm mit zwei weiteren Konsuln die Regierungsgewalt. „Die Revolution ist beendet", ließen sie verkünden. Das entsprach dem Willen der meisten Franzosen, die sich nach zehn wirren Jahren vor allem Ruhe und Ordnung wünschten. Napoleon regierte bis 1804 als Erster Konsul, dann krönte er sich selbst zum Kaiser.

Ein moderner Staat ...

Napoleon wollte aus Frankreich einen modernen Staat machen. Als wichtigste Grundlage ließ er ein bürgerliches Gesetzbuch, den Code civil, ausarbeiten. Damit verwirklichte er die Forderungen der Revolution nach persönlicher Freiheit und der Gleichheit aller vor dem Gesetz. Der Code civil wurde zum Vorbild für viele Staaten Europas.

Napoleon wusste auch, dass ein wirtschaftlich starkes Frankreich den einfachen Menschen Arbeit und dem Bürgertum Aussicht auf Gewinne gab. Deshalb förderte er Industrie und Handel, ließ Kanäle und Straßen bauen und vergab Rüstungsaufträge.

... oder eine Militärdiktatur?

Napoleon brauchte die Armee, um seine Macht im Inneren zu sichern und die Vorherrschaft Frankreichs in Europa durchzusetzen. Solange er siegte, war seine Herrschaft kaum gefährdet. Eine echte Opposition gab es sowieso nicht, denn Napoleon berief die Kandidaten der Volksversammlung selbst. Er ernannte auch die Richter, Beamten und Offiziere. Die Polizei bespitzelte das Volk und kontrollierte die Zeitungen. Manche Entscheidungen ließ Napoleon durch Volksbefragungen bestätigen. So hatte es den Anschein, dass die Franzosen mit seiner Politik einverstanden waren.

Q4 *Wohlhabende Bürger in der Zeit des Direktoriums* (anonyme zeitgenössische Radierung)

Q2 *Auszug aus dem Code civil vom 21. März 1804:*

Art. 213: Die Frau (ist) ihrem Manne Gehorsam schuldig.

Art. 215: Die Frau kann ohne Genehmigung ihres Mannes nicht vor Gericht auftreten.

Art. 230: Die Frau kann (nur) (…) die Ehescheidung verlangen, wenn (der Mann seine Nebenfrau) im gemeinschaftlichen Hause gehalten hat.

Art. 544: Eigentum ist das Recht, eine Sache auf die unbeschränkteste Weise zu benutzen und darüber zu verfügen, vorausgesetzt, dass man davon keinen durch die Gesetze oder Verordnungen untersagten Gebrauch macht.

Art. 545: Niemand kann gezwungen werden, sein Eigentum abzutreten, ausgenommen zum öffentlichen Besten.

Q3 *Presseverordnung von 1800:*

Ab sofort werden alle Zeitungen verboten, die Artikel gegen den sozialen Frieden, gegen die Volkssouveränität, gegen den Ruhm der Armee veröffentlichen oder die Angriffe gegen die Regierung und gegen die mit der Republik befreundeten und verbündeten Nationen enthalten, auch wenn diese Artikel Auszüge aus ausländischen Zeitungen sind.

1. *Nenne die Maßnahmen, mit denen Napoleon Frankreich zu einem modernen Staat machte (VT, Q2, Q5).*
2. *Betrachte das Gemälde Q1. Überlege, zu welchem Zweck der Maler den General Napoleon so dargestellt hat.*
3. *Was sagt die Abbildung Q4 über die Zeit des Direktoriums aus? Warum hätten sich wohlhabende Bürger 1793/94 so nicht gezeigt? Wie wird das Verhältnis zwischen Frauen und Männern dargestellt?*
4. *Der Code civil hat in den letzten 200 Jahren viele Änderungen erfahren, ist aber bis heute gültig. Was heißt das für Napoleons Gesetzeswerk?*

Q5 *Studenten der französischen Elite-Universität Ecole Polytechnique* führen traditionell die Parade zum französischen Nationalfeiertag am 14. Juli an. Die Schule wurde während der Revolution als Ingenieurschule gegründet und von Napoleon 1804 dem Militär unterstellt. Nachdem sich Adlige einflussreiche Posten nicht mehr einfach kaufen konnten, setzte die Revolution das Leistungsprinzip durch. Die Ecole Polytechnique bildet bis heute den Führungsnachwuchs für Militär, Politik und Wirtschaft aus.

17 Methode
Historienmalerei – gemalte Geschichte?

Q 1 *Kaiserkrönung 1804* (Ausschnitt aus einem Gemälde von J. L. David). Napoleon greift durch die Art seiner Festkleidung sowie durch den Lorbeerkranz bewusst auf die Tradition römischer Kaiser zurück. Einige Symbole, wie die Lilie auf dem Mantel, knüpfen auch an die französischen Könige an.

„Ein gut gewählter Augenblick"
Im Januar 1808 beendete der Maler Jacques Louis David ein Gemälde, das schon alleine von seiner Größe Aufsehen erregte: 6,10 m in der Höhe und 9,30 m in der Breite! Es zeigte den Augenblick, in dem Napoleon seine Frau Josephine krönte. An diesem 2. Dezember 1804 waren die höchsten Würdenträger Frankreichs in der ehrwürdigen Kathedrale Notre-Dame in Paris erschienen, um nach Revolution und Konsulat wieder eine erbliche Monarchie zu begründen: das Kaisertum Napoleons.
Als Napoleon das fertige Gemälde sah, war er sichtlich zufrieden. „Ein gut gewählter Augenblick", sagte er zu David.

Historiengemälde als Quelle
In einem Historiengemälde wurde ein besonderer Augenblick für die Nachwelt festgehalten. Das Geschehen erscheint darauf meist als spektakuläres Ereignis. Oft treten wichtige Persönlichkeiten, manchmal sogar der Auftraggeber selbst, in den Mittelpunkt des Gemäldes. Dabei bleibt keine Einzelheit zufällig, denn der Auftraggeber will so dargestellt werden, wie er von der Nachwelt am liebsten gesehen werden möchte.

Der Maler Jacques Louis David

David wird 1748 als Sohn eines Perückenmachers geboren. Seit 1789 begeistert er sich leidenschaftlich für das Neue und erhält als „Maler der Revolution" den Auftrag, den Ballhausschwur zu malen (siehe ADS 82/83). Er wird in den Konvent gewählt und stimmt dort für die Hinrichtung des Königs. Als Anhänger Robespierres 1794 eingesperrt, wird er 1795 vom Direktorium freigelassen.

David ist von dem neuen Helden Bonaparte fasziniert; seine Bilder verbreiten den Ruhm des Ersten Konsuls. 1804 ernennt ihn Napoleon zum „Hofmaler". 1816 wird er von Ludwig XVIII. als „Königsmörder" aus Frankreich verbannt und stirbt 1825 im Exil in Brüssel.

Q 2 *oben: Skizze zum Krönungsgemälde.* Napoleon hatte dem Papst nicht mitgeteilt, dass er sich selbst krönen wollte. Was hatte Napoleon sonst wohl befürchtet?

D 1 *unten: Anordnung der Personen.* Ordne die folgenden Personen den Ziffern 1–7 zu: Napoleon, Josephine, Papst Pius VII., Napoleons Schwestern als Schleppenträgerinnen, Napoleons Mutter mit Familienmitgliedern, Marschälle Napoleons.

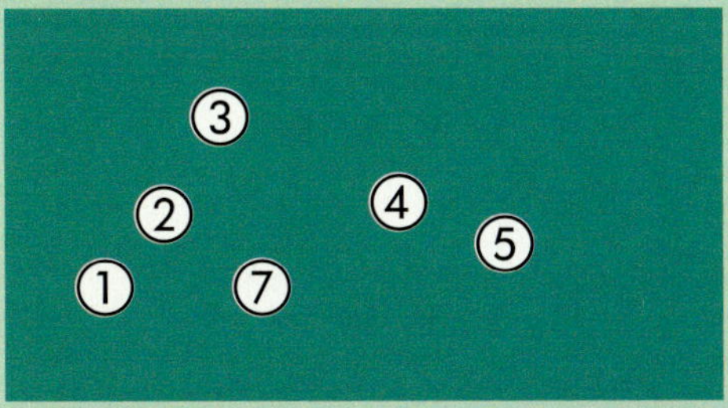

Methodische Arbeitsschritte

Fragen zur Person des Malers und zur Person des Auftraggebers

1. Wer war der Maler des Bildes? Wann hat er gelebt?
2. Wer war der Auftraggeber? Welche Position hatte er inne?

Fragen zu den dargestellten Ereignissen und Personen

3. Was ist auf dem Gemälde zu sehen? Wie sind die Personen dargestellt?
4. Welche Personen oder Handlung stellt der Maler in den Mittelpunkt?
5. Hat der Maler das Dargestellte selbst gesehen oder haben ihm andere davon berichtet?

Fragen zur Wirkung

6. Wie setzt der Maler Farben oder den Wechsel von Licht und Schatten ein, um eine bestimmte Wirkung zu erzielen?
7. Welchen Eindruck wollte der Maler oder Auftraggeber dem Betrachter vermitteln?
8. Wie wirkt das Gemälde auf dich selber?

1 *Beschreibe die Kleidung des Kaisers und seine Haltung. An welche Tradition knüpft Napoleon damit an?*

2 *Warum sagte Napoleon zu David: „Ein gut gewählter Augenblick"?*

3 *Was tut der Papst in dieser Szene? Wie wirkt er? Napoleon war mit der Darstellung des Papstes unzufrieden. Kannst du dir denken warum?*

4 *Napoleons Mutter Maria Lätizia war bei der Krönung nicht anwesend, weil sie die Familie Josephines ablehnte. Warum ist sie trotzdem abgebildet?*

18 Napoleon ordnet Europa neu

Rheinbund
Ein Bund einiger südwestdeutscher Staaten, der sich 1806 auf Wunsch Napoleons bildete. Der Bund brachte den beteiligten Fürsten neue Titel und Gebiete ein. Sie mussten sich aber mit Napoleon verbünden und Frankreich im Kriegsfall Truppen stellen.

Von umjubelten Befreiern …
Mit dem Schlagwort: „Friede den Hütten, Krieg den Palästen!“, marschierten Ende 1792 französische Revolutionstruppen in Aachen und in Mainz ein. Die Mainzer Bürger wählten im März 1793 einen „Rheinisch-deutschen Nationalkonvent“, der prompt den Anschluss an Frankreich beschloss. Überall pflanzten nun begeisterte Bürgerinnen und Bürger Freiheitsbäume. Als die Franzosen im Juni 1793 vor den Truppen der deutschen Fürsten kapitulieren mussten, flohen auch die deutschen Revolutionäre oder wurden eingesperrt.
1792 waren die Franzosen für viele Deutsche Befreier von der verhassten Fürstenherrschaft gewesen. Das änderte sich mit den Kriegen, die Napoleon führte. Bald wurde klar, dass er nur ein Ziel hatte: Europa unter französische Vorherrschaft zu bringen.

… zu verhassten Besatzern
Um sein Ziel zu erreichen, führte Napoleon Kriege in Italien, Deutschland, Spanien und Russland. Zu Lande schien er unbesiegbar, doch zur See war England stärker. Deshalb musste Napoleon den Plan aufgeben in England einzudringen. Stattdessen wollte er England durch einen Wirtschaftskrieg ruinieren. Er verfügte über alle englischen Waren eine Kontinentalsperre. Das bedeutete, dass kein englisches Schiff einen Hafen auf dem europäischen Kontinent anlaufen durfte und dass der Handel mit englischen Waren verboten war.
Um seine Herrschaft auf dem Kontinent abzusichern, setzte Napoleon in einigen Staaten Verwandte als Könige ein. Die deutschen Fürsten im Südwesten brachte er dazu, aus dem Reich auszutreten und einen eigenen Bund, den Rheinbund, zu gründen.

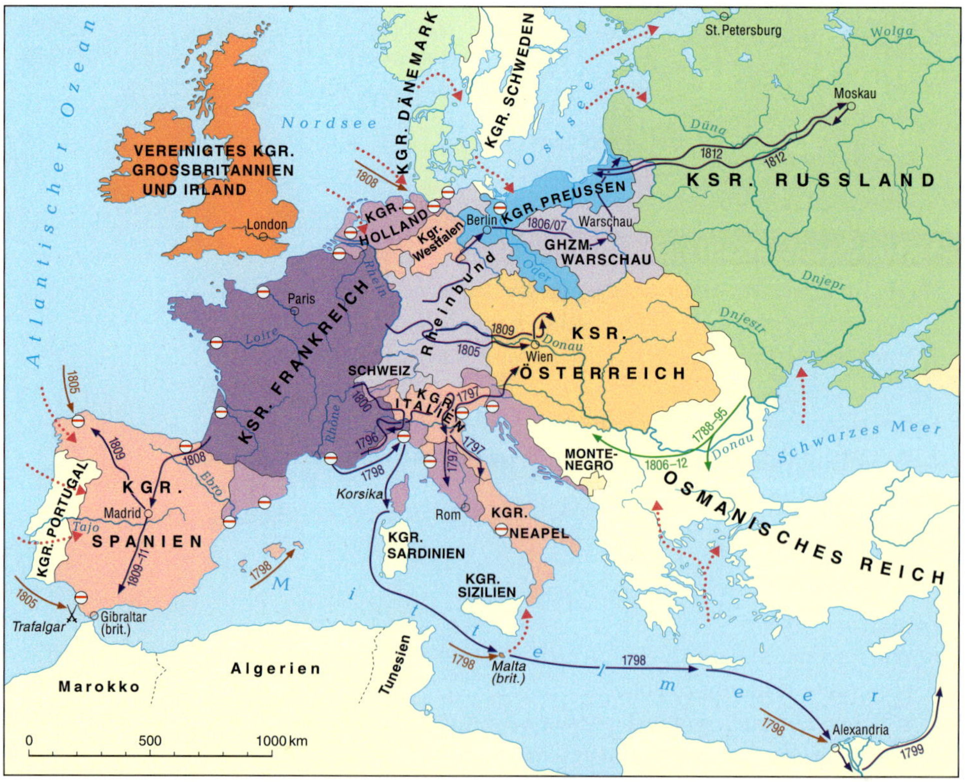

D 1 *Europa zur Zeit Napoleons*

Q1 *Napoleon als Pfefferkuchenbäcker* (Karikatur des Engländers James Gillray, 1806)
Im Jahr 1806 belohnte Napoleon viele deutsche Fürsten für ihre Treue mit neuen Titeln.
① Auf dem Schieber steht der ehemalige Markgraf von Baden, er ist gerade zum Großherzog „gebacken" worden. Daneben sieht man den Herzog von Württemberg und den Kurfürst von Bayern; die beiden zieht Napoleon als „frisch gebackene" Könige aus dem „Ofen für kaiserliche Pfefferkuchen" ②. ③ Auf der Kommode stehen backfertige „Teigvizekönige" bereit.
④ Aus dem Korb schauen „korsische Königlein"; damit sind Napoleons Verwandte gemeint.
⑤ Im Ascheloch liegt der „Abfall" der napoleonischen Politik. ⑥ Im Hintergrund knetet Napoleons Außenminister Talleyrand die Länder Polen, Ungarn und die Türkei wie Teig durch. Auf dem Backtrog steht „Politisches Durchkneten".

D2 *Die Kriege Napoleons bis 1807:*

1796/97 In Oberitalien besiegt Napoleon Österreich und zwingt den Kaiser alle deutschen Gebiete links des Rheins an Frankreich abzutreten. 3,5 Millionen Deutsche kommen damit unter französische Herrschaft.

1798/99 Napoleon will Englands Handel im Orient durch einen Feldzug in Ägypten stören. Er siegt bei den Pyramiden; die Flotte wird aber im Hafen von Abukir von Admiral Nelson versenkt.

1799–1802 Napoleon setzt sich mit glanzvollen Siegen gegen England, Russland, Österreich, Portugal, Neapel und die Türkei durch (Koalitionskrieg).

1805 Napoleon besiegt die Österreicher und Russen in der Dreikaiserschlacht von Austerlitz. Die französische Flotte unterliegt aber in der Seeschlacht von Trafalgar dem englischen Admiral Nelson. Damit gewinnt Großbritannien die Seeherrschaft; eine Invasion der Britischen Inseln ist nicht mehr möglich.

1806/07 Bei Jena und Auerstedt siegt Napoleon über die Preußen. Nur die mit Preußen verbündeten Russen können verhindern, dass Preußen ganz aufgeteilt wird. Es verliert aber alle Gebiete westlich der Elbe und polnische Besitzungen. Zar Alexander I. von Russland und Napoleon schließen ein Bündnis und teilen Europa in zwei Einflusszonen auf.

Q2 *Vor einem neuen Feldzug gegen Russland sagte Napoleon 1811 zu seinem Polizeiminister Fouché:*

Ich brauche 800 000 Mann, und ich habe sie; ganz Europa werde ich hinter mir herschleifen! (...) Ich habe meine Bestimmung noch nicht erfüllt; ich will beenden, was kaum begonnen. Wir brauchen ein europäisches Gesetz, einen europäischen Gerichtshof, eine einheitliche Münze, die gleichen Gewichte und Maße (...). Aus allen Völkern Europas muss ich ein Volk und aus Paris die Hauptstadt der Welt machen.

1 *Untersuche die Karte D1 und die Auflistung D2. In welchen Ländern führte Napoleon Kriege? Welchen Staat hat er aus welchen Gründen nicht besiegen können?*

2 *Schreibe aus der Karte D1 die Staaten heraus, in denen Verwandte Napoleons regierten.*

3 *Wie wird Napoleon in der Karikatur Q1 dargestellt? Welche Wirkung sollte die Karikatur erzielen? Warum konnte die Zeichnung in England veröffentlicht werden?*

4 *Vergleiche Napoleons Pläne in Q2 mit der Europäischen Union heute. Worin liegt der Unterschied?*

19 Reformen statt Revolution

Q 1 *Die preußischen Reformer* (Holzstich, 19. Jahrhundert). Von links: General Gerhard von Scharnhorst, Freiherr Karl August von Hardenberg, Reichsfreiherr von und zum Stein. Sie modernisierten die Landwirtschaft, das Gewerbe, die Verwaltung und die Armee.

A-Z

Säkularisierung
Kirchengüter werden verstaatlicht und geistliche Herrschaften abgeschafft.

Mediatisierung
Bisher nur dem Kaiser unterstellte Reichsritter, Reichsstädte und Kleinstaaten wurden seit 1803 in einen anderen, größeren deutschen Staat eingegliedert.

Kein Land, aber 300 „Höfchen"

Verglichen mit Frankreich war Deutschland um 1800 ein sehr altertümliches Gebilde. Das „Heilige Römische Reich Deutscher Nation", so lautete der vollständige Name, war in über 300 Einzelherrschaften zerstückelt. Eine einheitliche Reichspolitik wie in Frankreich war nicht möglich. Es gab zwar einen Kaiser in Wien, doch der hatte keine wirkliche Macht über die Fürsten des Reiches. Diese waren wachsam darauf bedacht, ihre Eigenständigkeit zu behaupten und das eigene Ländchen zu vergrößern. Dazu kam, dass katholische und protestantische Fürsten oft gegeneinander arbeiteten.
Nur zwei Staaten waren so mächtig, dass sie auch in der europäischen Politik als Großmächte eine Rolle spielten: Österreich und Preußen. Doch diese beiden waren Rivalen um die Vorherrschaft in Deutschland. So war es für Napoleon leicht, ein altes Ziel der französischen Politik durchzusetzen: den Rhein als Ostgrenze Frankreichs zu nehmen. Die betroffenen deutschen Fürsten auf der linken Seite des Rheins interessierte eigentlich nur, wie sie für verlorene Gebiete entschädigt werden könnten.

Säkularisierung und Mediatisierung

Seit 1803 sorgte Napoleon dafür, dass zwischen seinem Land und den deutschen Großmächten Österreich und Preußen ein Kranz von „Pufferstaaten" entstand. Diese waren zu schwach, um Frankreich anzugreifen, konnten aber wertvolle Verbündete gegen den Kaiser und das Reich sein. Auf Druck Napoleons sorgte Kaiser Franz II. dafür, dass der Reichstag in Regensburg die geistlichen Herrschaften verstaatlichte und die meisten Kleinstaaten in größere Staaten eingliederte. Damit verschwanden sie einfach von der politischen Landkarte. Als 16 deutsche Staaten 1806 den Rheinbund gründeten und aus dem Reich austraten, legte Kaiser Franz II. die deutsche Kaiserkrone nieder.
Die Verbündeten Napoleons, wie Bayern, Baden und Württemberg, gaben sich Verfassungen und führten den Code civil ein. Alle Bürger waren vor dem Gesetz gleich. Die Bauern wurden aus ihrer Abhängigkeit, Handwerker von der Zunftordnung befreit.

Vom Untertan zum Staatsbürger

Preußen erlitt 1806 eine demütigende Niederlage. Im Frieden verlor es einen großen Teil seines Staatsgebietes und musste seine Armee stark verkleinern. Einige Minister, Beamte und Offiziere rieten König Friedrich Wilhelm III., den Staat von Grund auf zu erneuern. Ihre Argumente waren:

- Nur ein modernes Preußen kann sich in einem zukünftigen Krieg gegen ein modernes Frankreich behaupten.
- Aus Untertanen muss man freie, selbstständige Staatsbürger machen, die sich für ihren Staat interessieren und ihn daher auch verteidigen.
- Ohne Reformen drohen Preußen „französische Verhältnisse", also Revolution; mit Reformen bleibt die Monarchie erhalten. Das überzeugte den König.

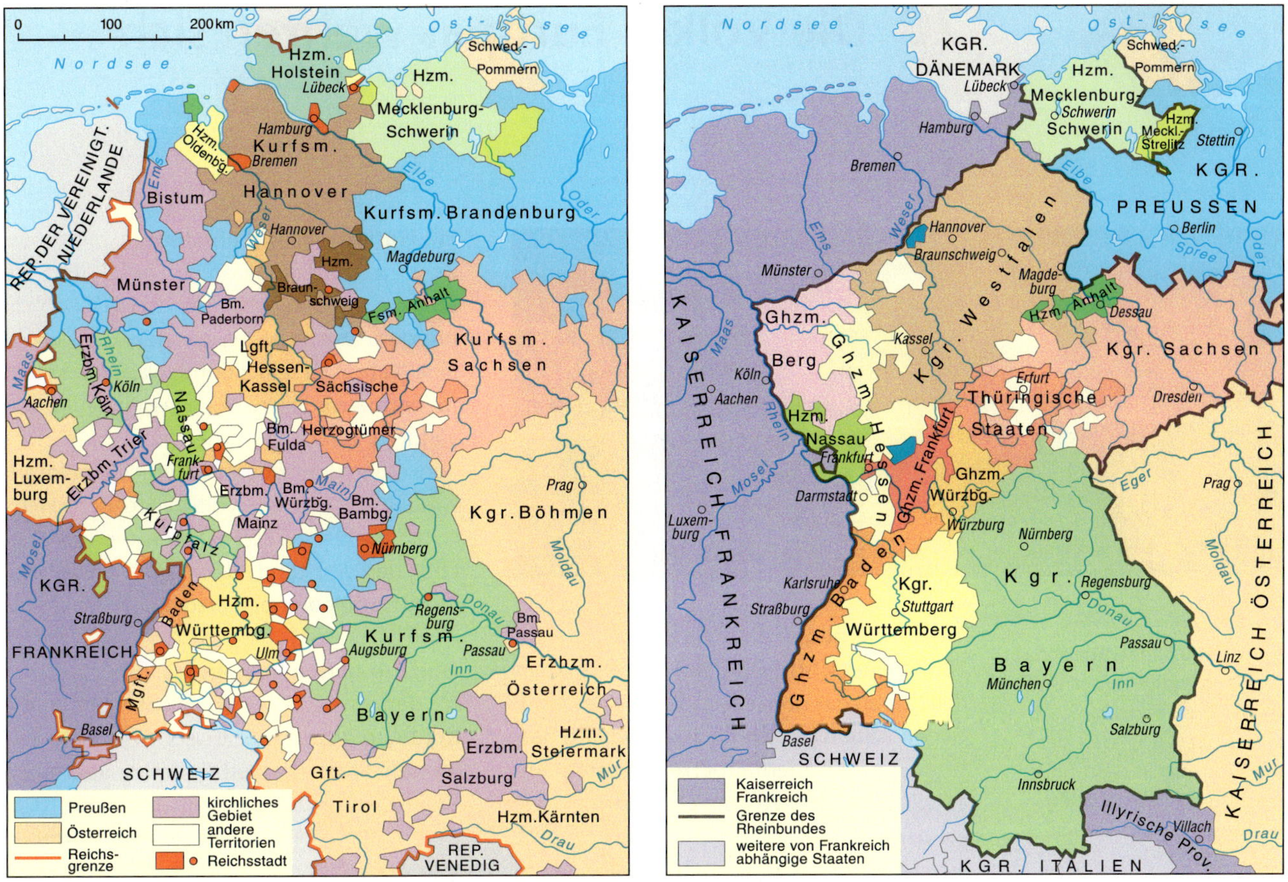

D 1 *Deutschland 1790 und 1812*

Q 2 *Der preußische Reformer Karl August von Hardenberg schrieb 1807:*

Der Wahn, dass man der Revolution am sichersten durch Festhalten am Alten und durch strenge Verfolgung der durch solche geltend gemachten Grundsätze entgegenstreben könne, hat besonders dazu beigetragen, die Revolution zu befördern (…). Also [brauchen wir] die Revolution im guten Sinne, gerade hinführend zu dem großen Zwecke der Veredlung der Menschheit, durch Weisheit der Regierung und nicht durch gewaltsame Impulsio [Anstoß] von innen und außen, – das ist unser Ziel, unser leitendes Prinzip. Demokratische Grundsätze in einer monarchischen Regierung: Dieses scheint mir die angemessene Form für den gegenwärtigen Zeitgeist. Die reine Demokratie müssen wir noch dem Jahre 2440 überlassen, wenn sie anders je für den Menschen gemacht ist.

D 2 *Übersicht über die Reformen in Preußen:*

1807 Bauernbefreiung: Die persönliche Bindung der Bauern an adlige Grundherren wird aufgehoben. Bauern dürfen in die Stadt ziehen, Adlige ein bürgerliches Gewerbe betreiben.

1808 Selbstverwaltung der Städte: Die Bürger wählen Stadtverordnete; diese setzen Steuern fest und ernennen Verwaltungsbeamte. Die Betätigung der Bürger in der Selbstverwaltung ist an Bildung und Eigentum gebunden.

1810 Gewerbefreiheit: Auflösung der Zünfte. Jeder darf ein Gewerbe gründen.

1812 Judenemanzipation: Die Juden werden rechtlich zu Staatsbürgern und damit allen anderen gleichgestellt.

1814 Allgemeine Wehrpflicht: Für freie Bauern und Bürger sollte es eine Ehre sein, König und Vaterland zu dienen.

1. *Vergleiche die beiden Karten D1. Welchen Vorteil hatte die von Napoleon erzwungene politische „Flurbereinigung" für Deutschland?*
2. *Wodurch wurde die Modernisierung Preußens ausgelöst? (VT)*
3. *Erläutere, was die einzelnen preußischen Reformen beinhalteten (D2).*
4. *In Frankreich gab es eine Revolution „von unten", in Preußen Reformen „von oben". Worin liegt der Unterschied?*

20 Die Völker Europas wehren sich

Q1 *Erschießung der Aufständischen.* Francisco de Goya malte dieses Bild 1814. Der spanische Maler hat die Leiden der Bevölkerung in dem nun beginnenden Volkskrieg miterlebt und in Gemälden festgehalten.

A-Z

Nation
Wenn eine große Zahl von Menschen durch gemeinsame Abstammung, Sprache, Geschichte und Kultur miteinander verbunden ist, spricht man von einer Nation. Menschen einer Nation können auch auf mehrere Staaten verteilt leben. Im 19. Jahrhundert waren viele Deutsche damit nicht mehr zufrieden; sie wollten einen gemeinsamen Staat, einen Nationalstaat.

Aufstände gegen Napoleon

1807 beherrschte Napoleon im Bündnis mit dem Zaren das ganze europäische Festland. Gegen seinen letzten Gegner England hatte er die Kontinentalsperre errichtet, um es wirtschaftlich zu ruinieren. Doch viele Länder wollten auf die Industrieprodukte aus England nicht verzichten. Vor allem die Baumwollstoffe waren billig und von ausgezeichneter Qualität. Kolonialwaren wie Kaffee, Tee und Zucker waren auf dem Festland sehr beliebt. Außerdem verkauften die Staaten des Kontinents viele ihre Erzeugnisse in England. Viele Orte entlang der englischen und europäischen Küste wurden zu Schmugglerhäfen. So versuchten Händler die Kontinentalsperre zu unterwandern. Als Portugal sich weigerte, seine Häfen für englische Waren zu schließen, marschierten Napoleons Truppen in das Land ein und besetzten es.

In Spanien hatte Napoleon seinen Bruder Joseph als König eingesetzt, um das Land besser kontrollieren zu können. Am 2. Mai 1808 erhoben sich in der spanischen Hauptstadt Madrid Bauern, Handwerker und Geistliche gegen die französische Herrschaft. Mit einem Heer von über 300 000 Mann schlug Napoleon den Aufstand nieder. Die Aufständischen wurden gefangen genommen und gleich am nächsten Morgen erschossen.

Ein Nationalgefühl entsteht

Zwar hatte Napoleon es geschafft, die Spanier wieder unter seine Herrschaft zu bringen. Doch das Bewusstsein des Volkes, eine Nation zu sein, konnte Napoleon nicht mehr unterdrücken. Auch in den deutschen Ländern sprachen immer mehr Menschen von einer deutschen Nation. Gemeinsam wollten sie sich gegen die französische Herrschaft wehren. 1809 wagten die Österreicher den Aufstand, doch auch dieses Mal blieb Napoleon noch Sieger.

Feldzug gegen Russland

Als der russische Zar sich nicht mehr an die Kontinentalsperre hielt, setzte Napoleon alles aufs Spiel. Die Verbündeten, aber auch Preußen und Österreich mussten ihm Truppen stellen. Mit seiner „Großen Armee" von 600 000 Mann zog er 1812 bis nach Moskau. Die russischen Soldaten wichen in den weiten Raum des Landes zurück und boten Napoleon keine Gelegenheit zu einer Entscheidungsschlacht. Der Feldzug endete vernichtend für die „Große Armee", nur 10 000 Soldaten überlebten die Strapazen.

Die Befreiungskriege

Diese Niederlage Napoleons war wie ein Signal für die europäischen Völker. Im Februar 1813 schloss der preußische König ein Bündnis mit Russland, dem auch Österreich und England beitraten. Aus ganz Deutschland meldeten sich nun Freiwillige, um für die Befreiung ihres Vaterlandes zu kämpfen. In der großen Völkerschlacht bei Leipzig 1813 erlitt Napoleon die entscheidende Niederlage. 1814 zwangen ihn die Verbündeten abzudanken und verbannten ihn auf die Insel Elba. 1815 versuchte er, seine Macht zurückzugewinnen, doch er wurde bei Waterloo vernichtend geschlagen und auf die Insel St. Helena im Atlantik verbannt. Dort starb er 1821.

Q4 *Napoleons Lebenslauf in einer zeitgenössischen deutschen Karikatur*

Q2 *Napoleon führte im Sommer 1813 Verhandlungen mit dem österreichischen Staatskanzler Metternich:*

Metternich: Krieg und Frieden liegen in der Hand Eurer Majestät. (...) Heute können Sie noch Frieden schließen, morgen dürfte es zu spät sein. (...)

Napoleon: (...) Nimmermehr! Ich werde zu sterben wissen, aber ich trete keine Handbreit Boden ab. Eure Herrscher, geboren auf dem Throne, können sich zwanzigmal schlagen lassen und doch immer wieder in ihre Residenzen zurückkehren; das kann ich nicht, ich, der Sohn des Glücks! Meine Herrschaft überdauert den Tag nicht, an dem ich aufgehört habe, stark und folglich gefürchtet zu sein. (...)

Metternich: (...) Das Glück kann Sie ein zweites Mal wie im Jahre 1812 im Stich lassen. (...) Ich habe Ihre Soldaten gesehen, es sind Kinder. (...) Und wenn diese jugendliche Armee, die Sie heute unter die Waffen gerufen haben, dahingerafft sein wird, was dann?

Napoleon: (...) Ich bin im Felde aufgewachsen, und ein Mann wie ich schert sich wenig um das Leben einer Million Menschen.

Q3 *„Hass gegen die Franzosen". Der jüngste Bruder Napoleons, Jérôme Bonaparte, lebte auf Schloss Wilhelmshöhe in Kassel und war von 1807 bis 1813 König von Westfalen. Sein Königreich bestand aus mehreren ehemals selbstständigen Staaten. Über die Stimmung in der Bevölkerung schrieb Jerôme Bonaparte am 5. Dezember 1811 an seinen Bruder:*

Man gibt sich den verücktesten Hoffnungen hin und ist überaus begeistert. Man nimmt Spanien zum Beispiel, und wenn der Krieg (mit Russland) ausbrechen sollte, werden alle zwischen Rhein und Oder gelegenen Gegenden der Schauplatz einer ausgedehnten und lebhaften Erhebung werden.

Der Hauptgrund dieser gefährlichen Bewegungen ist nicht nur der Hass gegen die Franzosen und die Ungeduld, das fremde Joch abzuschütteln; es ist vielmehr im Unglück der Zeiten begründet, in dem völligen Ruin aller Kassen, in der Vermehrung der Steuern und Kriegsbeiträge, dem Unterhalt der Truppen, dem Durchmarsch der Soldaten und der ständigen Wiederkehr von einer Unzahl von Plackereien aller Art.

1. *Wie stellt Goya in Q1 die Soldaten dar, wie die Aufständischen?*
2. *Österreich wäre 1813 zum Frieden bereit gewesen, wenn Napoleon Deutschland geräumt hätte. Warum zog Napoleon das Risiko der Schlacht vor (Q2)?*
3. *Was befürchtete Jérôme Bonaparte für Deutschland im Fall eines Russlandfeldzuges? Wie begründete er das seinem Bruder gegenüber (Q3)?*
4. *Untersuche die Karikatur Q4. Welche Stationen aus Napoleons Karriere sind dargestellt? Wann muss die Karikatur entstanden sein?*

21 Wien 1815 – die Fürsten setzen sich durch

Q1 *Europas Herrscher auf dem Wiener Kongress* (zeitgenössische Radierung). In der Mitte steht in weißer Uniform Kaiser Franz von Österreich, neben ihm sitzend König Friedrich Wilhelm III. von Preußen, hinter dem Globus stehend Zar Alexander I. von Russland. Vor dem Tisch hat sich König Friedrich I. von Württemberg aus seinem Sessel erhoben.

Legitimität
bedeutet, dass jemand das Recht hat, einen Staat zu führen. Für die Monarchen des Wiener Kongesses waren das nur solche Herrscher, deren Vorfahren schon auf den Thronen gesessen hatten.

Deutscher Bund
Der Deutsche Bund wurde 1815 als loser Zusammenschluss von 35 deutschen Staaten und vier freien Städten gegründet. Er trat an die Stelle des aufgelösten „Heiligen Römischen Reiches Deutscher Nation“. Die Staaten und Städte waren beim Frankfurter Bundestag, in dem Österreich den Vorsitz hatte, durch Gesandte vertreten.

Der Wiener Kongress

In den Jahren 1813 und 1814 hatten in Deutschland Menschen aus allen Volksschichten große Opfer gebracht. Sie waren als Freiwillige begeistert in den Krieg gezogen oder hatten bereitwillig einen Teil ihrer Habe geopfert: Decken, Getreide, Pferde, sogar ihre goldenen Eheringe. Viele träumten von einem großen und starken Vaterland, in dem das Volk die Politik mitbestimmt.

Im September 1814 kamen in Wien Kaiser, Könige, Fürsten und Diplomaten aus den Staaten Europas zusammen. Sie wollten darüber verhandeln, wie Europa nach Napoleons Sturz neu geordnet werden sollte. Die Verhandlungen dauerten über ein Jahr. Damit sich die Teilnehmer nicht langweilten, gab es ein großes Unterhaltungsprogramm mit Bällen, Konzerten und Festen. „Der Kongress tanzt, aber schreitet nicht voran“, hieß es spöttisch. Das stimmte nicht ganz, aber die Abgesandten der größten Staaten hatten sehr unterschiedliche Interessen: So wollte der russische Zar seine Macht nach Westen ausdehnen. Dem widersetzte sich der österreichische Außenminister Metternich. Auch Preußen versuchte seine politische Macht auszudehnen.

Ein Bündnis gegen die Freiheit

Metternichs Ziel war es, überall wieder die legitimen Herrscher in ihre alten Rechte einzusetzen. Die Fürsten fürchteten sich aber davor, dass wieder ein Herrscher versuchen würde, die Vorherrschaft an sich zu reißen. Deshalb schlossen sich der Zar von Russland, der Kaiser von Österreich und der König von Preußen in der „Heiligen Allianz“ zusammen. Sie versprachen einander, gegen jeden vorzugehen, der die bestehende Ordnung stören sollte. Die meisten Fürsten Europas traten dem Bündnis später bei.

Enttäuschte Hoffnungen

Die Wünsche der Völker in den deutschen Ländern spielten in Metternichs Vorstellung keine Rolle. Sie hatten auf einen Nationalstaat gehofft. Metternich fürchtete, dass ein geeintes, großes deutsches Reich gefährlich für das europäische Gleichgewicht werden könnte. Daher blieb Deutschland staatlich zersplittert. Die Fürsten schlossen ihre Länder nur lose im Deutschen Bund zusammen. So behielten sie ihre Titel und Herrschaftsansprüche. Viele junge Menschen, die für Deutschlands Einheit und Freiheit gekämpft hatten, waren tief enttäuscht.

D1 *Europa nach dem Wiener Kongress.* Preußen erhielt Teile Sachsens und die Rheinprovinz mit Westfalen als Entschädigung für abgetretene polnische Gebiete. Österreich übernahm Teile von Italien. Außerdem wurde das Königreich der Vereinigten Niederlande neu gegründet.

Q2 *Der österreichische Außenminister Fürst Metternich erläuterte seinem engsten Mitarbeiter, Friedrich Gentz, auf dem Wiener Kongress die geplante Deutschlandpolitik:*

Metternich: Wir müssen Europa im Auge haben, lieber Gentz, wenn wir von Deutschland sprechen. Bedenken Sie, wie wenig das Deutsche Reich für eine wirklich europäische Politik geleistet hat, und das war gut so. Der Deutsche Bund, den wir schaffen wollen, muss daher so wenig Einheitlichkeit und Macht besitzen, dass er für wirkliche Staaten wie Österreich und Preußen keine Bedeutung hat.

Gentz: Euer Exzellenz meinen, er solle mehr dem Gleichgewicht in Europa als den deutschen Interessen dienen?

Metternich: Genau das meine ich, und sehen Sie, Gentz, dieses Preußen, dessen Besitz in so vielen kleinen „Päckchen“ über ganz Deutschland verstreut ist, kann einem in sich geschlossenen Österreich die Führung in Europa nicht streitig machen.

Q3 *Freiherr vom Stein kritisiert die Deutsche Bundesakte im Juni 1815:*

Jeder Mann, der sein Vaterland liebt und dessen Glück und Ruhm wünscht, ist berufen zu untersuchen, ob der Inhalt dieser Urkunde der Erwartung der Nation entspricht, der Größe ihrer Anstrengungen, ihrer Leiden, der Tatkraft und Beschaffenheit des Geistes. (...) Unsere neuen Gesetzgeber haben an die Stelle des alten Deutschen Reiches einen Deutschen Bund gesetzt, ohne Haupt, ohne Gerichtshöfe, schwach verbunden für die gemeinsame Verteidigung. Die Rechte der Einzelnen sind durch nichts gesichert als die unbestimmte Erklärung, „dass es Landstände geben solle“; ohne dass etwas über deren Befugnisse festgestellt ist (...).

Man muss hoffen, dass die despotischen Grundsätze (...) nach und nach durch die öffentliche Meinung, die Freiheit der Presse und das Beispiel zerstört werden, welches mehrere Fürsten, (...) geben zu wollen scheinen, indem sie ihren Untertanen eine weise Verfassung erteilen.

1. *Betrachte das Bild Q1. Worum ging es den Monarchen vor allem? Beachte den Globus, die ausgebreiteten Karten sowie die Hände der Hauptakteure.*
2. *Liste nach der Karte D1 die Gebiete auf, die die Großmächte Russland, Preußen und Österreich 1815 erworben haben.*
3. *Warum mussten die Aussagen Metternichs aus Q2 1815 geheim bleiben?*
4. *Gib die Kritik des Freiherrn vom Stein (Q3) mit eigenen Worten wieder. Kannst du seine Meinung nachvollziehen?*

22 Protest gegen die Fürstenherrschaft

Q 1 *Das Hambacher Fest 1832* (zeitgenössischer Stich)

Restauration
von lat. restaurare = etwas wiederherstellen. Die Fürsten versuchten nach 1815 die politischen Zustände wieder herzustellen, wie sie vor der Französischen Revolution gewesen waren.

liberal
von lat. liber = frei. Die Liberalen strebten einen freiheitlichen Verfassungsstaat an, in dem die Menschen- und Bürgerrechte garantiert sind.

reaktionär
Bezeichnung für rückwärtsgewandte, fortschrittsfeindliche Kräfte.

Die Zeit der Restauration

So nennt man die Jahre zwischen 1815 und 1848. Manche Historiker sprechen auch vom Zeitalter Metternichs. Der österreichische Kanzler konnte nämlich mehr als drei Jahrzehnte lang eine veraltete Ordnung aufrecht erhalten.

Viele Menschen wollten sich mit diesen politischen Zuständen aber nicht abfinden. In Jena schlossen sich 1815 Studenten zu einer Burschenschaft zusammen. Sie wollten so ein erstes Zeichen für die deutsche Einheit setzen. „Ehre, Freiheit, Vaterland", lautete ihr Leitspruch, Schwarz, Rot, Gold waren ihre Farben. Bald gab es an fast allen deutschen Universitäten solche Verbindungen. Am 18. Oktober 1817 fand auf der Wartburg bei Eisenach eine Kundgebung aller Burschenschaften statt. Sie forderten einen Nationalstaat und eine Verfassung auf der Grundlage der Menschenrechte. Bei dieser Versammlung verbrannten die Studenten auch Symbole der verhassten Fürstenherrschaft wie etwa fürstentreue Bücher. Diese Aktionen dienten Metternich und anderen Fürsten als Vorwand, um studentische Vereine und Burschenschaften streng zu überwachen.

Die Karlsbader Beschlüsse

1819 ermordete ein radikaler Student den Dichter Kotzebue. Dieser galt als Spitzel des russischen Zaren und als reaktionärer Schriftsteller. Für Metternich war der Mord ein willkommener Anlass, um schärfer gegen alle diejenigen vorzugehen, die in Deutschland für mehr Freiheit eintraten. Im böhmischen Kurort Karlsbad beschlossen Vertreter der größeren deutschen Staaten verschiedene Maßnahmen, die sich vor allem gegen Studenten, Professoren und die Presse richteten. Die Burschenschaften wurden verboten und Zeitungen einer strengen Zensur unterworfen. Überall musste man mit staatlicher Überwachung rechnen: Polizeispitzel öffneten Briefe, stöberten in Buchhandlungen nach verbotenen Büchern und schrieben die Vorlesungen liberaler Professoren an der Universität mit. Selbst in Cafés belauschten sie die Gespräche der Gäste. Wer wegen „falscher" Gesinnung auffiel, musste mit Gefängnis oder Berufsverbot rechnen. Viele Deutsche wanderten wegen dieser Zustände nach Amerika aus.

Das Hambacher Fest

Am 27. Mai 1832 kamen etwa 25 000 Menschen in Neustadt in der Pfalz zusammen. Von dort zogen sie zur Schlossruine nach Hambach, um für Freiheit und nationale Einheit zu demonstrieren. Hauptredner war der liberale Schriftsteller Philipp Siebenpfeiffer. Er rief alle Deutschen dazu auf, sich nicht länger unter dem Joch der Fürsten zu beugen. Wenige Tage später wurden Siebenpfeiffer und andere Redner verhaftet.
Die Regierungen in den deutschen Staaten hoben die Rede- und Versammlungsfreiheit auf. 1837 wurden in Göttingen sieben Professoren entlassen, weil sie gegen die Abschaffung der Landesverfassung protestiert hatten. Viele Demokraten flohen in die Schweiz oder nach Frankreich.

Q2 *Der Denkerclub* (anonyme Karikatur um 1825). Auf der Tafel rechts steht unter anderem: „II. Schweigen ist das erste Gesetz dieser gelehrten Gesellschaft.
III. Auf dass kein Mitglied in Versuchung geraten möge, seiner Zunge freien Lauf zu lassen, so werden beim Eintritt Maulkörbe ausgeteilt.
IV. Der Gegenstand, welcher in jedmaliger Sitzung durch ein reifes Nachdenken gründlich erörtert werden soll, befindet sich auf einer Tafel mit großen Buchstaben deutlich angeschrieben."

Q3 *Die „Karlsbader Beschlüsse" verfasste der Bundestag in Frankfurt am 20. September 1819. Darin hieß es unter anderem:*

Die Bundesregierungen verpflichten sich gegeneinander, Universitäts- und andere öffentliche Lehrer, die durch erweisliche Abweichung von ihrer Pflicht oder Überschreitung der Grenzen ihres Berufs, durch Missbrauch ihres rechtmäßigen Einflusses auf die Gemüter der Jugend, durch Verbreitung verderblicher, der öffentliche Ordnung und Ruhe feindseliger oder die Grundlagen der bestehenden Staatseinrichtungen untergrabender Lehren, ihre Unfähigkeit zur Verwaltung des ihnen anvertrauten (...) Amtes unverkennbar an den Tag gelegt haben, von den Universitäten und sonstigen Lehranstalten zu entfernen. (...) Ein [solcher] Lehrer darf in keinem anderen Bundesstaat bei irgendeinem öffentlichen Lehrinstitut wieder angestellt werden. (...) Solange der gegenwärtige Beschluss in Kraft bleiben wird, dürfen Schriften, die in der Form täglicher Blätter oder heftweise erscheinen, desgleichen solche, die nicht über 20 Bogen im Druck stark sind, in keinem deutschen Bundesstaate ohne Vorwissen und vorgängige Genehmhaltung der Landesbehörden zum Druck befördert werden.

Q4 *Ein Deutscher, der 1823 aus den Niederlanden in die Heimat zurückkehrte, schrieb über die Zustände in den deutschen Staaten:*

Die Ströme, die Berge, die alten Türme erkenne ich noch, aber die Menschen nicht mehr. (...) Als ich hier anfangs, noch unbekannt mit den neuen Verhältnissen, nach alter Gewohnheit von der Politik des Tages reden wollte, erhielt ich kaum eine Antwort; der eine wich aus, der andere brach ab, viele stahlen sich weg. – Wo niemand über öffentliche Angelegenheiten öffentlich spricht, da ist gewiss keine Freiheit; wenn aber gebildete Männer selbst in der Mitte ihrer Bekannten solche Gegenstände zu berühren vermeiden (...), dann hat entweder die feige Selbstsucht oder der Despotismus den Gipfel erreicht. (...) Überall ist die Polizei mit ihren Spionen tätig – selbst die Briefe werden geöffnet.

1 Wogegen wollten die Studenten auf dem Wartburgfest demonstrieren?

2 Schreibe in wenigen Stichpunkten auf, was die Karlsbader Beschlüsse beinhielten (VT, Q3).

3 Gib mit eigenen Worten die Stimmung in den deutschen Staaten wieder, wie sie der Verfasser von Q4 beschreibt.

4 Erläutere die Karikatur Q2. Worin besteht der Spott des Karikaturisten?

23 Bürger gehen auf die Barrikaden

Q1 *Während der Februarrevolution verbrennen Aufständische den Königsthron* (zeitgenössische Darstellung). Aus sozialer Not kam es im Juni zu einem Arbeiteraufstand gegen die Regierung der Republik. Im Dezember 1848 wurde Louis Napoleon zum Präsidenten der Republik gewählt. Er hatte den Bürgern Sicherheit und den Arbeitern soziale Gerechtigkeit versprochen. Durch Volksabstimmung wurde er 1852 Kaiser Napoleon III.

Revolutionen in Europa

Februar 1848: In Paris stürmen Bürger, Studenten, Handwerker und Arbeiter das königliche Schloss und rufen die Republik aus. Den Thron des Königs verbrennen sie an jenem Ort, an dem bis 1789 die Bastille gestanden hatte.

Als hätten die Menschen in den anderen Staaten nur auf ein solches Zeichen gewartet, ergriff die revolutionäre Bewegung halb Europa. Mailand, Neapel, Budapest, Wien, Baden, Dresden, München und Berlin wurden zu Zentren des Aufstands.

In Frankreich waren es vor allem Not leidende Arbeiter in den Städten, die den Aufstand auslösten. Eine Wirtschaftskrise hatte dazu geführt, dass viele Männer ihre Arbeit verloren und ihre Familien hungern mussten.

In Italien wiederum waren viele Menschen unzufrieden damit, dass ihr Land zersplittert war. Sie wünschten sich einen einheitlichen Staat für alle Italiener. Vor allem wollten sie aber die österreichische Fremdherrschaft im Norden des Landes los werden.

In Ungarn rebellierten national denkende Menschen gegen die Herrschaft des österreichischen Kaisers. Auch sie wollten einen eigenen Staat erringen.

Unzufriedene Bürger

In den deutschen Staaten waren die wirtschaftlichen Verhältnisse im Winter 1847/48 bedrückend. Infolge von Missernten stiegen die Lebensmittelpreise. Die Familien der Fabrikarbeiter litten bittere Not. Bei den meisten Handwerkern sah es kaum anders aus. Sie konnten mit den billigen Waren aus den Fabriken nicht mithalten.

Den Bürgern in den Städten ging es zwar wirtschaftlich besser, doch sie waren schon lange erbost über die Politik der Fürsten, die ihnen so viele Freiheitsrechte vorenthielten. In dieser Stimmung hörten die Menschen von einer neuen Revolution in Frankreich.

Auf die Barrikaden!

Wie ein Lauffeuer breiteten sich Demonstrationen und Aufstände in den deutschen Staaten aus. Die Menschen forderten vor allem ein frei gewähltes deutsches Parlament und einen deutschen Nationalstaat.

In Wien musste der Kaiser auf Druck des Volkes den verhassten Kanzler Metternich entlassen. In Berlin versuchte der preußische König Friedrich Wilhelm IV. sein Volk zu beruhigen, indem er Pressefreiheit und eine Verfassung versprach. Doch es kam zu einem Zwischenfall: Am 18. März schossen Wachsoldaten vor dem Königsschloss auf Demonstranten. Innerhalb von Stunden errichteten Bürger, Handwerker und Arbeiter Barrikaden, um die Straßen abzusperren. Frauen und Kinder gossen aus Bleifenstern Kugeln, Männer bewaffneten sich. Bei den Kämpfen zwischen Soldaten und Bürgern kamen mehr als 200 Menschen ums Leben. Am 21. März ritt der König hinter einer schwarz-rot-goldenen Fahne durch die Stadt und ließ verkünden: „An mein Volk und an die deutsche Nation! (...) Ich habe heute die alten deutschen Farben angenommen. (...) Preußen geht fortan in Deutschland auf."

Q2 *Barrikadenkämpfe in Berlin am 18. März 1848* (kolorierter zeitgenössischer Stich). Der König setzte 14 000 Infanteristen gegen die Aufständischen ein. Doch die Bürger hielten stand. Am nächsten Tag brachten sie ihre Toten vor das königliche Schloss und bahrten sie dort auf. Friedrich Wilhelm IV. musste sich vor ihnen verneigen.

Q3 *Forderungen der Kölner Arbeiter an ihren Landesherrn, den König von Preußen, vom 3. März 1848:*

1. Gesetzgebung und Verwaltung durch das Volk, da ein freies Volk (...) sich nicht mehr im Interesse Einzelner ausbeuten lassen will (...), allgemeines Wahlrecht und allgemeine Wählbarkeit.
2. Unbedingte Freiheit der Rede und Presse.
3. Aufhebung des stehenden Heeres und Einführung einer allgemeinen Volksbewaffnung mit vom Volke gewählten Führern. (...)
4. Freies Vereinigungsrecht.
5. Schutz der Arbeit und Sicherstellung der menschlichen Bedürfnisse für alle. (...) Es ist Sache des Staates, die Produktion dem Interesse der Einzelnen zu entreißen und sie im Interesse aller zu leiten. Jeder Mensch hat ein Recht auf Arbeit sowie auf einen seinen Bedürfnissen angemessenen Lohn.
6. Vollständige Erziehung aller Kinder auf öffentliche Kosten.

1 Welches Zeichen wollten die Pariser Bürgerinnen und Bürger in Q1 für alle Franzosen setzen? Welche symbolische Bedeutung hat die Wahl des Ortes (VT)?

2 Vergleiche die Entwicklung in Frankreich 1848–1852 mit der Revolution von 1789–1799 (VT).

3 Erläutere, wie sich der preußische König verhielt.

4 Untersuche die Forderungen der Arbeiter in (Q3). Warum waren für sie die Punkte 5 und 6 ihrer Forderungen wohl fast noch wichtiger als Freiheitsrechte? Mit welchen Gruppen kamen sie durch Punkt 5 in Konflikt? Inwiefern könnten sie Nutzen aus Punkt 4 gezogen haben?

5 Schreibe als Zeitungsreporter einen Kurzbericht über die Barrikadenkämpfe in Berlin (VT, Q2).

24 Das erste deutsche Parlament

Q 1 *Wie sich die Zeiten ändern* (Karikatur aus dem Jahr 1849)

„Guten Tag ooch, Herr Hofrat Gumpel." „Ihr Diener! Bester Freund, ein Wort im Vertrauen – nennen Sie mich einfach Herr Gumpel und lassen Sie den Hofrat weg!"

„Guten Tag ooch, Herr Gumpel." „Guten Tag! Lieber Mann, ein Wort im Vertrauen – nennen Sie mich einfach Herr Hofrat und lassen Sie den Gumpel weg!"

A–Z

Nationalversammlung
So nennt man eine Versammlung von Abgeordneten, die den Anspruch erheben, für das ganze Volk zu sprechen. In der Frankfurter Paulskirche trat 1848 die erste deutsche Nationalversammlung zusammen. Sie sollte vor allem über Grundrechte, die Regierungsform und den Umfang des Reichsgebietes beraten und entscheiden.

Vielvölkerstaat
Ein Vielvölkerstaat besteht aus mehreren Nationen, also großen Volksgruppen mit eigener Sprache und Kultur. Der Kaiser von Österreich herrschte bis 1918 über viele Völker, z. B. Polen, Tschechen, Slowaken, Ungarn und Kroaten.

Eine deutsche Nationalversammlung

Angesichts der Aufstände in vielen Orten Deutschlands waren die meisten Fürsten sehr verängstigt. Daher gaben sie den Forderungen des Volkes scheinbar bereitwillig nach, hoben die Zensur der Presse auf und beriefen liberale Minister. Im Frankfurter Bundestag stimmten die Vertreter aller Länder des Deutschen Bundes der Wahl einer Nationalversammlung zu. Zum ersten Mal sollten Abgeordnete des deutschen Volkes in freier Wahl bestimmt werden.

Am 18. Mai 1848 traten sie in Frankfurt zusammen. Das Ereignis wurde als großes nationales Fest gefeiert: Die Abgeordneten zogen unter Glockengeläut und Kanonendonner in die Paulskirche ein. Das war ihr Versammlungsort, denn es gab ja noch kein Parlamentsgebäude.

In der Nationalversammlung saßen vor allem Juristen, Gelehrte und Beamte. Nur vier Handwerker waren vertreten, kein einziger Arbeiter und auch keine Frauen. Die wichtigste Aufgabe der Abgeordneten war es, eine Verfassung auszuarbeiten. Nach langen Debatten wurde die Verfassung des zukünftigen Deutschen Reiches am 28. März 1849 mit 290 zu 248 Stimmen angenommen.

Kleindeutsch oder großdeutsch?

Besonders heftig hatten die Abgeordneten darüber gestritten, welchen Umfang der künftige deutsche Nationalstaat haben sollte. Die Kernfrage lautete: mit oder ohne Österreich? Im österreichischen Kaiserreich lebten viele Völker zusammen, etwa Ungarn, Tschechen und Slowaken. Da es unmöglich schien, nur den deutschen Teil Österreichs in das neue Reich aufzunehmen, entschied man sich schließlich für eine kleindeutsche Lösung. Der König von Preußen sollte „Kaiser der Deutschen" werden.

Die alten Mächte kehren zurück

Friedrich Wilhelm IV. lehnte aber eine Kaiserkrone aus der Hand des Volkes ab. Viele Abgeordnete legten daraufhin ihr Amt enttäuscht nieder. Die radikalen Revolutionäre kämpften jetzt für eine deutsche Republik. Doch preußische Truppen schlugen Aufstände in Sachsen, in der Pfalz und in Baden nieder. Überall beendeten die Fürsten mit Soldaten die Revolution und hoben Freiheitsrechte wieder auf. Manche Revolutionäre wurden erschossen, andere verhaftet. Zehntausende flohen in die Schweiz und in die USA.

Q2 *„Grundrechte des Deutschen Volkes". Die Nationalversammlung beschloss die Grundrechte im Dezember 1848. Sie wurden 1849 als Paragraphen 130–189 an die Reichsverfassung angehängt:*

§ 131: Das deutsche Volk besteht aus den Angehörigen der Staaten, welche das Deutsche Reich bilden. (…)

§ 137: Vor dem Gesetz gilt kein Unterschied der Stände. Der Adel als Stand ist aufgehoben. (…) Die Deutschen sind vor dem Gesetz gleich. (…) Die öffentlichen Ämter sind für alle Befähigten gleich zugänglich. Die Wehrpflicht ist für alle gleich.

§ 138: Die Freiheit der Person ist unverletzlich. (…)

§ 139: Die Todesstrafe, ausgenommen wo das Kriegsrecht sie vorschreibt (…), sowie die Strafen des Prangers, der Brandmarkung und der körperlichen Züchtigung sind abgeschafft.

§ 140: Die Wohnung ist unverletztlich. (…)

§ 143: Jeder Deutsche hat das Recht, durch Wort, Schrift, Druck und bildliche Darstellung seine Meinung frei zu äußern. (…)

§ 144: Jeder Deutsche hat volle Glaubens- und Gewissensfreiheit. Niemand ist verpflichtet, seine religiöse Überzeugung zu offenbaren.

§ 161: Die Deutschen haben das Recht, sich friedlich und ohne Waffen zu versammeln. (…)

§ 162: Die Deutschen haben das Recht, Vereine zu bilden. (…)

§ 164: Das Eigentum ist unverletzlich. Eine Enteignung kann nur aus Rücksichten des gemeinen Besten, nur aufgrund eines Gesetzes und gegen gerechte Entschädigung vorgenommen werden. (…)

§ 168: Alle auf Grund und Boden haftenden Abgaben und Leistungen, insbesondere die Zehnten, sind ablösbar. (…)

§ 178: Das Gerichtsverfahren soll öffentlich und mündlich sein. (…)

§ 179: Schwurgerichte sollen jedenfalls in schwereren Strafsachen und bei allen politischen Vergehen urteilen. (…)

§ 181: Rechtspflege und Verwaltung sollen getrennt und voneinander unabhängig sein.

1 Vergleiche, wie sich der preußische König 1848 und 1849 verhielt (VT, S. 128/129).

2 Erkläre, warum die Abgeordneten der Nationalversammlung Österreich aus dem zukünftigen deutschen Reich ausschlossen.

3 Die „Grundrechte des deutschen Volkes" von 1848/49 (Q2) finden sich zum Teil im Grundgesetz der Bundesrepublik Deutschland von 1949 wieder. Besorgt euch einen Text des Grundgesetzes und vergleicht.

4 Welche Folgen hatte das Scheitern der Revolution für Deutschland?

Zeitreise multimedial
Das 19. Jahrhundert

Q3 *Sitzung der Nationalversammlung* (zeitgenössische Farblithographie). Die Abgeordneten saßen im Halbkreis. Links auf dem Podium steht der Präsident der Versammlung, Heinrich von Gagern. Vom Rednerpult aus spricht der sächsische Abgeordnete Robert Blum. Blum wurde in Wien standrechtlich erschossen, nachdem die Truppen des Kaisers im Oktober 1848 einen Volksaufstand niedergeschlagen hatten.

25 Methode
Politische Lieder interpretieren

Die Zeit vor 1848
Im Vormärz, so nennt man die Zeit zwischen dem Wiener Kongress und der Märzrevolution von 1848 auch, haben Patrioten und Demokraten ein anderes Deutschland schaffen wollen. Dafür haben sie in Reden, Aufrufen, Flugblättern und Zeitungsartikeln gekämpft. Die Sehnsucht nach einem geeinten und freien Vaterland drückt sich aber auch in vielen Gedichten und Liedern der Zeit aus.

„In aller Munde"
Politische Lieder haben im 19. Jahrhundert wahrscheinlich mehr Menschen erreicht als das geschriebene Wort. Bücher und Zeitungen wurden weitgehend von den gebildeten Bürgerinnen und Bürgern gelesen. Volkstümliche Lieder waren „in aller Munde" – auch in den Arbeitervierteln der Großstädte und auf dem Land, wo viele Menschen noch nicht einmal lesen konnten.

Q 1 *Die Studenten auf dem Weg zum Wartburgfest* erscheinen auf dieser zeitgenössischen Darstellung in fröhlicher Laune. Wenn Menschen am Feierabend, an Sonntagen oder zu Festen zusammenkamen, haben sie gerne gesungen. Freiheitslieder oder patriotische Lieder aus der Zeit der Befreiungskriege waren überall bekannt. Die Gesangvereine hatten 1848 fast 100 000 Mitglieder.

2 *Aus den „unpolitischen Liedern" von Heinrich Hoffmann von Fallersleben, 1841:*

Wie ist doch die Zeitung interessant
für unser liebes Vaterland!
Was haben wir heute nicht alles
vernommen!
Die Fürstin ist gestern niedergekommen,
und morgen wird der Herzog kommen,
hier ist der König heimgekommen,
dort ist der Kaiser durchgekommen –
bald werden sie alle zusammenkommen –
wie interessant! Wie interessant!
Gott segne das liebe Vaterland!

3 *Das „Lied der Deutschen" schrieb der Dichter Heinrich Hoffmann von Fallersleben 1841 auf der damals englischen Insel Helgoland. Die dritte Strophe des Deutschlandliedes ist seit 1952 die Nationalhymne der Bundesrepublik Deutschland:*

Einigkeit und Recht und Freiheit
für das deutsche Vaterland!
Danach lasst uns alle streben
brüderlich mit Herz und Hand!
Einigkeit und Recht und Freiheit
sind des Glückes Unterpfand –
blüh im Herzen dieses Glückes,
blühe, deutsches Vaterland!

4 *„Wir sind das Volk" von Ferdinand Freiligrath, Juni 1848:*

Wir sind das Volk
Nur was zerfällt,
vertretet ihr!
Seid Kasten nur,
trotz alledem!
Wir sind das Volk,
die Menschheit wir
Sind ewig drum,
trotz alledem (...)

5 *Ein badisches Wiegenlied von Ludwig Pfau auf den Ausgang der 1848/49er Revolution. Es wird nach der Melodie von „Maikäfer, flieg" gesungen. Der Text bezieht sich auf die Aufstände im Rheinland, in der Pfalz und in Baden, die von den preußischen Truppen niedergeschlagen wurden.*

1. Schlaf, mein Kind, schlaf leis,
Dort draußen geht der Preuß!
Deinen Vater hat er umgebracht,
Deine Mutter hat er arm gemacht,
Und wer nicht schläft in guter Ruh,
Dem drückt der Preuß die Augen zu.
Schlaf, mein Kind, schlaf leis,
Dort draußen geht der Preuß!

2. Schlaf, mein Kind, schlaf leis,
Dort draußen geht der Preuß!
Der Preuß hat eine blut'ge Hand,
Die streckt er übers bad'sche Land,
Und alle müssen stille sein,
Als wie der Vater unterm Stein.
Schlaf, mein Kind, schlaf leis,
Dort draußen geht der Preuß!

3. Schlaf, mein Kind, schlaf leis,
Dort draußen geht der Preuß!
Zu Rastatt[1] auf der Schanz,
Da spielt er auf zum Tanz,
Da spielt er auf mit Pulver und Blei,
So macht er alle Badener frei.
Schlaf, mein Kind, schlaf leis,
Dort draußen geht der Preuß!

4. Schlaf, mein Kind, schlaf leis,
Dort draußen geht der Preuß!
Gott aber weiß, wie lang er geht,
Bis dass die Freiheit aufersteht,
Und wo dein Vater liegt, mein Schatz,
Da hat noch mancher Preuße Platz!
Schrei, mein Kind, schrei's:
Dort draußen *liegt* der Preuß!

[1] Hier kapitulierten im Juli 1849 6000 badische Aufständische.

Methodische Arbeitsschritte

1. Wann ist das Lied entstanden?
2. Wer hat den Text geschrieben?
3. Um welche Ereignisse und Personen geht es in dem Lied?
4. Was sagt der Titel des Liedes aus?
5. Wie klingt der Text – anklagend, ironisch, aufrührerisch oder spöttisch?
6. Wie wirkt das Lied insgesamt auf dich?
7. Was hat der Verfasser mit diesem Lied beabsichtigt?

1 Suche dir einen der Liedtexte aus und interpretiere ihn nach den methodischen Arbeitsschritten.

2 Informiere dich über Heinrich Hoffmann von Fallersleben. Warum schrieb er das „Lied der Deutschen" auf der Insel Helgoland?

3 Zu welchen Anlässen wird das Deutschlandlied heute gesungen?

4 Sucht andere Lieder oder Gedichte aus der Zeit des Vormärz und der Revolution von 1848/49. Fragt die Deutschlehrerin, den Musiklehrer, sucht in Liederbüchern und Gedichtbänden oder mit gut gewählten Suchbegriffen im Internet.

Zeitreise multimedial Das 19. Jahrhundert

26 Reichsgründung durch „Eisen und Blut“

D 1 *Vom Norddeutschen Bund zur Reichsgründung.* Die Karte zeigt unter anderem die Lage der preußischen Territorien in der Zeit zwischen 1864 und 1871. – Beschreibe die Veränderung des preußischen Staatsgebietes 1864–1866.

Der Norddeutsche Bund

Den Abgeordneten der Paulskirche war 1848 die Entscheidung schwer gefallen: Sie hatten sich nach langen Debatten für ein „kleindeutsches“ Reich entschieden. Ein „großdeutsches“ Reich schien mit der Idee des Nationalstaats nicht vereinbar. Denn dann wären auch die vielen verschiedenen Völker aus dem österreich-ungarischen Herrschaftsgebiet, etwa die Serben und Slowenen, mit in das Reich gekommen. Indem das Parlament Österreich ausschloss, trennte es den Teil Deutschlands ab, der seit 1438 fast ununterbrochen die deutschen Kaiser gestellt hatte.

1862 berief der preußische König den Grafen Otto von Bismarck zum Ministerpräsidenten. Um Deutschland zu einen und unter preußische Führung zu bringen, nahm er auch Kriege in Kauf: 1864 marschierten die preußischen Truppen gemeinsam mit den Österreichern gegen Dänemark, weil es die Herzogtümer Schleswig und Holstein annektieren wollte. 1866 traten Preußen und Österreich dann aber gegeneinander an. In der Schlacht von Königgrätz siegte das preußische Heer. Preußen annektierte daraufhin viele Gebiete und gründete den Norddeutschen Bund. Alle Staaten nördlich des Main mussten ihm beitreten. In einem Staatenbund ohne Österreich übernahm nun Preußen die Führung.

Der Deutsch-Französische Krieg

Der französische Kaiser Napoleon III. war beim Krieg von 1866 neutral geblieben. Als Gegenleistung verlangte er nun linksrheinische Gebiete für Frankreich. Aber Bismarck lehnte ab. Das machte ihn in den Augen vieler Deutscher zum Verfechter nationaler Interessen. Gleichzeitig nutzte Bismarck die Gelegenheit, mit den süddeutschen Staaten „Schutz- und Trutzbündnisse“ abzuschließen. Diese fühlten sich nämlich von Frankreich bedroht.

1870 kam es erneut zu einem Konflikt zwischen Preußen und Frankreich, den Bismarck bewusst verschärfte. Schließlich erklärte Napoleon III. den Krieg, doch seine Armeen wurden von den preußischen und süddeutschen Truppen geschlagen. Frankreich musste eine hohe Kriegsentschädigung zahlen und Elsass-Lothringen abtreten.

Die Kaiserproklamation in Versailles

Am 18. Januar 1871 riefen die deutschen Fürsten in Versailles den preußischen König zum deutschen Kaiser aus. In ganz Deutschland wurde die Einigung begeistert gefeiert. Die meisten vergaßen im Siegestaumel, dass diese Reichsgründung „von oben“, also durch die Fürsten, aber ganz ohne das Volk zustande gekommen war.

Für viele Franzosen war es demütigend, dass das deutsche Kaiserreich ausgerechnet in Versailles ausgerufen wurde. Auch den Verlust von Elsass-Lothringen sahen viele als Raub an, der nach einer „Revanche“ verlangte.

A-Z

Annexion
bedeutet die gewaltsame, nach dem Völkerrecht unrechtmäßige Einverleibung eines fremden Staatsgebietes.

Q3 *König Wilhelm I. von Preußen wurde am 18. Januar 1871 im Spiegelsaal des Schlosses von Versailles zum deutschen Kaiser ausgerufen.* Das Gemälde von Anton von Werner hat Kaiser Wilhelm I. 1885 zu Bismarcks 70. Geburtstag in Auftrag gegeben. Daher steht Bismarck in weißer Uniform in der Bildmitte, neben ihm im Vordergrund der preußische Generalstabschef Moltke. Anton von Werner stellt den Augenblick dar, in dem der Großherzog von Baden ein „Hoch auf Kaiser Wilhelm" ausbringt.

Zeitreise multimedial Das 19. Jahrhundert

Q1 *Bismarck setzte 1862 eine Heeresreform gegen das preußische Abgeordnetenhaus durch. Vor den Abgeordneten erklärte er:*
Nicht auf Preußens Liberalismus sieht Deutschland, sondern auf seine Macht. (…) Preußen muss seine Kraft zusammenfassen und zusammenhalten auf den günstigen Augenblick, der schon einige Male verpasst ist; Preußens Grenzen nach den Wiener Verträgen sind zu einem gesunden Staatsleben nicht günstig; nicht durch Reden und Majoritätsbeschlüsse werden die großen Fragen der Zeit entschieden – das ist der große Fehler von 1848 und 1849 gewesen – sondern durch Eisen und Blut.

Q2 *Der preußische Kronprinz Friedrich Wilhelm nahm am Krieg von 1870/71 als Oberbefehlshaber einer Armee teil. Am 31. Dezember 1870 schrieb er in sein Kriegstagebuch:*
Bismarck hat uns groß und mächtig gemacht, aber er raubte uns unsere Freunde, die Sympathien der Welt und – unser gutes Gewissen. Ich beharre noch heute fest bei der Ansicht, dass Deutschland ohne Blut und Eisen (…) einig, frei und mächtig werden konnte.

D2 *Zum hundertsten Jahrestag der Reichsgründung äußerte Bundespräsident Gustav Heinemann 1971 in einer Rede:*
Als das Deutsche Reich vor 100 Jahren in Versailles ausgerufen wurde, war keiner von den 1848-ern zugegen (…). Um den Kaiser standen in Versailles allein die Fürsten, die Generäle, die Hofbeamten, aber keine Volksvertreter (…). Für unsere französischen Nachbarn war es eine tiefe Demütigung, dass unser Nationalstaat in ihrem Lande ausgerufen wurde. Diese Demütigung konnte Frankreich nicht vergessen. Was 1871 erreicht wurde, war eine äußere Einheit ohne volle innere Freiheit der Bürger. Die Staatsgewalt ging nicht vom Volke aus, sie lag bei den Fürsten.

1. *Mit welchen Mitteln wollte Bismarck die Einheit erreichen (VT, Q1)? Wie sah der preußische Kronprinz Bismarcks Politik (Q2)?*
2. *Die geplante Reichsgründung von 1848 wäre von „unten" erfolgt, die von 1871 erfolgte von „oben". Erkläre, wie das gemeint ist (VT, D2).*
3. *Formuliert in Gruppenarbeit Schlagzeilen für zwei verschiedene Zeitungsartikel zur Kaiserproklamation von 1871 (Q3): einen aus deutscher, den anderen aus französischer Sicht.*

27 Nationalismus als neue Gefahr

Q1 *Der „deutsche Michel"* zeigt auf der Postkarte von 1913 auf zwei Denkmäler: das Völkerschlachtdenkmal bei Leipzig für die Schlacht von 1813 und das Niederwalddenkmal bei Bingen für den Deutsch-Französischen Krieg von 1870/71. Der „deutsche Michel" ist die gutmütige und etwas verträumte Symbolfigur des Deutschen aus der Zeit des Vormärz.

Stolz auf die Einheit

Die Siege von 1870/71 erfüllten die meisten Deutschen mit Genugtuung, denn viele hatten ein schlechtes Bild von den Franzosen. Diese antifranzösischen Gefühle stammten noch aus den Zeiten, als Ludwig XIV. und Napoleon viele Kriege in Europa geführt hatten und Deutschland das Elsass und die schöne Stadt Straßburg verlor. Viele Deutsche begeisterten sich nun an den Siegen der preußischen und süddeutschen Armeen. Selbst Liberale, die Bismarck bisher als Unterdrücker der Freiheitsrechte gesehen hatten, wurden zu Bewunderern der Armee.

Symbole nationaler Stärke

Die Gefallenen der Einigungskriege galten als Helden, die für des „Vaterlandes Ehre und Freiheit" gefallen waren. Auf Friedhöfen und Plätzen setzte man ihnen Denkmäler mit Schwertern, Kanonen und Siegesadlern. Überall gründeten sich vaterländische Vereine, die das Andenken an die großen Siege pflegten. Im Geschichtsunterricht wurden Bismarck und Kaiser Wilhelm zu Heldengestalten verklärt.

Vom Patriotismus zum Nationalismus

Bismarck unterstützte diese Entwicklung, weil sie das neu geschaffene Reich auch im Inneren festigte. Wenn die Mehrheit der Bürgerinnen und Bürger glaubte, „das Reich" bringe Sicherheit, dann fiel es nicht so sehr ins Gewicht, wenn die Freiheit des Einzelnen zurückblieb. Eine Wende trat in den 1890er-Jahren ein, als Wilhelm II., der Enkel Wilhelms I., eine Politik der Stärke betrieb. Die Patrioten in der Zeit des Vormärz hatten noch einen deutschen Nationalstaat angestrebt, der gleichberechtigt neben den Staaten anderer Nationen stehen sollte. Jetzt bekamen Reden zu nationalen Gedenktagen einen anderen Klang. Sie gipfelten in dem Anspruch, Deutschland müsse Weltmacht werden.

Nationalistische Tendenzen gab es damals in vielen Staaten – wenn auch nicht so ausgeprägt wie in Deutschland. In Frankreich förderte die Niederlage gegen Deutschland den Nationalismus. So forderten radikale Franzosen schon seit den 1880er-Jahren offen den Krieg gegen Deutschland, um Elsass-Lothringen zurückzugewinnen.

A-Z

Patriotismus
meint Vaterlandsliebe und den Willen, sich für die staatliche Gemeinschaft oder das eigene Volk einzusetzen. Wichtig sind den Patrioten auch nationale Symbole, z. B. Nationalfarben und Nationalhymne.

Nationalismus
Übersteigerter Stolz auf die Leistungen und Werte des eigenen Volkes. Andere Völker werden dabei oft gering geschätzt.

Q2 *„Der Kaiser steht wieder am Deutschen Eck in Koblenz"*, hieß es in der Rheinischen Zeitung vom 3. September 1993. Das Standbild war im Zweiten Weltkrieg zerstört worden. Ein Koblenzer Bürger hatte es der Stadt als Nachguss geschenkt.

Q3 *„Die Wacht am Rhein", patriotisches Lied von Max Schneckenburger, 1840:*

1. Es braust ein Ruf wie Donnerhall,
wie Schwertgeklirr und Wogenprall:
„Zum Rhein, zum Rhein, zum deutschen Rhein!
Wer will des Stromes Hüter sein?"
Lieb Vaterland, magst ruhig sein, (...)
fest steht und treu die Wacht am Rhein!

2. Durch Hunderttausend zuckt es schnell,
und aller Augen blicken hell;
der deutsche Jüngling, fromm und stark,
beschirmt die heilge Landesmark!
Lieb Vaterland, magst ruhig sein, (...)
fest steht und treu die Wacht am Rhein!

5. „Solang ein Tropfen Blut noch glüht,
noch eine Faust den Degen zieht
und noch ein Arm die Büchse spannt,
betritt kein Feind hier deinen Strand!"
Lieb Vaterland, magst ruhig sein, (...)
fest steht und treu die Wacht am Rhein!

6. Der Schwur erschallt, die Woge rinnt,
die Fahnen flattern hoch im Wind:
„Am Rhein, am Rhein, am deutschen Rhein,
wir alle wollen Hüter sein!"
Lieb Vaterland, magst ruhig sein, (...)
fest steht und treu die Wacht am Rhein!

Q4 *„Was für ein Friede!"*
Baronin von Spitzemberg, die Ehefrau des württembergischen Gesandten in Berlin, schrieb am 3. März 1871 in ihr Tagebuch:

Und was für ein Friede für uns Deutsche! Herrlicher und glorreicher, als wir je einen geschlossen! Vereint zu einem Reiche, dem größten, mächtigsten, gefürchtetsten in Europa, groß durch seine physische Macht nicht allein, größer noch durch seine Bildung und den Geist, der das Volk durchdringt! Jedes deutsche Herz hatte das erhofft, keines geahnt, dass seine Träume sich in dieser Weise so bald und so herrlich erfüllen würden. Glücklich sind wir, dass wir nicht nur den Stern deutscher Größe und Herrlichkeit aufgehen sahen, sondern dass wir noch jung genug sind, um uns unter seinen Strahlen zu wärmen, um die, so Gott will, recht reichen und segensvollen Früchte zu genießen, die aus dieser unter Blut und Tränen gesäten Saat hervorgehen. Möge Gott den Geist meines Volkes also lenken, dass seine Entwicklung eine friedliche und zivilisatorische bleibe, sein Reich ein Reich des Lichts, der Freiheit, der wahren christlichen Gesinnung sei!

1 Erkläre den Unterschied zwischen Patriotismus und Nationalismus (VT, Lexikon).

2 1840 drohte ein französischer Minister mit Krieg; daraufhin schrieb Max Schneckenburger sein Lied von der „Wacht am Rhein" (Q3). Klingt das Lied eher patriotisch oder nationalistisch? Begründe deine Meinung.

3 Untersuche das Bild auf der Postkarte Q1. Welche Haltung der Deutschen gegenüber Frankreich kommt darauf zum Ausdruck?

4 In Deutschland hat man seit 1871 den Jahrestag der Schlacht von Sedan gefeiert. Wie mag das auf die Franzosen gewirkt haben (Q5)?

Q5 *Sedanfeier in Berlin 1895.* Das Foto wurde 1895 bei der Feier zum 25. Jahrestag der Schlacht bei Sedan aufgenommen. Mit solchen Feiern, Paraden und patriotischen Reden erinnerte man alljährlich an den entscheidenden Sieg im Deutsch-Französischen Krieg. Die deutschen Armeen hatten das französische Hauptheer am 2. September 1870 bei der Stadt Sedan eingeschlossen und zur Kapitulation gezwungen.

28 Politische Parteien entstehen

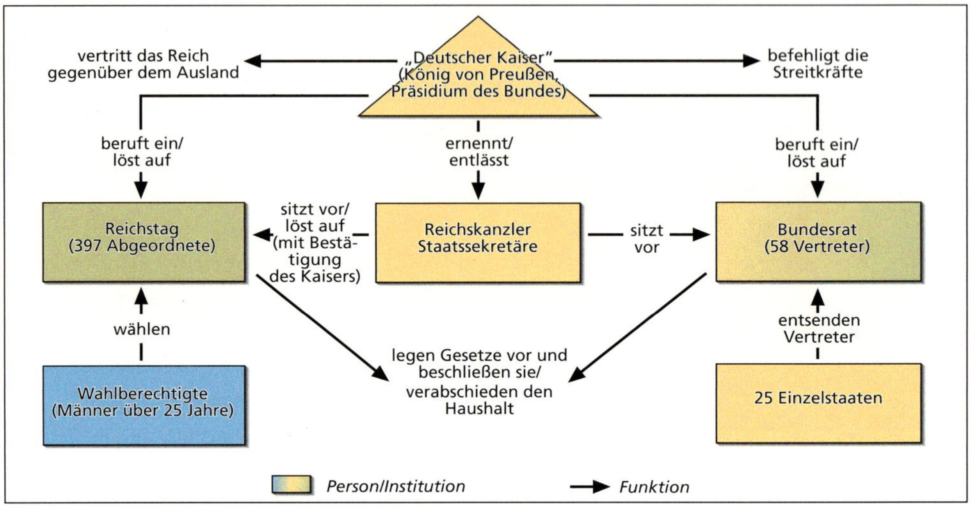

D 1 *Die Verfassung des Deutschen Reiches von 1871* (Schaubild). Welche Aufgaben haben die einzelnen Gewalten? Wie gelangen die Abgeordneten in ihre Ämter, wie der Reichskanzler und die Regierung? Beschreibe die Stellung des Reichskanzlers gegenüber dem Kaiser und dem Reichstag.

Q 1 *Demonstrantin* um 1911 (Foto). Frauen durften seit 1908 in Parteien eintreten, aber das Wahlrecht bekamen sie erst 1918.

Eine monarchische Regierung

Das Deutsche Reich war nicht vom Volk, sondern von den regierenden Fürsten gegründet worden. Staatsrechtlich war es ein Bund aus 25 Einzelstaaten. Darin hatte Preußen, mit zwei Dritteln der Staatsfläche und mehr als der Hälfte der Bevölkerung, ein starkes Übergewicht. Zudem war der preußische König gleichzeitig deutscher Kaiser und der preußische Ministerpräsident auch Reichskanzler.

Dieses wichtige Amt hatte von 1871 bis 1890 Otto von Bismarck inne. Kein Parlamentsbeschluss konnte ihn stürzen, denn der Kanzler wurde vom Kaiser ernannt oder entlassen. Der Adlige Bismarck dachte nur geringschätzig über die Abgeordneten, die ja vom Volk gewählt waren. Das Parlament bezeichnete er als „Schwatzbude", Parteien, die seine Politik ablehnten, als „Reichsfeinde". Trotzdem musste er mit ihnen zusammenarbeiten. Der Reichstag durfte nämlich den Haushalt beschließen und Gesetze einbringen und verabschieden. Um sich für seine Gesetzesentwürfe Mehrheiten zu verschaffen, spielte Bismarck die Parteien oft gegeneinander aus. Nur mit den Sozialdemokraten arbeitete er nie zusammen.

Die Vertretung des Volkes

„Links", „Mitte", „Rechts" sind politische Begriffe, die im 19. Jahrhundert entstanden. 1848 in der Paulskirche gab es noch keine Parteien. Daher benannte man Gruppen, die ähnliche politische Vorstellungen und Ziele hatten, nach ihren Sitzplätzen in der Nationalversammlung.

Um 1860 waren die ersten Parteien entstanden. Seit 1871 durften zumindest Männer in ganz Deutschland den Reichstag nach einem allgemeinen und gleichen Wahlrecht wählen. Mit den Parteien hatten die Bürger die Wahl zwischen verschiedenen politischen Richtungen:

Die Sozialdemokraten wurden als „Linke" bezeichnet. Sie kämpften für die Rechte der Arbeiter, waren Gegner der Monarchie und wollten einen sozialeren Staat und eine gerechtere Gesellschaft. „Rechts" standen die Konservativen. Sie traten für den bestehenden Staat, den Kaiser und die Kirche ein. In der „Mitte" vertrat zum einen das Zentrum vor allem die Interessen der katholischen Kirche. Zum anderen gab es die Liberalen, die mehr Bürgerrechte forderten und die Industrie, den Seehandel und den Schiffsbau fördern wollten.

Q2 *August Bebel, Abgeordneter der Sozialdemokratischen Arbeiterpartei, schrieb in einer Wahlkampfbroschüre zu den Reichstagswahlen von 1874:*

Das durch „Blut und Eisen" mühsam zusammengeschweißte „Reich" ist kein Boden für bürgerliche Freiheit, geschweige denn für soziale Gleichheit. (…) Wir glauben nicht, dass das allgemeine Wahlrecht ein Heilmittel oder eine Wünschelrute ist, durch die das arbeitende Volk das Glück sich herbeiführen kann. Wir glauben auch nicht, dass es ihm unter den heutigen Verhältnissen gelingen wird, die Machtverhältnisse umzugestalten. Und dennoch muss das arbeitende Volk das angeführte Mittel als das einzige benutzen, welches ihm augenblicklich gegeben ist, um seine Stimme zu erheben, für seine vorenthaltenen Rechte einzutreten.

Q3 *Der Historiker Heinrich von Sybel war als liberaler Abgeordneter im preußischen Abgeordnetenhaus 1862–1864 ein heftiger Gegner Bismarcks. Im Norddeutschen Landtag gehörte er seit 1867 zu den Nationalliberalen, die Bismarcks Politik unterstützten. 1871 schrieb er:*

Auch wenn eine Volksvertretung (…) nicht die Kraft besitzt, Minister ein- und abzusetzen, so ist schon ihr Dasein und ihre Debatte, ihre Kritik des Staatshaushalts und ihre Befugnis, misslungene Gesetzentwürfe zu vernichten, eine höchst bedeutende Schranke gegen jeden willkürlichen Absolutismus der Regierung. Diese Regierung aber in fester Hand und den Wogen der populären Agitation entzogen zu wissen, erscheint uns (…) als unschätzbarer Segen. Deutschland wird auch nach seinen letzten großen Siegen eine höchst gefährdete Stellung in Europa haben zwischen dem rachdurstigen Frankreich, dem ehrgeizigen Russland, dem schwankenden Österreich. Was wir in dieser Lage vor allem bedürfen, ist Stetigkeit und Sicherheit der Regierung.

Q4 *rechts: Bismarck als Raubtierbändiger im Reichstag* (ungarische Karikatur, 1879)

Q5 *„Die Hebung des Mittelstandes – warum gilt ein Reicher bei den preußischen Wahlen mehr als hundert Unbemittelte? Aus schwer wiegenden Gründen"* (Karikatur aus den „Lustigen Blättern" 1893). Die Zeichnung kritisiert das Dreiklassenwahlrecht zum preußischen Landtag. Das Stimmrecht war nach dem Einkommen gewichtet.

1. *Beschreibe die innenpolitische Entwicklung im Deutschen Reich unter Bismarck (VT, D1).*
2. *Wie funktionierte das preußische Dreiklassenwahlrecht? Lies dazu auch den Text unter der Karikatur Q5. Was ist hier mit „schwer wiegenden Gründen" gemeint?*
3. *Die Quellentexte Q2 und Q3 enthalten gegensätzliche Positionen zur Verfassung von 1871. Gib sie in eigenen Worten wieder.*
4. *Wie stellt die Karikatur Q4 das Verhältnis der Regierung Bismarck zum Parlament dar?*

29 Der Staat – ein Kasernenhof?

Q1 *Fernsprechvermittlung um 1900 in Berlin* (Foto). Neben New York und London hatte Berlin damals das modernste Telefonnetz der Welt.

Zeitreise multimedial
Das 19. Jahrhundert

Der Hang zur Uniform

„Haben Sie gedient"? Diese Frage bekam so mancher junge Mann um 1900 gestellt, wenn er Arbeit suchte. Wer des „Kaisers Rock", also die Soldatenuniform, getragen hatte, galt etwas in der Gesellschaft.

Die meisten Deutschen schauten voller Stolz auf ihre Soldaten, wenn sie mit bunten Uniformen zur Parade aufmarschierten. Kaiser und Regierung förderten diese Haltung. Denn der Soldat lernte nicht nur den Umgang mit der Waffe, sondern auch Ordnung und Pflichterfüllung, vor allem aber Gehorsam gegenüber den Vorgesetzten.

Wenn ein Unteroffizier die Armee nach zwölf Jahren verließ, hatte er Anspruch auf eine Stelle bei der Bahn, Post oder Polizei. Als Uniformträger genoss er Respekt. Seinen militärischen Befehlston behielt er meist bei, wenn er mit „normalen" Bürgern sprach.

Militarismus
Eine Gesinnung, die allem Militärischen einen hohen Wert zumisst. Der Uniformträger wird zu einem Leitbild der Gesellschaft.

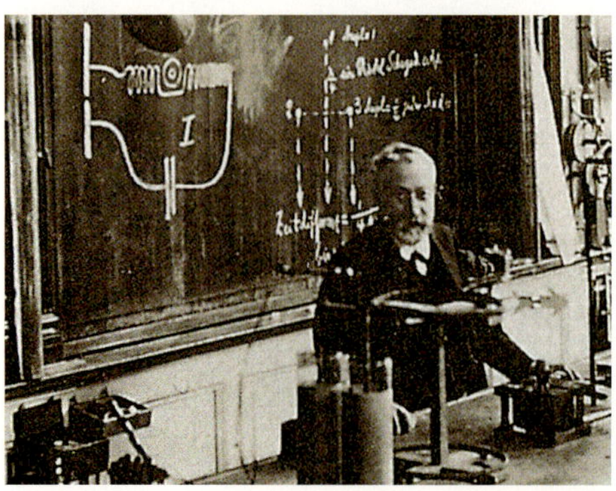

Q2 *Der Physiker Karl Ferdinand Braun* führt die Braun'sche Röhre vor, die später die Fernsehtechnik möglich machte. Deutsche Forscher wie Braun brachten das Deutsche Reich an die wissenschaftliche Weltspitze.

Alte Gesellschaft ...

Der kaiserliche Hof, Adel und Militär genossen um 1900 in der Gesellschaft ein hohes Ansehen. Adlige besetzten fast alle Schlüsselstellungen in Staat, Verwaltung, Diplomatie und Militär. Sie gaben aber auch für die Leute aus den bürgerlichen Schichten das Vorbild ab, an dem man sich orientierte. So konnte der Adel seine Vorrechte behaupten, auch wenn sie nicht mehr zeitgemäß waren.

... neue Wirtschaft

Deutschland war nämlich um 1900 die erfolgreichste Industrienation in Europa. Bürgerliche Unternehmer hatten moderne Fabriken und Firmen aufgebaut. Chemische Betriebe wie Bayer und BASF waren auf dem Weltmarkt führend. Um 1900 kamen 90% aller künstlichen Farbstoffe und Düngemittel aus deutscher Produktion. 1910 beschäftigte Siemens 65 000 Menschen in vielen Ländern. Immer mehr Produkte „Made in Germany" gingen über die deutschen Seehäfen in alle Welt.

Eine Voraussetzung für den Erfolg der deutschen Unternehmen waren Universitäten und Forschungslabore von Weltrang. Junge Wissenschaftler aus anderen Ländern kamen nach Deutschland, um Physik, Chemie oder Medizin zu studieren. Deutsche Ärzte leisteten entscheidende Beiträge, wenn es darum ging, gefährliche Infektionskrankheiten zu bekämpfen. So entdeckte Robert Koch die Erreger von Cholera und Tuberkulose. Paul Ehrlich und Emil von Behring fanden Mittel zur Behandlung des Wundstarrkrampfs, der Diphterie und von Geschlechtskrankheiten. 1895 entdeckte Conrad Röntgen Strahlen, mit deren Hilfe es möglich war, menschliche Organe sichtbar zu machen. Zwischen 1901 und 1914 bekamen deutsche Wissenschaftler 14 von 32 Nobelpreisen für Medizin, Physik und Chemie.

Q3 *Aus einer „Richtlinie für Lehrerinnen und Lehrer der Volksschule" von 1880:*

Damit jede Störung des Unterrichts unmöglich werde, hat der Lehrer (...) darauf zu achten, dass

a) alle Schüler anständig, gerade, mit dem Rücken angelehnt und in Reihen hintereinander sitzen (...);

b) jedes Kind seine Hände geschlossen auf die Schultafel legt (...);

c) die Füße parallel nebeneinander auf den Boden gestellt werden (...);

d) sämtliche Schüler dem Lehrer fest ins Auge schauen. (...)

Gibt der Lehrer (...) das Zeichen „Eins", dann erfassen die Kinder das unter der Schultafel liegende Buch; beim Zeichen „Zwei" erheben sie das Buch über die Schultafel; bei „Drei" legen sie es geräuschlos auf die Schultafel nieder, den Blick wieder, wie früher, unverwandt und fest auf den Lehrer gerichtet.

Q4 *„Eine luxuriöse Kaserne" nannte der Franzose Henri Didon Berlin im Jahr 1884:*

Die Kaserne, die Schule: Das ist es, was dem fremden Beobachter zuerst in die Augen fällt, das ist das ganze Deutschland der Gegenwart. (...) Es gibt kein Land, in welchem der Militarismus stärker organisiert und die Wissenschaft allgemeiner gepflegt wird. Man sehe nur Berlin: überall der Soldat. Wir in Frankreich verbergen die Uniformen, in Deutschland zeigt man sie, wo immer man es kann.

Q5 *Über die Militarisierung der Gesellschaft sagte der sozialdemokratische Abgeordnete Wendel 1914 im Reichstag:*

Die geschichtliche Entwicklung Deutschlands hat es mit sich gebracht, dass die bürgerliche Klasse (adlige Lebensformen nachahmt) und militarisiert worden ist. Nicht der ehrenwerte Bürger ist das vielfach gangbare Ideal für die Mittelklasse des deutschen Volkes, sondern der schneidige Herr „von" mit dem aufgedrehten Schnurrbart. Ein junger Kaufmann will bei uns nicht aussehen wie ein junger Kaufmann, sondern womöglich wie ein Leutnant in Zivil.

Q7 *„Staatsbürgerkunde"* (Karikatur von Th. Th. Heine, 1910/11)

Q6 *Werbeplakat der Deutschen Luftschifffahrtsaktiengesellschaft um 1900.* Im Jahr 1900 fand der erste Flug eines „Zeppelin" statt. So wurden Luftschiffe genannt, die der Graf Zeppelin entworfen hatte und in eigenen Werkstätten bauen ließ. Luftschiffe flogen bald nach New York und Rio de Janeiro. Das größte Luftschiff war 245 Meter lang und erreichte eine Geschwindigkeit von 125 km/h.

1 *Deutschland war um 1900 modern und alt zugleich. Erkläre das mithilfe von Q1, Q2, Q3, Q6 und Q7.*

2 *Fasse zusammen, wie Wendel und Didon die Gesellschaft des Kaiserreichs bewerten (Q4, Q5).*

3 *Halte einen Kurzvortrag zur Kindererziehung im Kaiserreich 1871–1918. Mache dir dazu Stichpunkte aus Q3 und Q7. Welches Ziel hatte diese Erziehung (VT)?*

30 Die Gesellschaft im Kaiserreich

soziale Schicht
Mit dem Begriff bezeichnet man die Einteilung der Gesellschaft nach gemeinsamen Merkmalen wie Beruf, Einkommen, Bildung usw. Eine sehr grobe Einteilung wird in Ober-, Mittel- und Unterschicht vorgenommen. Im Kaiserreich gehörten sehr viel mehr Menschen zur Unterschicht als heute.

Q1 *Wandervögel auf Fahrt.* Auf den Fahrten und Wochenendwanderungen durfte die „Klampfe" nicht fehlen. In Deutschland gab es 1913 schon 800 Ortsgruppen mit 25 000 Wandervögeln. Seit 1907 gehörten auch Mädchen dazu.

Eine „gute alte Zeit"?
Das Kaiserreich endete 1918 mit einer Katastrophe: Deutschland verlor den Ersten Weltkrieg, beklagte fast zwei Millionen tote Soldaten, und der Kaiser ging ins Exil nach Holland. Trotzdem sprachen ältere Menschen noch lange von der „guten alten Zeit", wenn sie das Kaiserreich meinten. Sie dachten vor allem an die Sicherheit und Ordnung, den stabilen Geldwert und den unglaublichen wirtschaftlichen Aufstieg Deutschlands. Doch waren die Jahre am Anfang des 20. Jahrhunderts wirklich so gut, wie sie im Nachhinein erscheinen?
Das hing sehr davon ab, zu welcher sozialen Schicht man gehörte. Im Kaiserreich waren Ansehen und Besitz entscheidend. Wer durch seine Herkunft, eine vorteilhafte Heirat oder den Beruf zu den oberen Schichten gehörte, versuchte sich nach „unten" abzugrenzen. Das machte es für junge Leute aus den unteren Schichten nicht leicht, sich durch gute Bildung und Fleiß „nach oben" zu arbeiten.

„Die da oben ... die da unten"
Für Adlige war das Kaiserreich eine sehr gute Zeit. Sie genossen das höchste Ansehen und wurden bei wichtigen Beamten- und Offiziersstellen bevorzugt. Es gab aber auch viele erfolgreiche Fabrikanten, Großkaufleute und Bankiers, die in Industrie und Handel weit mehr Geld verdienten als die Adligen auf ihren Landgütern. Beide Gruppen konnten sich einen besonderen Lebensstil mit Kutschern, Gärtnern, Köchinnen und vielen weiteren Hausangestellten leisten.
Einfache Menschen dagegen mussten für sehr wenig Geld arbeiten. Auch Arbeiter hatten es schwer, ihre Familie zu ernähren. Ihnen war es fast unmöglich, ihren Kindern eine gute Ausbildung zu bieten. Doch es gab auch eine breite Mittelschicht, die um 1900 schnell anwuchs. Zu dieser Schicht gehörten vor allem Chemiker, Ingenieure und Geschäftsführer, aber auch Beamte, Lehrer und Professoren.

Und die Jugendlichen?
In dieser fest gefügten Welt hatten Jugendliche noch wenig Freiraum. Es gab keine Jugendklubs oder andere Orte, wo Jungen und Mädchen sich zwanglos treffen konnten. Zu Hause und in der Schule wurde von ihnen vor allem Disziplin, Leistung und Anpassung verlangt.
Einige Jugendliche lehnten sich gegen diese strenge Erziehung auf und schlossen sich in einer neuen Bewegung zusammen – dem „Wandervogel". Gemeinsam gingen sie am Wochenende und in den Ferien „auf Fahrt" in die Natur. Übernachtet wurde in einfachen Herbergen oder bei Bauern im Heu. Die „Wandervögel" hatten eigene Ausdrücke, eigene Lieder und trugen als Kleidung eine „Kluft". Alkohol und Nikotin waren verpönt. Dadurch wollten sie sich deutlich von bürgerlichen Gewohnheiten abheben.

Q2 *Standesunterschiede*

① Mitglieder höchster Adelsfamilien bei einer Tauffeier (Foto, 1906)
② „Herr Leutnant" erzählt in einem großbürgerlichen Salon Geschichten aus seinem Soldatenleben (Gemälde von Temple, 1890)
③ Kleinbürgerliche Familie am Wohnzimmertisch (Foto, 1911)
④ Arbeiterfamilie in der Wohnküche, die oft auch Schlafraum war (Foto, Berlin, 1907)

Q3 *Wie die Kinder erzogen wurden.*

a) … in „gutem Hause" – der Schriftsteller Stefan Zweig erinnert sich:

Um die jungen Mädchen (die „höheren Töchter") zu schützen, ließ man sie nicht einen Augenblick allein. Sie bekamen eine Gouvernante, die dafür zu sorgen hatte, daß sie, gottbewahre, nicht einen Schritt unbehütet vor die Haustür traten, sie wurden zur Schule, zur Tanzstunde, zur Musikstunde gebracht und ebenso abgeholt. Jedes Buch, das sie lasen, wurde kontrolliert, und vor allem wurden die jungen Mädchen unablässig beschäftigt, um sie von möglichen gefährlichen Gedanken abzulenken.

b) … bei „einfachen Leuten" – in der Bielefelder „Volkswacht" war 1906 in einem Leitartikel zu lesen:

Solange die Eltern und besonders die Mutter in 10- bis 11-stündiger Brotfron stehen, bleibt ihnen keine Zeit sich liebevoll mit ihren Kindern zu beschäftigen. Die Kindererziehung wird mehr „nebenbei" betrieben, wenn Körper und Geist bereits durch die Berufsarbeit erschlafft und übermüdet sind. Von dem Hasten und Jagen nach Erwerb und Verdienst werden die Nerven stumpf und abgespannt. Dass unter solchen Verhältnissen der Stock oder die Rute die Hauptrolle in der Erziehung spielen, ist sehr leicht begreiflich.

1. *Schreibe zu jedem der Bilder in Q2 einen kurzen Legendentext. Was drücken Kleidung und Wohnung aus? Worauf legen die Personen besonderen Wert? Wie wollen sie erscheinen? Ordne sie sozialen Schichten zu.*
2. *Vergleiche die unterschiedliche Erziehung in Q3. Wodurch ist sie bedingt? Wie wirkt sie sich auf die Zukunftschancen der Kinder aus?*
3. *Versetze dich in einen Jugendlichen auf dem Foto Q1 und erkläre, warum du bei den „Wandervögeln" bist.*

31 „Frau Regierungsrat" und ihr „Mädchen für alles"

Gesellschaftliche Pflichten

Das Kochbuch von 1875 (rechts) war für Frauen aus den „besseren" Kreisen geschrieben. So nannte man damals Familien, die in der jeweiligen Stadt den Ton angaben. Wer durch Erbe oder Heirat etwas besaß oder geschäftlich erfolgreich war, wollte das auch zeigen. Man ging in die Oper, fuhr mit der eigenen Kutsche und trug elegante Kleider am Sonntagnachmittag zum „Promenieren" auf der Straße. Damit hob man sich deutlich von „den anderen" ab.

Besonders bei höheren Beamten und bei Offizieren war es üblich, Abendgesellschaften für die Kollegen oder auch Vorgesetzten zu geben. Dabei war der gesellschaftliche Zwang groß. Alles musste so aussehen, als brauche die Dame des Hauses an nichts zu sparen: Das Menü hatte mehrere Gänge und es wurden Weine, Cognac, Zigarren und Süßigkeiten dazu gereicht. Waren Ranghöhere geladen, dann konnte die Hausfrau mit einem gelungenen Abend die Karriere ihres Mannes fördern.

Viel Arbeit und wenig Rechte

Einen solchen Abend vorzubereiten, bedeutete viel Arbeit, denn es gab weder Küchenmaschinen noch einen Kühlschrank, Elektroherd oder Geschirrspüler. Doch wenn die Dame des Hauses als „Frau Regierungsrat" zum Beispiel die Gattin eines höheren Beamten war, hatte sie ein oder zwei Dienstmädchen.

Diese mussten bis zu 16 Stunden am Tag arbeiten und hatten nur alle vierzehn Tage am Sonntagnachmittag frei. Die Mädchen kamen meistens vom Lande und waren oft nicht älter als dreizehn oder vierzehn Jahre. Gegen die harte Arbeit und schlechte Behandlung konnten sich die Mädchen kaum wehren. Denn zum einen waren sie ganz auf sich allein gestellt und zum anderen fürchteten sie, mit einem schlechten Zeugnis entlassen zu werden. So manche bürgerliche Familie konnte sich die vielen gesellschaftlichen Verpflichtungen kaum leisten. Dann sparte man im Alltag, sogar am Essen für das Dienstmädchen.

Q1 *Im Salon einer wohlhabenden Familie* (zeitgenössische Darstellung um 1900). Der Junge trägt einen Matrosenanzug, der die beliebteste Kindermode war. Der Hemdkragen des Hausherrn, „Vatermörder" genannt, ist dicht unter dem Hals geschlossen. Für das Dienstmädchen bedeutete schon allein das tägliche Steifen solcher Kragen viel Arbeit. Auch die Blusen und Kleider der Frauen ließen sich mit dem schweren Holzkohlebügeleisen nur mühsam glätten. Doch alles musste sauber und korrekt aussehen.

Q2 *Preußische Gesindeordnung von 1810 (Auszüge). Sie wurde erst 1918 aufgehoben:*

§73 Allen häuslichen Einrichtungen und Anordnungen der Herrschaft muss das Gesinde sich unterwerfen.

§74 Ohne Vorwissen und Genehmigung der Herrschaften darf es sich auch in eigenen Angelegenheiten vom Hause nicht entfernen.

§77 Reizt das Gesinde die Herrschaft durch ungebührliches Betragen zum Zorn und wird in selbigem von ihr mit Scheltworten oder geringen Tätlichkeiten behandelt, so kann es dafür keine gerichtliche Genugtuung fordern.

Die Gesindeordnung erlaubte auch, dass einem Dienstmädchen fristlos gekündigt wurde, wenn es ungehorsam war, Schimpfworte benutzte, etwas stahl oder die Nacht über ausblieb.

Q3 *In Theodor Fontanes Roman „Der Stechlin" (1899) schildert das Dienstmädchen Hedwig einen Hängeboden:*

Immer sind sie in der Küche, mitunter dicht unter dem Herd oder auch gerade gegenüber. Un nun steigt man auf eine Leiter, wenn man müde is, kann man auch runterfallen. Aber meistens geht es. Und man macht die Tür auf und schiebt sich in das Loch hinein, ganz wie in einen Backofen. Das is, was sie ne Schlafgelegenheit nennen. (...) Und am schlimmsten is es im Sommer. Draußen dreißig Grad, auf dem Herd war den ganzen Tag Feuer; da is es denn, als ob man auf den Rost gelegt würde.

Q4 *Ein Dienstmädchen berichtete bei einer Befragung um 1900:*

Aufbleiben musste man im Sommer sehr oft, wenn die Herrschaften im Garten saßen, bis spät in die Nacht, dann musste man noch Gläser, Flaschen, Decken und sonst was in die Wohnung tragen. (...) Auch bis nach Mitternacht hat man oft warten müssen, wenn die Herrschaften anderweit eingeladen waren; da musste man sehr aufpassen, wenn der Wagen hielt, damit die hohen Herrschaften nicht schließen oder klingeln mussten.

Q6 *Kochbuch von 1875* (Titelblatt)

Q7 *Schilder als Spiegel der gesellschaftlichen Ordnung:* Das obere Schild weist den Weg zur Hintertreppe. Diese führte meist direkt zur Küche, dem Arbeitsplatz und häufig auch Wohnraum des Dienstpersonals.

Q5 *Ein „Hängeboden" unter der Küchendecke* (Foto). Viele Dienstmädchen mussten so oder unter der Treppe schlafen.

1. *Zu welchen Schichten gehören die Personen auf dem Titelblatt des Kochbuches? (Q6)*
2. *Beschreibe die Abbildung Q1. Entspricht das Bild dem wirklichen Alltag eines Dienstmädchens?*
3. *Versetze dich in die Situation eines fünfzehnjährigen Dienstmädchens. Schreibe deiner Mutter einen Brief.*
4. *Das „Mädchen für alles" hat beim Spülen einen Teller fallen lassen. Spielt die Szene mit den Personen des Haushalts.*

32 Minderheiten – am Rande der Gesellschaft

1 *Ein preußischer Beamter weist polnische Bauern aus dem Reich aus* (Ausschnitt aus einem Gemälde von Wojciech Kossak, 1909).

Antisemitismus
bedeutet Judenfeindschaft. Der moderne Antisemitismus gründet sich auf eine wissenschaftlich nicht haltbare „Rassenlehre". Die Anhänger dieser Lehre bezeichneten die „semitische" (= jüdische) „Rasse" willkürlich als minderwertig. Sie sei der „arischen" oder „germanischen Rasse" unterlegen, behaupteten sie. Antisemiten folgerten daraus, Juden könnten keine Deutschen sein.

Deutsch-national

Das Kaiserreich war ein autoritärer Staat, der sich auf die Monarchie, den Adel, das Militär und die Beamtenschaft stützte. Bismarck wollte die persönliche Freiheit des Staatsbürgers nicht über das Wahlrecht und die Garantie der bürgerlichen Rechte hinaus ausdehnen.

Wer diesen Staat infrage stellte oder wer politisch anders dachte, galt als Gefahr für die bestehende Ordnung. Nicht mündiges Handeln war gefragt, sondern Anpassung. Der Obrigkeit war daran gelegen, dass die Bürgerinnen und Bürger im Reich deutschnational dachten. Dadurch wurden bestimmte Gruppen und Personen bewusst ins Abseits der Gesellschaft gedrängt – teils weil sie mehr Eigenständigkeit forderten, teils weil sie oder ihre Kultur als minderwertig betrachtet wurden.

Unter dieser Politik hatten zum Beispiel die Elsässer im neuen „Reichsland" Elsass-Lothringen zu leiden. Bismarck verdächtigte sie, ihre alte Bindung an Frankreich nicht aufgeben zu wollen. Zur Sicherheit ließ er sie direkt von Berlin aus verwalten und legte preußische Regimenter in die dortigen Städte und Dörfer.

Polen im Deutschen Reich

Preußen, Russland und Österreich hatten im 18. Jahrhundert den polnischen Staat unter sich aufgeteilt. Dadurch wurden 1871 über zwei Millionen Polen zu Bürgern des Deutschen Reiches. Doch sie wollten ihre polnische Kultur und Sprache nicht aufgeben. Verwaltungsbeamte, Polizisten und Lehrer wurden angewiesen, eine eigenständige polnische Kultur zu unterdrücken. Gesetze zwangen die Polen, in der Schule, bei Behörden oder vor Gericht Deutsch zu sprechen. Polnische Geistliche, die kein Deutsch sprachen oder sprechen wollten, konnten nicht mehr den Religionsunterricht erteilen. 1906/07 protestierten 50000 polnische Schüler in „Schulstreiks" dagegen. Die deutschen Behörden antworteten mit Schulverweisungen und Gefängnis für die Eltern. 1908 erlaubte ein Gesetz, die polnischen Bauern gegen Entschädigung zu enteignen.

Jüdische Deutsche werden diskriminiert

Seit der Reichsgründung waren jüdische Männer und Frauen in ganz Deutschland den anderen Staatsbürgern rechtlich gleichgestellt. Doch große Teile der Bevölkerung begegneten ihren jüdischen Nachbarn mit Vorurteilen. Dazu kam auch Neid, weil viele jüdische Deutsche im Handel, in der aufstrebenden Industrie und in den Bildungsberufen erfolgreich waren.

Gegen Ende des 19. Jahrhunderts entstand in Westeuropa eine neue Form der Judenfeindschaft: der Antisemitismus. Seine Anhänger behaupteten, Juden seien als Menschen minderwertiger. In Deutschland fiel der Antisemitismus vor allem in konservativen und nationalistischen Kreisen auf fruchtbaren Boden. Sie gründeten Verbände und kleinere Parteien, die antijüdische Schriften verbreiteten. Damit schürten sie eine feindselige Haltung gegenüber den jüdischen Mitbürgern.

Q2 *Die Splitterparteien der Antisemiten hatten sich seit 1890 in der „Fraktion der Antisemiten" zusammengeschlossen. Der spätere linksliberale Reichstagsabgeordnete Hellmut von Gerlach berichtete über seine politische Jugenderfahrung als Mitglied der Antisemiten:*

Ich war in der Versammlung peinlich davon berührt gewesen, dass ich auf die Frage eines Diskussionsredners, was eigentlich das wissenschaftliche Programm des Antisemitismus sei, mich nur mit faulen Redensarten über das Fehlen eines solchen Programms hatte herausreden können. Von meinen Gewissensschmerzen gab ich Liebermann [dem Parteiführer] Kunde. Er aber mit seiner Unbekümmertheit rief lachend: „Lieber Freund, darüber lassen Sie sich keine grauen Haare wachsen. Erst wollen wir eine politische Macht werden. Dann wollen wir uns die wissenschaftlichen Grundlagen für den Antisemitismus suchen."

Ich war erschüttert. Die Wissenschaft war mir immer als das Höchste erschienen. (…) Nun aber sagte mir unser Führer: Erst Macht, dann Wissenschaft! Meine Augen begannen sich zu öffnen. Bald sah ich ringsum im antisemitischen Lager die grauenhafte wissenschaftliche Öde. Man eroberte einen Wahlkreis nach dem anderen und wusste doch eigentlich nicht, wofür. Bei den Reichstagswahlen von 1893 hatten die Antisemiten 16 Sitze davongetragen. Aber als sie nun in Fraktionsstärke im Reichstag saßen und ich von ihnen Taten erwartete, da erlebte ich nur persönliche Zänkereien und Eifersüchteleien. (…)

Kein einziger wesentlicher Antrag wurde eingebracht, vor allem keiner, der die Grundlage der Agitation (politische Werbetätigkeit) gebildet hatte: in der Judenfrage. Es stellte sich nämlich in der Fraktion heraus, dass man kein Antijudengesetz vorlegen konnte, weil man sich über den Begriff „Jude" zu einigen nicht imstande war. Alle stimmten darüber ein: „Was er glaubt, ist einerlei, in der Rasse liegt die Schweinerei." Auf die Konfession kam es also nicht an, nur auf die Rasse. Aber wie den Begriff der Rasse gesetzgeberisch fassen?

Q3 *Antisemitismus auf einer Postkarte um 1900.* Der Wegweiser „Nach Palästina" bezieht sich auf eine Bewegung innerhalb des Judentums, die darauf abzielte, einen eigenen jüdischen Staat in Palästina zu gründen.

Q4 *Der Schriftsteller Ernst Toller schrieb in seiner 1933 erschienenen Autobiographie:*

Ich denke an meine frühe Jugend, an den Schmerz des Knaben, den die anderen Buben „Jude" schimpften (…), an die schreckliche Freude, die ich empfand, wenn ich nicht als Jude erkannt wurde, an die Tage des Kriegsbeginns, an meinen leidenschaftlichen Wunsch, durch den Einsatz meines Lebens zu beweisen, dass ich Deutscher sei, nichts als Deutscher. Aus dem Felde hatte ich dem Gericht geschrieben, es möge mich aus den Listen der jüdischen Gemeinschaft streichen. War alles umsonst? Oder habe ich mich geirrt? Liebe ich nicht dieses Land (…)? Rührten mich nicht die Verse Goethes (…) zu dankbarer Ergriffenheit? Die deutsche Sprache, in der ich fühle und denke, spreche und handle, Teil meines Wesens, Heimat, die mich nährte, in der ich wuchs? Aber bin ich nicht auch Jude? Gehöre ich nicht zu jenem Volk, das seit Jahrtausenden verfolgt, gejagt, gemartert, gemordet wird? (…) Die Worte „Ich bin stolz, dass ich ein Deutscher bin" oder „Ich bin stolz, dass ich ein Jude bin" klingen mir so töricht, wie wenn ein Mensch sagte „Ich bin stolz, dass ich braune Augen habe".

1. *Beschreibe die Situation der polnischen und jüdischen Minderheit im Kaiserreich (VT).*
2. *Untersuche, wie sich Ernst Toller als Jude in Deutschland fühlte (Q4).*
3. *Wie werden die jüdischen Frauen, Männer und Kinder in Q3 dargestellt? Wie soll ihre „Zukunft" aussehen?*
4. *Fasse stichwortartig die Aussagen von Gerlach in Q2 zusammen. Was sagen sie über das Programm der Antisemiten aus? Wie „wissenschaftlich" ist ihr Antisemitismus?*

33 Die erste deutsche Demokratie scheitert

Eine Revolution beseitigt den Kaiser

Unter der Regierung Kaiser Wilhelms II. wurde Deutschland der mächtigste Staat in Europa. Politiker, Militärs und einflussreiche Verbände forderten, Deutschland müsse eine Weltmacht werden, viele Kolonien besitzen, sein Heer vermehren und eine starke Schlachtflotte bauen. Frankreich, Russland und Großbritannien verbündeten sich gegen dieses Reich, das ihnen immer gefährlicher erschien.

Als 1914 der österreichische Thronfolger ermordet wurde, ließ es die Reichsregierung auf einen Krieg ankommen. Denn die höchsten deutschen Generäle waren überzeugt, den Krieg gewinnen zu können, wenn man nur rasch und kühn zum Angriff überginge. Der Krieg geriet zum Weltkrieg, und Deutschland musste am Ende um einen Waffenstillstand bitten. Der Kaiser dankte ab und floh in die Niederlande.

Am 9. November 1918 wurde die Republik ausgerufen. Der Sozialdemokrat Friedrich Ebert übernahm die Regierung. Er wollte Deutschland auf friedlichem Wege zu einer parlamentarischen Demokratie machen.

Ein freiheitlicher Staat

Im Januar 1919 fanden in Deutschland Wahlen zu einer Nationalversammlung statt. Es war die erste Wahl, an der auch Frauen teilnehmen durften. Die Nationalversammlung hatte die Aufga-be, für Deutschland eine demokratische Verfassung auszuarbeiten. Da die Versammlung in Weimar tagte, wurde die erste deutsche Demokratie Weimarer Republik genannt.

Die Bürgerinnen und Bürger erhielten mehr Rechte. Sie wählten nicht nur den Reichstag, sondern auch das Staatoberhaupt: den Reichspräsidenten. Mit Volksentscheiden konnten sie sogar direkt in die Gesetzgebung eingreifen.

Warum scheiterte die Demokratie?

Obwohl das deutsche Volk nun in einem der freiesten Staaten der Welt lebte, vermissten viele den Glanz des Kaiserreiches. Die Republik, die mit dem Ende des Kaiserreichs gekommen war, wurde für sie zu einem Sinnbild der Niederlage. Die demokratischen Politiker, die den harten Friedensvertrag mit den Siegern des Ersten Weltkrieges unterschrieben hatten, wurden von ehemaligen Militärs und nationalistischen Politikern als Verräter beschimpft.

Hinzu kam, dass Deutschland Jahr für Jahr riesige Summen als Kriegsentschädigung zahlen mussten. Das ruinierte die Wirtschaft und ließ die Arbeitslosenzahlen steigen. Zudem verloren Millionen Menschen 1923 ihre gesamten Ersparnisse durch eine Inflation. Viele Deutsche sehnten sich nach einem „starken Staat", der für Ordnung, Arbeit und äußere Stärke sorgen würde. Diesen Staat versprach Adolf Hitler. Doch er ließ auch keinen Zweifel daran, dass er die Demokratie beseitigen würde. 1932 erhielt seine Partei die meisten Stimmen. Wenige Monate später war Deutschland eine Diktatur.

D 1 *Die Weimarer Verfassung von 1919.* Die Regierung war vom Vertrauen des Reichstages abhängig, d. h. sie brauchte dort eine Mehrheit. Weil selbst kleinste Parteien aufgrund eines uneingeschränkten Verhältniswahlrechts in den Reichstag kamen, war es sehr schwer Regierungsmehrheiten zu finden. Dadurch bekam der Reichspräsident eine besonders starke Stellung: Wenn sich keine Mehrheit fand, konnte er den Reichstag auflösen. In Krisenzeiten gab ihm Artikel 48 beinahe diktatorische Vollmachten.

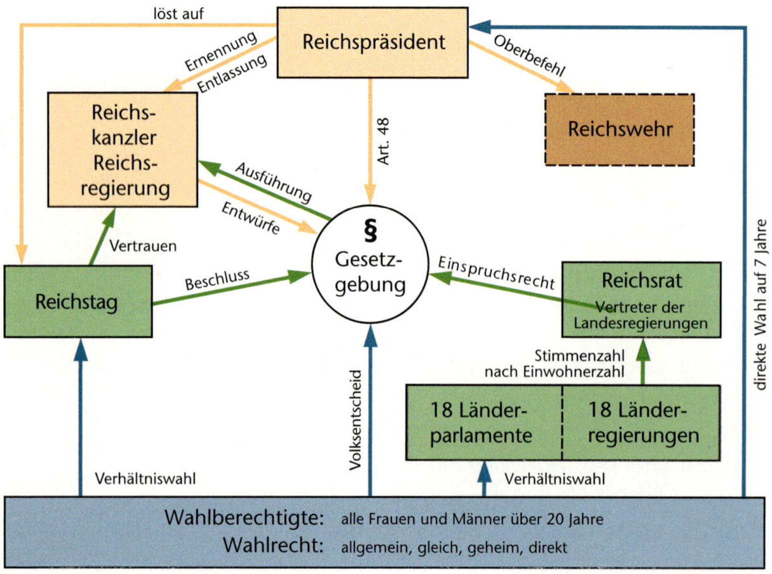

Q1 *Aus der Weimarer Verfassung:*

Art. 25: Der Reichspräsident kann den Reichstag auflösen, jedoch nur einmal aus dem gleichen Anlass. (…)

Art. 48: Wenn (eines der 18 Reichsländer) die ihm nach der Reichsverfassung oder den Reichsgesetzen obliegenden Pflichten nicht erfüllt, kann der Reichspräsident es dazu mithilfe der bewaffneten Macht anhalten. Der Reichspräsident kann, wenn im Deutschen Reiche die öffentliche Sicherheit und Ordnung erheblich gestört oder gefährdet wird, die zur Wiederherstellung der öffentlichen Sicherheit und Ordnung nötigen Maßnahmen treffen, erforderlichenfalls mithilfe der bewaffneten Macht einschreiten. Zu diesem Zwecke darf er vorübergehend die (…) Grundrechte ganz oder zum Teil außer Kraft setzen.

Art. 54: Der Reichskanzler und die Reichsminister bedürfen zu ihrer Amtsführung des Vertrauens des Reichstags. Jeder von ihnen muss zurücktreten, wenn ihm der Reichstag durch ausdrücklichen Beschluss sein Vertrauen entzieht.

Q2 *Alfred Hugenberg hatte schon im Kaiserreich für Nationalismus geworben. In der Weimarer Republik unterstützte er rechte Parteien, am Ende auch Hitler. Da er viele Zeitungen besaß, konnte er die öffentliche Meinung beeinflussen. Am 4. September 1928 hieß es zum Beispiel in „Der Tag“:*

Wir hassen mit ganzer Seele den augenblicklichen Staatsaufbau, seine Form und seinen Inhalt; sein Werden und Wesen. Wir hassen diesen Staatsaufbau, weil in ihm nicht die besten Deutschen führen, sondern weil in ihm ein Parlamentarismus herrscht, dessen System jede verantwortungsvolle Führung unmöglich macht. (…) Wir hassen diesen Staatsaufbau, weil er uns die Aussicht versperrt, unser geknechtetes Vaterland zu befreien und das deutsche Volk von der erlogenen Kriegsschuld zu reinigen, den notwendigen Lebensraum im Osten zu gewinnen. (…) Wir wollen einen starken Staat, in dem die verantwortungsvolle Führung der Beste hat und nicht verantwortungsloses Bonzentum und Maulheldentum führt.

Q3 *Wahlplakat von 1919.* Bei den Wahlen zur Nationalversammlung durften Frauen in Deutschland zum ersten Mal wählen. Damit bekamen sie das Wahlrecht noch vor den Frauen in England und den USA. Fast 90 Prozent der wahlberechtigten Frauen gaben ihre Stimme ab. 41 weibliche Abgeordnete (von 421) nahmen ab Februar 1919 an den Beratungen zu der neuen Verfassung teil.

1. *Welche demokratischen Fortschritte brachte die Weimarer Verfassung den Bürgerinnen und Bürgern in Deutschland (VT, D1, Q3)?*
2. *Warum lehnten viele Deutsche die Weimarer Republik ab (VT, Q2)?*
3. *Wie hat der Zeitungsartikel aus „Der Tag“ (Q2) auf viele Menschen in Deutschland wohl gewirkt? Wem hat er am Ende genutzt?*

Q4 *Arbeitslose vor einem Arbeitsamt in Hannover 1932.* Damals waren 6 Millionen Menschen in Deutschland arbeitslos. Die Weltwirtschaftskrise hatte 1929 in New York mit einem Börsenkrach begonnen.

34 Die Bundesrepublik Deutschland

1 *Mitglieder des Parlamentarischen Rates unterzeichnen das Grundgesetz.* Das Grundgesetz wurde am 23. Mai 1949 feierlich verkündet. Im Sommer des gleichen Jahres fanden die Wahlen zum ersten Deutschen Bundestag statt.
Am 15. September 1949 wählten die Abgeordneten Konrad Adenauer (CDU) zum ersten Bundeskanzler. Theodor Heuss (FDP) wurde erster Bundespräsident, Bonn die vorläufige Hauptstadt der Bundesrepublik Deutschland.

Deutschlands schlimmste Zeit

Die Diktatur Adolf Hitlers zwischen 1933 und 1945 zerstörte die Demokratie in Deutschland völlig: Erst wurden wichtige Grundrechte außer Kraft gesetzt, dann die Verfassung der Weimarer Republik beseitigt. Demokratische Parteien mussten sich auflösen oder wurden verboten. Die Nationalsozialisten ließen Menschen willkürlich verhaften, foltern, erniedrigen und ermorden. Dann begann Hitler einen Angriffskrieg, der sich zu einem Zweiten Weltkrieg ausdehnte und weit mehr Menschenopfer kostete als je ein Krieg zuvor. Der Terror hatte erst ein Ende, als Deutschland in Schutt und Asche lag.

Ein demokratischer Neuanfang

Am 8. Mai 1945 kapitulierte Deutschland bedingungslos. Die Sieger Großbritannien, Frankreich, die USA und die Sowjetunion teilten das Land in vier Besatzungszonen auf. Doch bald wurden aus siegreichen Verbündeten Gegner. Das wirkte sich auch auf ihre Politik in Deutschland aus.
In den drei westlichen Besatzungszonen sorgten die USA, Frankreich und Großbritannien dafür, dass 1949 ein demokratischer Staat entstand, der freie Parteien und eine freie Presse zuließ und die Grundrechte garantierte.

Das Grundgesetz

Dieser deutsche Staat war die Bundesrepublik Deutschland. Schon 1948 hatten die neu enstandenen Bundesländer vier Frauen und 61 Männer in eine Versammlung geschickt, die für ganz Deutschland eine neue Verfassung ausarbeiten sollte. Die Mitglieder des „Parlamentarischen Rates" konnten auf vieles zurückgreifen, was Demokraten schon 1848 und 1919 in Verfassungen aufgeschrieben hatten.
Besonders wichtig waren die Grundrechte. Sie sollten jeden Bürger vor Übergriffen der Staatsgewalt schützen. Niemand mehr sollte von einer „Geheimen Staatspolizei" verhaftet und ohne Gerichtsverfahren in ein Gefängnis oder Lager gesperrt werden. Die Macht des Staatsoberhauptes, des Bundespräsidenten, wurde stark eingeschränkt, die Position des Regierungschefs dagegen deutlich gestärkt. Das schien verantwortbar, weil der Bundeskanzler vom Bundestag gewählt wird und bei wichtigen Entscheidungen die Zustimmung der Volksvertretung braucht.

Freiheit und Einheit

Das Grundgesetz galt aber nur für den westdeutschen Teilstaat. Die kommunistische Sowjetunion ließ nämlich in ihrer Besatzungszone keine demokratische Ordnung zu, die auf freien Wahlen beruhte. Am 7. Oktober 1949 wurde die Deutsche Demokratische Republik (DDR) gegründet. Sie versprach zwar auch Freiheitsrechte in ihrer Verfassung, doch wer sie wirklich durchsetzen wollte, wurde verfolgt. In den 1980er-Jahren protestierten immer mehr Bürgerinnen und Bürger gegen Unterdrückung und Unrecht. Am 9. November 1989 mussten die kommunistischen Machthaber die Grenze zur Bundesrepublik öffnen. Seit dem 3. Oktober 1990 ist Deutschland nicht mehr geteilt. Die Freiheitsgarantie des Grundgesetzes gilt nun für ganz Deutschland.

Q2 *„Wir sind das Volk“* ist die bekannteste Parole, unter der Männer und Frauen im Herbst 1989 in der DDR auf die Straße gingen. Sie protestierten gegen die Politik der Sozialistischen Einheitspartei (SED), die 40 Jahre lang Menschen mit anderen Auffassungen unterdrückt hatte. Die friedliche Revolution des Jahres 1989 hat die Einheit Deutschlands erst möglich gemacht.

Q3 *Auszüge aus dem Grundgesetz:*

Art. 1: Die Würde des Menschen ist unantastbar. Sie zu achten und zu schützen ist Verpflichtung aller staatlichen Gewalt. (...)

Art. 2: (...) Jeder hat das Recht auf Leben und körperliche Unversehrtheit. (...)

Art. 8: Alle Deutschen haben das Recht, sich ohne Anmeldung oder Erlaubnis friedlich und ohne Waffen zu versammeln. (...)

Art. 13: Die Wohnung ist unverletzlich. Durchsuchungen dürfen nur durch den Richter (...) angeordnet (...) werden.

Art. 10: Das Briefgeheimnis sowie das Post- und Fernmeldegeheimnis sind unverletzlich. (...)

Art. 16a: Politisch Verfolgte genießen Asylrecht. (...)

Q4 *Aus der Diskussion im Parlamentarischen Rat:*

Adolf Süsterhenn (CDU): Wir müssen wieder zurück zu der Erkenntnis, dass der Mensch nicht für den Staat, sondern der Staat für den Menschen da ist. Höchstwert ist für uns die Freiheit und die Würde der menschlichen Persönlichkeit. Ihnen hat der Staat zu dienen. (...)

Carlo Schmid (SPD): Soll diese Gleichheit und Freiheit (...) auch denen eingeräumt werden, deren Streben ausschließlich darauf ausgeht, nach der Ergreifung der Macht die Freiheit selbst auszurotten? (...) Ich für meinen Teil bin der Meinung, dass es nicht zum Begriff der Demokratie gehört, dass sie selber die Voraussetzung für ihre Beseitigung schafft.

Q5 *Die Mauer* zerschnitt seit 1961 Berlin und war bis 1989 Symbol der deutschen Teilung. Am Brandenburger Tor wurde das besonders sichtbar.

1. *Warum hat es 1949 in Deutschland zwei Staatsgründungen gegeben (VT)?*
2. *Gib mit eigenen Worten wieder, was Adolf Süsterhenn (Q4) über das Verhältnis zwischen Bürger und Staat sagt. In welchen Zeiten der deutschen Geschichte war das anders?*
3. *Was meint Carlo Schmid (Q4)? Auf welche Zeit bezieht er sich?*
4. *Was haben die Bürgerinnen und Bürger der DDR 1989 an ihrem Staat kritisiert (Q2)?*
5. *Zeige deinen Eltern oder Großeltern die Fotos Q2 und Q5. Frage sie, was sie 1989 und 1990 empfunden haben, als sie diese und ähnlich Bilder im Fersehen gesehen haben.*

35 Abschluss
Meilensteine auf dem Weg zur Demokratie

Die Texte und Jahreszahlen gehören zu bestimmten Dokumenten, die wichtige Meilensteine auf dem Weg zur Demokratie darstellen. Allerdings sind die Zahlen, Texte und Namen der Dokumente durcheinander geraten.

Du kannst sie sicherlich wieder richtig zusammenfügen. Beginne am besten mit dem Jahr 1776.

„Niemand darf der Folter oder grausamer, unmenschlicher oder erniedrigender Behandlung oder Strafe unterworfen werden."

„Folgende Wahrheiten erachten wir als selbstverständlich: dass alle Menschen gleich geschaffen sind; dass sie von ihrem Schöpfer mit gewissen unveräußerlichen Rechten ausgestattet sind; dass dazu Leben, Freiheit und das Streben nach Glück gehören."

„Alle Menschen sind vor dem Gesetz gleich. Männer und Frauen sind gleichberechtigt."

„Eigentum ist das Recht, eine Sache auf die unbeschränkteste Weise zu benutzen und darüber zu verfügen, vorausgesetzt, dass man davon keinen durch die Gesetze und Verordnungen untersagten Gebrauch mach

„Ich habe einen Traum, dass meine vier kleinen Kinder eines Tages inmitten einer Nation leben werden, in der man sie nicht nach ihrer Hautfarbe, sondern nach ihrem Charakter beurteilt."

„Jeder Deutsche hat das Recht durch Wort, Schrift, Druck und bildliche Darstellung seine Meinung frei zu äußern."

„Niemand darf angeklagt, verhaftet oder gefangen gehalten werden in anderen als den vom Gesetz festgelegten Fällen und in den Formen, die es vorschreibt."

1789 · 1949 · 1776 · 1963 · 1804 · 1849 · 1948

Unabhängigkeitserklärung von Philadelphia

Menschenrechtserklärung der UNO, Artikel 5

Rede des Bürgerrechtlers Martin Luther King

Code civil, Artikel 544

Verfassung des Deutschen Reich (Paulskirchenparlament), § 143

Menschen- und Bürgerrechtserklärung der Französischen Revolution, Artikel 7

Grundgesetz der Bundesrepublik Deutschland, Artikel 3

Finde die gesuchten Namen und Begriffe zu den Bildern. Die blauen Kästchen zeigen dir, wie viele Buchstaben das jeweilige Lösungswort hat.

1. Dieser König regierte absolut.

2. Diese Karikatur kritisiert eine Gesellschaftsordnung, wie sie in Frankreich und den meisten europäischen Staaten vor 1789 bestand.

3. Ludwig XVI. eröffnete diese Versammlung am 5. Mai 1789.

4. Diese alte Königsfestung wurde am 14. Juli 1789 von Pariser Bürgerinnen und Bürgern gestürmt.

5. Als Kaiser wollte dieser General ganz Europa beherrschen.

6. Er war der Oberkommandierende der amerikanischen Truppen im Unabhängigkeitskrieg und der erste Präsident der Vereinigten Staaten von Amerika.

7. An diesem Ort in der Pfalz fand 1832 ein Fest für die Freiheit statt.

8. In dieser Frankfurter Kirche tagte das erste deutsche Parlament.

9. Dieses Gebäude wurde für das Parlament des Kaiserreichs gebaut. Heute tagt hier der Deutsche Bundestag.

1769

James Watt lässt sich seine Erfindung einer Dampfmaschine patentieren.

1834

Der Deutsche Zollverein wird gegründet.

1835

Die Eisenbahnstrecke Nürnberg – Fürth wird eröffnet.

1844

Aufstand der schlesischen Weber.

Industrialisierung und soziale Frage

„The Nineteeth Century – Iron and Coal" – „Das 19. Jahrhundert – Eisen und Kohle" (Gemälde von William Belle Scott, 1811–1890). Das Bild zeigt wichtige technische Neuerungen, die das Zeitalter der Industrialisierung bestimmten.

Im Internet surfen, mit Lasertechnik operieren, per Flugzeug um den Erdball reisen – so wie alle diese Dinge heute ganz selbstverständlich sind, waren sie vor 200 Jahren noch undenkbar. Erst durch die Industrialisierung ist unsere Welt so modern geworden, wie wir sie heute kennen. Wann aber begann diese Entwicklung, welche Kräfte haben sie vorangetrieben? Wie hat der Fortschritt das Leben der Menschen verändert? Und welche Probleme haben die Neuerungen gebracht?

In der Frühphase der Industrialisierung herrschte ein großer Optimismus und eine ungeheure Technikbegeisterung. Auch glaubten die Menschen fest daran, dass der Fortschritt einen wachsenden Wohlstand für alle bringen würde. Jetzt dagegen, am Beginn des 21. Jahrhunderts, könnte man leicht zu der Ansicht kommen, dass eine industrialisierte Welt gleich zwei Verlierer hat: den Menschen und die Umwelt.

1863

Die erste deutsche Arbeiterpartei wird gegründet.

1879

Werner von Siemens entwickelt eine elektrische Eisenbahn.

1960

Im Ruhrgebiet setzt das „Zechensterben" ein.

1 Der Aufbruch ins Industriezeitalter

industrielle Revolution
Dieser Begriff beschreibt die Anfangsphase der Industrialisierung. Der Schritt zur Industriegesellschaft brachte so viele technische, wirtschaftliche und soziale Umwälzungen mit sich, dass wir heute von einer Revolution sprechen. Die Industrialisierung begann im 18. Jahrhundert in England und hat bis heute fast alle Länder der Erde erfasst.

England schreitet voraus

Zu Beginn des 18. Jahrhunderts war von Fortschritt und Wandel in Europa noch wenig zu spüren. Im Leben der Menschen hatte sich über Jahrhunderte fast nichts verändert. Die meisten Menschen lebten als Bauern, Handwerker oder Tagelöhner auf dem Land. Nur wenige Handwerker und Landwirte kamen auf die Idee, technische Erfindungen gezielt zu nutzen, um mehr Waren herzustellen. Schließlich gab es ja auch so genügend Arbeitskräfte. Doch im 18. Jahrhundert konstruierten englische Erfinder zahlreiche Maschinen, welche die Arbeit der Handwerker erheblich erleichterten. Innerhalb weniger Jahrzehnte änderte sich nicht nur die Arbeitswelt der Menschen grundlegend, sondern ihre ganze Lebensweise: Die industrielle Revolution begann.

Die Textilindustrie macht den Anfang

Im 18. Jahrhundert wuchs die Bevölkerung Englands von etwa 5 auf über 9 Millionen. Es wurde immer schwieriger, alle Menschen mit Kleidung zu versorgen, denn die Spinn- und Webtechnik war jahrhundertelang kaum verändert worden. In Handarbeit wurde Wolle auf Spinnrädern zu Garn gesponnen und dann auf Webstühlen zu Stoffen verarbeitet.

Q1 *Heimarbeit im 18. Jahrhundert* (englisches Gemälde, um 1750). Das Bild zeigt das Kochen, Aufspulen und Spinnen des Garns. Spinnräder dieser Art gab es seit dem 15. Jahrhundert.

Im Laufe des Jahrhunderts wurde zunehmend auch Baumwolle verarbeitet, die in Europa und Nordamerika sehr gefragt war. Denn Baumwollstoffe waren zum einen billiger zu kaufen und zum anderen angenehmer zu tragen und leichter zu waschen als die herkömmlichen Wollkleider. Mit ihren alten Spinnrädern konnten die englischen Weber die steigende Nachfrage nicht mehr bewältigen. Die Herstellung von Garn dauerte einfach zu lange. Als der Webstuhl 1733 technisch so verbessert wurde, dass man mit doppelter Geschwindigkeit weben konnte, hinkte die Garnproduktion noch stärker hinterher.
1764 gelang der große Durchbruch. Der Weber James Hargreaves erfand eine handbetriebene Spinnmaschine, die „Spinning Jenny". Sie lieferte in gleicher Zeit sechzehnmal so viel Garn wie ein einzelnes Spinnrad. Eine weitere Verbesserung erzielte Richard Arkwright, indem er die Spinnmaschinen nicht mehr von Muskelkraft, sondern von Wasserkraft antreiben ließ. Er stellte die Maschinen in großen Räumen auf, wo Arbeiter sie bedienten und kontrollierten. So entstanden die ersten Fabriken.

Watts kraftvolle Erfindung

Die Zahl der neuen Textilmaschinen stieg so rasch an, dass man nach einer neuen, stärkeren Antriebskraft suchte. Einem jungen Mechaniker namens James Watt aus der schottischen Stadt Glasgow gelang es 1769, eine leistungsstarke Dampfmaschine zu konstruieren, die mit Kohle befeuert wurde. Später veränderte Watt die Maschine noch so, dass man andere Maschinen damit antreiben konnte. Um 1850 produzierten 750 Arbeiter einer Baumwollfabrik so viel Garn wie 200 000 Heimarbeiter 100 Jahre zuvor. 50 000 Spindeln drehten sich gleichzeitig – angetrieben von einer einzigen Dampfmaschine.

Q2 *Maschinelles Spinnen* (Gemälde um 1834)

D1 *Erfindungen im 18. Jahrhundert:*

1705 Thomas Newcomen erfindet eine Kolbendampfpumpe, die in Bergwerken zum Herauspumpen des Grundwassers verwendet wird.

1733 Der Weber John Kay erfindet das „fliegende Weberschiffchen", das die Produktion des Webstuhls und damit die Nachfrage nach Garn verdoppelt.

1764 James Hargreaves erfindet die „Spinning Jenny". Tausende Heimarbeiterinnen und -arbeiter werden arbeitslos.

1769 Richard Arkwright konstruiert eine von Wasser angetriebene Spinnmaschine.

1769 James Watt meldet das erste Patent auf seine Dampfmaschine an.

1782 Watt konstruiert eine Dampfmaschine, die die Kolbenbewegung in eine Drehbewegung umsetzt.

D2 *Einfuhr von Rohbaumwolle nach Großbritannien:*

Jahr	*Menge*
um 1700	ca. 600 t
um 1720	ca. 1 100 t
1764	1 935 t
1780	8 000 t
1801	25 000 t
1815	50 000 t
um 1825	ca. 100 000 t
1849	346 000 t

Q3 *Automatisierte Textilfabrik* (Foto, um 1980)

D3 *Schnitt durch eine Dampfmaschine:* Der Dampf strömt abwechselnd durch das rechte und linke Einlassventil in den Zylinder ein. Dadurch wird der Kolben in eine gleichmäßige Bewegung versetzt.

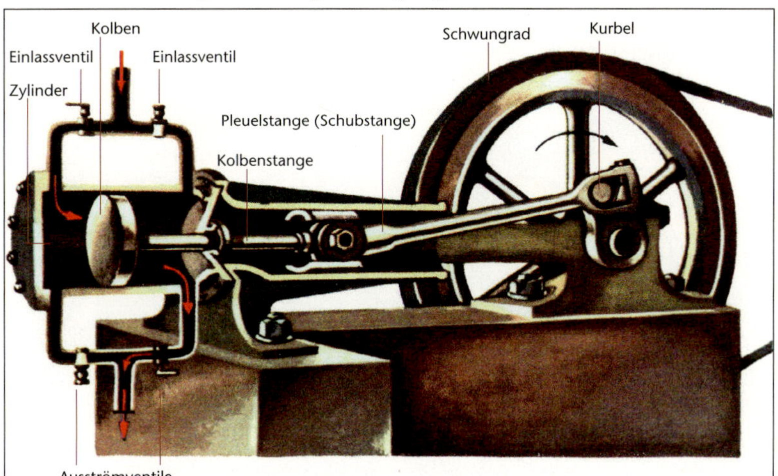

1. *Zeige anhand der Textilherstellung, wie eine Erfindung die nächste nach sich zog (VT, D1).*
2. *Beschreibe mithilfe von Q1, Q2, Q3, wie sich die Herstellung von Textilien wandelte. Inwiefern veränderten die technischen Neuerungen auch die Rolle des Menschen in der Arbeitswelt?*
3. *Diskutiert die Vor- und Nachteile unterschiedlicher Antriebskräfte: Muskelkraft (Mensch/Tier), Windenergie, Wasserkraft, Dampfmaschine.*
4. *Setzt folgende Szene in ein Rollenspiel um: Der Besitzer einer Textilfabrik erklärt seinen Arbeitern mithilfe einer Zeichnung (D3), wie seine neueste Errungenschaft funktioniert. Aber die Arbeiter haben viele Fragen und Befürchtungen.*

2 Warum gerade England?

Investition
Wer investiert, legt Geld in Sachvermögen wie Maschinen, Firmen oder auch in Forschungen an, um daraus langfristig Gewinne zu erzielen.

Kapital
Unter Kapital versteht man Geld- und Sachmittel wie Gebäude, Maschinen oder auch Grundstücke, die zur Erzeugung von Gütern eingesetzt werden.

Zeitreise multimedial
Das 19. Jahrhundert

Erfinder und Unternehmer

Die Nachfrage nach Watts Erfindung war groß, ihm fehlte aber das Kapital, um die Maschinen herstellen zu können. Matthew Boulton, ein reicher Eisenfabrikant aus Birmingham, erkannte wiederum, dass mit Dampfmaschinen viel Geld zu verdienen war. Er schloss einen Vertrag mit Watt und übernahm alle anfallenden Kosten. Während nun der eine die Dampfmaschine ständig verbesserte, kümmerte sich der andere um deren Herstellung und Verkauf.
Wie Watt fanden viele Erfinder Geldgeber für ihre Projekte. In England war genügend Kapital vorhanden, denn Kaufleute hatten durch den Handel mit den Kolonien große Gewinne erzielt. Dieses Kapital investierten sie bereitwillig in neue, Gewinn versprechende Vorhaben.

Die Landwirtschaft verändert sich

Lebten um 1750 knapp 6 Millionen Menschen in England, waren es um 1800 schon über 9 Millionen. Das lag unter anderem daran, dass neue medizinische Erkenntnisse Massenseuchen von der Insel verdrängten. Dies hatte große Auswirkungen auf die Landwirtschaft, denn die Menschen mussten mit Nahrungsmitteln versorgt werden. Aufgrund der steigenden Nachfrage nach Getreide, Fleisch, Milch und Fett lohnte es sich jetzt, in die Landwirtschaft zu investieren. Grundbesitzer legten kleine, verstreut liegende Äcker zusammen, bearbeiteten ihre Böden z. B. durch Fruchtwechsel intensiver und kauften bessere Landmaschinen. Viele kleine Bauern konnten sich das allerdings nicht leisten. Sie mussten ihre Höfe aufgeben und zogen in die Städte in der Hoffnung, dort Arbeit in den Fabriken zu finden.

Schwarzes „Gold"

Um die Maschinen für die Landwirtschaft oder die Textilindustrie herzustellen, brauchte man viel Eisen. Eisenerz gab es reichlich, aber das Holz, um es zu schmelzen, war knapp und teuer. An die Stelle des Holzes trat deshalb die Kohle. England verfügte über große Steinkohlevorkommen und mithilfe von Dampfmaschinen im Bergbau konnte Kohle nun auch aus tieferen Schächten gefördert werden. Dampfmaschinen trieben leistungsstarke Pumpen an, die den Grundwasserpegel senkten und die Stollen entwässerten. Die Kohle wurde zum wichtigsten Energieträger für die Eisenerzeugung und für den Betrieb von Dampfmaschinen.

Maschinen verändern die Welt

Dampfmaschinen ersetzten bald überall die Wind- und Wasserkraft als Antrieb. Sie waren Tag und Nacht einsatzbereit und bestimmten das Arbeitstempo der übrigen Maschinen – und der Menschen. Die Heimarbeiter und Handwerkerfamilien waren gegen die neue Konkurrenz machtlos.
Da die Maschinen nicht mehr auf Wasserkraft angewiesen waren, mussten die Fabriken auch nicht mehr in Flusstälern liegen. Vielmehr zogen die Fabrikanten mit ihren Betrieben in die Städte, wo es genügend Arbeitskräfte gab. Hohe Fördertürme und rauchende Schornsteine bestimmten fortan das Bild in den neuen Industriezentren.

Q1 *Maschineneinsatz und künstlicher Dünger* revolutionierten auch die Landwirtschaft (zeitgenössischer Stich).

D1 *Modernisierungsschub in der Landwirtschaft: Der Fruchtwechsel löst die mittelalterliche Dreifelderwirtschaft ab.*

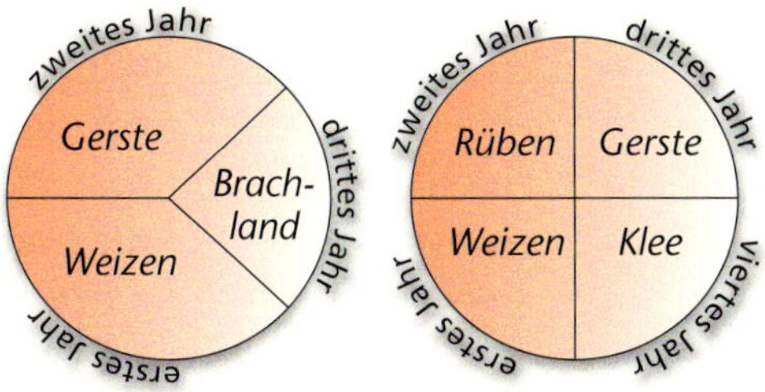

D2 *Verstädterungsprozess: Durch den Zustrom vom Land und das Bevölkerungswachstum standen den neuen Industriezentren genügend Arbeitskräfte zur Verfügung (Einwohner in Tausend).*

	1700	*1750*	*1800*	*1850*
London	575	675	959	2363
Liverpool	5–7	22	82	376
Manchester	8–9	18	75	303

Q2 *Die Industriestadt Manchester beschrieb der französische Graf Alexis de Tocqueville 1835:*

Auf dem Gipfel der Hügel (...) erheben sich dreißig oder vierzig Fabriken. Mit ihren sechs Stockwerken ragen sie hoch in die Luft. (...) Um sie herum sind gleichsam willkürlich die erbärmlichen Behausungen der Armen verteilt; auf unzähligen gewundenen Pfaden gelangt man dorthin. Zwischen ihnen liegt unbebautes Land, das nicht mehr den Reiz ländlicher Natur hat, ohne schon die Annehmlichkeiten der Stadt zu bieten. Der Boden dort ist schon aufgewühlt, an tausend Stellen aufgerissen: Aber er ist noch nicht von menschlichen Siedlungen bedeckt.

(...) Um (ein) Elendsquartier herum schleppt einer der Bäche (...) langsam sein stinkendes Wasser, das von den Industriearbeiten eine schwärzliche Farbe erhält. Er wird in seinem Lauf nicht durch Kaimauern eingeschlossen. (...) Vor der Höhe seiner abschüssigen Ufer sieht man, wie er sich mühselig zwischen Erdbrocken, halbfertigen Wohnstätten oder frischen Ruinen seinen Weg bahnt. (...) Ein dichter schwarzer Qualm liegt über der Stadt. Durch ihn hindurch scheint die Sonne als Scheibe ohne Strahlen. In diesem verschleierten Licht bewegen sich unablässig dreihunderttausend menschliche Wesen. Tausend Geräusche tönen unablässig in diesem feuchten und finsteren Labyrinth. Aber es sind nicht die gewohnten Geräusche, die sonst aus den Mauern großer Städte aufsteigen: die Schritte einer geschäftigen Menge, das Knarren der Räder, (...) das Zischen des Dampfes, der dem Kessel entweicht, das gleichmäßige Hämmern des Webstuhls (...). Nirgends der Ausbruch von Freude, fröhliche Rufe, der Zusammenklang von Instrumenten, die einen Festtag ankünden.

1 Wie konnte England zur ersten Industrienation der Welt werden? Liste die Gründe in einer Tabelle auf (VT, D1, D2).

2 Beschreibe die Partnerschaft von Erfindern und Unternehmern wie Watt und Boulton mithilfe folgender Begriffe: Tüftler, geniale Erfindung, fehlendes Kapital, Unternehmer, Investition, Kapital, Produktion, Risiko, Gewinnbeteiligung.

3 Eine Bauernfamilie zieht in die Stadt, um künftig mit Industriearbeit ihren Lebensunterhalt zu verdienen. Stelle ihre bisherige und ihre neue Lebens- und Arbeitswelt gegenüber.

4 Manche Menschen nannten die Dampfmaschinen „eiserne Engel", andere „schwarze Teufel". Erläutere die Bezeichnungen und diskutiere Vor- und Nachteile dieser Entwicklung (VT, Q2, Q3).

Q3 *Einsatz einer frühen Dampfmaschine zum Antrieb von Pumpen in einem englischen Kohlenbergwerk* (Gemälde eines unbekannten englischen Künstlers, 1792).
– Beschreibe, welche „Kräfte" am Werk sind, um Kohle zu fördern und zu transportieren. Welche Bildelemente weisen in die Zukunft, welche in die Vergangenheit? Inwiefern zeigt das Bild, dass Kohle und Dampf in gewisser Weise voneinander abhängig sind?

3 Mit Volldampf voraus!

1 *Eröffnung der ersten deutschen Eisenbahnstrecke zwischen Nürnberg und Fürth, 1835* (zeitgenössisches Gemälde). Diese Lokomotive mit dem Namen „Adler" stammte noch aus Stephensons Fabrik und wurde von einem britischen Lokomotivführer gefahren. Aber bald waren auch deutsche Ingenieure in der Lage, eigene und zum Teil bessere Maschinen zu entwickeln.

A-Z

Deutscher Zollverein
1834 schlossen sich zunächst 18 Staaten des Deutschen Bundes zu einem einheitlichen Handelsgebiet ohne Zollschranken zusammen. Andere Staaten folgten nach und nach.

Die ersten Eisenbahnen
Der 6. Oktober 1829 war ein denkwürdiger Tag: Ein Wettbewerb sollte klären, welches Antriebssystem auf der neu erbauten Eisenbahnstrecke zwischen Manchester und Liverpool eingesetzt werden sollte. An einem Gleisstück bei Rainhill drängten sich tausende Zuschauer sowie Wissenschaftler und Techniker, um das Spektakel mitzuerleben. Teilnehmen durften nur dampfgetriebene Lokomotiven von weniger als sechs Tonnen Gewicht, die auf ebener Strecke 20 Tonnen Gesamtgewicht mit einer Geschwindigkeit von etwa 16 km/h fortbewegen konnten. Nur eine einzige Lokomotive erbrachte schließlich die geforderten Leistungen: die „Rocket" des Bergwerkingenieurs Robert Stephenson. Unter dem Jubel der Zuschauer erreichte die „Rakete" Geschwindigkeiten bis zu 47 km/h und war die einzige Lokomotive, die ohne Pannen funktionierte.
1835 fuhr auch in Deutschland die erste Eisenbahn, und zwar zwischen Nürnberg und Fürth. Für die sechs Kilometer lange Strecke benötigte sie mit 12 PS etwa sechs Minuten.

Ein „Schub" nach vorn
6600 km Eisenbahnstrecken wurden in den Jahren zwischen 1840 und 1849 in Deutschland gebaut. Diese Entwicklung leitete einen gewaltigen Wirtschaftsaufschwung ein: Tausende Männer fanden bei den Eisenbahngesellschaften Arbeit. Sie schütteten Bahndämme auf, gruben Tunnel, verlegten Schienen, bauten Brücken und Bahnhöfe. Auch wurden immer mehr Arbeiter in den Fabriken für Lokomotiven und Waggons eingestellt. Riesige Mengen an Werkzeugen und Maschinen waren nötig. Folglich stieg der Bedarf an Eisen und Stahl, wodurch neue Bergwerke und Eisenhütten errichtet wurden.

Ein Weg zur Einheit?
„Anhalten, haben Sie etwas zu verzollen?", hieß es für Reisende in Deutschland alle paar Kilometer. Etwa 1800 Zollstellen gab es um 1800 in Deutschland. Das bedeutete für den Kaufmann einen immensen Zeit- und Geldverlust. Denn er musste an jeder Grenze halten und bezahlen, noch dazu immer in einer anderen Währung, weil fast jeder Staat seine eigene Geldeinheit hatte.
1834 wurde der Deutsche Zollverein gegründet, wodurch die zahlreichen Zollschranken wegfielen und ein großer, einheitlicher Markt entstand. Die Freude über diesen Schritt kommt auch in einer Namensgebung zum Ausdruck: Eine neue Essener Kohlenzeche erhielt 1848 den Namen „Zollverein".
Viele Deutsche versprachen sich vom Eisenbahnbau und vom Zollverein wichtige politische Impulse. Sie hofften, dass ein deutsches Eisenbahnnetz eine „Klammer" für die staatliche Einheit werden könnte. Mit den Zollschranken auch die innerdeutschen Grenzen zu überwinden, das war ihr Traum, der allerdings noch lange unerfüllt blieb.

Q4 *Georg Krauss gründete 1866 eine Lokomotivfabrik in München* (Gemälde von 1882). Bereits 16 Jahre später verließ die 1000. Lokomotive das Werk.

1 *Beschreibe die industriellen und politischen Entwicklungen in Deutschland ab 1834 (VT, Q1, Q4, D1). Erkläre dabei die Bedeutung des Eisenbahnbaus und des Zollvereins.*

2 *Erkläre anhand von Q3 und D2, warum die Eisenbahn das Ende der Postkutsche einläutete.*

3 *Erkundige dich, wann in deiner Heimatstadt die erste Eisenbahn gebaut wurde. Wie haben sich die Bahnlinien bis heute verändert?*

Q2 *Ärztliche Bedenken gegen die Eisenbahn in einem Gutachten von 1835:*

Ortsveränderungen mittels irgendeiner Art von Dampfmaschinen sollten im Interesse der öffentlichen Gesundheit verboten sein. Die raschen Bewegungen können nicht verfehlen, bei den Passagieren die geistige Unruhe (...) hervorzurufen. Selbst zugegeben, dass Reisende sich freiwillig der Gefahr aussetzen, muss der Staat wenigstens die Zuschauer beschützen, denn der Anblick einer Lokomotive, die in voller Geschwindigkeit dahinrast, genügt, diese Krankheit zu erzeugen.

Q3 *Ankunft und Abfahrt der königlichen Postkutsche im Jahr 1825 von Köln nach Dortmund:*

Abfahrt	jeden Mittwoch und Samstag um 4 ½ Uhr	
Ankunft in	Mülheim/Ruhr	5 ½ Uhr
	Düsseldorf	12 Uhr
	Duisburg	16 ½ Uhr
	Essen (nächster Tag)	11 ½ Uhr
	Dortmund (nächster Tag)	6 ½ Uhr

Fahrkarten an allen Poststationen und in Wirtshäusern. Um Pünktlichkeit wird gebeten! Fahrzeiten gelten für trockene Straßen, Wetterbedingte Verspätungen sind möglich. Übergepäck muss beim Fahrer angemeldet werden.

D2 *Fahrzeiten von Postkutsche und Eisenbahn im Vergleich. Das Zeitalter der Postkutschen ging allmählich zu Ende; die Kutscher arbeiteten nun als Zubringer der Bahn.*

von Berlin nach	Schnellpost um 1800	Eisenbahn Ende 19. Jh.
Dresden	23 Std.	3 Std.
Hamburg	36 Std.	5 Std.
Frankfurt/M.	64 Std.	9 Std.
Köln	82 Std.	10 Std.

D1 *rechts: Entwicklung des Eisenbahnnetzes und des Deutschen Zollvereins*

4 Deutschland wird Industrieland

Sektor
Bezeichnung für die verschiedenen Bereiche in der Wirtschaft. Heute unterscheiden wir folgende Sektoren:
1. Landwirtschaft/Fischerei/Bergbau
2. Industrie/Handwerk
3. Dienstleistungsgewerbe

Q1 *Der Maschinenfabrikant Friedrich Harkort* gründete auf der leer stehenden Burg Wetter an der Ruhr 1819 seine „Mechanische Werkstätte", eine der ersten Maschinenfabriken des Ruhrgebiets. (Ölgemälde von Alfred Rethel, um 1834). Ab 1826 arbeiteten hier die ersten Hochöfen. Fachkräfte kamen aus England, die Maschinen wurden zunächst britischen Fabrikaten nachgebaut.

Unter Dampf

Ab 1850 setzte auch in Deutschland die Industrialisierung ein. Bergwerke, Stahlwerke, Eisenhütten und Fabriken wurden errichtet, Kohle, Koks und Eisen hatten Hochkonjunktur. Aus dieser Zeit stammen auch Redensarten wie „unter Dampf stehen", „Kohle machen" oder „hart wie Stahl sein". Unter den deutschen Staaten stieg Preußen zum führenden Industriestaat auf, denn das preußische Oberschlesien, das Ruhrgebiet, das Aachener Revier und das Saargebiet entwickelten sich schnell zu den Zentren des Kohlebergbaus und der Eisenindustrie.

Großstädte und Industriezentren

Die Industrieregionen boten unzählige Arbeitsplätze, sodass immer mehr Menschen vom Land in die Industriestädte zogen. Je größer die Städte waren, desto schneller stieg die Einwohnerzahl. Innerhalb von 50 Jahren verdoppelte sich die Bevölkerung in Städten wie Berlin, Duisburg und Essen. Wohnungen für die Arbeiter entstanden meist in der Nähe der Fabriken und Zechen, denn der Weg zum Arbeitsplatz sollte möglichst kurz sein. Es wurden schmale Reihenhäuser oder große, so genannte Mietskasernen errichtet. Die Straßen in diesen Vierteln waren eng, die Wohnungen klein, feucht und dunkel.

Neue Industriezweige

Vergleicht man die deutsche und britische Entwicklung zwischen 1870 und 1913, dann wird deutlich, wie groß die Fortschritte waren: Die industrielle Produktion in Großbritannien verdoppelte sich, während sich die deutsche versechsfachte! England war vor allem in den älteren Industrien stark. In den schnell wachsenden neuen Sektoren wie der Chemieindustrie übernahm Deutschland die Führung. 1890 erzeugte die deutsche Industrie 50% aller weltweit hergestellten künstlichen Farben, 1900 waren es 90%. Unternehmen wie Siemens, AEG, BASF, Bayer und Hoechst entwickelten sich zu mächtigen Konzernen.
Noch bedeutender war die rasante Entwicklung in der Elektroindustrie: Werner von Siemens entwickelte den Elektrodynamo, der Amerikaner Thomas Edison um 1860 die ersten Glühlampen. Bald darauf waren Straßen, Wohnhäuser und Fabriken mit elektrischem Licht erhellt. Die Elektrizität beschleunigte neue Entwicklungen, wie den elektrischen Motor, der bald die Dampfkraft in Fabriken ablöste. 1879 konstruierte Werner von Siemens eine Elektrolokomotive und 1880 den ersten elektrischen Aufzug.

„Made in Germany"

Am Ende des Jahrhunderts eroberten immer mehr deutsche Industrieprodukte die ausländischen Märkte. Englische Unternehmer und Politiker wollten verhindern, dass Deutschland zur ersten Industriemacht wurde. Mit einem Gesetz versuchten sie die heimischen Produkte und Fabrikanten zu schützen: Alle Produkte, die aus Deutschland kamen, mussten mit dem Vermerk „Made in Germany" versehen werden, um Verwechslungen mit britischen Produkten zu vermeiden. Doch die ursprünglich abwertende Bezeichnung wandelte sich bald zu einem erfolgreichen Qualitätsmerkmal.

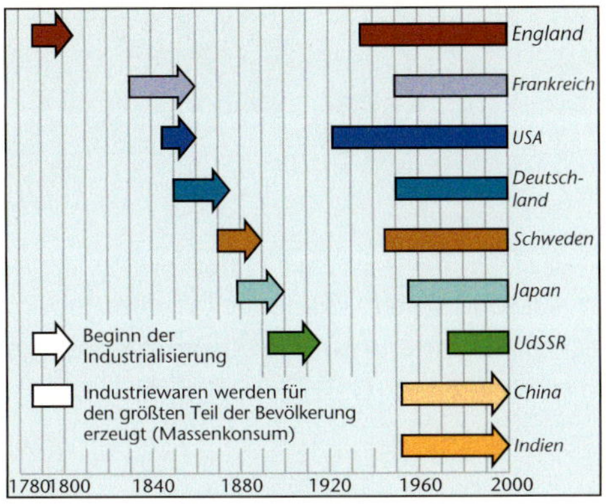

D1 *Beginn und Verlauf der Industrialisierung in verschiedenen Ländern*

Q2 *Die Fabrik als Arbeitsplatz beschreibt Alfons Thun im Jahr 1879:*

Eine der ältesten, aus den 1820er-Jahren stammende Fabrikanlage wird noch gegenwärtig in Aachen benutzt; ich bin zurückgetaumelt, als mir die staubige, stinkende, heiße Luft aus den niedrigen Räumen durch die Tür entgegenströmte. Vielfach wurden auch alte Klöster, Schlösser und sonstige Baulichkeiten zu Werkstätten eingerichtet. In den Wollspinnereien war die Staubentwicklung noch die geringste, weil das Material geölt wurde, am größten und am gefürchtetsten war sie in den Baumwollspinnereien. Man bedenke nur, dass die damaligen Wölfe, in welchen die Baumwolle durch rasche Umdrehung zerfasert und gereinigt wird, ohne Umhüllung und Abzugsventilation waren. Der Lärm war so entsetzlich, dass kein Wort vernommen wurde.

Q3 *Deutschland als Industriestaat aus der Sicht eines französischen Besuchers (1915):*

Zu Beginn des 20. Jahrhunderts lebten von 67 Millionen Deutschen kaum 17 Millionen von der Landwirtschaft. Jedes Jahr kehrten zahllose Bauern dem Lande den Rücken und strömten in die riesigen Fabriken. Die Städte wuchsen ganz im amerikanischen Tempo, und 45 davon hatten bereits zu jener Zeit mehr als 100 000 Einwohner; ganze Armeen von Arbeitern stellten sich unter das Kommando der Industriekapitäne – 15 000 bei Mannesmann, mehr als 30 000 bei Thyssen und 73 000 in den verschiedenen Werken Krupps.

Q4 *Spulenwickeln in der Kleinmotorenfabrik AEG* (Allgemeine Elektrizitätsgesellschaft) in Berlin-Wedding (Foto, 1906)

Q5 *Arthur Wilke schreibt 1893 in seinem Buch „Die Elektrizität“:*

Es ist noch nicht lange her, da nannte man unsere Zeit das „Jahrhundert des Dampfes“. Mit Recht, denn die Dampfmaschine hat die modernen Erwerbs- und Verkehrsverhältnisse gestaltet. Kaum ist der „Dampf“ zu voller Kraft herangewachsen, da will ihn jemand verdrängen, die „Elektrizität“. Nicht mehr das „Jahrhundert des Dampfes“, nein das „Zeitalter der Elektrizität“ ist angebrochen. Die Elektrizität hat eine sehr viel größere Unabhängigkeit. Brauchen wir Licht? Die Elektrizität spendet es. In der Elektrizität besitzen wir jede benötigte Energieform: bewegende Kraft, Licht, Wärme usw.

1. *Zeige anhand von VT, Q3, Q4 und Q6, wie Deutschland zum Industrieland wurde. Welche Wirtschaftsbereiche spielten dabei eine große Rolle?*
2. *Vergleiche die industrielle Entwicklung in Großbritannien und Deutschland. Erkläre die Unterschiede (VT, D1).*
3. *Rauchende Schornsteine wurden im 19. Jahrhundert als Zeichen des Fortschritts gesehen (Q1). Wie wirken sie heute auf uns?*

Q6 *Elektrischer „Omnibus“ in Berlin* (Stich, 1899). Die erste dieser neuartigen Straßenbahnen fuhr 1881 in Berlin.

5 Methode
Statistiken auswerten

Statistiken als historische Quelle
In der zweiten Hälfte des 19. Jahrhunderts begann man damit, Zahlen über die verschiedensten wirtschaftlichen und gesellschaftlichen Bereiche zu sammeln, etwa über Produktionsergebnisse, Ein- und Ausfuhren, Preise und Löhne, Familiengrößen und anderes mehr. Solche Zahlenreihen nennen wir Statistiken. Sie sind für uns wichtige Geschichtsquellen.

Die Industrialisierung in Statistiken
Die industrielle Revolution und die nachfolgenden technischen und wirtschaftlichen Entwicklungen veränderten das Leben vieler Menschen erheblich. Es gibt zahlreiche Zeugnisse dafür, dass die betroffenen Handwerker, Landarbeiter, Bergleute und Fabrikarbeiter diesen Wandel sehr deutlich wahrgenommen haben. Da einzelne Berichte aber immer nur einen kleinen Ausschnitt der Wirklichkeit wiedergeben, ist es problematisch, aus ihnen größere Zusammenhänge und Entwicklungen abzuleiten. Dazu braucht man statistisches Material.

Vorsicht, Falle!
Wer aus den Zahlenangaben die gewünschten Informationen erhalten will, muss die Tabellen und Schaubilder (Diagramme) allerdings richtig „lesen" und kritisch hinterfragen. Dies gilt sowohl für die Zahlen selbst als auch für die Darstellungsform. Gerade Daten zu sozialen oder wirtschaftlichen Fragen werden häufig mit dem Ziel zusammengestellt, einen ganz bestimmten Eindruck zu erwecken. Um statistische Angaben richtig auszuwerten und eine mögliche „Manipulation" zu durchschauen, solltest du die Hinweise und Arbeitsschritte auf dieser Doppelseite beachten.

Stärken und Schwächen unterschiedlicher Darstellungsformen:

	⊕	⊖
Zahlentabellen 	Bieten die größte Genauigkeit, da sie exakte Zahlenangaben liefern.	Sind nicht so übersichtlich und einprägsam wie Schaubilder.
Säulendiagramme 	Eignen sich besonders zum Vergleich von Mengenangaben zu einem ganz bestimmten Zeitpunkt.	Die Wahl der Maßeinheiten beeinflusst, wie die Zahlen und Größenunterschiede wirken.
Kurvendiagramme 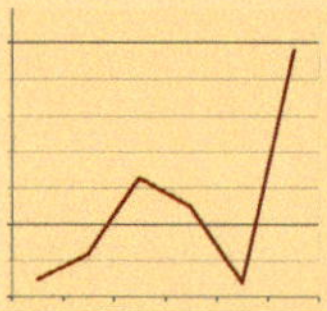	Verschaffen einen raschen Überblick; Entwicklungen lassen sich gut und schnell ablesen.	Der Maßstab kann über die wirkliche Größe der Änderungen täuschen.
Kreisdiagramme („Tortendiagramme") 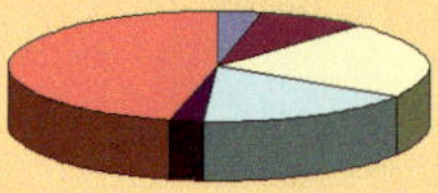	Eignen sich besonders gut, um Prozentwerte darzustellen.	Je mehr Angaben Kreisdiagramme enthalten, desto unübersichtlicher werden sie.

Realeinkommen
Gibt an, wie viel man für seinen Lohn kaufen kann. Wenn z. B. ein Arbeiter 4 % mehr Lohn erhält, die Lebenshaltungskosten aber um 3 % steigen, beträgt die Lohnsteigerung real nur 1 %. Lohnentwicklungen lassen sich also nur sinnvoll beurteilen, wenn man die Kaufkraft der Löhne berücksichtigt. Um vergleichen zu können, wird die Kaufkraft in einem bestimmten Jahr als Basis mit 100 Punkten angesetzt („Index").

Jahr	*in Mark (Geldwert von 1913)*	*Index (1913=100)*
1810	618	58
1820	698	64
1830	565	53
1840	618	57
1850	696	64
1860	639	60
1870	706	65
1880	634	58
1890	793	73
1900	945	87
1910	999	92
1913	1083	100

D1 *Jährliche Realeinkommen von Handwerksgesellen und Industriearbeitern in Deutschland, 1810–1913*

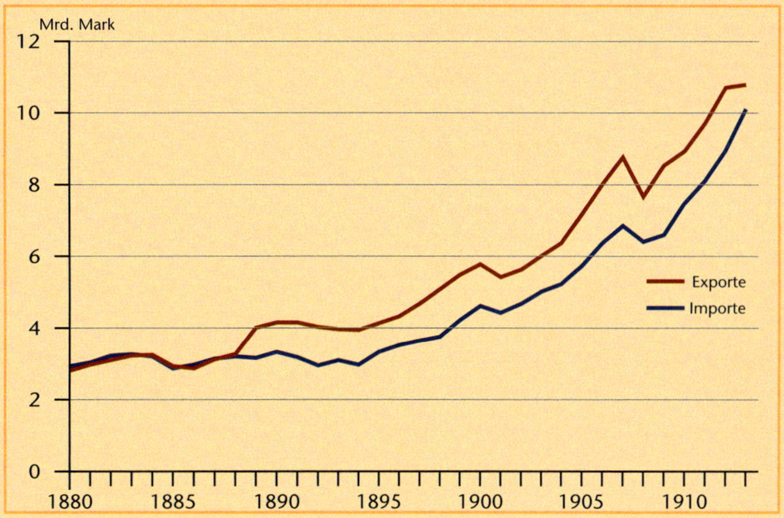

D3 *Der Außenhandel Deutschlands von 1880 bis 1913 in laufenden Preisen*

D2 *Beschäftigte in den drei Wirtschaftsbereichen, 1800–1900 (in Prozent)*

Jahr	Land- und Forstwirtschaft, Fischerei	Industrie und Handwerk	Dienstleistung	Beschäftigte insgesamt in Millionen
1800	62	21	17	10,5
1825	59	22	19	12,6
1850	55	24	21	15,8
1875	49	30	21	18,6
1900	38	37	25	25,5

Methodische Arbeitsschritte

1. Thema erfassen:
- Um welchen Sachverhalt geht es? (Meistens steht es in der Überschrift oder in der Legende.)
- Welchen Zeitraum umfassen die Zahlenangaben?
2. Inhalt und Darstellungsform beschreiben:
- Wie wird das statistische Material dargestellt: als Tabelle oder Grafik, in absoluten Zahlen oder in Prozentangaben?
- Sind die Zahlen übersichtlich zusammengestellt und vollständig (Maßstab, Datenmenge)?
3. Statistik auswerten:
- Was sagen die angegebenen Daten genau aus?
- Lassen sich Entwicklungen ablesen?
- Gibt es Zusammenhänge mit anderen Informationen oder Materialien?
- Inwiefern hat die Statistik neue Erkenntnisse hervorgebracht?
4. Statistik kritisch betrachten:
- Beruhen die Zahlen auf Schätzungen oder auf genauen Zählungen?
- Gibt es Zweifel am Wahrheitsgehalt der Aussagen?

1 Vergleiche die Entwicklungen in den drei Wirtschaftsbereichen miteinander (D2). Worauf sind die Veränderungen zurückzuführen? Erstelle zu den Jahren 1800 und 1900 zwei Kreisdiagramme.

2 Wie haben sich die Einkommen von Arbeitern zwischen 1810 und 1913 verändert (D1, Lexikon)? Veranschauliche die Entwicklung der Realeinkommen durch Säulendiagramm und Kurve. Wo ist die Entwicklung besser abzulesen?

3 Welchen Eindruck vermittelt die Statistik zum deutschen Außenhandel (D3)? Inwiefern verändert sich der gewonnene Eindruck, wenn man die Abstände zwischen den Jahreszahlen verdoppelt bzw. halbiert?

4 Bewerte die Statistiken anhand des methodischen Arbeitsschritts 4 kritisch.

6 Das Ruhrgebiet wird zur größten Industrieregion

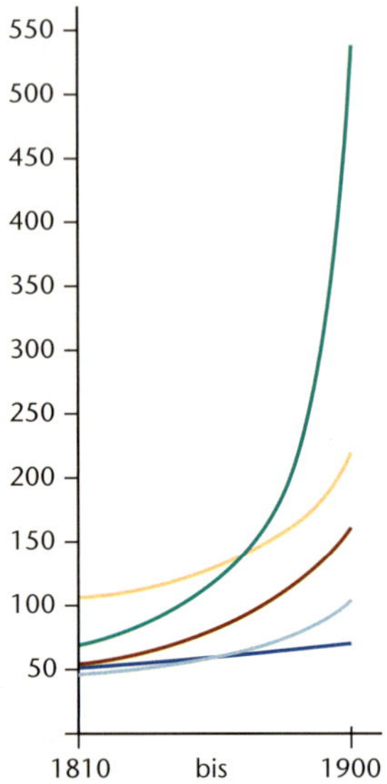

D1 *Bevölkerungsdichte (Einwohner pro km²):* Ruhrgebiet (grün), Deutsches Reich (grau), Großbritannien (rot), Belgien (gelb), Frankreich (blau)

D2 *Bergbau und Industrie im Ruhrgebiet zwischen 1800 und 1900*

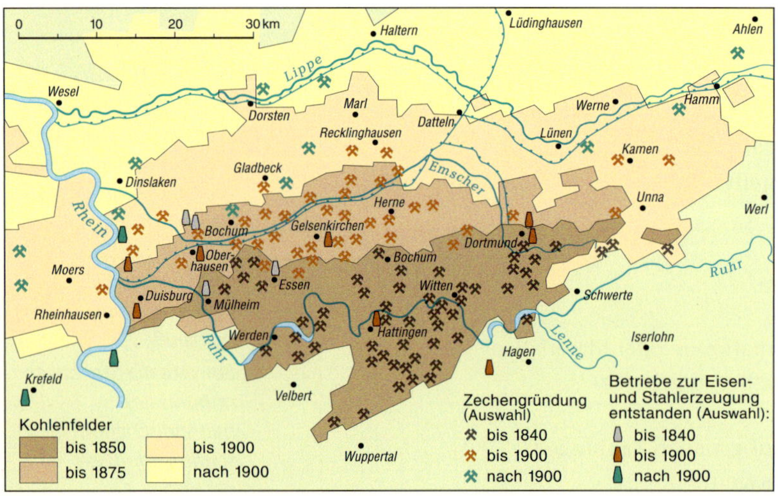

Aufstieg durch Kohle

Bereits im Mittelalter hatte man im Ruhrtal in offenen Gruben Kohle abgebaut. Seit dem 16. Jahrhundert erfolgte dies auch in kleinen Schachtanlagen, den so genannten „Pütts", in denen weniger als zehn Bergleute arbeiteten. Doch im Zuge der Industrialisierung benötigte man immer größere Mengen von Kohle. Die Kohlevorräte im südlichen Ruhrgebiet waren bald erschöpft. Im Norden der Region wusste man zwar von noch größeren Vorkommen im Boden, doch diese lagen in viel größerer Tiefe. Neue Techniken waren also erforderlich, um hier die Kohle abzubauen.

Erst 1839, auf der Zeche „Kronprinz" in Essen, gelang es den Bergleuten, einen so tiefen Stollen zu graben, dass man die so genannte Fettkohle fördern konnte. Diese wurde dann zu Koks weiterverarbeitet, mit dem sich Eisenerz schmelzen ließ. Indem man Dampfmaschinen beim Schachtbau, bei der Förderung und beim Abpumpen des Grundwassers einsetzte, gelang es, immer tiefere Stollen zu graben. 1849 ging in Mülheim der erste Kokshochofen in Betrieb. Damit begann die Eisen- und Stahlindustrie im Ruhrgebiet.

Auf ins Ruhrgebiet!

Da die neu gegründeten Fabriken überwiegend auf Kohle und Eisen angewiesen waren, mussten ständig neue Bergwerke erschlossen werden. Auf diese Weise fanden immer mehr Menschen im Ruhrgebiet Arbeit. Doch schon bald reichten die Arbeitskräfte, die aus der näheren Umgebung zuwanderten, nicht mehr aus. Deshalb schickten die Farbrikanten und Bergwerksbetreiber Anwerber aus.

Diese bemühten sich zunächst, qualifizierte Arbeiter und Fachleute aus den schon bestehenden Bergbaurevieren im Harz und in Schlesien ins Ruhrgebiet zu holen. Besonders erfolgreich waren die Anwerber aber in den östlichen Provinzen, wo viele Bauernfamilien in Armut lebten. Hunderttausende verließen ihre Heimat und zogen ins Ruhrgebiet – nicht nur Deutsche, sondern auch mehr als 500 000 Polen. Lebten 1816 noch ungefähr 220 000 Menschen in dem Gebiet zwischen Ruhr und Lippe, waren es um 1900 knapp zweieinhalb Millionen.

Erste Gussstahlfabrik in Essen

1811 gründete der Schmiedemeister Friedrich Krupp in Essen eine Fabrik zur Produktion von Gussstahl. 1816 gelang es den Arbeitern, eine größere Menge Gussstahl herzustellen, der mit der Qualität der englischen Produkte zu vergleichen war.

Als Alfred Krupp 1826 die Fabrik von seinem Vater übernahm, hatte die Firma sieben Beschäftigte. Doch 1852 meldete Krupp ein Patent an, das zum großen Aufstieg der Firma führte: Es war Krupp gelungen, Eisenbahnräder ohne Schweißnähte, die früher oft zu Radbrüchen geführt hatten, herzustellen. Bereits 1884 waren mehr als 10 000 Menschen in der Stahlfabrik beschäftigt. Das Werksgelände mit den Wohnsiedlungen und Versorgungseinrichtungen war größer als das Gebiet der Stadt Essen.

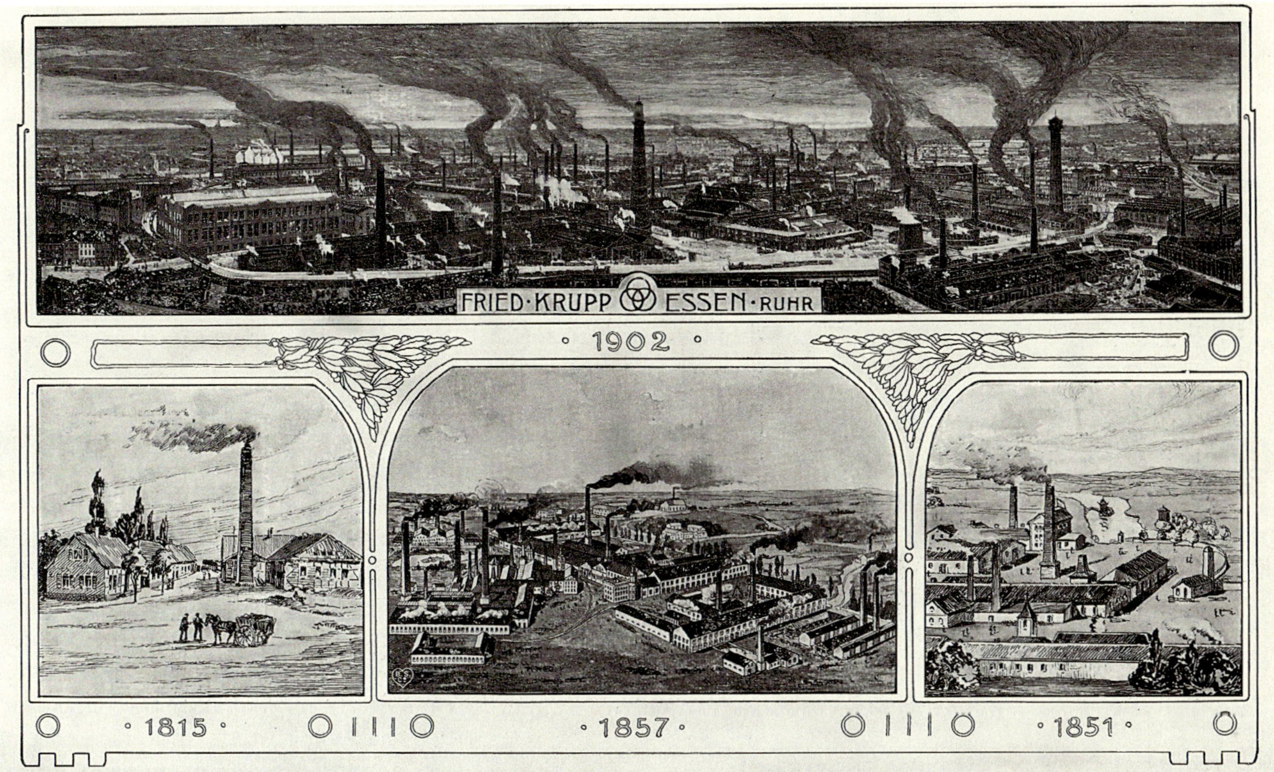

Q1 *Entwicklung der Gussstahlfabrik Krupp in Essen* (Bildtafel aus der Biografie „Friedrich Alfred Krupp und sein Werk" von Tony Kellen, 1904). Das Firmenzeichen mit den drei verschlungenen Ringen erinnert noch heute an Krupps Erfindung von neuartigen Eisenbahnrädern.

Zeitreise multimedial
Das 19. Jahrhundert

Q2 *Über die Industrieanlagen von Krupp schrieb F. J. Pielert:*

Man sieht durch die offenen Eingänge hier und da in die Feuer der 60 bis 70 Schornsteine, deren Kamine hoch in die Luft aufragen, hört das Sausen und Brausen der Räder und Walzen und den Donner von hundert größeren und kleineren Hämmern. Gegen 300 Dampfmaschinen sollen da ihre Kraft aufbieten, der tägliche Verbrauch an Kohlen soll über 2500 Tonnen betragen. Rund um das Werk und bis in die Mitte läuft eine eigene Eisenbahn, die mit der Rheinischen, der Bergischen und der Köln-Mindener (Bahn) in Verbindung steht.

D3 *Größe der Gussstahlfabrik Krupp in Essen:*

1819	1 268 m²	1873	355 000 m²
1848	4 665 m²	1887	420 000 m²
1853	11 512 m²	1902	682 400 m²
1861	55 000 m²	1912	938 900 m²

Q3 *Das gesamte Kruppwerk stellte Dietrich Baedeker vor, der auch eine Lebensbeschreibung von Krupp verfasste:*

1195 Öfen, 92 Dampfhämmer, 21 Walzstraßen, 73 km Eisenbahnschienen mit 28 Lokomotiven, 992 Waggons, 31 Telegrafenstationen und 140 km Telefonleitungen befinden sich auf dem Werksgelände der Gussstahlfabrik. In unmittelbarer Nähe zu den Industrieanlagen liegen mehrere Wohnsiedlungen, in denen rund 30 000 Menschen leben, nur Beschäftigte der Krupp'schen Fabrik mit ihren Familien. Die Mieten liegen bei 8 Mark pro Monat. Der durchschnittliche Tageslohn eines Arbeiters beträgt 3,55 Mark. Den Bewohnern der Siedlung stehen werkseigene Schulen, Märkte, Gas- und Wasserversorgungseinrichtungen sowie eine Badeanstalt zur Verfügung. Auch die Versorgung mit Lebensmitteln geschieht über die Krupp'sche Konsumanstalt.

1. *Schildere mit eigenen Worten, wie das Ruhrgebiet zum größten Industriegebiet Europas wurde (VT, D1, D2).*
2. *Beschreibe die Entwicklung der Gussstahlfabrik Krupp anhand von Q1, Q2 und D3. Nenne Gründe dafür, wie aus dem kleinen Werk ein großes Industrieunternehmen wurde.*
3. *Überlege, warum die Beschäftigten von Krupp eigene Wohnsiedlungen erhielten (Q3).*

7 Die Industrialisierung bringt Probleme

Zeitreise multimedial
Das 19. Jahrhundert

Rauchende Fabrikschlote
Fabriken, Stahlwerke und Bergbauzechen brachten Fortschritt und Wohlstand, aber sie hatten auch bis dahin ungeahnte Folgen für Menschen und Natur: Die Kohle, die verheizt wurde, und der Koks in den Hochöfen setzten Ruß, Rauch und giftige Abgase frei. Darunter litten vor allem die Arbeiter und ärmeren Leute, denn ihre Wohnviertel lagen meistens in direkter Nähe der Fabriken. Hinzu kam, dass die Abwässer aus den Fabriken, sogar aus den Chemiebetrieben, direkt in die Flüsse geleitet wurden. Die Gewässer galten nämlich noch lange Zeit als „natürliche" Entsorgungswege.

Dunkle Wohnungen
Die meisten Arbeiterfamilien lebten in Mietskasernen. Aber die Wohnungsnot war groß, denn die Städte waren auf den großen Zuzug von Arbeitssuchenden nicht eingerichtet. Es fehlte an allem: Oft standen für die Bewohner eines Wohnblocks nur drei oder vier stinkende Toiletten bereit. Da die Brunnen nicht ausreichten und es auch keine Wasserleitungen gab, mussten die Menschen ihr Wasser zum Trinken, Kochen, Putzen und Waschen aus den nahen Flüssen schöpfen. Müll, Unrat und Abwässer verschmutzten die Straßen und Hinterhöfe, sodass sich Ungeziefer, Ratten und Krankheiten ausbreiteten und Seuchen drohten.

Q1 *Bergleute beim Erneuern des Stollenausbaus* (Foto, um 1890)

Schwere Arbeit ...
Die Arbeit im Schacht war anstrengend und gefährlich: Die Temperatur betrug in einer Tiefe von 600 m etwa 30° C. Oft mussten die Bergleute kriechend oder gebückt und bei hoher Luftfeuchtigkeit arbeiten. Obwohl seit 1859 eine Achtstundenschicht für Bergleute festgeschrieben war, wurde in den Zechen länger gearbeitet. Zehn bis elf Stunden reine Arbeitszeit waren die Regel. Die Anfahrtswege im Kohlenschacht, die Ausgabe der Werkzeuge und Grubenlampen, das Umziehen und Waschen nach der Arbeit wurden nicht auf die Schichtzeit angerechnet.
Auch in den Fabriken arbeiteten Männer, Frauen und Kinder unter schwersten Bedingungen: Hitze, Lärm und Ruß, die ständig gebückte Haltung sowie die langen Arbeitszeiten belasteten die Menschen und führten zu Gelenkschmerzen und Atemwegserkrankungen. Auch passierten nicht selten Unfälle an den Maschinen, von denen manche Arbeiter schwere Verletzungen oder sogar bleibende Schäden davontrugen.

... und schlechtes Essen
Mitte des 19. Jahrhunderts kam es zu zahlreichen Missernten. Die Lebensmittelpreise stiegen im Ruhrgebiet auf das Drei- bis Vierfache, die Löhne aber blieben ungefähr gleich. Bis zu 70 % des Einkommens musste eine Arbeiterfamilie für Nahrungsmittel ausgeben. Das Essen einfacher Arbeiterfamilien bestand vor allem aus Kartoffeln mit Gemüse – Bohnen, Erbsen, Sauerkraut und Rüben – sowie aus Roggenbrot mit Milch; Fleisch und Speck konnten sie sich nur selten leisten.

Q2 *In vielen Großstädten im Ruhrgebiet ging es Arbeiterfamilien so wie der Familie Dahlström – ein Bericht von 1843:*

Herr Dahlström hat in einer Fabrik gearbeitet. Seit fünf Jahren leidet er an chronischem Katarrh und Augenschwäche. Seine Beschwerden sind so stark, dass er nicht mehr arbeiten kann. Die feuchte Kellerwohnung wirkt sich nachteilig auf seinen Gesundheitszustand aus. (...) Sein zehnjähriger Sohn geht zur Schule oder passt auf seinen zweijährigen Bruder auf. Frau Dahlström sucht in der Stadt nach Knochen, die sie sammelt und dann verkauft. (...) Den anderen kleinen Kindern dient ein Strohsack als Bett. Auf den Tisch kommt morgens ein wenig trockenes Brot, mittags gewöhnlich nichts. Abends Brot und Hering oder Mehlsuppe.

Q3 *Helga Jungblut aus Oberhausen lebte von 1924 bis 1999. Sie erinnert sich an die Schilderungen ihrer Großmutter. Diese erzählte:*

Ich hatte immer Angst, die Angst wird man nicht los. Meine Brüder und ich waren Bergmannskinder. Mein Vater und auch dessen Brüder arbeiteten auf der Zeche Radbod in Hamm. Wenn sie zur Schicht gingen, wünschten wir ihnen immer „Glück auf!" und hofften, dass sie gesund wiederkommen. Ich weiß noch ganz genau, dass ich oft aus dem Fenster schaute, wenn ihre Schicht beendet war und sie nach Hause kommen mussten. Aber im November 1908 passierte ein Unglück. Es gab eine Explosion und Feuer breitete sich in den Untertageanlagen der Zeche aus. Über 340 Bergleute starben, darunter auch mein Onkel. Als Brandursache vermutete man eine defekte Benzinsicherheitslampe. Als eine Folge dieser Katastrophe wurden elektrische Sicherheitslampen vorgeschrieben. Jedoch die Angst blieb.

Q4 *rechts: Explosion eines Dampfkessels im Walzwerk Eschweiler bei Aachen* (zeitgenössische Zeichnung). Neben vielen Verletzten gab es auch vier Todesopfer. Solche Katastrophen führten zu verschärften Sicherheitsvorrichtungen.

Q5 *Schlafstätte für Kostgänger.* Da sich viele unverheiratete Arbeiter keine eigene Wohnung leisten konnten, lebten sie oft bei Familien als Untermieter, als so genannte „Kostgänger". Oft teilten sie sich mit zwei oder drei anderen ein Bett.

D1 *Ein Bergarbeiter verdiente 1867 im Monat etwa 16 Taler (1 Taler = 30 Silbergroschen = 360 Pfennig). Kosten für eine 4-köpfige Familie pro Tag:*

Miete	3 S	9 Pf.
5 Pfd. Brot	4 S	10 Pf.
6 Pfd. Kartoffeln	3 S	4 Pf.
$\frac{1}{2}$ Pfd. Fleisch	4 S	3 Pf.
$\frac{1}{6}$ Pfd. Butter	2 S	
$\frac{1}{10}$ l Salz		1 Pf.
Kaffee		9 Pf.
Milch/Zucker		5 Pf.
Öl/Seife	1 S	5 Pf.

Licht, Heizung, Kleidung, Schulgeld, Steuern sind nicht eingerechnet.

1. *Schildere mit eigenen Worten die Gefahren, denen die Menschen während ihrer täglichen Arbeit ausgesetzt waren (Q1, Q3, Q4).*
2. *Beschreibe die Lebensumstände einer Arbeiterfamilie (VT, Q2, Q5).*
3. *Rechne aus, wie weit der Lohn eines Bergarbeiters reichte (D1).*
4. *Erstelle eine Mind-Map, in der du die Probleme, die durch die Industrialisierung des Ruhrgebiets entstanden, darstellst.*

8 Kindheit und Jugend im Industriezeitalter

Q1 *Kinder und Jugendliche bei der Arbeit in der Buntpapierfabrik in Aschaffenburg (1858)*

Kinder arbeiten wie Erwachsene

Jungen und Mädchen mussten seit Jahrhunderten auf den Bauernhöfen und in den Werkstätten ihrer Eltern mitarbeiten. Sie waren meist für leichte und einfache Arbeiten zuständig. Das änderte sich im Industriezeitalter. Viele Fabrikbesitzer stellten gerne Kinder ein, denn auch sie konnten die Maschinen bedienen, mussten genauso lange wie Erwachsene arbeiten, bekamen aber einen viel geringeren Lohn. Tausende von Kindern, manche kaum älter als zehn Jahre, arbeiteten am Tag 12 und mehr Stunden. Die Pausen waren kurz; wer zu spät kam oder fehlte, wurde bestraft oder einfach entlassen. Besonders hart waren die Bedingungen im Bergbau. Kinder, die hier arbeiteten, bekamen wochenlang die Sonne nicht zu sehen, sie wurden krank und viele starben schon sehr früh.

Den Eltern blieb aber meistens keine andere Wahl, als ihre Kinder zur Arbeit zu schicken. Denn schließlich mussten alle Familienmitglieder mitverdienen, um die notwendigsten Lebensmittel kaufen zu können.

Q2 *Kinderarbeit in einer Teppichwerkstatt im heutigen Indien*

Gesetze regeln Kinderarbeit

Als man feststellte, dass Jugendliche durch ihre Arbeit oft für den Militärdienst untauglich wurden, erließ der Staat Gesetze. Seit 1839 durften in Preußen Kinder unter zehn Jahren nicht mehr in Fabriken arbeiten. 1853 wurde die Altersgrenze auf 12 Jahre, 1841 auf 14 Jahre angehoben. Doch viele Fabrikherren versuchten diese Vorschriften zu umgehen und Kinder länger oder früher für sich arbeiten zu lassen als erlaubt.

Kinderarbeit – Geschichte?

Im Mai 2004 fand in Berlin der dritte Aktionstag gegen Kinderarbeit statt. Die Kinderhilfswerke „terre des hommes" und UNICEF beklagten, dass weltweit mehr als 200 Millionen Kinder unter 15 Jahren als Schuhputzer, in der Landwirtschaft, in Steinbrüchen oder als Teppichknüpfer ausgebeutet werden. Allerdings sind Experten der Meinung, dass man Kinderarbeit nicht so einfach „abschaffen" kann. Die Not in manchen Ländern ist so groß, dass viele Familien ohne den Verdienst der Kinder nicht überleben könnten.

Q3 *Adelheid Popp berichtet über ihre Erlebnisse als Zwölfjährige:*

Ich wurde in einer Werkstätte aufgenommen, wo ich Tücher häkeln lernte; bei zwölfstündiger fleißiger Arbeit verdiente ich 20 bis 25 Kreuzer im Tage. Wenn ich noch Arbeit für die Nacht nach Hause mitnahm, so wurden es einige Kreuzer mehr. Wenn ich frühmorgens um 6 Uhr in die Arbeit laufen musste, dann schliefen andere Kinder meines Alters noch. Und wenn ich um 8 Uhr abends nach Hause eilte, dann gingen die anderen gut genährt und gepflegt zu Bette. Während ich gebückt bei meiner Arbeit saß und Masche an Masche reihte, spielten sie, gingen spazieren oder sie saßen in der Schule. Damals nahm ich mein Los als etwas Selbstverständliches hin, nur ein heißer Wunsch überkam mich immer wieder: mich nur einmal ausschlafen zu können.

Q4 *Friedrich Engels über Kinderarbeit in seiner Heimatstadt:*

Aber es herrscht ein schreckliches Elend unter den niederen Klassen, besonders bei den Fabrikarbeitern in Wuppertal. In Elberfeld allein werden von 2500 schulpflichtigen Kindern 1200 dem Unterricht entzogen und wachsen in den Fabriken auf, bloß damit der Fabrikherr nicht einem Erwachsenen, dessen Stelle sie vertreten, das Doppelte des Lohnes zu geben nötig hat, das er einem Kinde gibt. Die reichen Fabrikanten aber haben ein weites Gewissen, und ein Kind mehr oder weniger verkommen zu lassen, bringt keine Seele in die Hölle, besonders, wenn sie alle Sonntage zweimal in die Kirche geht.

Q5 *Der Bürgermeister von Ratingen sprach sich 1824 für Kinderarbeit aus:*

Die Kinder arbeiten 12 Stunden. Die nicht in den Fabriken arbeiten, betteln. Die meist gehend oder stehend verrichtete Arbeit in luftigen Gebäuden erhält die Kinder gesund. Die nicht darin Arbeitenden sind krank vor Elend.

Q6 *Angie Rocio Diaz Plazas aus Lateinamerika ist 16 Jahre alt und nahm am „Welttreffen arbeitender Kinder" teil. Sie gab der „Süddeutschen Zeitung" folgendes Interview:*

SZ: Du hast wirklich schon mit fünf Jahren zu arbeiten begonnen?

A: Ja, ich habe Kinder gehütet, geputzt und Recycling gemacht.

SZ: Was heißt das, Recycling machen?

A: Ich habe Müll von der Straße eingesammelt und an Recyclingfirmen verkauft. Irgendwann habe ich damit aufgehört. Die Arbeitsbedingungen waren so schlecht, dass ich keine Lust mehr hatte. Als ich 13 Jahre alt war, habe ich mit drei Freundinnen eine Firma gegründet, in der wir Geschenkkarten herstellen. Als wir anfingen, hatten wir nichts, inzwischen haben wir wenigstens eine alte Maschine (…).

SZ: Gehts du auch noch zur Schule?

A: Ja, vormittags. Dreimal die Woche arbeite ich eben nachmittags. Ohne Arbeit könnte ich mir die Schule gar nicht leisten (…).

SZ: Sollte man Kinderarbeit nicht grundsätzlich verbieten?

A: Wovon sollen wir denn leben? Leuten, die Kinderarbeit verbieten wollen, will ich sagen: Schaut euch die Realität in unseren Ländern an. Wir können es uns nicht leisten, nicht zu arbeiten. Für uns Kinder ist nicht das Arbeiten an sich das Problem, sondern die schlechten Arbeitsbedingungen. Arbeitszeiten für Kinder sind fast immer zu lang, und Kinder werden schlecht bezahlt, weil Erwachsene denken, Kindern müsse man nicht viel geben.

Q7 Kinder in Sonneberg (Thüringen) stellen in Heimarbeit Puppen her.

1. *Beschreibe, zu welchen Arbeiten Kinder früher herangezogen wurden (VT, Q1, Q7). Vergleiche mit der Situation von Kinderarbeit heute (VT, Q1).*
2. *Schildere anhand des VT sowie Q3 und Q4 die Lage der Kinder im Industriezeitalter.*
3. *Wie argumentiert der Ratinger Bürgermeister (Q5)? Was würdest du ihm entgegnen?*
4. *Lies Q7 und gib die Argumente der 16-jährigen Angie mit eigenen Worten wieder. Wie ist deine Meinung zu Kinderarbeit heute?*

9 Arbeiter kämpfen für soziale Gerechtigkeit

Q1 *Der 1. Mai wurde 1889 zum „Kampftag der Arbeit" erklärt* und 1890 erstmals mit Massendemonstrationen begangen (Holzschnitt von 1896).

Die soziale Frage brennt

Die meisten Fabrikbesitzer kümmerten sich wenig um das Los ihrer Arbeiter, waren doch genügend Menschen vor den Fabriktoren, die Arbeit suchten. So konnten die Unternehmer die Löhne, die ohnehin kaum zum Leben reichten, noch weiter senken. Wer krank oder alt wurde, die Arbeitszeiten nicht durchhielt, gegen die Vorarbeiter aufbegehrte oder aufgrund neuer Maschinen überflüssig wurde, wurde entlassen.

Aufstände und Streiks

Das Elend und die Not der Arbeiterfamilien entlud sich an manchen Orten in gewalttätigen Aktionen. In Schlesien erhoben sich 1844 über 3000 Weber. Mit ihren Webstühlen waren sie der maschinellen Konkurrenz hoffnungslos unterlegen und die Unternehmer kauften ihre Stoffe zu Hungerlöhnen auf. In einem Akt der Verzweiflung trieben die Weber die Fabrikanten aus deren Villen und Betrieben. Solche Aufstände blieben in Deutschland aber die Ausnahme. Vielmehr setzten die Arbeiter gewaltlose Streiks ein, um höhere Löhne und bessere Arbeitsbedingungen zu erkämpfen.

Arbeiter organisieren sich

Allmählich erkannten die Arbeiter, dass sie gleiche Interessen hatten und alle zu einer Klasse gehörten: Tagsüber schufteten sie unter ähnlichen Bedingungen in den Fabriken und Bergwerken, nachts hausten sie in den gleichen elenden Wohnungen. Immer mehr Arbeiter schlossen sich in Vereinen zusammen, wo sie Erfahrungen austauschten, Aktionen vorbereiteten und Notkassen einrichteten. Die Arbeitervereine wurden so einflussreich, dass die Behörden 1869 das Streikverbot aufheben und Gewerkschaften zulassen mussten.

1863 kamen Arbeitervertreter aus den einzelnen deutschen Staaten in Leipzig zusammen. Hier gründeten sie den „Allgemeinen Deutschen Arbeiterverein" (ADAV). Zum Präsidenten wählten sie den Journalisten Ferdinand Lassalle, der unter anderem für das allgemeine Wahlrecht kämpfte – allerdings nur für Männer. Sechs Jahre später riefen August Bebel und Wilhelm Liebknecht in Eisenach die „Sozialdemokratische Arbeiterpartei" ins Leben, die sich 1875 mit dem ADAV vereinigte. Seit 1890 heißt diese Partei „Sozialdemokratische Partei Deutschlands" oder kurz: SPD.

Verdächtige Sozialdemokratie

Viele Politiker und Unternehmer misstrauten den Sozialdemokraten zutiefst. 1878 setzte Reichskanzler Bismarck das „Gesetz gegen die gemeingefährlichen Bestrebungen der Sozialdemokratie" durch. Den Sozialdemokraten war nun jede öffentliche Arbeit verwehrt, Versammlungen und Zeitungen wurden verboten, ihre Anhänger überwacht. Diese Maßnahmen sollten die SPD schwächen, doch das Gegenteil war der Fall: Viele Arbeiter hielten nun noch stärker zur Sozialdemokratie. 1890 musste das „Sozialistengesetz" wieder aufgehoben werden.

soziale Frage
Sammelbegriff für die sozialen Probleme, die mit der Industrialisierung entstanden: Kinderarbeit, lange Arbeitszeiten, schlechte Wohnverhältnisse sowie Verelendung der Arbeiterschicht.

Gewerkschaften
sind freiwillige Zusammenschlüsse der Arbeitnehmer. Sie vertreten gegenüber den Arbeitgebern die Interessen ihrer Mitglieder. 1914 gab es in Deutschland ca. 3 Mill. Gewerkschaftler.

Q2 *Auszug aus Heinrich Heines Gedicht „Die schlesischen Weber“:*

Im düstern Auge keine Träne,
Sie sitzen am Webstuhl und fletschen die Zähne:
Deutschland, wir weben dein Leichentuch,
Wir weben hinein den dreifachen Fluch –
Wir weben, wir weben! (...)
Ein Fluch dem König, dem König der Reichen,
Den unser Elend nicht konnte erweichen,
Der den letzten Groschen von uns erpresst
Und uns wie Hunde erschießen lässt –
Wir weben, wir weben! (...)

Q3 *Zur Gründung des „Allgemeinen Deutschen Arbeitervereins“ 1863 schrieb der Dichter Georg Herwegh:*

Mann der Arbeit, aufgewacht!
Und erkenne deine Macht!
Alle Räder stehen still,
wenn dein starker Arm es will.

Q4 *Aus einer Bekanntmachung der Direktion des Märkisch-Westfälischen Bergwerks-Vereins (1878):*

An unsere Arbeiter.

Wir erklären hiermit, dass wir fortan jedem sofort kündigen werden, der sich an sozialdemokratischen (...) Bestrebungen beteiligt, sei es durch Besuch ihrer Versammlungen, oder von Lokalen, wo solche Blätter ausliegen, oder durch Halten und Verbreiten solcher Blätter, Geldunterstützung, oder andere Handlungen ähnlicher Art. Fleiß, Ordnung, Nüchternheit und Sparsamkeit sind die einzigen Mittel, um zu einer gesicherten Existenz zu gelangen und seine Lage zu verbessern.

Q5 *August Bebel (SPD) in einer Rede über die Aufgaben der Gewerkschaften (1900):*

Der einzelne Arbeiter ist dem Unternehmer gegenüber machtlos. Jeder Versuch, auf eigene Faust seine Lage zu verbessern, endet in der Regel mit einer Niederlage. (...) Die einzige Möglichkeit, seine Arbeit und damit seine Lebensbedingungen auf einige Dauer zu verbessern, ist die Vereinigung mit seinesgleichen. Deshalb ist der Beitritt zu einer Gewerkschaft eine Lebensnotwendigkeit für jeden Arbeiter. Die Gewerkschaft erstrebt: Erhöhung des Lohnes nach Maßgabe der Verhältnisse des Arbeitsmarktes, Verkürzung der Arbeitszeit, Herbeiführung menschenwürdiger Zustände im Betrieb, Rechtsschutz, Arbeitslosenunterstützung. (...) Ferner stärkt sie das Solidaritätsgefühl, ohne das kein großes Ziel erreicht werden kann.

1. *Ziehe aus Q2 Rückschlüsse auf den Ausgang des Weberaufstandes.*
2. *Schildere die Situation auf dem Gemälde Q6. Wie werden die Arbeiter und der Unternehmer vom Maler dargestellt? Verfasse einen Zeitungsbericht: „Streik in der Fabrik“.*
3. *Erläutere mithilfe von Q1 und Q3 den sozialdemokratischen Leitspruch „Einigkeit macht stark“.*
4. *Wie reagierten die Regierung und die Unternehmer auf die politischen Aktivitäten der Arbeiter (VT, Q4)? Wie erklärst du diese Maßnahmen?*

Zeitreise multimedial
Das 19. Jahrhundert

Q6 *„Der Beginn des Streiks“* (kolorierter Holzstich nach einem Gemälde von Robert Koehler, 1893)

10 Frauen auf dem Weg zur Emanzipation

Q1 *Frauenversammlung* (Bild von 1899)

Am 19. März 1911 fand der erste Internationale Frauentag statt. Millionen von Frauen in Dänemark, Deutschland, Österreich, der Schweiz und den USA hielten Versammlungen ab und forderten öffentlich neue Arbeitsgesetze: den Achtstundenarbeitstag, gleichen Lohn für gleiche Arbeit, ausreichenden Mutter- und Kinderschutz, festgeschriebene Mindestlöhne sowie ein Wahl- und Stimmrecht für Frauen.

Frauen in den Fabriken

Viele Frauen waren gezwungen auch in den Fabriken zu arbeiten, denn der Verdienst der Männer reichte häufig nicht aus, um die Familien zu ernähren. Allerdings war es nicht einfach, einen Arbeitsplatz zu finden. Auch lagen ihre Löhne fast immer erheblich unter denen der Männer, obwohl sie „an der Seite des Mannes, an den gleichen Maschinen standen und gleiche Produkte fertigten", wie eine Weberin schrieb. Die Frauen und Mädchen arbeiteten 11 bis 14 Stunden am Tag. Verheiratete Frauen mussten zudem für die Kinder und den Haushalt sorgen. Starb der Mann, geriet die Familie trotz Fabrik- oder Heimarbeit in Armut.

Viele Arbeiterinnen schlossen sich in der „proletarischen" Frauenbewegung zusammen, deren führende Vertreterin Clara Zetkin war. Sie kämpfte für den 10-Stunden-Tag und den Arbeitsschutz, für bessere Volksschulen auch für Mädchen sowie für das Frauenwahlrecht.

Die bürgerliche Frauenbewegung

1865 wurde auf der ersten Frauenkonferenz Deutschlands der „Allgemeine Deutsche Frauenverein" gegründet. Zur Vorsitzenden wählten die Teilnehmerinnen Luise Otto-Peters, die sich schon in der Zeit von 1848/49 für die Rechte der Frauen eingesetzt hatte. Die Mitglieder des Frauenvereins setzten sich besonders dafür ein, dass Mädchen und Frauen aus der Mittelschicht die gleichen Bildungs- und Berufschancen wie die Männer erhielten. So war es bisher Mädchen und jungen Frauen nicht erlaubt, das Gymnasium oder die Universität zu besuchen – angeblich weil Frauen weniger begabt waren als Männer. So behaupteten es jedenfalls Gelehrte seit Jahrzehnten.

Sollen Frauen wählen?

In den 70er-Jahren des 19. Jahrhunderts forderten immer mehr Frauen ihr Stimmrecht. Mit Demonstrationen versuchten sie öffentliches Aufsehen zu erregen und so auf ihr Anliegen aufmerksam zu machen. Bereits 1869 hatte August Bebel für das Frauenstimmrecht gesprochen, aber erst 1891 wurde es in das Parteiprogramm der SPD aufgenommen. Am 12. November 1918 wurde dann das Frauenwahlrecht in der Verfassung der Weimarer Republik festgeschrieben. Marie Juchacz , die als erste gewählte Frau in einem deutschen Parlament sprach, sagte 1919 dazu: „Was die Regierung getan hat, war eine Selbstverständlichkeit. Sie hat den Frauen gegeben, was ihnen bis dahin zu Unrecht vorenthalten worden ist."

Q2 *In Paragraph 8 des Preußischen Vereinsgesetzes vom 11. März 1850, das bis 1908 gültig war, heißt es:*

Für Vereine, welche bezwecken, politische Gegenstände in Versammlungen zu erörtern, gelten nachstehende Bedingungen: Sie dürfen keine Frauenspersonen, Schüler, Lehrlinge als Mitglieder aufnehmen. Frauenspersonen, Schüler und Lehrlinge dürfen den Versammlungen und Sitzungen solcher politischen Vereine nicht beiwohnen. Werden dieselben auf Aufforderung nicht entfernt, so ist Grund zur Auflösung der Versammlung oder der Sitzung vorhanden.

Q3 *Helene Lange forderte 1888 eine Reform zur Ausbildung von Lehrerinnen:*

Es muss gesagt werden, dass viele Lehrerinnen nicht wissen, was Studium bedeutet. Solches Wissen kann eine Lehrerin heute nur bei besonderer Begabung und auf Umwegen erwerben. Anleitung, wie sie dem studierenden Mann geboten wird, findet sie nicht. In der Hand der Männer liegt die Gewalt, sie allein können den Zuständen abhelfen, die auf dem Gebiet der Mädchen- und Lehrerinnenausbildung herrschen. Schafft Bildungsanstalten für Lehrerinnen!

Q4 *Diesen Bericht einer Fabrikarbeiterin druckte eine Zeitung im Jahre 1909:*

Wenn der Morgen grau heraufdämmert, so eilen wir (…) mit unseren kleinen Kindern in Scharen durch die Gassen, um die Kleinen tagsüber unterzubringen. (…) Sind die Kinder versorgt, so laufen die Mütter hastig zur Fabrik, um an surrenden Maschinen ein Stück Brot zu verdienen. (…) Um 1/2 12 Uhr mittags geht es im Laufschritt (…) nach Hause, um das berühmte Proletarieressen, Kartoffeln und Hering, zu richten. (…) Um 1 Uhr geht es dann wieder im Trab in die Fabrik, wo wir müde und gehetzt bis halb 6 oder halb 7 schanzen. (…) Sobald wir gegessen haben und die Kinder zu Bett gebracht sind, beginnt für uns Frauen die Quälerei von neuem. (…) Wir hasten an den Bach, um zu waschen. Gar manchmal wird es 12 Uhr und noch später, bis wir damit fertig sind.

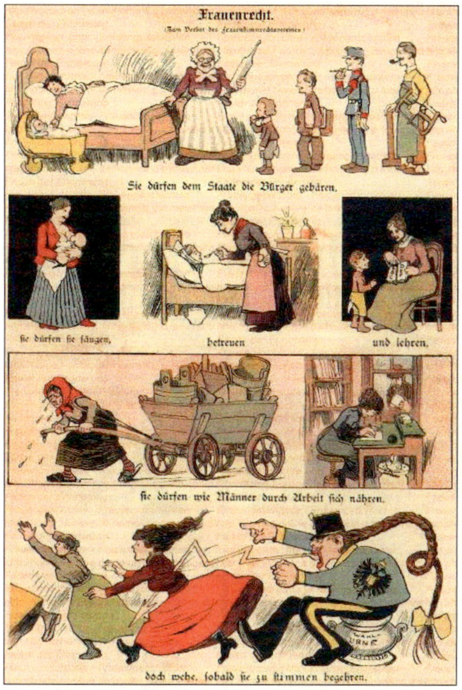

Q5 *Frauenrecht* (zeitgenössische Karikatur). Die Bildunterschriften lauten:
Sie dürfen dem Staate die Bürger gebären,
sie dürfen sie säugen,
betreuen und lehren,
sie dürfen wie Männer
durch Arbeit sich nähren,
doch wehe, sobald sie zu stimmen begehren.

Industriezweig	*Männer*	*Frauen*
Walzwerk	2,46	0,98
Stahlwerk	2,54	1,33
Zuckerfabrik	1,73	0,53
Porzellanfabrik	1,32	0,34
Wollwarenfabrik	1,65	0,98
Baumwollspinnerei	1,34	0,63
Tabak- u. Zigarrenfabrik	2,08	1,06
Pulverfabrik	1,86	0,61

D1 *Löhne von Frauen und Männern 1888 (in Mark):*

1. *Liste die Ziele der Frauenbewegung in einer Tabelle auf (VT, Q3, D1, D2).*
2. *Benenne die Widerstände, gegen die sich die Frauen durchsetzen mussten (VT, Q2, Q3).*
3. *Beschreibe die einzelnen Bilder der Karikatur Q5. Welche Meinung vertritt der Zeichner wohl zur Frauenbewegung?*

D2 *Einführung des Frauenwahlrechts* (Auswahl)

Jahr	*Staat*		
1869	Wyoming (USA)	1932	Brasilien
1902	Australien	1934	Türkei
1913	Norwegen	1935	Indien
1917	Kanada, Sowjetunion	1944	Frankreich
1918	Großbritannien, USA	1946	Japan
1919	Deutschland, Österreich, Polen	1948	Israel
1931	Spanien	1952	Griechenland
		1971	Schweiz
		1990	Kanton Appenzell (Schweiz)

11 Kirchen, Staat und Unternehmer reagieren

Q1 *Plakat zur deutschen Sozialversicherung (1913)*

Aus christlicher Nächstenliebe

Angesichts der extremen Verelendung vieler Arbeiterfamilien erhoben die beiden christlichen Kirchen weit reichende Forderungen: Die tägliche Arbeitszeit sollte verkürzt, der Arbeitslohn gerechter bemessen und die Kinderarbeit verboten werden. Auch setzten sich die Kirchen dafür ein, dass christliche Gewerkschaften gebildet wurden. Um Arbeiterfamilien unmittelbar helfen zu können, gründeten sie eigene Organisationen: 1848 die evangelische Innere Mission und 1897 die katholische Caritas.

Auch einige Geistliche wurden aktiv. So gründete der Priester Adolph Kolping den katholischen Gesellenverein. In den Kolpinghäusern fanden jüngere und allein stehende Handwerksgesellen ein Zuhause. In Hamburg baute der Pfarrer Johann Hinrich Wichern das „Raue Haus" auf, das verwaiste und verwahrloste Kinder aufnahm. Hier wohnten sie in Gruppen zusammen, wurden betreut und machten in Lehrbetrieben eine Ausbildung zu Handwerkern.

Weitere Informationen über das Rauhe Haus und die Kolpingwerke findest du im Internet unter: www.rauheshaus.de und www.international.kolping.de

Initiativen von Unternehmern

Auch manche Unternehmer sahen ein, dass es nicht ihr einziges Ziel sein konnte, ihren Gewinn zu vergrößern. Einige hatten auch erkannt, dass ein Betrieb ein besseres Ergebnis erwirtschaftet, wenn die Menschen, die darin arbeiten, zufrieden sind.

Der Essener Fabrikant Alfred Krupp gründete eine Betriebskrankenkasse und ließ Werkswohnungen für Arbeiterfamilien bauen; dafür erwartete er Betriebstreue und politisches Wohlverhalten. Ferdinand Stumm, ein mächtiger Konzernherr an der Saar, gewährte eine Kranken- und Altersversorgung sowie billige Betriebswohnungen. Dafür erwartete er eiserne Disziplin am Arbeitsplatz. Einen partnerschaftlichen Weg ging Ernst Abbe von den Zeiss-Werken in Jena: Er beteiligte die Belegschaft am Unternehmen und seinen Gewinnen.

Staatliche Sozialpolitik

Auch die Regierung kam nicht umhin, sich der sozialen Frage anzunehmen. Denn sie fürchtete, dass sich die Arbeiter noch stärker den Sozialdemokraten zuwenden würden, wenn sich der Staat nicht um ihre Not kümmerte. Deshalb erließ Reichskanzler Bismarck Sozialgesetze: 1883 die Krankenversicherung, 1884 die Unfall- und 1889 die Invaliditäts- und Altersversicherung.

Diese Sozialversicherungen werden heute unterschiedlich bewertet. Die einen verweisen darauf, dass die tatsächlich ausgezahlten Beiträge enttäuschend niedrig waren. So betrug die durchschnittliche Altersrente 1912 nur knapp 20% des Lohnes, Witwen erhielten noch weniger. Manche kritisieren auch, dass die Arbeiter einen Großteil der Versicherungsleistungen durch ihre Beiträge selbst finanzierten. Andere betonen dagegen, dass es nach der Einführung der Sozialversicherung große Verbesserungen im Vergleich zu vorher gegeben habe.

Q2 *„Kapitalistische Wohltaten"* (Karikatur von A. Staehle aus „Der wahre Jacob", 1905). Die Unterschrift lautet: „Der Kapitalist: So! Der läuft mir nicht mehr davon!"

Q3 *Der Unternehmer Werner Siemens begründet die Einrichtung einer Rentenkasse für „seine" Arbeiter im Jahr 1872:*

Es ist (...) von höchster Wichtigkeit einen festen Arbeiterstamm zu schaffen, und zwar umso mehr, je weiter die Arbeitsteilung und die Maschinenarbeit entwickelt wird. Dies soll nun wesentlich durch unsere Pensionskasse bewirkt werden. (...) Steht bei ihnen erst unwandelbar fest, dass denen, die bei uns bleiben, die Sorge für ihr Alter und ihre Familie genommen ist, so werden sie dadurch fest an das Geschäft geknüpft, sie werden den Umsturztheorien der Sozialisten abhold, werden sich Streiks widersetzen und haben eigenes Interesse am Gedeihen des Geschäfts.

Q4 *In einer kaiserlichen Botschaft von 1881 heißt es:*

Aber auch diejenigen, welche durch Alter oder Invalidität erwerbsunfähig werden, haben der Gesamtheit gegenüber einen begründeten Anspruch auf ein höheres Maß an Fürsorge, als ihnen bisher hat zuteil werden können. Für diese Fürsorge die rechten Mittel und Wege zu finden, ist eine schwierige, aber auch eine der höchsten Aufgaben jedes Gemeinwesens, welches auf den sittlichen Fundamenten des christlichen Volkslebens steht.

„Es ist nicht leicht, unter Bismarck Kaiser zu sein," soll Kaiser Wilhelm I. bei dieser Botschaft gesagt haben.

1 Nenne Gründe für die sozialen Maßnahmen der Kirchen, der Unternehmer und des Staates (VT, Q3 und Q4) und bewerte sie.

2 Betrachte das Plakat Q1. Welchen Eindruck soll das Plakat erwecken?

3 Vergleiche die Schaubilder D1 und D2 miteinander.

4 Untersuche die Karikatur Q2 und arbeite heraus, welche Meinung der Zeichner zu den Sozialversicherungen vertritt.

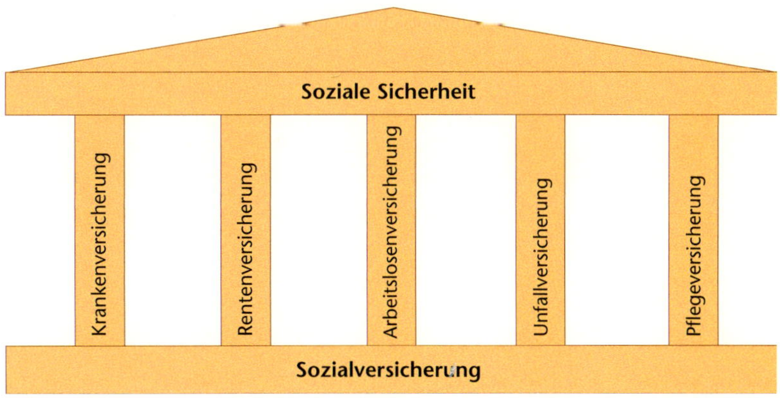

D1 *Soziale Sicherheit heute:* Nach dem Grundgesetz ist Deutschland ein „demokratischer und sozialer Bundesstaat". Ein Sozialstaat verpflichtet sich, alle im Land lebenden Menschen sozial abzusichern. Man spricht auch von einem „sozialen Netz", das alle Bürger im Notfall auffängt. Ein wichtiger Eckpfeiler des deutschen Sozialstaats ist die gesetzliche Sozialversicherung.

D2 *Sozialversicherung im deutschen Kaiserreich*

Versicherungsart	***Beiträge***	***Leistungen***
Krankenversicherung 1883 für gewerbliche Arbeiter und (freiwillig ab 1882) Angehörige	2–3 % des Lohns; $\frac{2}{3}$ vom Versicherten, $\frac{1}{3}$ vom Arbeitgeber	ärztliche Behandlung und Medizin, Krankenhauskosten; nach zweitägiger Wartezeit Krankengeld (50-% des Durchschnittslohns, max. 2 Mark/Tag)
Unfallversicherung 1884 für gewerbliche Arbeiter	als Haftplicht vom Arbeitgeber zu zahlen	Heilungskosten; bei Erwerbsunfähigkeit $\frac{2}{3}$ des Einkommens, $\frac{1}{5}$ für Witwen
Invaliden- und Altersversicherung 1889 für Gewerbe- und Landarbeiter (ab 1911 auch für Familienangehörige)	1 % (ab 1900 1,5–3-%) des Lohns, je zur Hälfte von Arbeitnehmern und Arbeitgebern	Invalidenrente bei Erwerbsunfähigkeit (1911): 1,1 Mio. Rentenbezieher von durchschnittlich 187 Mark/Jahr; Altersrente ab 70.-Lebensjahr und nach 30 Beitragsjahren (ab 1900: 24 Beitragsjahre)

12 Die Diakonie aus Kaiserswerth

Q 1 *Porträts von Friederike und Theodor Fliedner (um 1850)*

Die Innere Mission und die Caritas sind zwei kirchliche Hilfswerke in Deutschland. In der Zeit der Industrialisierung halfen sie die Not vieler Arbeiterfamilien zu lindern. Um die „Vergessenen" der Gesellschaft – vor allem entlassene Strafgefangene, Kranke und verwahrloste Kinder – kümmerten sich andere Einrichtungen der Kirche, zum Beispiel die Diakonie aus Kaiserswerth.

Ein junger Pfarrer macht den Anfang

1822 erhielt der junge Pfarrer Theodor Fliedner eine Pfarrstelle in Kaiserswerth. In diesem Ort verloren immer mehr Menschen ihre Arbeitsstelle, andere konnten kaum ihren Lebensunterhalt verdienen. Um Geld für seine Gemeinde zu sammeln, reiste Fliedner in die Niederlande und nach Großbritannien, wo er Predigten in reichen Gemeinden hielt. In England lernte er Elizabeth Fry kennen, die sich für Menschen einsetzte, die in Gefängnissen lebten. Von dieser Arbeit sehr beeindruckt, gründete Theodor Fliedner 1826 selbst eine Gefängnisgesellschaft, die sich besonders um entlassene Strafgefangene kümmerte. Wenig später lernte er Friederike Münster kennen, die verwahrloste Mädchen unterrichtete. 1828 heirateten sie.

Die Diakonie entsteht

Das Ehepaar Fliedner erlebte, wie arme, alte und einsame Menschen ohne Hilfe dahinsiechten, wenn sie krank wurden. Um Armen und Alten zu helfen und ihnen ein menschenwürdiges Leben zu geben, kauften sie ein großes Haus, bauten es zu einem Krankenhaus um und richteten eine Krankenhausschule ein. Im Oktober 1836 wurde das „Diakonissenhaus Kaiserswerth" eröffnet. Obwohl es strenge Aufnahmebestimmungen gab und die Ausbildung zur Diakonisse fast fünf Jahre dauerte, hatte die Schule großen Zulauf. Immer mehr junge Frauen wollten sich zu Krankenschwestern ausbilden lassen. Bald arbeiteten diese Frauen nicht nur in Kaiserswerth, sondern in der ganzen Welt.

Die Diakonie heute

In der Tradition von Friederike und Theodor Fliedner arbeiten viele diakonische Einrichtungen in Deutschland weiter. Die Werke, zusammengeschlossen im Kaiserswerther Verband deutscher Diakonissen-Mutterhäuser, beschäftigen über 40 000 Mitarbeiterinnen und Mitarbeiter. Auch wenn die Zahl der Diakonissen in den letzten Jahren stark zurückgegangen ist, sind die Mitglieder der diakonischen Gemeinschaften noch immer wichtige Partner der Arbeit.

Fragen, die damals und heute die Menschen bewegen, versucht die Diakonie zu lösen: Wie geht die Gesellschaft mit Schwachen und Hilfsbedürftigen um? Wo muss für soziale Gerechtigkeit gesorgt werden? Beispielhaft für die Arbeit der Diakonie kann die ehemalige Diakonissenanstalt in Kaiserswerth sein. Über 2000 Mitarbeiterinnen und Mitarbeiter arbeiten bei ihr. Neben einem großen Krankenhaus gibt es ein umfassendes Angebot der Aus- und Weiterbildung, sozialpädagische Arbeitsfelder und einen großen Bereich der Altenhilfe.

A-Z

Diakon/Diakonisse

Das Wort kommt aus dem Griechischen und heißt übersetzt Diener. Heute ist der Diakon oft Gemeindehelfer oder in der Jugendarbeit tätig. Frauen arbeiten in den Gemeinden als Krankenschwester, in der Kindererziehung oder der Jugendfürsorge.

Q2 *Tagesordnung der Diakonissen von Kaiserswerth (1837):*

6 Uhr im Winter, 5 Uhr im Sommer: Aufstehen. Gebet, Betten machen, Schlafstube aufräumen. Beginn des Dienstes auf der Krankenstation.

7 Uhr: Gebet, Frühstück der Diakonissen, Hausgottesdienst. Anschließend bis 11 Uhr Arbeit auf den Stationen: Betten machen, Waschen der Kranken, Ausleeren der Nachttöpfe, Begleitung des Arztes bei den Krankenbesuchen, Berichten über den Zustand der Kranken, Anweisungen des Arztes aufschreiben.

11 Uhr: Mittagessen der Kranken.

12 Uhr: Mittagessen der Diakonissen, Bibelworte, Lied, Gebet.

13–14 Uhr: Abwechselnd können die Diakonissen im Garten spazieren gehen.

14–18 Uhr: Dienst auf der Station.

18 Uhr: Abendessen der Kranken.

19 Uhr: Abendessen der Diakonissen, danach gemeinschaftliches Nähen, Stricken, Häkeln, wenn kein Unterricht vom Arzt erteilt wird. Um 21 Uhr werden noch einmal die Kranken besucht, danach ist die Hausandacht; um 22 Uhr schlafen die Diakonissen. Sind die Krankheiten der Patienten sehr schlimm, so wacht eine Schwester von 22 bis 4 Uhr und darf dann bis gegen Mittag schlafen.

Jahr	*Diakonissen*	*Patientinnen/ Patienten*
1837	7	60
1841	29	192
1843	61	292
1854	222	628
1861	386	621

D1 *links: Ausbildung und Hilfeleistung im Diakonissenhaus Kaiserswerth*

Q3 *oben: Das Diakonissen- und Krankenhaus;* Krankenträger bringen einen Patienten in einer von Theodor Fliedner entworfenen Trage.
unten: Der Kinderkrankensaal
(Lithografien nach Zeichnungen von J. B. Sonderland, um 1850).

Q4 *Logo der Diakonissenanstalt in Kaiserwerth heute.*

Kaiserswerther Diakonie

1. *Versetze dich in Theodor Fliedner und verfasse einen Vortrag, mit dem du eine reiche Gemeinde von deiner Arbeit überzeugen möchtest.*
2. *Überlege, warum das Diakonissenhaus nach der Gründung so großen Zulauf hatte, während Mädchen und Frauen heute kaum noch Diakonissen werden wollen (Q2, Q3, D1).*
3. *Beschreibe mit eigenen Worten, welche Aufgaben die Diakonie heute wahrnimmt (VT).*
4. *Was sagt das Logo (Q4) über das Selbstverständnis der Diakonie noch heute aus?*

13 Von der „Maloche" zur Dienstleistung

Q1 *Bergarbeiter demonstrieren am 11. November 1996 gegen die geplante Zechenstilllegung in Gladbeck.*

Stahl und Kohle in der Krise

Rund 150 Jahre lang war das Ruhrgebiet das industrielle Herz und der wirtschaftliche Motor Deutschlands. Stahl und Kohle hatten dem Revier zu großem Wohlstand verholfen, fast jeder dritte Arbeitnehmer „malochte" unter Tage oder im Stahlwerk. Als es in den Sechzigerjahren mit den Bergbauzechen und Hüttenwerken „bergab" ging, bedeutete das den Niedergang einer ganzen Region. Mehr und mehr Zechen wurden geschlossen, Hochöfen stillgelegt und Arbeitsplätze vernichtet.

Neue Energien

Wie war es zum „Zechensterben" gekommen? Zum einen verdrängten Erdöl und Erdgas allmählich die Kohle als Energieträger. Zum anderen hatte sich die Stahl- und Eisenindustrie technisch weiterentwickelt. Hatte man für die Produktion von einer Tonne Roheisen lange Zeit eine Tonne Koks benötigt, brauchten die neueren Hochöfen nur noch 540 kg Koks. Zudem sank der Bedarf an Stahl insgesamt, sodass viele Werke nicht mehr ausgelastet waren und geschlossen wurden.

Q2 *Flugblatt aus der Zeit des „Zechensterbens"*

Strukturwandel im Ruhrgebiet

Langsam reifte in den Köpfen der Menschen die schmerzhafte Erkenntnis, dass die Dauerkrise nur zu überwinden war, wenn man sich neuen Wirtschaftsbereichen zuwandte. Telekommunikation und Computerindustrie sollten die Zukunft des Ruhrgebiets sichern. Während im Kohle- und Stahlbereich heute nur noch knapp 9% der Erwerbstätigen arbeiten, entstanden ab Mitte der Achtzigerjahre über 200 000 neue Arbeitsplätze vor allem im Dienstleistungsbereich. Industrieanlagen sind großen Einkaufszentren gewichen, ehemalige Zechen beherbergen neue High-Tech-Unternehmen.
Doch der Weg von Stahl und Kohle hin zur Dienstleistungsgesellschaft ist langwierig und schwierig, und längst nicht alle ehemaligen „Kumpel" fanden einen neuen Arbeitsplatz. Arbeitslosigkeit und Unsicherheit beherrschen deshalb viele Menschen in der Region.

Der Preis des Fortschritts

Man unterscheidet heute drei industrielle Revolutionen. Jede Stufe hat den Menschen einen höheren Lebensstandard bereitet, aber der Natur auch weitere Schäden zugefügt. Eisenbahnen und Straßen veränderten die Landschaften, Wiesen und Felder fielen dem Wohnungsbau und neuen Industrieanlagen zum Opfer.
Luftverschmutzung, Waldsterben, Gewässerverunreinigung und Belastung der Böden nahmen ständig zu. Erst nach und nach wurde den Menschen bewusst, wie hoch der Preis der Industrialisierung wirklich war. Nationale und internationale Organisationen wie der „Bund für Umwelt und Naturschutz Deutschland" (BUND) und „Greenpeace", aber auch Bürgerinitiativen und Umweltgruppen vor Ort kämpfen heute mit teilweise spektakulären Aktionen dafür, die Welt, die uns umgibt, zu erhalten.

Q3 *Jürgen Rüttgers über den Strukturwandel im Ruhrgebiet (Recklinghausen 1999):*
In 140 Zechen wurde früher im Ruhrgebiet Kohle gemacht. Im größten Industriegebiet Europas ist die Arbeit immer noch zu Hause, aber in Kohle und Stahl ist nur noch ein Bruchteil der Menschen beschäftigt. Ruhrgebiet, das bedeutet heute nicht mehr nur Zeche und Hochofen, Duisburg-Rheinhausen, Zollverein, Brieftauben, Ruhrschnellweg und Schalke, sondern mittlerweile auch: Grüne Lunge und IBA, High Tech und Dienstleistung, Musical und Shopping, Kunst und Kultur. All die Veränderungen und Entwicklungen sind an den Menschen nicht spurlos vorübergegangen. Viele mussten sich beruflich und wirtschaftlich völlig neu orientieren. Sie erlebten persönliche Umbrüche, die in Deutschland höchstens noch von denen in den neuen Ländern nach der Wende übertroffen werden.

Q4 *Die stillgelegte Zeche „Zollverein"* im Essener Norden wurde 2001 ins UNESCO-Weltkulturerbe aufgenommen. Im alten Kesselhaus befindet sich heute das Design-Zentrum NRW, die ehemalige Lesebandhalle wird als Konzertsaal genutzt, ein Ruhrmuseum ist in Planung.

D1 *Entwicklungsstufen der Industrialisierung in Deutschland:*

	Erste industrielle Revolution	*Zweite industrielle Revolution*	*Dritte industrielle Revolution*
Beginn	Mitte des 19. Jahrhunderts	Ende des 19. Jahrhunderts	nach 1945
Merkmale	– Übergang von der Agrar- zur Industriegesellschaft – Fabrikarbeit – Einsatz von Kraft- und Arbeitsmaschinen – Arbeitsteilung – Massenproduktion	– Erfindungen in der Elektroindustrie, in der chemischen Industrie und im Fahrzeugbau – Anwachsen der Dienstleistungsberufe – Rationalisierung der Produktion, z. B. Fließbandarbeit	– Erfindungen in der Mikroelektronik – Ausbau der Telekommunikation – Übergang zur Robotertechnik – Automatisierung der Produktion

D2 *Der deutsche Steinkohlenbergbau (1950 – 2002):*

Jahr	*Zahl der fördernden Bergwerke*	*Förderung (in 1000 Tonnen)*	*Zahl der Belegschaft insgesamt*
1950	177	125 739	538 076
1960	146	142 287	490 190
1970	69	111 271	252 742
1980	39	86 574	186 822
1990	27	69 762	130 255
2003	10	25 684	45 581

1 Ordne den einzelnen Entwicklungsstufen in der Tabelle D1 konkrete Ereignisse zu. Die ADS 154/155 kann dir dabei helfen.

2 Erläutere, inwiefern die Zeche „Zollverein" (Q4) ein Beispiel für den Strukturwandel im Ruhrgebiet ist.

3 Stelle die Probleme zusammen, die mit den Veränderungen im Ruhrgebiet verbunden sind (VT, Q1, Q2, Q3).

4 Fertige eine Collage zum Thema „Mensch – Umwelt – Technik" an.

14 Projekt
Ein Besuch im Landschaftspark Duisburg-Nord

Hier floss das Eisen, hier glühten tausend Feuer in der Nacht. Im Hüttenwerk Duisburg-Meiderich brannten die Hochöfen 24 Stunden am Tag, 365 Tage im Jahr. 1985 kam trotz moderner Technik der Anfang vom Ende: Nach 82 Jahren und einer Produktion von 37 Millionen Tonnen Roheisen wurde das Thyssen-Eisenwerk stillgelegt. Dank massiver Proteste der ehemaligen Beschäftigten konnte der Abriss der Anlage aber verhindert werden. Stattdessen entstand auf dem ca. 200 Hektar großen Werksgelände ein Industriepark.
1991 öffnete die umgewandelte Produktionsstätte, die bis dahin von den Bewohnern der Region nicht betreten werden durfte, ihre Tore. Besucher haben nun die Möglichkeit, ein nahezu komplett erhaltenes Industriedenkmal mit Hochöfen, Gasometer, Gießerei, Kraftzentrale, Gebläsehalle und Pumpenhaus zu erkunden. Ein industriegeschichtlicher Pfad erläutert die einzelnen Bauten in ihrer früheren Funktion, sodass der komplizierte Prozess der Verhüttung von Erz zu Roheisen durch Steinkohlenkoks sehr gut nachvollziehbar wird. Eine spannende Alternative zum Rundgang bei Tage bieten nächtliche Fackel-Führungen, die ehemalige Werksangehörige leiten.

Q1 *Erkundungspark:* Wer der Industriegeschichte auf eigene Faust begegnen will, kann sich an mehr als 40 Stationen über die Bedeutung des jeweiligen Ortes informieren. Eine Dauerausstellung setzt sich mit dem Rohstoff Eisen auseinander.

Q2 *Ort der Erinnerung:* Viele Duisburger bezeichnen den Koloss aus Eisen und Stahl als „Kathedrale der Arbeit“. Mehr als ein Dreivierteljahrhundert hat der Lärm der Maschinenhallen und das Feuer der Stahlkocher das Bild des Duisburger Nordens geprägt.

Q3 *Neues Leben in alten Gemäuern:* Der geflutete Gasometer beherbergt heute ein Tauchsportzentrum. Die Wände der Bunker, in denen früher Rohstoffe für die Hochöfen lagerten, dienen mittlerweile als Übungsstätte für Freizeit- und Sportkletterer.

Q4 *Hochofen 5 ist begehbar:* Die Aussichtsplattform in 80 m Höhe eröffnet einen Rundblick über den Park und die umliegende Industrielandschaft.

Q5 *Wahrzeichen des Wandels:* Wenn im Landschaftspark nachts die Lichter angehen, ragt die Vergangenheit in die Zukunft. Der britische Künstler Jonathan Park hat die Industriekulisse ausgeleuchtet.

15 Abschluss
Auf der Route der Industriekultur

Die Route der Industriekultur ist ein 400 km langer Rundkurs durch die Region um Rhein und Ruhr, Emscher und Lippe. Besucher können Industriedenkmäler, Museen, Siedlungen und Aussichtspunkte aufsuchen und der Industriegeschichte vor Ort nachspüren. Informationen gibt es unter www.route-industriekultur.de

Der Gasometer der Gutehoffnungshütte in Oberhausen wurde 1929 errichtet. Heute dient das 116 m hohe Industriedenkmal als Aussichtsturm und Ausstellungsraum.

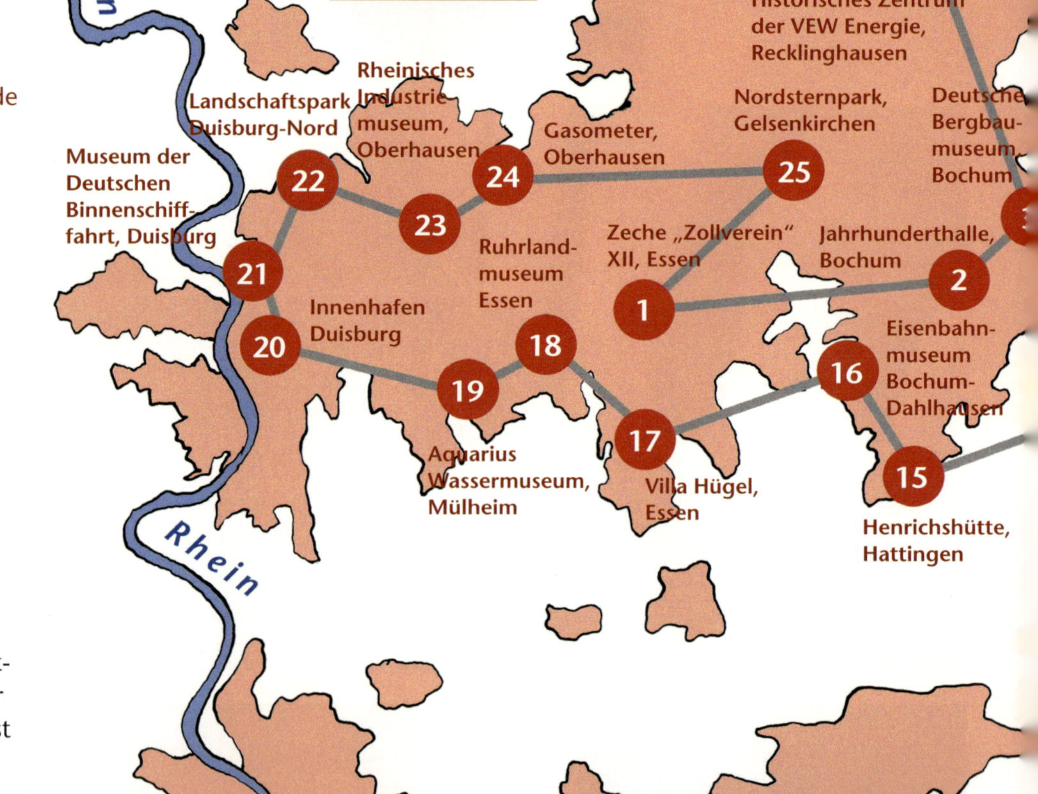

Auf zur Tour de Ruhr!
Suche dir eine Spielpartnerin oder einen -partner. Jeder von euch benötigt eine Spielfigur. Start ist an der Zeche „Zollverein“ (Feld 1). Lost aus, wer mit dem Fragen beginnt. Aus der Fragentrommel wählst du eine Frage aus, die dein Mitspieler beantworten muss. Bei richtiger Antwort darf er je nach Schwierigkeitsgrad der Frage ein bis vier Felder vorrücken. Ist die Antwort falsch, geht es 2 Felder zurück. Die Lösungen kannst du auf den angegebenen Seiten nachlesen. Dann fragt dein Partner und du antwortest. Wer am Ende die meisten Stationen auf der Tour de Ruhr zurückgelegt hat, hat gewonnen.

Das Spiel lässt sich ausdehnen, indem ihr euch selbst weitere Fragen überlegt.

Die Villa Hügel war bis 1945 Wohnsitz der Industriellenfamilie Krupp. Eine Dauerausstellung im „kleinen Haus“ gibt einen Überblick über die Firmen- und Familiengeschichte.

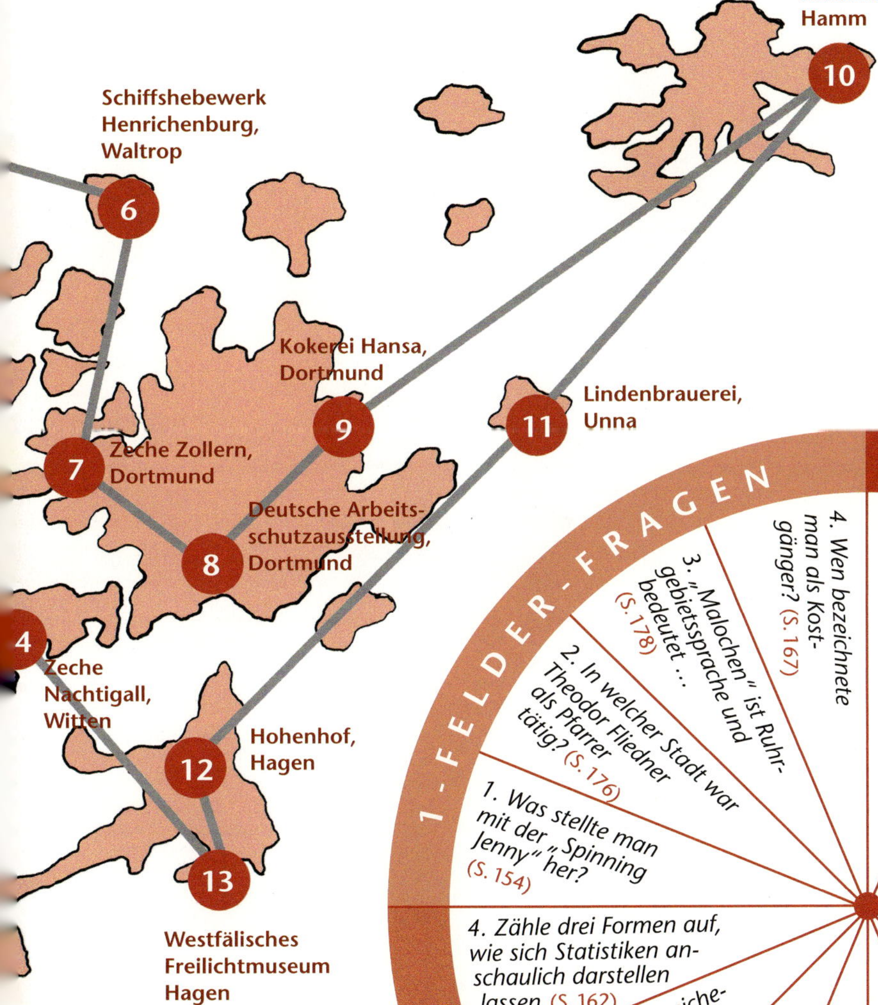

Die Jahrhunderthalle wurde zur Industrieausstellung 1902 in Düsseldorf erbaut, anschließend demontiert und als Gasgebläsehalle in Bochum wieder aufgebaut.

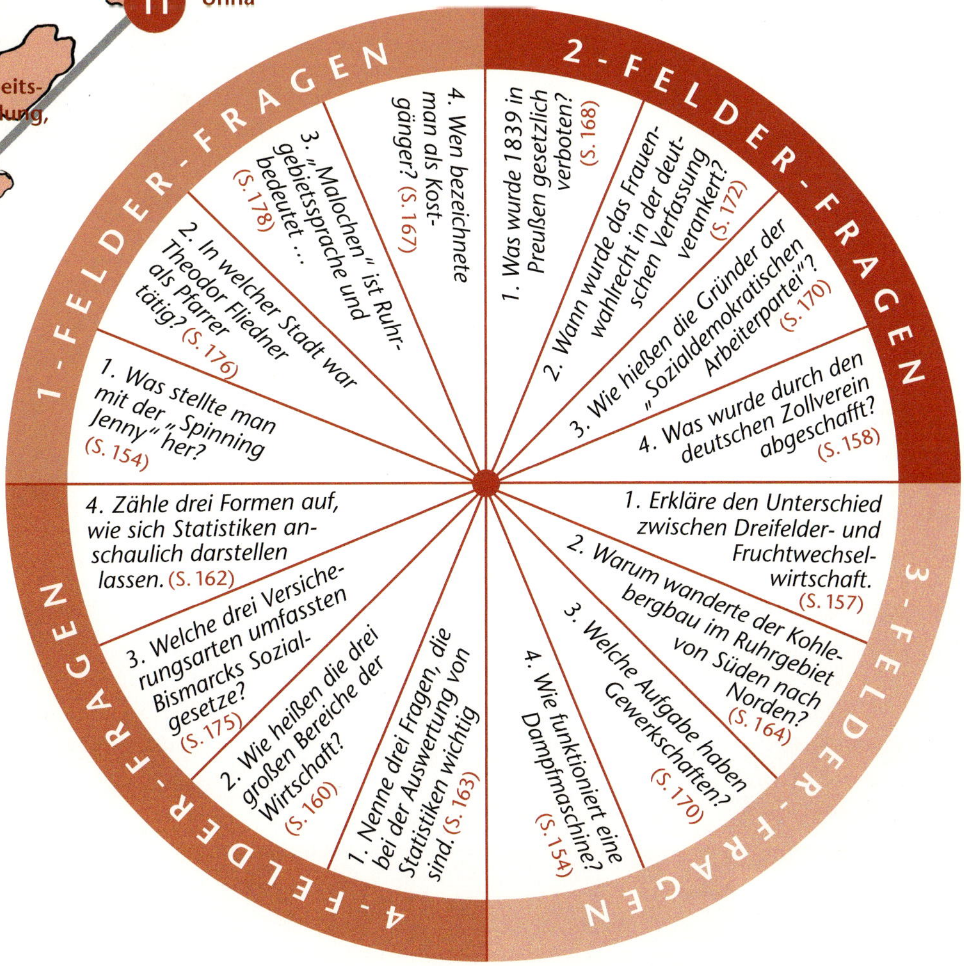

ab 1880

„Wettlauf" der europäischen Staaten um Kolonien in Afrika und im Pazifik

1890

„Deutsch-Ostafrika", die erste Kolonie des Deutschen Reiches, wird gegründet.

1904

Aufstand der Herero in Deutsch-Südwestafrika

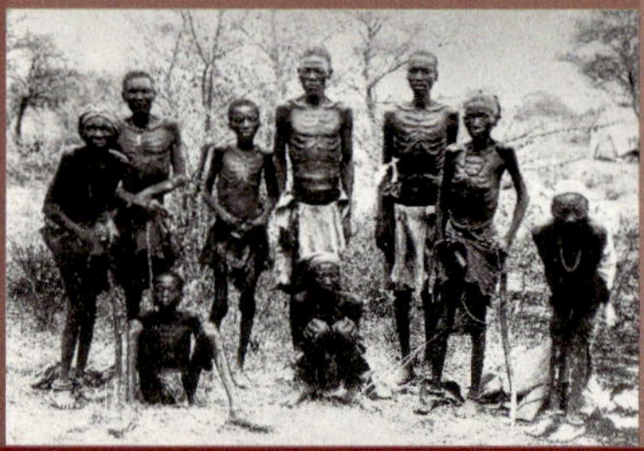

1912/13

Kriege in den Ländern auf dem Balkan.

Imperialismus und Erster Weltkrieg

„Einen Platz an der Sonne" wünschte sich Kaiser Wilhelm II. 1884 für das Deutsche Reich. Zu der Zeit hatte bereits ein allgemeiner Wettlauf unter den europäischen Großmächten um Kolonien überall in der Welt begonnen. Um die Jahrhundertwende waren praktisch ganz Afrika und Südostasien unter den europäischen Mächten aufgeteilt und die einheimischen Völker von den weißen „Herren" unterworfen. Doch damit nicht genug – einige Jahre später führte die Rivalität zwischen den europäischen Mächten in eine unvorstellbare Katastrophe.

Wie die Europäer mit den einheimischen Menschen in den afrikanischen Gebieten umgingen, zeigt diese Postkarte von 1906 aus der Kolonie Deutsch-Ostafrika. Der handschriftliche Zusatz lautet: „ Die schönsten Grüße aus dem schwarzen Erdteil."

1914

Das Attentat von Sarajewo am . Juni löst den Ersten Weltkrieg aus.

1917

Die USA treten in den Krieg ein.

1918

Im November wird ein Waffenstillstandsvertrag unterzeichnet und der Krieg beendet.

1 Die Europäer teilen die Welt unter sich auf

Q1 *„Wenn das Wetter hält, soll nächstens die Fassade unseres Erdballs frisch gestrichen werden."* So lautet die Unterschrift dieser Karikatur aus einer deutschen Zeitschrift von 1884.

Imperialismus
von lat. imperium = Macht, Herrschaft, Reich.
Dieser Begriff bezeichnet ganz allgemein die Herrschaft eines Reiches über die Bevölkerung eines fremden Landes. Meistens wird der Begriff für die Jahre 1880 bis 1914 verwendet, in der die europäischen Großmächte weite Gebiete in Afrika und Südostasien in ihren Besitz brachten.

Wettlauf um Kolonien

Mitte des 19. Jahrhunderts war eine Reihe europäischer Staaten durch den Überseehandel und die Industrialisierung wohlhabend und mächtig geworden. Sie strebten nun nach noch mehr Reichtum und politischem Gewicht. Viele Politiker und Unternehmer in fast allen europäischen Staaten forderten daher, sich Gebiete in Afrika und Asien anzueignen. Im letzten Drittel des 19. Jahrhunderts kam es auf diesen beiden Erdteilen zu einem regelrechten Wettlauf der europäischen Großmächte um die noch nicht kolonisierten Gebiete.

Wirtschaftliche Interessen

Bei dem Erwerb von Kolonien standen zunächst wirtschaftliche Interessen im Vordergrund. Denn viele Industrielle und Kaufleute wollten vor allem die Rohstoffe wie Baumwolle und Kautschuk billig für die eigene Industrie nach Deutschland ausführen. Davon versprachen sich sowohl die Fabrikanten in Deutschland als auch die Plantagenbesitzer in den Kolonien hohe Gewinne. Auch hofften die deutschen Unternehmer, in den Kolonien neue Absatzmärkte für ihre fertigen Produkte zu finden.

Doch diese Hoffnungen erfüllten sich kaum. Der Handel mit den Kolonien blieb relativ gering – die meisten Geschäfte wurden doch unter den „entwickelteren", also den europäischen Staaten gemacht. Auch war es sehr kostspielig, die Kolonien zu verwalten und militärisch zu schützen sowie Straßen und Eisenbahnstrecken auszubauen. Insgesamt steckten die europäischen Mächte weit mehr Geld in ihre Kolonialgebiete hinein, als sie an Einnahmen daraus gewannen.

Politische Ziele

Trotz der Schwierigkeiten hielt man an den Kolonien fest, denn Kolonien waren mittlerweile auch zu „Prestigeobjekten" geworden. Sowohl die Regierungen als auch die Bürgerinnen und Bürger in den europäischen Staaten glaubten, es sei eine Frage des Ansehens und der Macht in der Welt, möglichst viele Kolonien zu besitzen. Denn nur mächtige und reiche Nationen könnten im „Kampf ums Dasein" überleben. Dabei bewegten sich die Kolonialmächte oft am Rande eines Krieges, weil sie sich nicht immer über die Grenzen ihrer überseeischen Gebiete einigen konnten.
Russland war neben Österreich-Ungarn der einzige größere europäische Staat geblieben, der keine Gebiete in Afrika oder im Pazifik erwarb. Vielmehr konzentrierte sich die russische Regierung darauf, ihre Herrschaft über die Völker in Mittelasien sowie über China auszudehnen. Auch die USA und Japan reihten sich schließlich in den Kreis der Kolonialmächte ein. Während die USA vorwiegend den eigenen Kontinent erschloss, breitete sich Japan im asiatischen Raum aus und eroberte Gebiete in Korea und in Taiwan. Um 1900 waren große Teile der Welt in riesige Kolonialreiche unter europäischer Herrschaft aufgeteilt. Diese Zeit nennen wir heute das Zeitalter des Imperialismus.

Zeitreise multimedial
Das 19. Jahrhundert

Q5 *Foto vom Eisenbahnbau in der deutschen Kolonie Togo, 1905.* Deutsche Banken stellten das Kapital, die Stahlindustrie lieferte die Schienen.

Q2 *Aus einer Rede des französischen Politikers Eugène Etienne (1889):*

Heute also muss Frankreich darum besorgt sein, sich seinen eigenen Markt zu bewahren, nämlich denjenigen, den es auf seinem eigenen Territorium, in seinen Kolonien besitzt (…). Wegen der sich immer schneller vollziehenden maschinellen Produktion muss man bemüht sein den Konsum zu erweitern. Es ist deshalb nötig, dass Frankreich sich nach außen begibt. Frankreich muss nach Afrika und nach Indien gehen. In Indochina haben wir uns für alle Zeit niedergelassen, (…), was auch immer man einwenden möge. (...); wir müssen von dort aus nach China vorstoßen.

Q3 *Der deutsche Historiker Heinrich von Treitschke beschreibt 1890 die Bedeutung von Kolonien für große Mächte aus seiner Sicht:*

Alle großen Völker der Geschichte haben, wenn sie stark geworden waren, den Drang gefühlt, Barbarenländern den Stempel ihres Wesens aufzudrücken. Und heute sehen wir die Völker Europas drauf und dran, weit über den Erdkreis eine Massenaristokratie der weißen Rasse zu schaffen. Wer bei diesem gewaltigen Wettkampf nicht mitwirkt, wird später einmal eine klägliche Rolle spielen. Es ist daher eine Lebensfrage für eine große Nation heute, kolonialen Drang zu zeigen. Das erste Volk der Geschichte, das die Majestät des Welthandels erkannt hatte, die Phöniker, sind auch große Kolonisatoren gewesen. Dann folgt die Kolonisation der Griechen im östlichen und westlichen Becken des Mittelmeers, dann die Römer, im Mittelalter die Deutschen, Spanier und Portugiesen, schließlich Holland und England. (…) Ganz ohne Zweifel ist eine große koloniale Entwicklung ein Glück für ein Volk.

Q4 *Aus einer Rede des britischen Kolonialministers Joseph Chamberlain (1903):*

Unsere nationale Existenz beruht auf unserer industriellen Leistungsfähigkeit und Produktion. Wir sind nicht etwa ein wesentlich Ackerbau betreibendes Land, dies kann niemals die Hauptquelle unseres Wohlstandes sein. Wir sind ein großes industrielles Land. Daraus folgt eins: dass der Handel innerhalb unseres Weltreiches für unser Gedeihen in der Gegenwart unbedingt notwendig ist. Geht dieser Handel nieder oder hört er nur auf im Verhältnis zu unserer Bevölkerung zuzunehmen, dann sinken wir zu einer Nation fünfter Klasse herab.

1 Beschreibe anhand des VT und der Karte auf der ADS 186/187, wie die Europäer die Welt unter sich verteilten.

2 Erläutere die wichtigsten Gründe für den Erwerb von Kolonien (VT).

3 Lies Q2 und Q4 und gib die Argumente darin mit eigenen Worten wieder.

4 Heinrich von Treitschke führt weitere Argumente für die Kolonialpolitik an (Q3). Welche Haltung wird darin deutlich?

2 Afrika – „herrenloses Land"?

Q 1 *Die Berliner Kongo-Konferenz von 1884/85* (Holzstich nach einer Zeichnung von 1884). Der deutsche Reichskanzler von Bismarck steht rechts im Hintergrund. An der Wand links hängt eine Karte von Afrika. Da man keinem Land das Gebiet am Kongo zusprechen wollte, einigte man sich darauf, ein 2,5 Millionen Quadratkilometer großes Gebiet dem König von Belgien zur Verwaltung zu überlassen.

Das „alte Afrika"

Auf dem afrikanischen Kontinent lebten verschiedene Völker. Einige führten ein Leben als Jäger und Sammler, andere als Bauern, Handwerker oder Hirten und manche zogen als Nomaden umher. Die Menschen lebten in Großfamilien zusammen, die allen Angehörigen Schutz boten. Alle Völker hatten ihre eigenen Lieder, ihre eigene Sprache, Kultur und Religion. Politisch war der Kontinent in mehrere Reiche aufgeteilt, in denen Könige, Fürsten oder Priester herrschten. Auch gab es jahrhundertealte Städte, die meist an alten Handelswegen lagen.

Reisen in Afrikas Mitte

Lange Zeit waren nur wenige und relativ kleine Gebiete in der Hand der Europäer: 1806 hatten die Briten die Spitze Südafrikas und 1830 die Franzosen das nördliche Algerien besetzt. Im heutigen Angola und Mosambik lebten etwa 3000 Portugiesen. An der Westküste gab es mehrere Handelsniederlassungen, von denen aus europäische Kaufleute regen Handel mit den Völkern aus dem Landesinneren führten. Das Klima, gefürchtete Krankheiten wie Gelbfieber und Malaria, aber auch die Angst vor afrikanischen Kriegern hielten die europäischen Kaufleute und Siedler davon ab, weiter in den Kontinent vorzudringen.

Doch 1856 durchquerte der britische Forscher und Missionar David Livingstone als erster Europäer den afrikanischen Kontinent. Zu Tode erschöpft und an Malaria erkrankt, erreichte er am 25. Mai die Ostküste Afrikas. Als Livingstone von einer zweiten Expedition nicht zurückkehrte, machte sich der amerikanische Reporter Henry Morton Stanley auf die Suche und fand Livingstone schließlich am Tanganjikasee.

Livingstones und Stanleys Reisen ebneten den Weg dafür, Zentralafrika zu kolonialisieren. Der Herrscher von Bugunda am Victoriasee gestattete Stanley in seinem Land zu missionieren. Mit Geld vom belgischen König ließ Stanley dann 1879 eine Straße am Kongofluss bauen, die quer durch den Kontinent führte.

Beute der europäischen Mächte

Beim Wettlauf um die Kolonien gerieten besonders Großbritannien und Frankreich in einen lang andauernden Streit. Die Streitigkeiten wurden noch komplizierter, als auch das Deutsche Reich Gebiete in Südwestafrika, Togo, Kamerun und Ostafrika beanspruchte. Um einen militärischen Konflikt zu vermeiden, lud der deutsche Reichskanzler Bismarck 1884 zu einer Konferenz ein. Hier legten die Vertreter der europäischen Staaten fest, wie der afrikanische Kontinent aufgeteilt werden sollte. Die wichtigste Bestimmung lautete, dass alle Mächte mit Besitz von Küstenländern ihre Grenzen zum Hinterland beliebig erweitern durften.

Am Konferenztisch wurden auf noch ungenauen Karten die neuen Grenzlinien in Afrika gezogen. Dass sie damit in vielen Landesteilen traditionelle Stammesgebiete der afrikanischen Völker zerteilten oder Handelsstraßen zerschnitten, war den europäischen Politikern egal. Sie betrachteten ein Land als „herrenlos", solange es von keiner anderen Kolonialmacht besetzt war.

Q2 *Hendrik Witboi, Häuptling der Nama in Südwestafrika, sprach 1892 zu anderen Häuptlingen:*

Dieses Afrika ist das Land der roten Kapitäne (Häuptlinge); wir sind von derselben Farbe und Lebensart, haben gemeinschaftliche Gesetze, die für uns und unsere Leute genügen. Wir sind nicht hart gegeneinander, sondern ordnen Dinge in Frieden und Brüderschaft. (...) Die weißen Menschen aber handeln ganz anders. Ihre Gesetze sind unpassend für uns rote Menschen und undurchführbar. Diese unbarmherzigen Gesetze bedrücken den Menschen von allen Seiten; sie kennen kein Gefühl oder Rücksicht darauf, ob ein Mensch reich ist oder arm.

Ich bin sehr ungehalten über euch (...), die ihr deutschen Schutz angenommen habt und dadurch den weißen Menschen Rechte und Einfluss in unserem Land gebt. (...) Die Deutschen lassen sich (...) nieder, ohne erst um Erlaubnis zu bitten, drängen den Menschen, denen die Gebiete gehören, ihre Gesetze auf, verbieten das freie Herumstreifen auf den Wegen, verbieten ihnen freie Verfügung über ihr eigenes Wasser und über die Weide; sie verbieten den Landeseingeborenen die Jagd auf ihr eigenes Wild, verbieten den Menschen mit Gewehr auf irgendeinem Platz zu erscheinen, geben den Menschen bestimmte Uhrzeiten und Tage als Termine an und halten die Menschen außerhalb der Wohnplätze an.

Q3 *Über den Imperialismus urteilt der nigerianische Historiker Jacob Ajayi 1977:*

Gestützt auf ihre technologische Überlegenheit, errichteten die Europäer ihre Herrschaft über den ganzen Kontinent. Sie zerstörten, unterdrückten oder schufen Staaten nach Belieben. (...) Die Gebiete, in die Afrika aufgeteilt wurde, waren ein völliger Neubeginn. (...) Die Grenzen der früheren Reiche unterlagen häufigen und raschen Veränderungen. Im Hin und Her der Geschichte war nichts von Dauer. Aber die Aufteilung der Europäer zielte darauf ab, die unablässige Veränderung zu unterbinden, indem sie die Entwicklung in völlig ungewohnte Bahnen zu lenken versuchte.

THE RHODES COLOSSUS
STRIDING FROM CAPE TOWN TO CAIRO.

Q4 *Der neue „Rhodes-Koloss"* (Karikatur aus der britischen Zeitschrift „Punch" von 1892). 1892 war die Telegrafenleitung von Kapstadt nach Kairo fertig gestellt worden. Die Figur stellt den britischen Kaufmann und Pionier Cecil Rhodes dar, der sich stark für den Erwerb von Kolonien einsetzte.

1. *Beschreibe, wie die Menschen in Afrika ursprünglich lebten (VT, D1).*
2. *Wie verfuhren die Europäer bei der Aufteilung des afrikanischen Kontinents (VT, Q1)?*
3. *Liste anhand von Q2 und Q3 auf, welche Folgen die europäische Kolonialisierung hatte.*
4. *Wie beurteilt der nigerianische Historiker heute den Imperialismus (Q3)?*

D1 *Afrika vor 1880*

3 Der Globus in der Hand der „überlegenen Rasse“

1 *„Frankreich wird Marokko Kultur, Wohlstand und Frieden bringen können“* (Titelseite des „Petit Journal“, 19. November 1911)

Rassismus
ist eine scheinwissenschaftliche Unterscheidung der Menschen nach biologischen oder kulturellen Merkmalen, z. B. der Hautfarbe, von denen auf bestimmte Eigenschaften geschlossen und der Wert der Menschen bestimmt wird.

Rassismus der Weißen

Der englische Dichter Rudyard Kipling schrieb 1895 das Gedicht „Die Bürde des weißen Mannes“. Darin forderte er seine Landsleute auf, in die Welt zu ziehen, um den „eingefangenen Völkerschaften, die halb Kinder sind und halb Teufel“, zu essen zu geben und dort herrschende Seuchen zu bekämpfen. Wie viele seiner Zeitgenossen war er davon überzeugt, dass die „weiße Rasse“ allen anderen Menschen überlegen sei. Viele Menschen in Europa glaubten daher, die „unterentwickelten“ Völker in Afrika und Asien zu ihrem eigenen Besten zivilisieren zu müssen. Zu diesen angeblich primitiven Völkern zählten die Europäer sogar alte Hochkulturen wie Indien, China oder die hoch entwickelten Aschanti in Westafrika.

Weiße Missionare

Mit den Kolonialherren kamen auch die Missionare, um in den Kolonien den christlichen Glauben zu verbreiten. Außerdem richteten manche Missionare Krankenhäuser und Schulen ein, um das Leben der Menschen in Kolonien zu verbessern. Doch sie trugen auch dazu bei, die alten Lebensgewohnheiten zu zerstören. Zum einen wurden gerade viele einheimische Kinder in den Missionsschulen und Waisenhäusern gezwungen, den christlichen Glauben anzunehmen. Zum anderen verdrängte die Kirche die traditionellen afrikanischen Bräuche, Sitten und Feste, wodurch sich das Leben in den Familien und Dörfern sehr veränderte.

Die Folgen des Rassismus

Auf die gewachsenen Handelsstrukturen und die traditionelle Landwirtschaft der einheimischen Völker nahmen die weißen „Herren“ keine Rücksicht, als sie den Kontinent für sich erschlossen. Sie waren nur daran interessiert, möglichst hohe Gewinne zu erzielen. Handelsgesellschaften und Kaufleute ließen große Plantagen anlegen, auf denen sie Kaffee, Tee, Kakao und Baumwolle anbauten. Auch Bergwerke wurden erschlossen, um wertvolle Rohstoffe wie Gold, Kupfer und Diamanten zu gewinnen. Sowohl auf den Plantagen und in den Bergwerken als auch im Straßen- und Eisenbahnbau ließen die Besitzer tausende Afrikaner als Sklaven für sich arbeiten.
Die europäischen Familien in den Kolonialgebieten wohnten in der Regel in eigenen Stadtteilen mit breiten Straßen und hellen, großen Villen oder Bungalows. Hier waren die einheimischen Männer und Frauen nur als Hauspersonal, Gärtner oder Pförtner geduldet. Ihre Unterkünfte lagen in eng bebauten, stickigen Wohnvierteln, wo es häufig weder festen Straßen noch eine Kanalisation gab.

Q2 *Der spätere Kolonialpolitiker Cecil Rhodes sagte 1877 als junger Student:*

Ich behaupte, dass wir die erste Rasse der Welt sind und dass es für die Menschheit umso besser ist, je größere Teile der Welt wir bewohnen. (…) Darüber hinaus bedeutet es einfach das Ende aller Kriege, wenn der größere Teil der Welt in unserer Herrschaft aufgeht. Da (Gott) sich die Englisch sprechende Rasse offensichtlich zu seinem auserwählten Werkzeug geformt hat, (…) muss es auch seinem Wunsch entsprechen, dass ich alles in meiner Macht Stehende tue, um jener Rasse so viel Spielraum und Macht wie möglich zu verschaffen. Wenn es einen Gott gibt, denke ich, so will er daher eines gern von mir getan haben: nämlich so viel von der Karte Afrikas britisch-rot zu malen wie möglich und anderswo zu tun, was ich kann, um die Einheit der Englisch sprechenden Rasse zu fördern und ihren Einflussbereich auszudehnen.

Q3 *Georges Clemenceau, der spätere französische Ministerpräsident, erwidert in einer Debatte einem anderen Kolonialpolitiker (1885):*

Überlegene Rassen! Minderwertige Rassen! Das ist leicht gesagt! Ich für meinen Teil bin da vorsichtig, seit ich erlebt habe, wie deutsche Gelehrte wissenschaftlich nachgewiesen haben, dass Frankreich den Krieg gegen Deutschland verlieren musste, weil die Franzosen den Deutschen gegenüber eine minderwertige Rasse seien. Die Hindus – eine minderwertige Rasse (…)? Die Chinesen? (…) Nein!

Nein, es gibt kein Recht für so genannte überlegene Nationen gegenüber unterlegenen Nationen. Wir sollten nicht die Gewalt mit der heuchlerischen Bezeichnung Kultur verhüllen. Sprechen wir nicht von Recht oder Pflicht. Die Eroberung, die Sie propagieren, ist nichts anderes als der Missbrauch der Macht, die die Wissenschaft unserer Kultur gegenüber zurückgebliebenen Kulturen gibt. Sie dient dazu, sich der Menschen zu bemächtigen, sie zu foltern oder alles aus ihnen herauszuholen zum Profit des angeblichen Kulturbringers.

Q4 *Ein afrikanischer Lehrer und seine Frau* (Foto, um 1900). Die europäische Kultur wurde auch mit Zwang eingeführt. Selbst private Bereiche wie Heirat und Familienleben waren davon betroffen.

1 Erkläre den Begriff Rassismus mit eigenen Worten (VT, Lexikon). Finde auch Beispiele aus heutiger Zeit.

2 Fasse zusammen, wie die Europäer die Völker in Afrika sahen. Welches Recht leiteten sie daraus ab (VT, Q1, Q5)?

3 Lies Q2 und Q3 und gib die Meinungen der Verfasser mit eigenen Worten wieder. Welche von Clemenceaus Argumenten findest du besonders überzeugend?

Q5 *Einheimische im belgischen Teil des Kongo.* Ihnen wurden die Hände abgehackt, weil sie zu wenig Kautschuk abgeliefert hatten (Foto, 1907). Da die wachsende Elektro-, Auto- und Fahrradindustrie immer größere Mengen an Gummi benötigte, war der Handel mit Kautschuk ein lohnendes Geschäft.

4 Das Deutsche Reich wird Kolonialmacht

Q 1 *Titelbild eines deutschen Schulbuchs von 1891*

Bismarck und die Kolonien

Lange hatte der Reichskanzler Bismarck es abgelehnt Kolonien zu erwerben. Aus seiner Sicht waren Kolonien schon deswegen nicht erstrebenswert, weil ihre Verwaltung hohe Kosten verursachte. Aber auch aus außenpolitischen Gründen war er gegen deutsche Kolonien. Denn Bismarck glaubte, dass sich die Spannungen mit den Nachbarstaaten nur verschärfen würden, wenn sich auch das Deutsche Reich an dem Wettlauf um überseeische Besitzungen beteiligte. Um die anderen europäischen Mächte, vor allem Frankreich, von Deutschland abzulenken, förderte Bismarck sogar deren koloniale Bestrebungen.

Weltmacht Deutschland?

Doch 1884 musste Bismarck seine ablehnende Haltung aufgeben. Denn einflussreiche Großindustrielle und Großgrundbesitzer forderten immer nachdrücklicher den Erwerb von Kolonien. Zudem meinten viele Politiker, dass man durch eine erfolgreiche Kolonialpolitik leicht von den sozialen Problemen im eigenen Land ablenken könnte. Auch der junge Kaiser Wilhelm II. begeisterte sich für die Idee, das Deutsche Reich in den Kreis der Kolonial- und Weltmächte einzureihen.

Diesen Forderungen gab Bismarck letztlich nach. Im Auftrag der Regierung zogen ab 1884 deutsche Kaufleute, Forscher und Offiziere nach Afrika und in die Südsee, um hier so genannte „Schutzgebiete" zu erwerben. Dazu zählten Kamerun, Togo, Deutsch-Ostafrika, Deutsch-Südwestafrika und kleinere Inselgruppen im Pazifik wie die Marshall-Inseln. Dennoch blieb Bismarck stets ein zurückhaltender Kolonialpolitiker, was viele Zeitgenossen und führende Politiker enttäuschte und was auch zu Meinungsverschiedenheiten zwischen ihm und dem Kaiser führte.

„Im Dienste Seiner Majestät"

Einer der deutschen Afrikareisenden war Carl Peters aus Neuhaus an der Elbe. Er hatte 1884 die „Gesellschaft für deutsche Kolonisation" gegründet. In deren Auftrag unternahm Peters mit sechs Dienern und vierzig Trägern im November 1884 eine Expedition in das östliche Afrika. In fieberhafter Eile durchquerte die Gruppe das Land mehrerer ostafrikanischer Stämme, um von den Stammesfürsten deren Gebiete als deutschen Besitz zu erwerben. Es war ein Wettlauf mit der Zeit, denn auch britische und französische Expeditionen waren mit diesem Ziel unterwegs. Es gelang Carl Peters innerhalb von fünf Wochen Verträge mit zwölf Stammesfürsten abzuschließen und ein riesiges Gebiet zu erwerben, das die Regierung in Berlin 1890 als Kolonie Deutsch-Ostafrika übernahm.

Q2 *Carl Peters beschreibt, wie er mit den Sultanen die Verträge abschloss:*

Ich selbst hatte mir, um den Sultanen ebenbürtig zu erscheinen, eine Reihe Fahnen mitgenommen, die ich aufziehen ließ (…). Wir tranken dann einen Trunk guten Grogs und brachten seine Hoheit von vornherein in die vergnüglichste Stimmung (…). Alsdann wurden Ehrengeschenke ausgetauscht (…).

Peters schreibt außerdem, wie er vorging, wenn ein Sultan sich weigerte einen Vertrag mit ihm abzuschließen:

Ich wandte mich nun in die benachbarten Dörfer (…), um noch vor Einbruch der Nacht den Leuten eine Lektion zu erteilen. Ich befahl alles, was für uns von Wert war, schnell herauszuräumen, und ließ dann nacheinander sechs von diesen Dörfern in Brand stecken.

Q3 *Zur Kolonialpolitik sagte Wilhelm Liebknecht (SPD) 1885 im Reichstag:*

Was wird mit der so genannten Kolonialpolitik denn eigentlich bezweckt? Wenn wir auf den Grund gehen, so wird als der Zweck hingestellt: die Überproduktion und die Überbevölkerung zu (bekämpfen). (…) Deutschland ist noch lange nicht übervölkert, bei vernünftiger sozialer Organisation, bei zweckmäßiger Organisation der Industriearbeit und bei wissenschaftlichem Betriebe des Ackerbaues könnte Deutschland eine weit größere Bevölkerung ernähren, als dies heutzutage der Fall ist (…). Und gerade so ist es mit der Überproduktion. Da klagen unsere Fabrikanten, dass ihre Produkte keinen Absatz finden. Ja, meine Herren, warum haben sie keinen Absatz? Weil das Volk nicht kaufen kann – abermals eine Folge unserer mangelhaften sozialen Verhältnisse – und wenn die Sozialreform (…) an der richtigen Stelle ansetzen will, dann muss sie dafür sorgen, dass (…) der Nationalreichtum (…) seine richtige Verteilung findet. (…) Und wird etwa durch die Kolonialpolitik etwas nach dieser Richtung erreicht? Nein, meine Herren, sie exportieren einfach die soziale Frage. Sie zaubern vor die Augen des Volks eine Art Fata Morgana auf dem Sande und auf den Sümpfen Afrikas.

Q5 Carl Peters (sitzend mit weißer Jacke) mit seinen Begleitern in Ostafrika

Q4 *Das Lied „Bibel und Flinte" entstand etwa 1890 und wurde auf der Melodie von „Es klappert die Mühle am rauschenden Bach" gesungen:*

Was treiben wir Deutschen in Afrika?
Hört, hört!
Die Sklaverei wird von uns allda zerstört.
Und wenn so ein Kaffer von uns nichts will,
den machen wir flugs auf ewig still.
Piff paff, piff paff, hurra!
O glückliches Afrika.

Wir pred'gen den Heiden das Christentum.
Wie brav!
Und wer´s nicht will glauben, den bringen wir um.
Piff paff!
O selig die „Wilden", die also man lehrt
die christliche Liebe mit Feuer und Schwert.
Piff paff, piff paff, hurra!
O glückliches Afrika.

Wir haben gar schneidige Missionär.
Juchhei!
Den Branntwein, den Krupp und das
Mausergewehr, die drei.
So tragen Kultur wir nach Afrika;
Geladen! Gebt Feuer! Halleluja!
Piff paff, piff paff, hurra!
O glückliches Afrika!

1. *Stelle gegenüber, wie Bismarck und Kaiser Wilhelm II. über den Erwerb von Kolonien dachten (VT).*
2. *Wie ging die deutsche Regierung vor, um Kolonien in Afrika zu erwerben (VT, Q2, Q5)?*
3. *Vergleiche Q1 mit Q4 und Q6. Was soll das Bild auf dem Schulbuch vermitteln, was drücken das Lied und das Foto aus?*
4. *Fasse die Argumente von Wilhelm Liebknecht zusammen (Q3). Was kritisiert er vor allem?*

Q6 *Der deutsche Reichstagsabgeordnete Dr. Arendt in Deutsch-Ostafrika, 1906*

5 Ausbeutung und Vernichtung

Völkermord
Massenhafte Vernichtung bis hin zur Ausrottung von Menschen einer nationalen, ethnischen oder religiösen Gruppe, wie beispielsweise die Verfolgung der europäischen Juden während des Zweiten Weltkriegs oder der Massenmord an dem Volk der Tutsi in Ruanda in den 1990er-Jahren.

Deutsche Kolonialherren brechen jeden Widerstand
Die deutschen Kolonialherren unterschieden sich kaum von den anderen europäischen Mächten darin, wie sie ihre Gebiete beherrschten. Die weißen Siedler nahmen der Bevölkerung ihr Land und häufig auch ihr Vieh und zwangen die Männer und Frauen auf ihren Plantagen zu arbeiten. Aufseher und Plantagenbesitzer gingen rücksichtslos mit den Arbeitern um, misshandelten sie und vergewaltigten ungezählte Frauen. Immer wieder kam es zu Aufständen der einheimischen Bevölkerung, die aber meist schnell mit Gewalt niedergeschlagen wurden.
An einen Aufstand, der auch im Deutschen Reich Aufsehen erregte, erinnerten im Jahr 2004 sowohl die Menschen im heutigen Namibia als auch Politiker in Deutschland und Europa.

Ein Volk wehrt sich …
1883 hatte der Bremer Kaufmann Adolf Lüderitz an der Südwestküste Afrikas Ländereien erworben, welche die deutsche Regierung später zur Kolonie Deutsch-Südwestafrika erklärte. Hier, am Rand einer großen Wüste, lebten die Herero, die als Nomaden mit ihren Viehherden von Weideplatz zu Weideplatz zogen. Als eine Rinderpest unter ihren Tieren ausbrach, waren die Herero gezwungen, ihr überlebendes Vieh zu einem Spottpreis an die weißen Siedler zu verkaufen.
1903 wurde den Herero von den deutschen Behörden ein Gebiet zugewiesen, wo sie künftig leben sollten. Doch dieses Reservat bestand aus unfruchtbarem Land, das Weideland der Herero hatten die Deutschen für sich behalten. Der Zorn der Herero wurde weiter angestachelt, als die Behörden eine Eisenbahnlinie von der Küste zu den Minen im Landesinneren bauen ließen. Dadurch wurden die Herero von den lebensnotwendigen Wasserlöchern abgeschnitten.
Ihre Not und ihr Zorn brachte die Herero dazu, sich gegen die Kolonialherren zu wehren. In der Nacht zum 12. Januar 1904 gingen sie gegen die Deutschen vor und vertrieben sie aus ihren Häusern und von ihrem Land. Der Angriff kam so unerwartet, dass die Herero in kurzer Zeit das Zentrum des Landes besetzen konnten. Insgesamt wurden ungefähr 100 Siedler getötet.

Q1 *Mit ihren Maschinengewehren waren die deutschen Soldaten den einfacher bewaffneten Herero überlegen* (Foto, 1904).

… und wird vernichtet
Doch gegen die Gewehre und Kanonen der deutschen Truppen waren sie chancenlos. Die Soldaten trieben alle Herero – Männer, Frauen und Kinder – in die Omaheke-Wüste und riegelten das gesamte Gebiet ab. Wenn jemand versuchte, aus der Wüste zu entkommen oder an eines der wenigen Wasserlöcher zu gelangen, schossen die Soldaten. Bis zu 60 000 Herero kamen in der Wüste um. Nur etwa 15 000 Menschen überlebten diese Militäraktion, die viele afrikanische und auch europäische Historiker den ersten Völkermord des 20. Jahrhunderts nennen.
Zwar kritisierten manche Deutsche das gnadenlose Vorgehen. Aber man hielt es durchaus für richtig, die Ansprüche der Siedler gegenüber den einheimischen Völkern notfalls auch gewaltsam zu verteidigen.

Q 2 *Ein deutscher Farmer schrieb nach einem Überfall der Herero:*

Für solch unbarmherziges Rauben, Morden und Schänden kann es nur eine Strafe geben: (…). Von den überlebenden Mördern müssen für jeden erschlagenen Weißen mindestens fünf Stück aufgehängt werden (…). Für die Überlebenden: Frondienst, bis diese sich (…) bewusst sind, der Weiße, und ganz speziell der Deutsche, ist Herr und nicht gesonnen seine Herrschaft abzutreten.

Q 3 *Der Häuptling der Herero schrieb an den deutschen Gouverneur:*

Der Anfang des Krieges ist nicht jetzt in diesem Jahr durch mich begonnen worden, sondern er ist begonnen worden von den Weißen. Du weißt, wie viele Herero durch die weißen Leute, besonders durch Händler, mit Gewehren und in Gefängnissen getötet worden sind (…). Die Händler raubten meine Leute aus. Für ein oder zwei Pfund Sterling Schulden nahmen sie meinen Leuten zwei oder drei Rinder gewaltsam weg (…). Leutnant N. fing an meine Leute im Gefängnis zu töten. Es starben zehn und es hieß, sie seien an Krankheit gestorben, aber sie starben durch die Aufseher (…). Jetzt muss ich die Weißen töten (…).

D 1 *Deutsch-Südwestafrika und der Aufstand der Herero, 1904/05.* Nach dem Aufstand bestimmte der deutsche Kaiser, dass die Herero ihr gesamtes Land verloren. Der Gouverneur der Kolonie, Lothar von Trotha, ließ die gefangenen Herero Zwangsarbeit beim Eisenbahnbau leisten. Alle Überlebenden wurden in speziellen Lagern untergebracht, die sie nicht eigenmächtig verlassen durften. Außerdem wurden die Männer und Frauen als Arbeitskräfte auf Werften, beim Straßenbau und anderen öffentlichen Arbeiten eingesetzt.

1. *Erkläre, warum es zum Aufstand der Herero gegen die Deutschen kam (VT, Q3).*
2. *Schreibe einen kritischen Zeitungsartikel über das Vorgehen der deutschen Truppen (VT, Q1, Q4).*
3. *Wie erklärst du die Haltung vieler Deutschen gegenüber den Herero (VT, Q2)?*

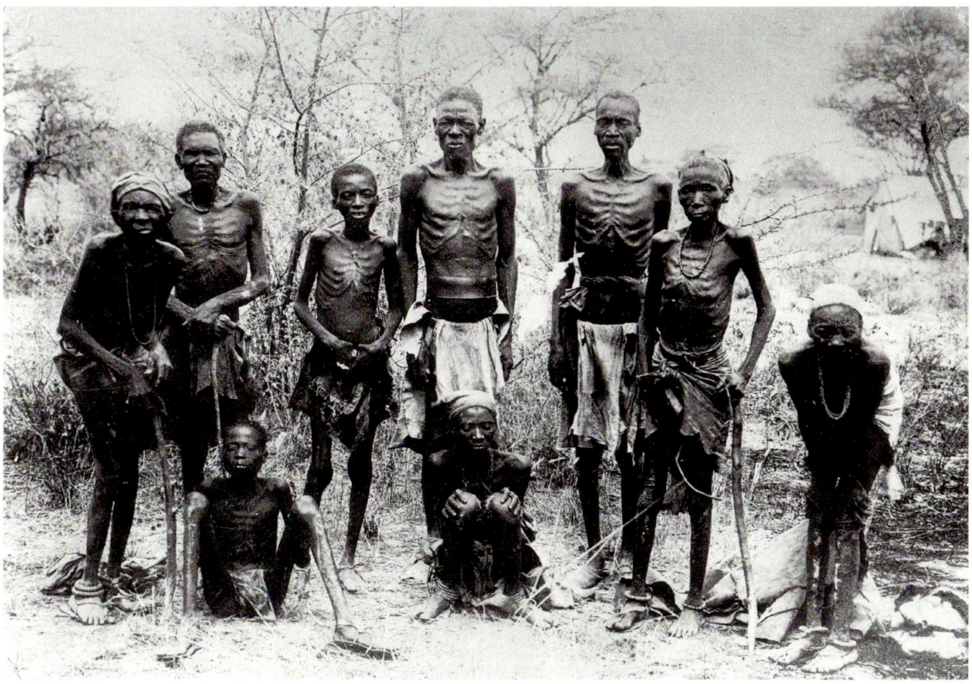

Q 4 *Herero, die vor deutschen Truppen geflüchtet waren, nach ihrer Rückkehr aus der Omaheke-Wüste* (Foto, 1907)

6 Afrika heute

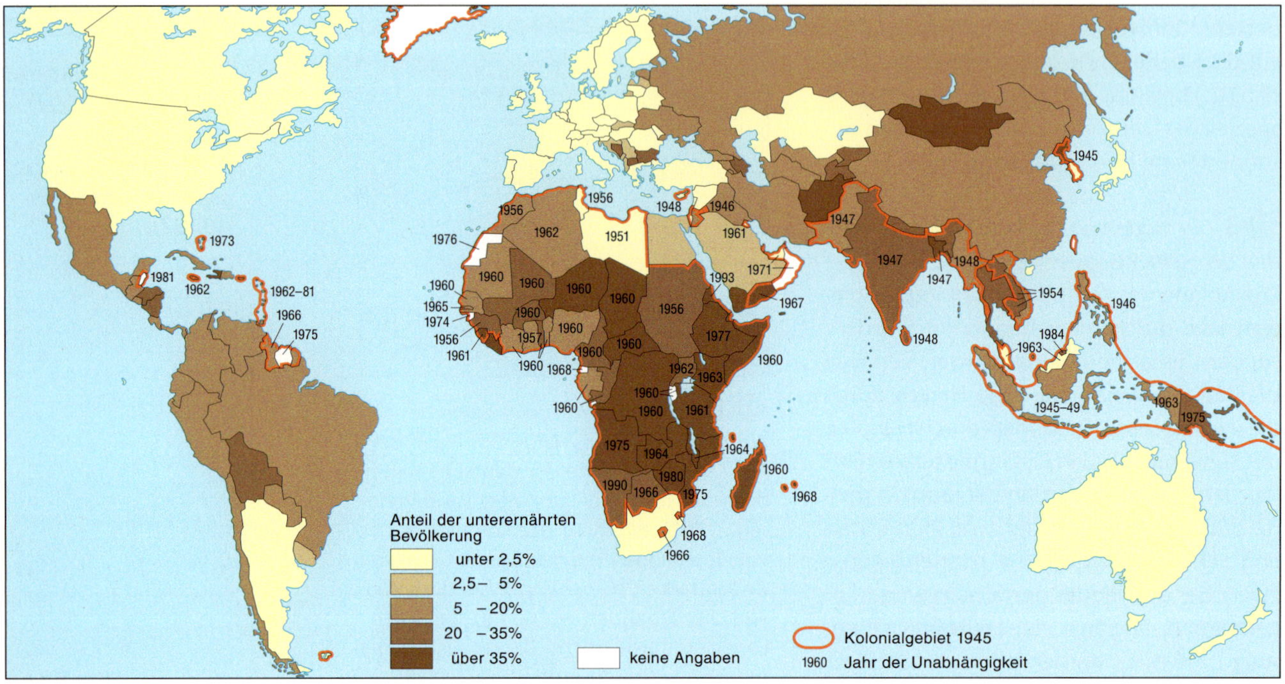

D 1 *Hunger in der Welt*

Entwicklungsländer/ unterentwickelte Länder

Beide Begriffe sollen die wirtschaftlich schwächsten Länder der Erde bezeichnen. Sie spiegeln allerdings nur die Sichtweise der reichen Industrieländer, indem sie andere Länder an der eigenen Entwicklung messen.

Die Folgen der Kolonialherrschaft

Die Kolonialmächte bestimmten die weitere wirtschaftliche Entwicklung „ihrer“ Kolonien. Da die Bodenschätze und die Erträge der Plantagen vor allem den Mutterländern zugute kommen sollten, wurde die industrielle Entwicklung in den Kolonien nicht gefördert. Durch die Plantagenwirtschaft wurden Produkte wie Kaffee, Tee und Bananen für die Menschen in Europa immer erschwinglicher. Für die Kolonien bedeutete die Plantagenwirtschaft aber, dass andere einheimische Pflanzen- und Gemüsesorten kaum noch angebaut wurden.

Doch die Veränderungen durch die Europäer ging noch weiter: Neue Grenzziehungen zerschnitten in vielen Landesteilen traditionelle Stammesgebiete oder Wanderwege der Nomaden. Zudem wurden die Großfamilien auseinandergerissen, da viele Männer und Frauen auf den Plantagen, in den Bergwerken oder auf den Baustellen der Europäer arbeiten mussten.

Bürgerkriege und Hunger

Immer wieder brechen in verschiedenen Teilen Afrikas Bürgerkriege aus. Eine Ursache dafür liegt auch in der Kolonialgeschichte: 1884/85 verteilten die Kolonialmächte 1000 Volksgruppen auf neu festgelegte Territorien. So wurden beispielsweise Stämme, die seit langem verfeindet waren, in gemeinsame Staatsgebiete gezwungen. Da sich diese Grenzen bis heute kaum verändert haben, brechen in vielen Staatsgebilden immer wieder Konflikte zwischen den verschiedenen Volksgruppen auf.

Zudem wurden auch Staaten gebildet, die wirtschaftlich kaum lebensfähig sind. Einige Länder verfügen über Bodenschätze und fruchtbare Böden, andere liegen in Wüstengebieten. Allein 31 afrikanische Staaten gehören zu den Ländern mit den niedrigsten Bevölkerungseinkommen der Welt. Sämtliche Staaten Afrikas werden zu einer Gruppe von Ländern gezählt, die wir als „Entwicklungsländer“ bezeichnen.

Q1 *Brunnen in einem äthiopischen Dorf.* Das ist immer noch die Ausnahme. 91 Prozent der äthiopischen Bevölkerung hat keinen Zugang zu sauberem Trinkwasser.

Q2 *Dorfschule in Ghana.* Noch immer kann ein großer Teil der Menschen in Afrika nicht lesen und schreiben. Dies zu ändern, ist eine wichtige Aufgabe der afrikanischen Regierungen und internationaler Hilfsorganisationen.

Q3 *Zwei Meinungen zu den Problemen im heutigen Afrika*

a) Die Sozialwissenschaftler D. Hansohm und R. Kappel schreiben 1994:

Es ist eine verkürzte Sicht, Probleme, die sich historisch entwickelt haben, militärisch lösen zu wollen. Es ist bodenlos naiv (...) zu glauben, im Handstreich gesellschaftliche Probleme lösen zu können. Es wird keine schnellen Lösungen geben. Reformen sind unabdingbar. Wir müssen die herrschenden [Führungsschichten] von der Notwendigkeit ernsthafter Armutsbekämpfung überzeugen, ihr Bemühen aber von mehreren Seiten her unterstützen. Wir könnten auf vielen Ebenen Unterstützung leisten, z. B. den zahllosen Selbsthilfegruppen durch Aus- und Fortbildung helfen oder Genossenschaften durch Kreditvergabe fördern. Auf einer anderen Ebene wäre es sinnvoller als militärisch einzugreifen, den Export von Waffen wirksam zu unterbinden. Unsere Verantwortung leitet sich weniger aus kolonialer Vergangenheit ab als einfach daraus, dass wir heute in einer Weltgesellschaft leben, die nur gemeinsam in [menschlicher Weise] auf diesem Planeten überleben kann.

b) Die kamerunische Sozialwissenschaftlerin Axelle Kabou, 1993:

Die Afrikaner sind die einzigen Menschen auf der Welt, die noch meinen sich nicht selbst um die eigene Entwicklung kümmern zu müssen. Afrikas Probleme lassen sich nicht von außen lösen. Das Problem heißt nicht Kolonialismus und Verschuldung (...). Das Hauptproblem ist der Minderwertigkeitskomplex der Afrikaner gegenüber dem Westen. Afrika ist gelähmt durch die [Unfähigkeit] seiner politischen Klassen und durch dreißig Jahre Entwicklungs- und Nahrungsmittelhilfe. Afrika muss endlich aus seiner (Trägheit) aufwachen und seine Entwicklung in die eigenen Hände nehmen.

1. *Liste die Folgen der europäischen Kolonialherrschaft auf dem afrikanischen Kontinent auf (VT).*
2. *Erkläre, zu welchen Problemen diese Folgen heute beitragen (VT).*
3. *Sind die ehemaligen Kolonialmächte an der Not in Afrika schuld? Halte deine Meinung in Stichworten fest. Lies Q3a und Q3b. Wie begründen diese Verfasser die Probleme in Afrika?*
4. *Informiere dich im Internet über verschiedene Hilfsorganisationen und ihre Projekte in Afrika.*

Q4 *Kinder in einem Flüchtlingslager im Sudan.* Niemand kennt die genaue Zahl der Kriegswaisen. Oft genug haben diese Kinder mit ansehen müssen, wie ihre Eltern getötet wurden.

7 Projekt
Kolonialwaren gestern und heute

Q 1 *Der „Sarotti-Mohr"*

Waren aus den Kolonien – ein Hauch von Exotik
Kaffee oder Kakao zum Frühstück, eine Tasse Tee am Nachmittag – das war Ende des 19. Jahrhunderts etwas ganz Neues, kamen diese Waren doch aus den weit entfernten Kolonien. Handelsgesellschaften führten diese Produkte nach Europa ein, wo sie in so genannten Kolonialwarenläden zu erschwinglichen Preisen verkauft wurden. Diese neuartigen Waren veränderten die Ess- und Trinkgewohnheiten der Menschen in Europa sehr stark und prägten einen neuen Lebensstil.

Damals wie heute geht dieser Genuss allerdings auf Kosten der Kolonien bzw. der heutigen Länder in der Dritten Welt. Denn nach wie vor kontrollieren große Handelsgesellschaften den Weltmarkt für Kaffee, Tee und Kakao und zwingen die Erzeuger, ihre Produkte zu niedrigsten Erlösen weiterzuverkaufen. Aber es gibt auch Beispiele für „fairen Handel" zwischen alternativen Handelsorganisationen und Kleinbauern in der Dritten Welt. Diese fair gehandelten Produkte findet ihr in Eine-Welt-Läden.

D 1 *Ein Kolonialwarenladen um 1900 (Rekonstruktion)*

Q 2 *Werbeplakate um 1900*

Dritte Welt
Die Bezeichnung knüpft an die Blockbildung nach dem Zweiten Weltkrieg an. Die westlichen Industriestaaten sahen sich als die „Erste Welt", die Staaten des sozialistischen Ostblocks als die „Zweite Welt". Die anderen z. T. sehr unterschiedlichen Länder wurden zur „Dritten Welt" gezählt.

D 2 *Eine gute Idee:* Auf einem Schulfest könnt ihr selbst einen Verkaufsstand mit fair gehandelten Produkten einrichten. Am besten arbeitet ihr dafür mit einem Weltladen zusammen. Ihr könnt euren Besuchern auch Kaffee, Tee und Kakao aus dem fairen Handel zum Probieren anbieten. Über den Erlös und freiwillige Spenden freut sich sicherlich eine der vielen Hilfsorganisationen für die „Dritte Welt", zum Beispiel die Welthungerhilfe oder Menschen für Menschen.

Q 3 *Produkte aus dem Eine-Welt-Laden*

Q 4 *Dieses Logo steht für „fairen" Handel.*

Vom Kolonialwarenladen zum Eine-Welt-Laden

1. Sucht in Läden und Supermärkten nach ehemaligen „Kolonialwaren" und achtet in Zeitschriften und im Fernsehen auf Werbung für Kaffee, Tee, Kakao und Schokolade. Erinnert noch etwas an die koloniale Vergangenheit dieser Produkte? Bringt Beispiele dafür mit in die Klasse.
2. Informiert euch im Erdkundeunterricht, in Eine-Welt-Läden oder im Internet über die Situation der Kleinbauern in den Entwicklungsländern (www.weltlaeden.de oder www.gepa.de). Bringt auch Produkte und Informationsmaterial aus einem solchen Laden mit.
3. Gestaltet in eurem Klassenzimmer eine Ausstellung zum Thema „Kolonialwaren heute".

8 Bündnisse und Konflikte

Q 1 *Kaiser Wilhelm II. in Admiralsuniform* (Ausschnitt aus einer Ansichtskarte um 1900). Mit solchen Darstellungen wurde in der deutschen Bevölkerung für die Flottenaufrüstung geworben.

Zeitreise multimedial
Das 19. Jahrhundert

Bismarcks Bündnispolitik
Um das Deutsche Reich abzusichern, hatte Bismarck Bündnisse mit Russland, Österreich-Ungarn und Italien geschlossen. Auf diese Weise sollte Frankreich isoliert und für das Reich ungefährlich gehalten werden. Doch mit der Zeit verfeindeten sich Österreich-Ungarn und Russland immer stärker, da sie beide Macht und Einfluss auf die Völker in den Balkanländern ausüben wollten. Durch diese Feindschaft geriet das Deutsche Reich in Gefahr, in einen Krieg gegen Russland verwickelt zu werden.
1888 bestieg der junge Kaiser Wilhelm II. den Thron. Zwischen ihm und Bismarck kam es bald zu großen Streitigkeiten, denn der junge Kaiser wollte in seiner Außenpolitik einen neuen Kurs verfolgen, so viele Kolonien wie möglich erwerben und das Deutsche Reich zu einer Weltmacht machen. Bismarck dagegen war zurückhaltender in der Kolonialpolitik. 1890 forderte Wilhelm II. Bismarck auf zurückzutreten, was dieser verbittert tat.
Bismarcks Nachfolger erneuerten das Bündnis mit Russland nicht mehr. Daraufhin verständigten sich Frankreich und Russland auf ein Bündnis, sodass Deutschland sich nun von zwei Seiten bedroht sah.

„Unsere Zukunft liegt auf dem Wasser"
Das jedenfalls behauptete Kaiser Wilhelm II. Eine große Kriegsflotte sollte dem Deutschen Reich eine führende Stellung in der Welt sichern. Die deutsche Regierung beschloss daher, die Flotte auf insgesamt 36 Linienschiffe, 22 große und 38 kleine Kreuzer auszubauen. Im Ausland wurde die deutsche Politik misstrauisch beobachtet. Vor allem die britische Regierung sah ihre Vormachtstellung auf See gefährdet. Ab 1904 begannen deshalb auch die Briten, ihre Flotte mit mehr und größeren Kriegsschiffen aufzurüsten.

Konflikte um Kolonien
Wilhelm II. nahm in Kauf, dass er durch seine Weltmachtpolitik mit anderen Mächten in Streit geriet. Doch während sich die Beziehungen zwischen dem Deutschen Reich und seinen Nachbarn verschlechterten, änderte sich das Verhältnis der anderen europäischen Mächte untereinander.
1898 hatte sich die Lage in den afrikanischen Kolonialgebieten gefährlich zugespitzt: Frankreich und Großbritannien beanspruchten beide ein Gebiet am oberen Nil bei Faschoda im heutigen Sudan. Es drohte zum Krieg zu kommen. Doch letztlich erkannten beide Regierungen, dass es besser sei, sich über die Kolonialpolitik zu verständigen. Deshalb schlossen sie 1904 eine Allianz, welche sie „Entente cordiale" („herzliches Übereinkommen") nannten.
Als Frankreich nach dieser Krise Marokko besetzte, protestierte die deutsche Regierung. Doch nun zeigte sich, dass Frankreich und Großbritannien gegen das Deutsche Reich zusammenhielten. Auch Großbritannien und Russland einigten sich, nachdem sie lange um Macht und Einfluss in Persien und Afghanistan gestritten hatten. Das Deutsche Reich war nun von allen Seiten eingekreist und isoliert.

Q2 *Im Jahr 1892 schlossen Frankreich und Russland ein Militärabkommen. Darin wurde Folgendes festgeschrieben:*

1. Falls Frankreich von Deutschland oder von Italien mit Deutschlands Unterstützung angegriffen wird, wird Russland alle seine verfügbaren Kräfte für einen Angriff auf Deutschland einsetzen. Falls Russland von Deutschland oder von Österreich mit Unterstützung Deutschlands angegriffen wird, wird Frankreich alle seine verfügbaren Kräfte zum Kampf gegen Deutschland einsetzen.

2. Falls der Dreibund oder eine der an ihm beteiligten Mächte etwa mobil machen sollten, werden auch Frankreich und Russland auf die erste Kunde von diesem Ereignis sofort gemeinsam ihre gesamten Streitkräfte mobil machen und so nahe wie möglich an die Grenze werfen.

3. Die gegen Deutschland verfügbaren Streitkräfte werden auf französischer Seite 1 300 000 Mann, auf russischer Seite 700 000 bis 800 000 Mann betragen. Diese Streitkräfte werden mit Nachdruck (...) derart vorgehen, dass Deutschland zugleich sowohl nach Osten wie nach Westen hin zu kämpfen hat.

Q3 *Die Sozialdemokraten zur geplanten Verstärkung der deutschen Flotte (1900):*

Die Arbeiterklasse hat kein Interesse Rüstungen zu unterstützen, welche die Gefahren zu Reibungen zwischen den Kulturstaaten vermehren (...). Insbesondere ist es wieder die Arbeiterklasse, auf deren Schultern die Last der neuen ins Riesenhafte sich steigernden Ausgaben hauptsächlich abgewälzt wird, wohingegen die herrschenden Klassen durch die ungeheuren Profite aus diesen Rüstungen ihren Reichtum ins Ungemessene steigern und neue einflussreiche Posten und Versorgungsstellen für ihre Angehörigen gewinnen.

Q4 *Der britische Außenminister Grey sagte 1911 zur deutschen Flottenpolitik:*

Aber ich meine, die deutsche öffentliche Meinung sollte bedenken, (...) wenn eine Nation die größte Armee in der Welt besitzt und wenn sie eine sehr große Flotte hat und fortfährt, eine noch größere Flotte zu bauen, dann muss sie alles, was in ihren Kräften steht, tun, um den natürlichen Befürchtungen vorzubeugen, die sonst bei andern, die keine aggressiven Absichten gegen jene Macht haben, darin entstehen würden, dass jene Macht mit ihrer Armee und Flotte aggressive Absichten gegen sie hege.

1. *Untersuche die Bündnisse und Konflikte zwischen den europäischen Großmächten (D1). Wer stand sich 1914 gegenüber?*
2. *Prüfe, ob Frankreich und Russland 1892 ein Verteidigungs- oder Angriffsbündnis geschlossen haben (Q2).*
3. *Arbeite aus Q3 und Q4 die Argumente gegen die deutsche Flottenpolitik heraus. Welche Gefahren sahen die jeweiligen Parteien?*

D1 *Bündnisse und Spannungen zwischen den Großmächten 1887 und 1914*

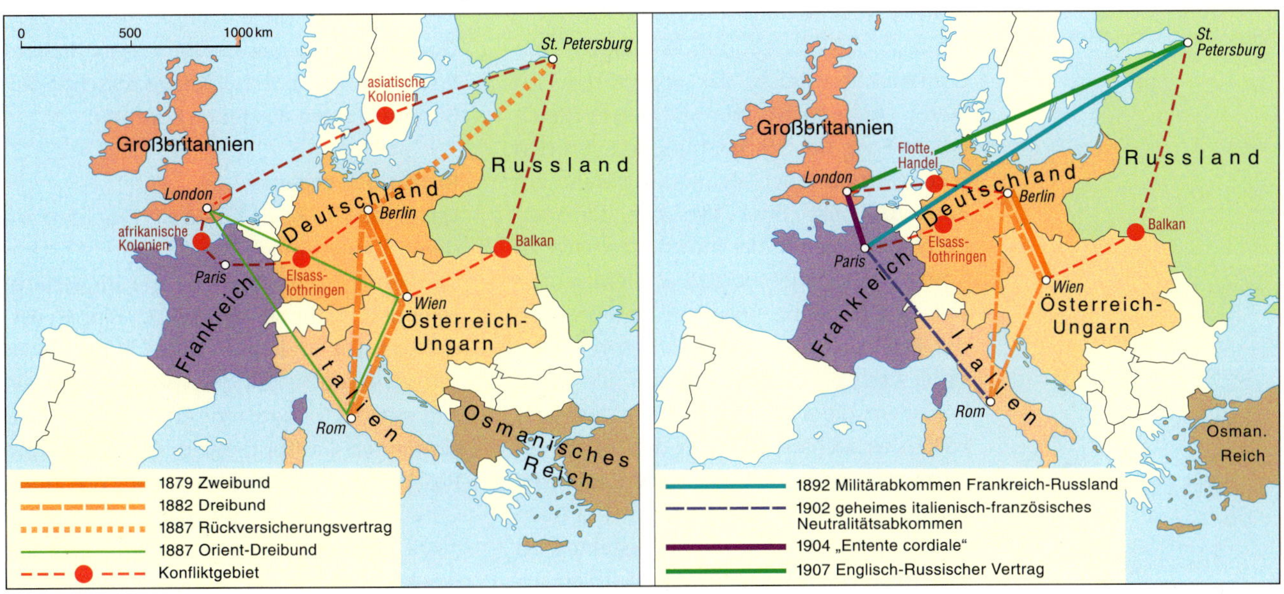

9 „Pulverfass" Balkan

Q 1 *Die fünf Großmächte auf einem Dampfkessel* (Karikatur aus der englischen Satirezeitschrift „Punch", 1908). – Kannst du die Aufschrift auf dem Kessel übersetzen?

Ein Krisenherd in Europa

Der „Wettlauf" der imperialistischen Mächte um Kolonien sowie ihre Streitigkeiten um Grenzziehungen und Einflussgebiete belasteten ihre Beziehungen auch in Europa. Zusätzlich bedrohte das Flottenwettrüsten zwischen dem Deutschen Reich und Großbritannien den Frieden. In dieser angespannten Situation bildete der Balkan eine weitere Krisenregion.

Die Balkanvölker gehörten seit langem zum Osmanischen Reich, das vom türkischen Sultan beherrscht wurde. Dieses Reich wurde Ende des 19. Jahrhunderts von den Europäern nur noch als „kranker Mann am Bosporus" bezeichnet. Versuche, den Staat durch Reformen in das Industriezeitalter zu führen, waren gescheitert. Zudem lebten viele verschiedene Völker in den Grenzen des Reichs, wodurch es politisch recht instabil war.

Vor allem die slawischen Völker auf dem Balkan versuchten sich von der türkischen Herrschaft loszulösen. Sie lebten zum Teil verstreut über die Staatsgrenzen hinweg und strebten danach, Nationalstaaten zu bilden. So wollte beispielsweise Serbien alle Serben in einem „großserbischen Reich" vereinen. Dazu sollten auch die Serben gehören, die auf dem Gebiet des österreichisch-ungarischen Kaiserreichs lebten. Russland als größte slawische Nation verstand sich als Beschützer aller Slawen, also auch der Serben.

Kriege auf dem Balkan

1908 rebellierten türkische Offiziere gegen den Sultan. Österreich-Ungarn nutzte diese Krise des Osmanischen Reichs aus und annektierte Bosnien und Herzegowina. Damit löste die österreichische Regierung eine gefährliche Krise aus: Serbien betrachtete Österreich als Feind und drohte militärisch vorzugehen. Auch Russland fühlte sich durch die österreichische Annexion in seinen Interessen angegriffen. Doch die deutsche Regierung, die ja mit Österreich-Ungarn verbündet war, warnte Russland davor, Serbien gegen Österreich zu unterstützen.

Auf dem Balkan selbst brachen in den folgenden Jahren mehrere Kriege einiger Staaten untereinander sowie gegen die Türkei aus. Nur mit Mühe gelang es den europäischen Großmächten, diese Kämpfe zu beenden. Doch seit 1908 galt der Balkan als „Pulverfass", von dem jederzeit Kriege zwischen den Bündnisstaaten ausgehen konnten.

Rüstungswettlauf

Das Deutsche Reich fühlte sich von den anderen Bündnismächten „eingekreist". Umso mehr rüstete die deutsche Regierung: Heer und Flotte wurden 1912/13 noch vergrößert. Die anderen Mächte antworteten mit weiteren Rüstungen. So entstand ein allgemeines Wettrüsten. Auf der einen Seite standen Großbritannien, Frankreich und Russland, auf der anderen Deutschland mit Österreich-Ungarn und Italien, das aber 1902 einen geheimen Nichtangriffspakt mit Frankreich geschlossen hatte.

	1889 bis 1900	1900 bis 1910	1910 bis 1913
Großbritannien	38	36	20
Deutschland	12	25	13
Frankreich	15	11	11
Russland	15	6	4

D1 *Der Bau schwerer Kriegsschiffe*

	1905	1910	1913
Frankreich	991	1177	1327
Russland	1069	1435	2050
Großbritannien	1263	1367	1491
Deutschland	1064	1377	2111
Österreich-Ungarn	460	660	720

D2 *Rüstungsausgaben* (in Millionen Mark)

Q2 *Österreichs Haltung gegenüber Serbien formulierte der österreichische Generalstabschef am 20. Januar 1913:*

Die Entwicklung eines selbstständigen großserbischen Staates ist eine (sehr große) Gefahr für die Monarchie (Österreich-Ungarn); sie liegt darin, dass (...) die Slawen der Monarchie (...) ihren Hort in diesem neuen, von Russland unterstützten Staatswesen suchen, dass vor allem die Serben der Monarchie die Angliederung an dasselbe anstreben werden; damit droht der Monarchie der Verlust der wichtigsten Gebiete für ihre Großmachtstellung und ihr wirtschaftliches Gedeihen. (...) Eingekeilt zwischen Russland, dann einem mächtig gewordenen Serbien und Montenegro und einem auf die Dauer kaum verlässlichen Italien wird die Monarchie zur politischen Ohnmacht und damit zum sicheren Niedergang verurteilt sein. (...) Die Monarchie muss durch eine militärische Kraftäußerung ihr Prestige, besser gesagt ihre politische Geltung, wiederherstellen.

Q3 *Die serbische Zeitung „Piemont" schrieb am 8. Oktober 1913, dem Jahrestag der Annexion Bosniens und Herzegowinas:*

Den Schmerz, der an diesem Tage dem serbischen Volke zugefügt wurde, wird das serbische Volk noch durch Jahrzehnte fühlen. (...) Das Volk legt das Gelübde ab Rache zu üben, um durch einen heroischen Schritt zur Freiheit zu gelangen. Serbische Soldaten (...) legen heute das Gelübde ab, dass sie gegen die „zweite Türkei" ebenso vorgehen werden, wie sie (...) gegen die Balkan-Türkei vorgegangen sind. (...) Der Tag der Rache naht. Eine Türkei verschwand. Der gute serbische Gott wird geben, dass auch die „zweite Türkei" verschwindet.

Q4 *links: „Wie sollen wir uns da die Hand geben?"* (deutsche Karikatur von 1912, in der satirischen Zeitschrift „Simplicissimus"). Die Figur links ist der „deutsche Michel", die Figur rechts stellt England dar.

D3 *Der Balkan 1908 bis 1913*

1. *Erläutere, aus welchen Gründen der Balkan ein „Pulverfass" für Europa war (VT, Q1).*
2. *Prüfe, was Österreich mit der Annexion von Bosnien und Herzegowina erreichen wollte (Q2). Welche Folgen hatte dieser Schritt (Q3)?*
3. *Untersuche die Karikatur Q4. Auf welche Gefahren weist der Zeichner hin?*

10 Julikrise und Kriegsausbruch

Q 1 *Kurz nach dem Attentat:* Der serbische Student Gavrilo Princip wird überwältigt und festgenommen (Fotografie, 1914).

Zeitreise multimedial
Das 19. Jahrhundert

Mobilmachung
Damit wird die Kriegsbereitschaft der Streitkräfte (Heer, Flotte, Luftwaffe) hergestellt, so müssen z. B. Transportmittel bereitgestellt und Reservisten einberufen werden. Eine Mobilmachung gilt auch als Form der Kriegsdrohung.

Das Attentat in Sarajewo

Der 28. Juni 1914 war ein prächtiger Sommertag in Europa. Aber am Abend erschienen in allen europäischen Großstädten Extrablätter mit einer entsetzlichen Meldung: In der bosnischen Stadt Sarajewo war auf Erzherzog Franz Ferdinand, den österreichischen Thronfolger, und seine Frau geschossen worden. Der Attentäter war ein serbischer Student, der mit seiner Tat gegen die Unterdrückung der Serben in Österreich-Ungarn protestieren wollte. Die Menschen in Europa waren empört und bestürzt über diesen politischen Mord.

Krieg statt Diplomatie

Das Streben der Serben nach einem eigenen Staat war für Österreich-Ungarn seit langem eine Gefahr. Daher sah die Regierung in Wien in dem Attentat einen geeigneten Anlass, um mit Serbien „abzurechnen". Das Deutsche Reich war bereit diese Politik zu unterstützen. Die Regierung in Berlin ging davon aus, dass Russland einem Krieg Österreichs gegen Serbien tatenlos zusehen würde. So sicherte die deutsche Regierung Österreich-Ungarn am 6. Juli ihre bedingungslose Unterstützung zu. Damit erteilte sie dem österreichischen Bündnispartner eine Art „Blankovollmacht" für jedes weitere Vorgehen.

Falls Russland Serbien aber doch militärisch unterstützen sollte, wäre ein europäischer Krieg kaum vermeidbar. Denn alle europäischen Großmächte waren durch ihre Bündnisse feste militärische Verpflichtungen eingegangen. Über dieses Risiko waren sich die Politiker in Berlin von Anfang an im Klaren. Großbritannien schlug mehrfach vor, alle Staaten, die an dem Konflikt beteiligt waren, sollten eine Verhandlungslösung suchen. Doch aus Sicht der Regierungen in Berlin und Wien wäre ein politischer Kompromiss eine Niederlage gewesen.

Beginn des „Weltbrandes"

Ende Juli stellte die österreichische Regierung Serbien ein Ultimatum: Unter anderem sollten österreichische Beamte an den Untersuchungen des Attentats vom 28. Juni mitwirken. Die serbische Regierung war bereit Wien entgegenzukommen, lehnte aber eine Einmischung in die inneren Angelegenheiten ab. Daraufhin erklärte Österreich Serbien den Krieg. Entgegen der deutschen Hoffnung begann die russische Regierung mit der Mobilmachung, um die Serben gegen die Österreicher zu unterstützen. Daraufhin erklärte die deutsche Reichsregierung Russland und dessen Verbündeten Frankreich den Krieg.

Gleich zu Kriegsbeginn überfielen deutsche Truppen das neutrale Belgien. Die deutsche militärische Führung wollte Frankreich von Norden her schnell besiegen, um sich dann gegen Russland zu wenden. Für Großbritannien war der Überfall auf Belgien der Anlass, an der Seite Frankreichs und Russlands in den Krieg einzutreten. Damit waren innerhalb kurzer Zeit alle europäischen Großmächte in den Krieg verwickelt, der sich bald zu einem „Weltbrand" ausweitete.

Q2 *Zwei Historiker über die Schuld am Ausbruch des Ersten Weltkriegs:*

a) Fritz Fischer (1967):

Bei der angespannten Weltlage des Jahres 1914, nicht zuletzt als Folge der deutschen Weltpolitik (...), musste jeder lokale Krieg in Europa, an dem eine Großmacht unmittelbar beteiligt war, die Gefahr eines allgemeinen Krieges unvermeidbar nahe heranrücken. Da Deutschland den österreichisch-serbischen Krieg gewollt und gedeckt hat und, im Vertrauen auf die deutsche militärische Überlegenheit, es im Juli 1914 bewusst auf einen Konflikt mit Russland und Frankreich ankommen ließ, trägt die deutsche Reichsführung den entscheidenden Teil der historischen Verantwortung für den Ausbruch des allgemeinen Krieges.

Q3 *Am 1. August 1914 in Berlin:* Kriegsbegeisterte Jugendliche ziehen durch die Stadt (Foto).

b) Karl Dietrich Erdmann (1985):

Gewiss, keine der europäischen Regierungen hat den allgemeinen Krieg gewollt. Aber fragen wir einmal umgekehrt: Haben sie den Frieden gewollt? Jede hätte den Krieg verhindern können, wenn sie bereit gewesen wäre den Preis für den Frieden zu zahlen: Österreich, wenn es darauf verzichtet hätte, den seine Existenz als Vielvölkerstaat bedrohenden großserbischen Nationalismus zu zerbrechen; Deutschland, wenn es Österreich hierbei nicht angetrieben, sondern zurückgehalten hätte (...); Russland, wenn es darauf verzichtet hätte, den serbisch-österreichischen Konflikt durch seine Mobilmachung zu einem europäischen Konflikt zu erweitern (...); Frankreich, wenn es dem russischen Bundesgenossen nicht die Gewissheit gegeben hätte, unter allen Umständen mit französischer Hilfe rechnen zu können (...); England, wenn es nicht seinen Entente-Partnern (Bündnispartnern) die Gewissheit gegeben hätte, dass es im Kriegsfall auf deren Seite stehen werde.

Gratis. Extra-Blatt. Gratis.

Vossische Zeitung

Der österreichische Thronfolger und seine Gattin ermordet.

Q4 *Extrablatt einer Berliner Zeitung vom 28. Juni 1914*

D1 *Die Kriegsmaschine kommt in Gang* – die Ereignisse im Sommer 1914

28. Juni	Attentat in Sarajewo
5. Juli	Die deutsche Reichsführung versichert gegenüber Österreich ihre volle Rückendeckung und Bündnistreue
23. Juli	österreichisches Ultimatum an Serbien, unter anderem mit der Forderung nach Untersuchung der Schuld unter Beteiligung österreichischer Beauftragter
25. Juli	russisches Hilfsversprechen für Serbien, serbische Mobilmachung
28. Juli	Kriegserklärung Österreich-Ungarns an Serbien
30. Juli	russische Mobilmachung
31. Juli	deutsches Ultimatum an Frankreich (Frankreich sollte in einem russisch-deutschen Krieg neutral bleiben); deutsches Ultimatum an Russland (Einstellung der Mobilmachung)
1. August	15 Uhr französische Mobilmachung 17 Uhr deutsche Mobilmachung 19 Uhr Kriegserklärung Deutschlands an Russland
3. August	Kriegserklärung Deutschlands an Frankreich
4. August	deutscher Einmarsch in Belgien, Kriegserklärung Englands an Deutschland

1 *Fasse zusammen, wie es zum Kriegsausbruch kam (VT, D1).*
2 *Beschreibe anhand von Q3 die Stimmung in der Bevölkerung.*
3 *Welche Gründe für den Kriegsausbruch führen die beiden Historiker in Q2 an?*
4 *Urteile selbst: Was waren die Ursachen und was war der Anlass für den Ersten Weltkrieg?*

11 Ist der Frieden noch zu retten?

Q1 *Bertha von Suttner (1843–1914) schrieb 1889 das Buch „Die Waffen nieder!“.* Sie erhielt 1905 den Friedensnobelpreis und war Vizepräsidentin des Internationalen Friedensbüros in der Schweiz.

Pazifismus
von lat. pax = Frieden bezeichnet eine Grundhaltung, die militärische Gewalt zur Lösung von Konflikten grundsätzlich ablehnt.

Eine Friedensbewegung entsteht

Viele Menschen waren im 19. Jahrhundert zu der Überzeugung gekommen, dass Krieg kein Mittel sei, um politische Probleme zu lösen. Schon der amerikanische Bürgerkrieg von 1861–1864 hatte deutlich gemacht, dass ein Krieg im Industriezeitalter furchtbare Verluste und großes Leid mit sich brachte. In Europa und den USA gründeten sich Friedensgesellschaften, in denen Männer und Frauen darüber diskutierten, wie sich Kriege verhindern und Konflikte friedlich lösen ließen.

1862 veröffentlichte der Schweizer Henri Dunant ein Buch über seine grauenvollen Erlebnisse auf einem Schlachtfeld. 1889 erschien der Roman „Die Waffen nieder!“ von der Österreicherin Bertha von Suttner. Dieses Buch wurde in fast alle europäischen Sprachen übersetzt und machte die Friedensidee weit bekannt und populär. Bertha von Suttner nahm an zahlreichen Friedenskonferenzen teil und setzte sich in der ganzen Welt dafür ein, Kriege durch internationale Vereinbarungen zu ächten.

Sprengstoff für den Frieden?

Der schwedische Chemiker Alfred Nobel schlug dagegen einen anderen Weg ein. Er wollte „einen Stoff oder eine Maschine schaffen können von so fürchterlicher, massenhaft verheerender Wirkung, dass dadurch Kriege überhaupt unmöglich würden (…) An dem Tag, da zwei Armeekorps sich gegenseitig in einer Sekunde werden vernichten können, werden wohl alle zivilisierten Nationen zurückschaudern und ihre Truppen verabschieden“ – so glaubte er. 1867 erfand Nobel das Dynamit. Doch als er sah, was seine Erfindung in den folgenden Jahren anrichtete, änderte sich sein Denken radikal. Mit seinem Vermögen, das er mit dem Dynamit verdient hatte, stiftete er einen besonderen Preis. Bis heute wird der Friedensnobelpreis jedes Jahr an Politiker oder andere Menschen verliehen, die sich um den Frieden in der Welt verdient gemacht haben.

Proteste gegen den Krieg

1899 und 1907 kamen in Den Haag die Vertreter zahlreicher Staaten zu einer Friedenskonferenz zusammen. Doch sie schafften es nicht, sich auf Schritte zu einer allgemeinen Abrüstung zu verständigen. 1912 trafen sich dann in der Schweiz zahlreiche Vertreter der europäischen Arbeiterparteien, um über die Kriegsgefahr in Europa zu diskutieren. Sie waren sich einig, dass in einem künftigen Krieg in den Massenheeren des Industriezeitalters vor allem die Arbeiterschaft die größten Opfer bringen würde.

Als nach dem Attentat von Sarajewo ein europaweiter Krieg drohte, demonstrierten Hunderttausende Arbeiterinnen und Arbeitern sowie andere Friedensanhänger vor allem in Deutschland und Frankreich gegen die Kriegspolitik ihrer Regierungen. Doch auch die europäische Friedensbewegung konnte den Krieg nicht verhindern.

Q2 *Aus einer Reichstagsrede von August Bebel (SPD), 1911:*
Eines Tages kann die eine Seite sagen: Das kann nicht so weitergehen. Sie kann auch sagen: Halt, wenn wir länger warten, dann geht es uns schlecht, dann sind wir der Schwächere statt der Stärkere. Dann kommt die Katastrophe. Dann werden in Europa sechzehn bis achzehn Millionen Männer, die Blüten der verschiedenen Nationen, ausgerüstet mit den besten Mordwaffen, gegeneinander ins Feld rücken. (...) Hinter diesem Krieg steht der Massenbankrott, steht das Massenelend, steht die Massenarbeitslosigkeit, die große Hungersnot.

Q3 *Der protestantische Pfarrer Otto Umfrid schrieb 1913:*
Wenn es der Kriegspartei in Deutschland gelingen sollte, uns wirklich in den fürchterlichsten Zukunftskrieg hineinzuhetzen, wenn dann die Blüte der deutschen männlichen Jugend auf dem Schlachtfeld zerrissen daliegen wird, dann wird das deutsche Volk vielleicht eine Antwort finden auf die Frage, ob derjenige sein Vaterland mehr geliebt habe, der seine ganze Kraft daransetzte, ihm diese Schrecken zu ersparen, oder derjenige, der Blut säte und dafür Blut erntete.
Die Friedenssonne aber wird und muss über die Nebel der Vorurteile siegen trotz Flotten- und Wehrverein.

Q4 *Bürgerliche Pazifisten, zu denen auch der Physiker Albert Einstein gehörte, veröffentlichten im Oktober 1914 diesen Aufruf:*
Der heute tobende Kampf wird kaum einen Sieger, sondern wahrscheinlich nur Besiegte zurücklassen. Darum scheint es nicht nur gut, sondern auch bitter nötig, dass gebildete Männer aller Staaten ihren Einfluss dahin aufbieten, dass (...) die Bedingungen des Friedens nicht die Quelle künftiger Kriege werden, dass vielmehr die Tatsache, dass durch diesen Krieg alle europäischen Verhältnisse in einen gleichsam labilen (...) Zustand geraten sind, dazu benutzt werde, um aus Europa eine organische Einheit zu schaffen.

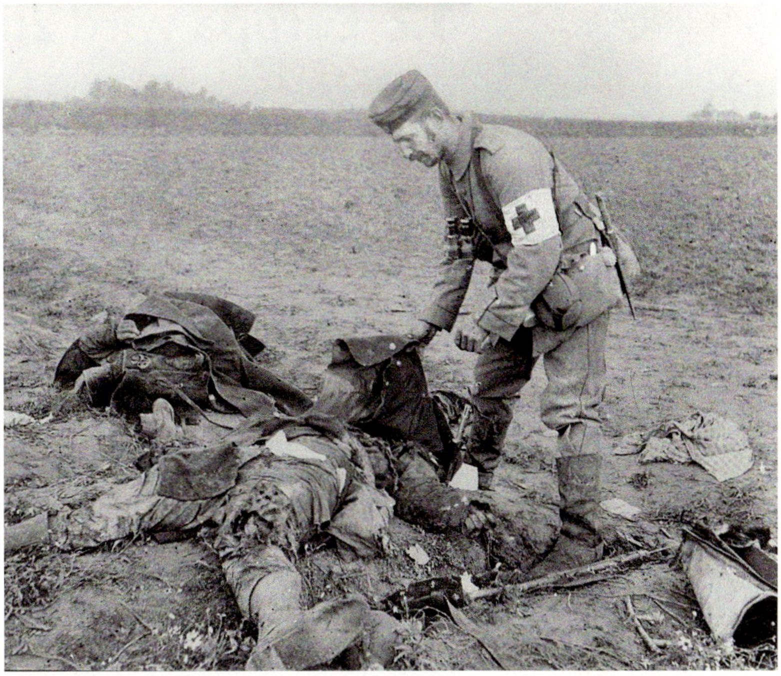

Q5 *Sanitäter mit einer Rotkreuz-Armbinde* (Foto aus dem Ersten Weltkrieg). Der Schweizer Henri Dunant gründete das Rote Kreuz 1864. Die Organisation kümmert sich seitdem unter anderem um Verwundete im Krieg und um das Schicksal von Vermissten.

Q6 *Der russische Zar Nikolaus II. schlug eine Abrüstungskonferenz vor. In seinem Aufruf vom 24. August 1898 heißt es:*
Die Aufrechterhaltung des allgemeinen Friedens und eine mögliche Herabsetzung der übermäßigen Rüstungen, die auf allen Nationen lasten, stellen sich in der gegenwärtigen Lage der ganzen Welt als ein Ideal dar, auf das die Bemühungen aller Regierungen gerichtet sein müssen (...). Hunderte von Millionen werden aufgewendet. um furchtbare Zerstörungsmaschinen zu beschaffen, die heute als das letzte Wort der Wissenschaft betrachtet werden und schon morgen dazu verteufelt sind, jeden Wert zu verlieren infolge irgendeiner neuen Entdeckung auf diesem Gebiet (...). Diesen unaufhörlichen Rüstungen ein Ziel zu setzen und die Mittel zu suchen, dem Unheil vorzubeugen, das die ganze Welt bedroht, das ist die höchste Pflicht, die sich heutzutage allen Staaten aufzwingt.

1 Fasse die Gründe vieler Menschen im 19. Jahrhundert zusammen, sich für den Frieden einzusetzen (VT).

2 Russland war im Jahr 1898 Deutschland und Österreich militärisch unterlegen. Prüfe vor diesem Hintergrund, warum Zar Nikolaus für eine Abrüstung argumentierte (Q6).

3 Liste die Gefahren und möglichen Folgen eines Krieges auf, wie sie die Verfasser von Q2, Q3 und Q4 sahen.

4 Überlege, warum die Friedensbewegung den Krieg nicht verhindern konnte.

12 Europa wird zum Schlachtfeld

Q 1 *Deutsche Soldaten fahren in einem Güterwagen an die Westfront* (Foto, 1914). Begeisterte Menschen verabschiedeten die Truppen an den Bahnhöfen.

Kriegsbeginn

Als im August 1914 die Züge mit Millionen von Soldaten an die Fronten rollten, herrschte in der deutschen Bevölkerung überwiegend Begeisterung. Viele junge Männer meldeten sich freiwillig an die Front. Waren die Reichstagsabgeordneten der Arbeiterparteien zunächst gegen den Krieg, wollten sie nun nicht als Vaterlandsverräter gelten. Mit wenigen Ausnahmen stimmten sie Kriegskrediten zu, damit die Regierung die hohen Kriegskosten bezahlen konnte. Die Regierung ging davon aus, dass sie nach einem gewonnenen Krieg hohe Entschädigungen von Frankreich erhalten würde.

Die deutschen Truppen marschierten über Belgien in Richtung Paris vor. Unerwartet früh griffen russische Armeen Deutschland im Osten an, sodass die deutschen Armeen zugleich gegen Belgier, Briten, Franzosen und Russen kämpfen mussten.

Nach verlustreichen Kämpfen an der Marne in der Nähe von Paris kam im September der deutsche Vormarsch zum Stehen. Zur gleichen Zeit besiegten deutsche Truppen im Osten zwei russische Armeen. Damit verhinderten sie zwar einen Einmarsch der russischen Truppen in Ostdeutschland, an ein schnelles Kriegsende glaubten aber immer weniger Menschen.

Materialschlacht und Stellungskrieg

Bald machten sich die riesigen Verluste an Menschen und Kriegsmaterial bemerkbar. Die Fabriken konnten die angeforderten Mengen an Munition kaum liefern. Der Krieg erstarrte zum „Stellungskrieg": Die Soldaten gruben sich in die schützende Erde ein, und bald zogen sich Stellungen aus Schützengräben von der Küste durch Belgien und Frankreich bis zur Schweiz. Keine Kriegspartei konnte entscheidende Siege erzielen. Daher versuchte man nun, weitere Länder auf die eigene Seite zu ziehen.

Auch in den Kolonialgebieten wurde gekämpft. So spannte sich das Netz der Fronten fast über den gesamten Globus. Schließlich setzten die Strategen neue Waffen wie etwa das Giftgas ein. Dieses Nervengas verursachte entsetzliche Leiden bei den Soldaten, führte aber auch keine Kriegsentscheidung herbei.

Die Hölle von Verdun

Am 21. Februar 1916 eröffnete die deutsche V. Armee das Feuer auf die Stadt Verdun sowie auf die Nachschubwege und die gegnerischen Schützengräben. Die Strategie war, Frankreich „ausbluten" zu lassen und so zum Aufgeben zu zwingen. Über Monate hinweg tobten grausame Schlachten zwischen dem deutschen und französischen Heer, wobei zehntausende Männer von Maschinengewehren „niedergemäht" oder von Granaten zerrissen wurden. Im Oktober letztlich waren die deutschen Truppen gezwungen aus Verdun abzuziehen. An einem einzigen Tag gewannen die Franzosen das Gelände zurück, das die Deutschen in vier Monaten erkämpft hatten.

Weitere Informationen, Karten und Zeitzeugenberichte zur Schlacht von Verdun finden sich unter: www.geocities.com/bunker1914/Verdun.htm

Q2 Der deutsche Reichskanzler Bethmann Hollweg skizzierte am 9. September 1914 in dem geheimen „Septemberprogramm" die deutschen Kriegsziele:

Das allgemeine Ziel des Krieges: Sicherung des Deutschen Reiches nach West und Ost auf erdenkliche Zeit. Zu diesem Zweck muss Frankreich so geschwächt werden, dass es als Großmacht nicht neu erstehen kann, Russland von der deutschen Grenze nach Möglichkeit abgedrängt und seine Herrschaft über die nichtrussischen Vasallenvölker gebrochen werden. Die Ziele des Krieges im Einzelnen:

1. Frankreich. Von den militärischen Stellen zu beurteilen, ob die Abtretung von Belfort, des Westabhangs der Vogesen, die Schleifung der Festungen und die Abtretung des Küstenstrichs von Dünkirchen bis Boulogne zu fordern ist. In jedem Falle abzutreten, weil für die Erzgewinnung unserer Industrie nötig, das Erzbecken von Briey. Ferner eine in Raten zahlbare Kriegsentschädigung; sie muss so hoch sein, dass Frankreich nicht imstande ist, in den nächsten 18 bis 20 Jahren erhebliche Mittel für Rüstung aufzuwenden. Des Weiteren: ein Handelsvertrag, der Frankreich in wirtschaftliche Abhängigkeit von Deutschland bringt, es zu unserem Exportland macht und es ermöglicht, den englischen Handel in Frankreich auszuschalten. (…)

2. Belgien. (…) Jedenfalls muss ganz Belgien, wenn es auch als Staat äußerlich bestehen bleibt, zu einem Vasallenstaat herabsinken.

Q3 Der französische Botschafter in St. Petersburg beschrieb am 12. September 1914 die russischen Ziele:

1. Das Hauptziel der drei Verbündeten würde sein, die Macht Deutschlands und seinen Anspruch auf militärische und politische Herrschaft zu brechen. (…)

3. Russland würde sich den Unterlauf des Njemen und den östlichen Teil Galiziens aneignen. Es würde dem Königreich Polen das östliche Posen, Schlesien (…) und den westlichen Teil Galiziens angliedern.

4. Frankreich würde Elsass-Lothringen wiedernehmen, wobei es ihm freisteht, einen Teil Rheinpreußens und der Pfalz hinzuzufügen. Belgien würde (…) einen bedeutenden Gebietszuwachs erhalten. (…)

12. England, Frankreich und Japan würden sich die deutschen Kolonien teilen.

13. Deutschland und Österreich würden eine Kriegskontribution zahlen.

Q5 Die Folgen der neuen Kriegstechnik zeigt dieses Foto von der Gegend um die nordfranzösische Stadt Arras (1917).

1. *Aus welchen Gründen hat die deutsche Regierung versucht ihre Kriegsziele geheim zu halten (Q2)?*
2. *Vergleiche die Kriegsziele der Deutschen und der Alliierten (Q2, Q3). Erläutere die möglichen Folgen dieser Ziele.*

D1 Frontenverlauf des Ersten Weltkriegs

13 Methode
Fotografien als Geschichtsquellen betrachten

Geschichte objektiv?
Mit der Erfindung der Fotografie zu Beginn des 20. Jahrhunderts konnten erstmals historische Ereignisse in dem Moment festgehalten werden, in dem sie geschahen. Außerdem gibt es seit dieser Zeit auch Aufnahmen aus dem täglichen Leben der Menschen. Fotografien sind deshalb wertvolle Geschichtsquellen für uns. Aber wir müssen Fotos auch immer kritisch befragen, denn der Fotograf hält nur einen Ausschnitt der Wirklichkeit fest. Manchmal werden Fotos auch gezielt eingesetzt, um den Betrachter zu beeinflussen. Das kann so weit gehen, dass Fotografien nachträglich retuschiert, d. h. mit Absicht gefälscht werden.

Der Erste Weltkrieg auf Fotos
Aus der Zeit des Ersten Weltkriegs sind zahlreiche Fotos erhalten geblieben. Sie zeigen sowohl die Geschehnisse an der Front als auch das Leben in den Städten zuhause. Doch diese Fotografien müssen wir besonders kritisch betrachten, denn gerade in Kriegszeiten werden Fotos oft dazu benutzt, um ein ganz bestimmtes Bild zu vermitteln und über die schrecklichen Seiten des Krieges hinwegzutäuschen.

Q 1 Soldaten schützen sich mit Gasmasken gegen das Giftgas. Diese Waffe war eine deutsche Erfindung.

Methodische Arbeitsschritte

1. Betrachte das Foto genau und beschreibe die Einzelheiten.
2. Fasse zusammen, welche konkrete Situation der Fotograf auf dem Bild festgehalten hat.
3. Überlege, zu welchem Zweck das Foto aufgenommen wurde. Ist es ein Pressefoto oder eine private Aufnahme?
4. Beschreibe die Wirkung des Fotos. Welche Einzelheiten hat der Fotograf besonders hervorgehoben; welche Stimmung herrscht auf dem Bild?
5. Betrachte das Foto kritisch. Trifft der Fotograf eine bestimmte Aussage? Will er sachlich informieren oder eine bestimmte Wirkung beim Betrachter erzielen?

Q 2 *Nach der Schlacht.* Verwundete Soldaten werden im Feldlazarett versorgt.

Q 3 *Todesnachricht von der Front*

Q 4 *Arbeiterinnen beim Reinigen von Maschinengewehren, 1916.* Das preußische Kriegsministerium erklärte in einem Schreiben vom 5. Februar 1917: „Die Industrie muss damit rechnen, dass ihr immer mehr Männer entzogen werden. Die Nutzbarmachung der weiblichen Arbeitskräfte gewinnt daher immer größere Bedeutung."

1 *Ordne die Fotografien auf dieser Seite zeitlich in den Kriegsverlauf ein. In welchem Zusammenhang sind sie entstanden?*
2 *Betrachte die Fotos anhand der methodischen Arbeitsschritte. Welche Fotos sind eher sachlich-informierend, welche sollen eine emotionale Wirkung erzielen?*
3 *Suche dir ein weiteres Foto aus den vorangegangenen oder den nächsten Kapiteln aus und analysiere es.*
4 *Frage in deiner Familie nach, ob ihr Fotos aus der Zeit des Ersten Weltkriegs besitzt, und bringe sie mit in die Klasse.*

14 Das Entscheidungsjahr 1917

Q 1 *„Nur die Marine kann dies beenden“* (Propagandaplakat der US-amerikanischen Regierung von 1917)

Waffenstillstand bedeutet die Einstellung von Feindseligkeiten zwischen Krieg führenden Staaten. Meistens folgen Friedensverhandlungen. Werden Kampfhandlungen für kurze Zeit – z. B. zur Bergung von Verwundeten – eingestellt, spricht man von Waffenruhe.

Der verpasste Frieden

Noch Ende 1916 schätzte die deutsche Regierung die militärische Lage so günstig ein, dass Reichskanzler Bethmann Hollweg den Alliierten ein Friedensangebot machte. England und Frankreich lehnten aber ab. Daraufhin forderte der amerikanische Präsident Wilson die Krieg führenden Mächte auf, ihre Bedingungen für eine Friedenskonferenz zu nennen. Einen „Frieden ohne Sieg“ war es, was Wilson vorschlug. Aber dazu war keine der beteiligten Regierungen bereit.

Die entscheidende Wende

Angesichts der zunehmend ausweglosen Lage an allen Fronten verschärfte die Oberste Heeresleitung im Februar 1917 den Krieg zur See. Deutsche U-Boote sollten nun ohne Vorwarnung Handels- und Passagierschiffe versenken. Als in dem folgenden „uneingeschränkten U-Boot-Krieg“ auch amerikanische Schiffe versenkt wurden, erklärte Präsident Wilson den Deutschen im April 1917 den Krieg. In nur eineinhalb Jahren brachten die USA über 30 Milliarden Dollar und 4,5 Millionen Soldaten für den Krieg in Europa auf.

In Russland brach im Frühjahr 1917 eine Revolution aus: Der Zar wurde gestürzt und die Sozialisten unter dem Politiker Lenin übernahmen die Macht. Doch politische Kämpfe im ganzen Land und Probleme in der Lebensmittelversorgung schwächten die russische Regierung und die Truppen. Im Frühjahr 1918 schloss Lenin deshalb einen von Deutschland diktierten Friedensvertrag und schied aus dem Krieg aus.

Revolution und Waffenstillstand

Erstmals seit vier Jahren geriet der Krieg wieder in Bewegung. Aber jetzt machte sich bemerkbar, dass die USA gewaltige Massen an Kriegsmaterial nach Europa gebracht hatten und dass die deutsche Armee erschöpft war. Auch die Verbündeten des Deutschen Reichs standen kurz vor dem Zusammenbruch. Der Krieg war praktisch verloren.

Im September 1918 verlangte die Oberste Heeresleitung unter Hindenburg und Ludendorff von der deutschen Regierung, einen Waffenstillstand herbeizuführen. Die deutsche Marineführung aber erteilte Anfang November der deutschen Hochseeflotte den Befehl, gegen die englische Flotte auszulaufen. Lieber heldenhaft untergehen, als die Flotte an den Feind auszuliefern, war ihre Devise. Doch die Matrosen verweigerten den Gehorsam. In Kiel kam es zum bewaffneten Aufstand, der sich zu einer Revolution in ganz Deutschland ausbreitete. Am 9. November musste Kaiser Wilhelm II. von seinem Thron zurücktreten. Zwei Tage später unterzeichneten Vertreter der neuen demokratischen Regierung mit den Siegermächten einen Waffenstillstand. Der Erste Weltkrieg war zu Ende.

Q2 *Das deutsche Friedensangebot*

a) Schreiben der Regierung vom 2. Dezember 1916 an die Alliierten:

Getragen von dem Bewusstsein ihrer militärischen und wirtschaftlichen Kraft und bereit, den ihnen aufgezwungenen Kampf nötigenfalls bis zum Äußersten fortzusetzen, zugleich aber von dem Wunsch beseelt, weiteres Blutvergießen zu verhüten und den Gräueln des Krieges ein Ende zu machen, schlagen die vier verbündeten Mächte vor, alsbald in Friedensverhandlungen einzutreten. Die Vorschläge, (…) die darauf gerichtet sind, Dasein, Ehre und Entwicklungsfreiheit ihrer Völker zu sichern, bilden nach ihrer Überzeugung eine geeignete Grundlage für (einen) dauerhaften Frieden.

b) Antwort der Alliierten vom 30. Dezember 1916:

Vor jeder Antwort legen die alliierten Mächte Gewicht darauf, gegen die beiden wesentlichen Behauptungen der Note der feindlichen Staaten lauten Einspruch zu erheben, welche auf die Alliierten die Verantwortung für den Krieg abwälzen will und die den Sieg der Zentralmächte verkündete. (…) Für die Vergangenheit übersieht die deutsche Note die Tatsachen, die Daten und die Zahlen, die feststellen, dass der Krieg gewollt hervorgerufen und erklärt worden ist durch Deutschland und Österreich-Ungarn. (…) Für die Zukunft verlangen die (…) verursachten Verwüstungen (…) Sühne, Wiedergutmachung und Bürgschaften.

Q4 *Matrosen der Kriegsflotte* verweigern im November 1918 den Gehorsam und rufen zur Revolution in Deutschland auf.

Q3 *Die deutsche Waffenstillstandskommission* mit weißen Fahnen an den Autos fährt durch den französischen Ort Compiègne zu den Verhandlungen. Matthias Erzberger, Mitglied der Zentrumspartei und der Regierung, unterzeichnet am 11. November 1918 um 17 Uhr den Waffenstillstandsvertrag.

1 *Lies Q2 und beurteile den Friedenswillen der Kriegsparteien.*
2 *Untersuche das Plakat Q1. An welche Gefühle appelliert die amerikanische Kriegspropaganda?*
3 *Was bewog Präsident Wilson in den Krieg einzutreten? Inwiefern brachte dies eine entscheidende Wende?*
4 *Schildere mit eigenen Worten den Ausgang des Krieges (VT, Q3, Q4).*

15 Die Folgen des Krieges

Zeitreise multimedial
Das 19. Jahrhundert

Ein spannendes Buch über die Ereignisse im November 1918 und das Kriegsende: „Die roten Matrosen oder Ein vergessener Winter" (Klaus Kordon, Beltz & Gelberg, 2003)

Q 1 *Berliner schlachten einen Pferdekadaver aus* (Foto, 1918).

Leid und Schicksal in Zahlen?
Der Krieg brachte unermessliches Leid über die Menschen in ganz Europa, über das Opferstatistiken nur wenig aussagen können. Allein zwei Millionen deutsche Soldaten starben während der vier Kriegsjahre, viele von ihnen hinterließen Frau und Kinder. Die meisten Ehefrauen erhielten als Kriegerwitwen vom Staat nur eine geringe Rente. Sie waren deshalb gezwungen, sich eine Arbeit zu suchen, um überleben zu können.

Erlebnisse an der Front
Die meisten Männer, die aus dem Krieg zurückkehrten, litten ihr Leben lang an den gesundheitlichen und seelischen Schäden sowie an den Erinnerungen, die sie nicht mehr losließen: an die kalten, schlammigen Schützengräben, die ständigen Gewehrsalven und Trommelfeuer, an das Giftgas und die Panzer, an die verwundeten und sterbenden Männer ringsum und an die Angst vor jedem nächsten Angriff.
In der Bevölkerung wurden für die Blinden, Gehörlosen, Arm- und Beinamputierten Geld gesammelt, um sie in so genannten Kriegsversehrtenschulen wieder auf einen Einsatz in der Arbeitswelt vorzubereiten.

Kriegsalltag daheim
Während des Krieges war die Lage für die Menschen immer schwieriger geworden: Da die britische Seeblockade die Warenlieferungen nach Deutschland behinderte, mangelte es an Lebensmitteln, Kleidung und Gebrauchsgegenständen. Nahrungsmittel wurden rationiert, Höchstpreise festgelegt und die gesamte Wirtschaft auf den Krieg ausgerichtet. Manche Leute versorgten sich auf dem Schwarzmarkt oder fuhren aufs Land, um bei den Bauern Kleider und Schmuck gegen Eier, Milch, Kartoffeln oder Speck einzutauschen. Doch das linderte die Not nur für kurze Zeit.
In den vier Kriegsjahren starben 750 000 Menschen an Unterernährung, Mangelerscheinungen und Schwäche; besonders Säuglinge und alte Menschen waren davon betroffen. Auch die Kälte wurde zur Geißel. Als sich 1918 eine Grippewelle über ganz Europa ausbreitete, fielen ihr die geschwächten Menschen zu Hunderttausenden zum Opfer.

Veränderungen für Frauen
Das Leben der Frauen wurde durch den Krieg besonders verändert. Während des Krieges mussten sie in der Familie, im Geschäft, in Behörden oder Fabriken die Männer ersetzen. Der Anteil der weiblichen Beschäftigten in der Industrie stieg bis 1918 von 22 % auf 35 %. Allerdings ergaben sich für die Frauen auch Chancen: Sie bewiesen, dass sie in der Lage waren, Aufgaben zu übernehmen, die vorher den Männern vorbehalten waren. So waren manche Frauen nach dem Krieg nicht mehr bereit, einfach an den Herd zurückzukehren – auch wenn ihre Männer gesund heimgekehrt waren. Durch ihre Berufstätigkeit gewannen Frauen nicht nur ein größeres Selbstbewusstsein, sondern auch eine gewisse finanzielle Unabhängigkeit.

Q2 *Die katastrophale Versorgungslage in Deutschland spiegelt folgender Aufruf an die deutschen Schülerinnen und Schüler wider:*

Herrliche Taten verrichten unsere Soldaten an der Westfront in Kämpfen (...). Doch die Entscheidung wird zum großen Teil in der Heimat fallen. (...) Jetzt gilt es: Wer die Entbehrungen, die aus der Unterdrückung des Seehandels erwachsen, am längsten ertragen kann, der ist Sieger! Die kommenden Monate sollen die Entscheidung bringen. Und dabei mitzuwirken, sind wir alle berufen. (...)

Sammelt Weißblech (Konservendosen usw.) für die Munitionsfabriken, damit nicht die Orgelpfeifen unserer Kirchen der Glut der Schmelzflammen zum Opfer fallen müssen.

Sammelt Alt-Gummi; Alt-Papier und alle Metalle, Kupfer, Blei, Zink, Zinn, Nickel, Aluminium; Messing, Bronze, auch russische Platinmünzen! Sucht nach in Boden und Keller, auch bei Freunden und Bekannten, wo ein Stück Metall nutzlos daliegt.

Durch eure Goldsammlung im ersten Kriegsjahr habt ihr euch ums Vaterland die größten Verdienste erworben. Heute im dritten und vierten Kriegsjahr sind die Rohstoffe ebenso wichtig wie damals das Goldgeld!

Q3 *Im April 1916 erhielten Anna Böhmer und ihre Tochter die Benachrichtigung, dass ihr Mann bzw. Vater Gottfried Böhmer gefallen war:*

Sehr geehrte Frau Anna Böhmer!

Ihr Schreiben vom 3. März (...) hat mich erreicht, und bin ich in der Lage, Ihnen persönlich über den Tod unseres lieben Böhmer Auskunft zu geben. (...) Hätte er mir gefolgt, wäre er zur kritischen Stunde in Urlaub gewesen, aber er wollte erst am 7. April fahren, um die Ostern mit Ihnen zu verleben. (...) Sein Tod war schmerzlos, da er durch eine Granate voll getroffen, hoch in die Luft flog und tot zurückkam. Wer so stirbt, stirbt als Held und es ist sicher Gottes Schickung gewesen, so sterben zu müssen. (...) Bleiben Sie stark für die fernere Zukunft.

Ergebenst A. Beiersdörfer, Feldwebel.

Länder	während des Krieges insgesamt mobilisierte Streitkräfte	gefallen und gestorben	Verwundete	Gefangene und Vermisste	Gesamtausfälle der mobil. Streitkräfte in %
Alliierte und verbündete Staaten:					
Russland	12 000 000	1 700 000	4 950 000	2 500 000	76,3
Frankreich*	8 410 000	1 357 800	4 266 000	537 000	73,3
Großbritannien*	8 904 467	908 371	2 090 212	191 652	35,8
Italien	5 615 000	650 000	947 000	600 000	39,1
USA	4 355 000	126 000	234 300	4 500	8,2
Japan	800 000	300	907	3	0,2
Rumänien	750 000	335 706	120 000	80 000	71,4
Serbien	707 343	45 000	133 148	152 958	46,8
Belgien	267 000	13 716	44 686	34 659	34,9
Griechenland	230 000	5 000	21 000	1 000	11,7
Portugal	100 000	7 222	13 751	12 318	33,3
Montenegro	50 000	3 000	10 000	7 000	40,0
Gesamt	*42 188 810*	*5 152 115*	*12 831 004*	*4 121 090*	*52,3*
Mittelmächte:					
Deutschland	11 000 000	1 773 700	4 216 058	1 152 800	64,9
Österreich-Ungarn	7 800 000	1 200 000	3 620 000	2 200 000	90,0
Türkei	2 850 000	325 000	400 000	250 000	34,2
Bulgarien	1 200 000	87 500	152 390	27 026	22,2
Gesamt	*22 850 000*	*3 386 200*	*8 388 448*	*3 629 829*	*67,4*
Gesamtbilanz	*65 038 810*	*8 538 315*	*21 219 452*	*7 750 919*	*57,6*

*einschließlich Kolonialtruppen

D1 *Der Erste Weltkrieg in Zahlen*

Q4 *Kriegsversehrter in einer Werkstatt.* Fotos wie dieses wurden während des Krieges nicht veröffentlicht.

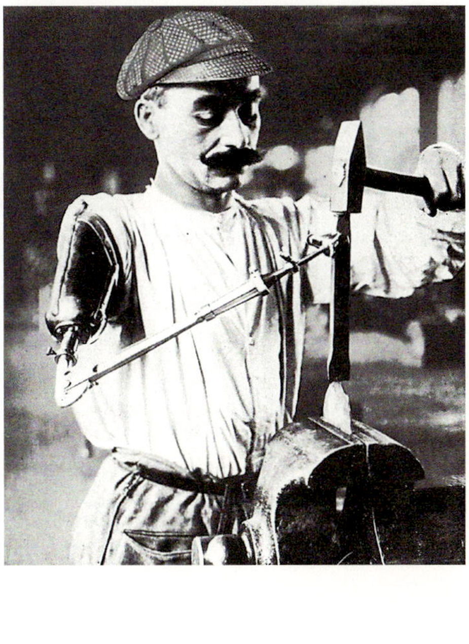

1 *Liste die Folgen auf, die der Krieg für die Menschen im Land hatte (VT, Q1, Q4).*

2 *Was sollte der Aufruf Q2 bewirken? Achte besonders auf den Tonfall des ersten Absatzes.*

3 *Versetze dich in Frau Anna Böhmer (Q3). Welche Gedanken gehen dir beim Lesen der Nachricht durch den Kopf?*

4 *Betrachte D1. Was können uns solche Statistiken mitteilen, was aber nicht?*

16 Methode
Kriegerdenkmäler befragen

Denkmäler für die Gefallenen
Nach dem Ersten Weltkrieg wurden in vielen Städten und Dörfern Denkmäler errichtet, um der Gefallenen aus der eigenen Gemeinde zu gedenken. Die Gestaltung der Denkmäler fiel allerdings sehr unterschiedlich aus. Dienten die Kriegerdenkmäler im 19. Jahrhundert noch dazu, militärische Siege oder erfolgreiche Feldherren zu verherrlichen, so drückten nach dem Ersten Weltkrieg viele Künstler in ihren Denkmälern auch das Leid der Soldaten und die Trauer der Familien aus. Schon bei der Planung und Errichtung vieler Kriegerdenkmäler gab es deshalb Streit unter den Künstlern, Auftraggebern und dem Publikum. Manche Denkmäler wurden später sogar beschmutzt oder zerstört.

Ein Denkmal als Quelle nutzen
Ein Denkmal ist also eine sehr aufschlussreiche historische Quelle, denn zum einen erinnert es an Ereignisse oder Personen aus der Geschichte. Zum anderen sagt ein Denkmal auch viel über die Menschen aus, die es in Auftrag gegeben, gestaltet und aufgestellt haben. Am Ort des Denkmals steht meist auch eine Tafel, die dir erste Informationen gibt. Weitere Informationen zum Denkmal und seiner Geschichte finden sich in Zeitungsartikeln, Festreden oder anderen Berichten zur Stadtgeschichte. Diese Dokumente liegen im Stadtarchiv.

Q 1 *Kriegerdenkmal in Hildesheim* zu Ehren der Gefallenen des Ersten Weltkriegs. „Nie wieder Krieg" stand 1981 eines Morgens in großen weißen Buchstaben auf dem Denkmal. Viele Einwohner reagierten empört.

Methodische Arbeitsschritte

1. Beschreibe das Denkmal genau. Was ist dargestellt, welche Einzelheiten fallen auf?
2. Wie wirkt das Denkmal auf dich? Zeigt es wirkliche Menschen oder Helden? Werden Gefühle wie Trauer und Schmerz sichtbar oder verkörpern die Figuren Heldenmut und Stärke?
3. Gibt es eine Inschrift und was sagt sie aus?
4. An welchem Ort ist das Denkmal aufgestellt? Hat dieser Platz eine besondere Bedeutung für die Stadt?
5. Informiere dich über die Entstehungsgeschichte des Denkmals. Aus welchem Anlass wurde es errichtet, wer hat den Auftrag dazu gegeben und wer hat es geschaffen?
6. Versuche die Botschaft des Denkmals zu formulieren. Kannst du ihr zustimmen?

Q 2 *Die Brüder Hans und Peter Kollwitz als Kinder*

Q 3 *Aus dem Tagebuch von Käthe Kollwitz*

Sonntag, 9. August 1914

Karl (der Vater): „Das Vaterland braucht dich noch nicht, sonst hätte es dich schon gerufen." Peter leise, aber fest: „Das Vaterland braucht meinen Jahrgang noch nicht, aber mich braucht es." Immer wendet er sich stumm mit flehenden Blicken zu mir, dass ich für ihn spreche.

Montag, 10. August 1914

Verzweifeltes Aufwachen am Morgen. Gefühl der Unmöglichkeit der Hingabe Peters. Mit Peter nach dem Frühstück gesprochen. Gesagt, dass ich nichts zurücknähme vom gestrigen Abend. Er müsse über sich selbst bestimmen. Aber ob er nicht doch noch etwas warten wolle, bis er gerufen werde? Die Wahrscheinlichkeit läge nahe, dass keiner dieser Jünglinge wiederkäme.

(...) Während des Sprechens dasselbe Gefühl wie am Abend vorher, als Karl sprach: Man spricht umsonst und man findet keine Worte, weil der stumm zuhörende Junge mit Macht sich gegen das eigene Innere durchsetzt.

(...) Abends ich und Karl allein. Weinen, Weinen, Weinen.

1. *Betrachte die beiden Denkmäler Q1 und Q4 anhand der methodischen Arbeitsschritte. Was wollten die Künstler jeweils ausdrücken?*
2. *Lies die Zusatzinformationen zu dem Denkmal von Käthe Kollwitz. Erläutere nun genauer, wie das Denkmal entstanden ist.*
3. *Informiere dich im Internet oder in der Bibliothek über Käthe Kollwitz und ihre Werke. Finde weitere Bilder von ihr, in denen sie sich mit dem Krieg auseinandersetzt.*
4. *Gibt es in eurer Stadt auch ein Denkmal für die gefallenen Soldaten des Ersten Weltkriegs? Besucht es und betrachtet es genau auf seine Aussage und Wirkung hin.*

Q 4 *Trauerndes Elternpaar* (Denkmal von Käthe Kollwitz, 1867–1945, auf dem Soldatenfriedhof Vladslo bei Dixmude in Belgien). Die Künstlerin Käthe Kollwitz verlor im Ersten Weltkrieg ihren damals 18-jährigen Sohn Peter. Diesen Verlust konnte sie ihr ganzes Leben nicht verwinden. Vor allem machte sie sich Vorwürfe, dass sie ihren Sohn nicht davon abgehalten hatte, sich freiwillig als Soldat zu melden. Nach einer kurzen Ausbildung wurde Peter im Kampfgebiet in Flandern eingesetzt, wo er nach wenigen Tagen fiel.

17 Abschluss
Wohin der „Wettlauf" um Kolonien führte

Es war ein verhängnisvoller Weg, den die europäischen Großmächte im letzten Drittel des 19. Jahrhunderts einschlugen und der letztlich in einer Katastrophe endete. Entscheidende „Stationen" dieser Jahre kannst du hier noch einmal nachvollziehen.
Start ist an einem Verhandlungstisch in Berlin. An insgesamt 18 Weggabelungen erhältst du eine Frage mit zwei Antwortmöglichkeiten. Folge dem Pfeil, der an der – wie du meinst – richtigen Lösung steht, weiter zur nächsten Station.
An der Strecke findest du mehrere Buchstaben, die du dir notieren solltest. Wenn du die Buchstaben am Ende in die richtige Reihenfolge bringst, erfährst du, wer sich immer wieder gegen die Kolonialpolitik und das Wettrüsten der europäischen Mächte ausgesprochen hat.

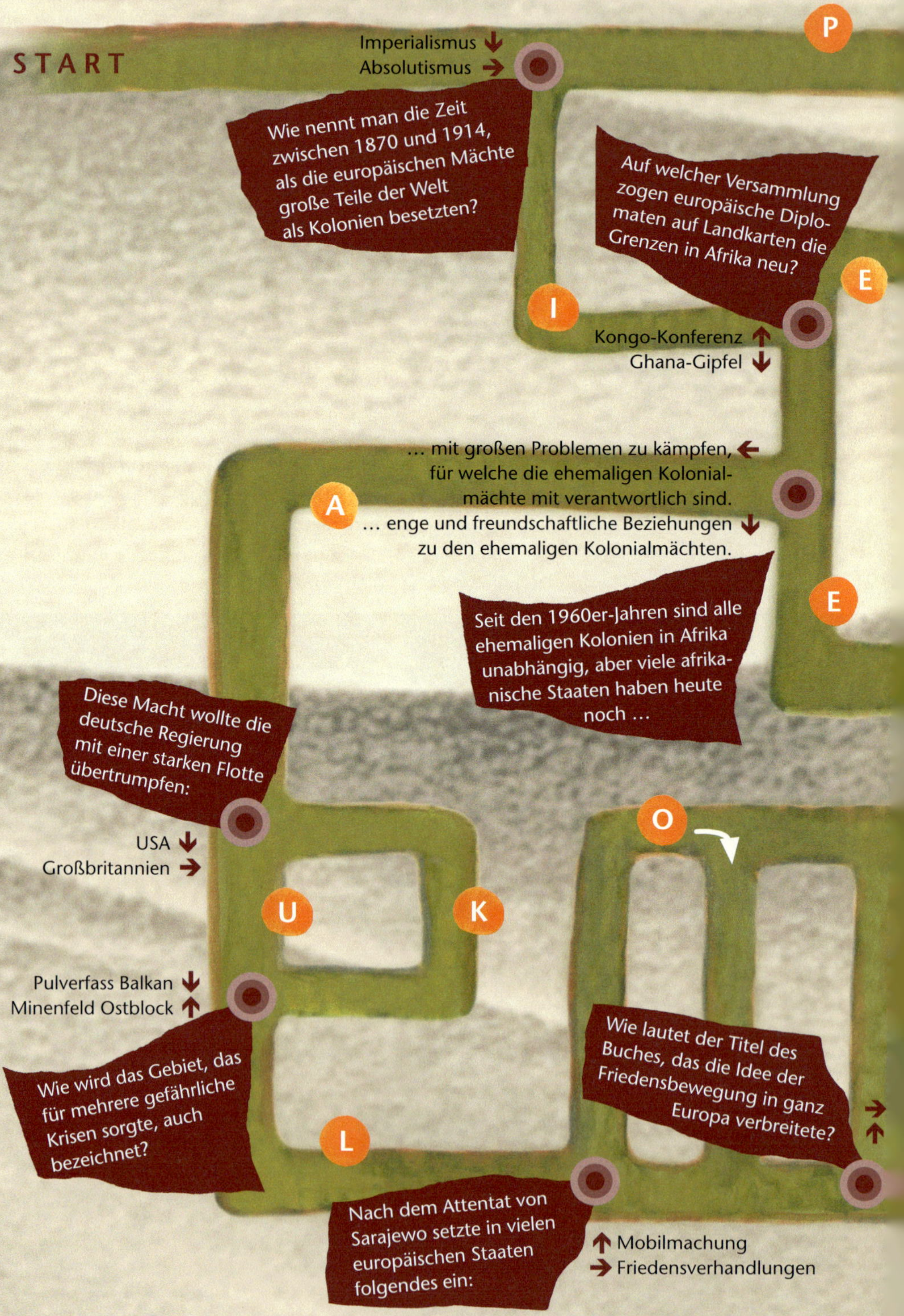

S

O

Wie bezeichnet man die Einstellung, wenn sich ein Volk oder eine Person aufgrund ihrer Herkunft oder Hautfarbe anderen Menschen überlegen fühlt?

D

Rassismus ←
Nationalismus ↓

Z

Als was betrachteten die Europäer den afrikanischen Kontinent?

gesetzloses Land ↓
herrenloses Land ↑

Was behaupteten die Europäer, den einheimischen Völkern in den Kolonien zu bringen?

Kultur und Zivilisation →
Reichtum und Frieden ↓

Wer von diesen beiden Männern begeisterte sich von Anfang an für den Erwerb von möglichst vielen Kolonien?

Otto v. Bismarck ↑
Kaiser Wilhelm II. ↓

An welchem Volk verübten die deutschen Kolonialtruppen einen Massenmord?

Kongolesen ↑
Herero ←

R

Wie hieß die Kolonie, die Carl Peters im Auftrag der deutschen Regierung erwarb?

Deutsches Südafrika ↑
Deutsch-Ostafrika ←

A

M

Was baute Bismarck auf, um das Deutsche Reich politisch und militärisch abzusichern?

← ein mehrseitiges Bündnissystem
↓ mehrfach überwachte Grenzen

↓ Matrosen der Kriegsflotte
→ Junge Rekruten an der französischen Front

Wer verweigerte im Oktober 1918 den Befehl der Offiziere und rief zur Revolution auf?

Verdun ↓
Stalingrad →

N

Bei der Schlacht um diese Stadt im Jahr 1916 verloren Hunderttausende Soldaten ihr Leben.

Welches Ereignis brachte 1917 eine entscheidende Kriegswende?

↑ Die USA traten in den Krieg ein.
← Russische Truppen eroberten Berlin.

T

Krieg“
nieder“

J

↑ den Waffenstillstandsvertrag
→ ein Friedensangebot an die Alliierten

Am 11. November 1918 unterzeichneten Vertreter der deutschen Regierung …

ZIEL

2500 – 1700 v. Chr.

Hochkulturen am Indus

1400 v. Chr. – 500 n. Chr.

Einwanderung der Arier;
die Hindu-Kultur entsteht.

16. – 18. Jh.

Islamische Blütezeit unter
den Mogulherrschern

Indien – ein außereuropäischer Kulturraum

Indien ist ein Subkontinent des asiatischen Erdteils. Etwas von der vielfältigen Vergangenheit des Landes wird sichtbar, wenn in Delhi am indischen Unabhängigkeitstag prächtig geschmückte Elefanten wie zu Zeiten der Maharadschas am Palast der einstigen britischen Kolonialherren vorbeiziehen.

Aber die kulturelle Vergangenheit ist auch lebendige Gegenwart. Denn Geschichte, Religion und Kultur prägen das politische und alltägliche Leben in Indien und seinen Nachbarstaaten bis heute – von freundschaftlicher Nachbarschaft über ein konfliktreiches Nebeneinander bis hin zum feindlichen Gegeneinander.

18.–20. Jh.

Indien steht unter der Herrschaft von britischen Kolonialherren.

1910–1949

Gandhi führt den indischen Befreiungskampf an.

1947

Indien erlangt seine Unabhängigkeit; das Land wird in Pakistan und die Indische Union geteilt.

1 Eine frühe Hochkultur

Q 1 *„Priesterkönig"* (Statue aus Mohenjo Daro, 3. Jahrtausend v. Chr.). Heutige Forscher meinen, dass die Statue einen der Priesterkönige abbildet, welche die Städte der Induskultur vor der Ankunft der Arier regierten.

A-Z

Veden
„Veda" bedeutet „Wissen". Die Veden sind vier Sammlungen von Götterliedern und Opfersprüchen (Rigveda, Samaveda, Yugurveda, Atharvaveda) aus der arischen Zeit (1400–600 v. Chr.) und die ältesten Literaturzeugnisse Indiens.

Eine Hochkultur am Indus
Ausgrabungen beweisen, dass im Gebiet des Indus zwischen 2500–1700 v. Chr. eine blühende Stadtkultur bestand. Die beiden größten Städte waren Mohenjo Daro und Harappa. In beiden lassen sich zwei Stadtteile unterscheiden: zum einen ein befestigter Gebäudekomplex, in dem die Herrscher der Städte gelebt und regiert haben. Forscher nehmen an, dass es sich dabei um Priester gehandelt hat. Zum anderen gab es eine Wohnstadt, in der mehrstöckige Häuser aus Ziegelsteinen standen, übersichtlich an rechtwinklig verlaufenden Straßen angeordnet. Hier arbeiteten Handwerker und Händler. Wie Fundstücke zeigen, reichten ihre Handelsbeziehungen bis ins Zweistromland Mesopotamien.
Um 1500 v. Chr. ging die Induskultur zugrunde. Vielleicht brach eine Naturkatastrophe über das Gebiet herein oder fremde Eroberer zerstörten die Städte. Weder die Ausgrabungen noch Schriften aus dieser Zeit geben darauf eine Antwort, denn die Schriftzeichen der Induskultur konnten bis heute nicht entziffert werden.

Die arische Zeit
Ab etwa 1400 v. Chr. drangen Nomadenvölker über die Bergpässe im Nordwesten nach Indien ein. Sie bezeichneten sich selber als Arier, was „Edle" bedeutet. Die Arier unterwarfen die einheimische Bevölkerung und breiteten sich vom Indus bis in die Gangesebene aus. Dort wurden sie allmählich sesshaft und gründeten zahlreiche größere und kleinere Reiche. Zwischen ihnen kam es allerdings häufig zu Kriegen. An der Spitze der Reiche standen meist Könige, die „Radschas". Priester (Brahmanen) und adlige Krieger bildeten die schmale Führungsschicht, während die breite Bevölkerung aus Bauern und ihren Familien bestand.
Die Einwanderung der Arier war folgenschwer, denn die Arier verdrängten die religiösen und kulturellen Lebensformen der Ureinwohner und ersetzten sie durch ihre eigenen. Die arische Religion ist zum einen in den Veden und zum anderen in den Upanishaden überliefert. Dies sind Lieder und Opfersprüche zu Ehren der Götter sowie Weisheitslehren über den Menschen und die Welt. Veden und Upanishaden sind die ältesten Überlieferungen aus dem indischen Kulturraum überhaupt, und trotz ihres sagenhaften Inhalts sind sie die wichtigsten Quellen für die arische Zeit.

Q 2 *Schlacht zwischen arischen Königen* (Illustration aus der altindischen Heldensage „Mahabharata"). Das Bild zeigt die typische Kriegstechnik der Arier. Gegen die wendigen Streitwagenkrieger waren die Ureinwohner Indiens, wo die Pferdezucht wegen des ungünstigen Klimas nie zu Hause war, machtlos, obwohl sie von der Zahl her in der Übermacht waren.

Q 3 *Loblied auf den Gott Indra, einen der Hauptgötter der Arier:*

Indra ist der, ihr Völker, unter dessen Befehl die Pferde stehen, die Rinder, die Krieger, die Streitwagen alle, der die Sonne, der die Wasser leitet. Indra ist der, ihr Völker, den zwei Heere, die aufeinander treffen, zur Hilfe rufen und die Krieger auf beiden Seiten, auch die zwei, die auf einem Streitwagen stehen.

Indra ist der, ihr Völker, der die Gottlosen mit dem Pfeil tötet, der Prahlerei nicht mag, der Feinde erschlägt.

Indra ist der König der Gehenden und Ruhenden, der Tiere alle, Indra mit der Keule in der Hand, König über die Länder der Menschen, wie der Radkranz die Speichen des Streitwagens umschließt er sie.

Q 4 *Spruch bei der Zubereitung eines Trankopfers für den Gott Indra:*

Verschieden sind die Wünsche und die Berufe der Menschen. Der Zimmermann wünscht einen Schaden, der Arzt eine Krankheit, der Priester einen, der Saft opfern will – fließe, o Saft, für Indra!

Der Schmied wünscht sich bei Tagesanbruch reiche Kunden – fließe, o Saft, für Indra! Ich bin Dichter, Papa ist Arzt, Mama mahlt auf dem Mahlstein; mit verschiedenen Kenntnissen sind wir hinter Geld und Gut her wie hinter Kühen – fließe, o Saft, für Indra!

1. *Vergleiche die Induskultur mit den dir bekannten Hochkulturen in Ägypten und im Zweistromland (Q1, VT).*
2. *Erkläre, worin sich die Überlieferungsarten der Induskultur und der arischen Kultur unterscheiden (VT, Q1–Q4).*
3. *Erläutere anhand von Q2 und Q3, worauf die Überlegenheit der Arier über die indische Urbevölkerung beruhte.*
4. *Beschreibe, was wir aus Q4 über die Gliederung der arischen Gesellschaft erfahren.*

2 Hinduismus – die „indische Religion"

Q 1 *Shiva-Tempel von Madurai in Südindien* (aus dem 12. bis 17. Jahrhundert). Wie für Hindu-Tempel typisch, ist er außen und auch innen dicht an dicht mit Ornamenten und Figuren geschmückt, die meist Gestalten und Ereignisse aus den großen indischen Götter- und Heldensagen darstellen.

Hinduismus
Wie der Name „Indien" vom Namen des Flusses „Indus" abgeleitet. Bedeutet daher soviel wie „die den Indern typische Religion".

Tausende Gottheiten

Der Hinduismus ist heute mit ca. 850 Millionen Anhängern, den Hindus, nach dem Christentum und Islam die drittgrößte Weltreligion. Allerdings unterscheidet er sich von diesen beiden Religionen beträchtlich: Zum einen verbreitete sich der Hinduismus fast ausschließlich auf dem indischen Subkontinent und nicht wie andere Weltreligionen weit über sein Ursprungsland hinaus. Zum anderen gibt es keinen persönlichen Religionsstifter wie etwa Moses, Jesus oder Mohammed. Vielmehr entwickelte sich der Hinduismus allmählich aus den religiösen Anschauungen der Arier, wie sie in den Veden niedergeschrieben wurden. Um 500 n. Chr. hatte der hinduistische Glaube dann die Form, die er bis heute bewahrt hat.

Im hinduistischen Glauben gibt es Tausende von Göttinnen und Göttern, die für die unterschiedlichsten Dinge zuständig sind. Allerdings werden nur die Hauptgottheiten von allen Hindus verehrt. An ihrer Spitze stehen die Götter Brahma, der Schöpfer der Veden und der Weltordnung, Vishnu, der Welterhalter, und Shiva, der Zerstörer und Erneuerer der Welt.

Lehre und heilige Schriften

Eine allgemeine, für alle Hindus verbindliche Lehre gibt es im Hinduismus nicht, wohl aber einige Anschauungen, die alle Gläubigen teilen. Die wichtigste ist, dass alle Lebewesen, Menschen und Tiere, in einem ewigen Kreislauf sterben und wiedergeboren werden. Unerbittlich wirkt dabei das Gesetz von Belohnung und Strafe. Denn den Guten erwartet bei seiner Wiedergeburt ein besseres Leben, den Bösen ein schlechteres, vielleicht sogar in Tiergestalt als Hund, Ratte oder Schlange.

So vielfältig wie die Götterwelt und die Lehre sind auch die heiligen Schriften der Hindus. Die erste Stelle nehmen die Veden ein, gefolgt von den Upanishaden. Am bekanntesten sind allerdings die beiden Götter- und Heldensagen „Mahabharata" und „Ramayana", die auch zu den heiligen Schriften zählen. Alle diese Sagen, Lieder und Sprüche gaben die Priester und Gläubigen jahrhundertelang mündlich von Generation zu Generation weiter. Erst zwischen 400 v. und 400 n. Chr. wurden die Schriften in der heiligen Sprache der Brahmanen, dem Sanskrit, aufgeschrieben.

Q2 *Über die Wiedergeburt lehren die Upanishaden (entstanden um 500 v. Chr.):*

Die sich hier auf Erden gut verhalten, dürfen sicher sein, durch eine erfreuliche Mutter wiedergeboren zu werden, die Frau eines Brahmanen oder Fürsten oder Hausherrn (Bauer, Kaufmann) ist. Die sich aber hier verhalten, dass es zum Himmel stinkt, können sicher sein, auch an eine übel stinkende Mutter zu geraten, zum Beispiel: eine Hündin oder eine Sau oder ein verachtenswertes Menschenweib. (...) Denn wie er handelt, wie er wandelt, so wird der Mensch wiedergeboren. Einer, der gut handelt, wird als Guter wiedergeboren; einer, der schlecht handelt, als ein Schlechter.

Q3 *Die hinduistische Religion beschreibt der Deutsche Wolfgang Hieber in seinem Buch „Alltag in Indien" (1986):*

Die nächsten Tage machten wir Ausflüge zu Hindu-Tempeln in der Umgebung (von Pondicherry/Südindien). Ich wundere mich immer wieder über die schier unüberschaubare Fülle von Göttergestalten. Alle verkörpern sie das unendliche Göttliche, alle mit der gleichen Botschaft, dass alles irgendwie eng zusammenhängt, dass die Grenzen zwischen Göttlichem, Mensch, Tier und Ding durchlässig sind. So ist Hanuman möglich – der Gott in Affengestalt. Oder Ganesh – der Gott in Gestalt eines Elefanten. „Die Vorbilder dazu kommen aus unseren großen Heldensagen", erklärt mir mein indischer Kollege, „aus dem ‚Ramayana' und ‚Mahabharata'".

1. *Kennzeichne, was den Hinduismus vom Christentum und vom Islam unterscheidet (VT, Q1, Q2, Q3).*
2. *Erläutere anhand von Q2 das Gesetz von Lohn und Strafe bei der Wiedergeburt.*
3. *Ist der Anreiz zu gutem Handeln deiner Meinung nach für einen Hindu oder für einen Christen oder Muslim stärker? (VT, Q2)*
4. *Versetze dich in den Besucher in Q3. Kannst du seine Gefühle bei der Betrachtung von Q1 und Q4 nachempfinden?*

Q4 *Gott Vishnu in Gestalt des Königssohns Rama* (links sitzend) besiegt mithilfe des Affenkönigs Hanuman (Mitte) den zehnköpfigen Dämonenkönig Ravana (rechts). Zum Dank verliehen die Götter Hanuman Göttlichkeit (indische Miniatur aus der Heldensage „Ramayana", Anfang 19. Jahrhundert).

3 Projekt

Yoga und Ayurveda – Hindu-Weisheitslehren bei uns

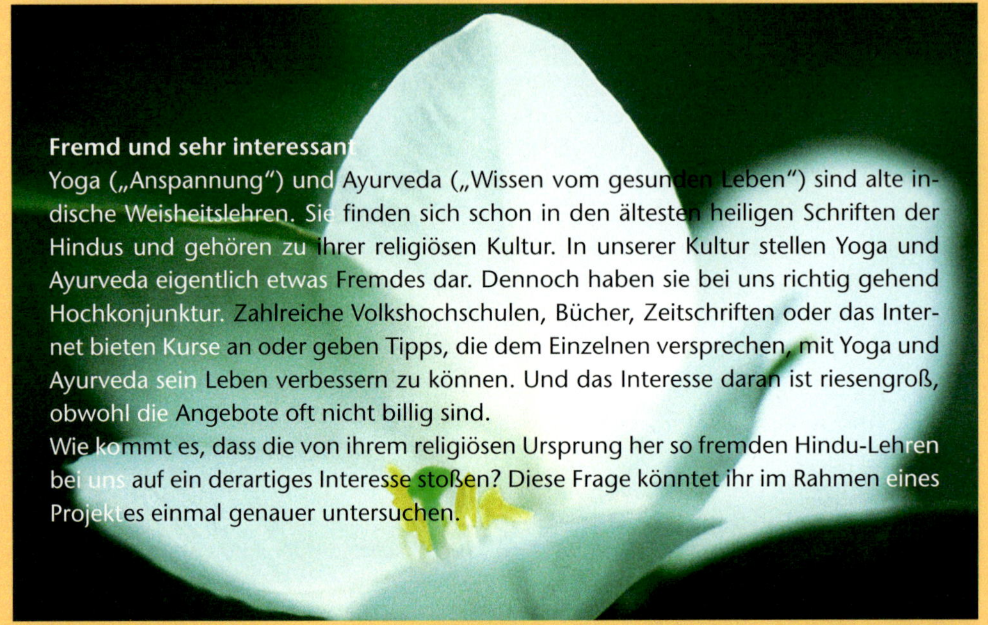

Fremd und sehr interessant

Yoga („Anspannung“) und Ayurveda („Wissen vom gesunden Leben“) sind alte indische Weisheitslehren. Sie finden sich schon in den ältesten heiligen Schriften der Hindus und gehören zu ihrer religiösen Kultur. In unserer Kultur stellen Yoga und Ayurveda eigentlich etwas Fremdes dar. Dennoch haben sie bei uns richtig gehend Hochkonjunktur. Zahlreiche Volkshochschulen, Bücher, Zeitschriften oder das Internet bieten Kurse an oder geben Tipps, die dem Einzelnen versprechen, mit Yoga und Ayurveda sein Leben verbessern zu können. Und das Interesse daran ist riesengroß, obwohl die Angebote oft nicht billig sind.

Wie kommt es, dass die von ihrem religiösen Ursprung her so fremden Hindu-Lehren bei uns auf ein derartiges Interesse stoßen? Diese Frage könntet ihr im Rahmen eines Projektes einmal genauer untersuchen.

Arbeitsschritte für das Projekt

1. Plant im Vorfeld das Ergebnis und die Vorgehensweise eurer Arbeit. Das Ergebnis kann beispielsweise eine Wandzeitung im Schulgelände oder eine Stellwand außerhalb eurer Klasse sein. Drei Bereiche lassen sich zu dem Projektthema untersuchen:
   a) die Bedeutung von Yoga und Ayurveda in der Hindu-Religion
   b) Angebote bei uns und was sie versprechen
   c) Kenntnisse, Erwartungen und Erfahrung mit Yoga und Ayurveda bei Menschen aus der Familie oder dem Bekanntenkreis.
2. Bildet Arbeitsgruppen und verteilt die Themen. Jede Arbeitsgruppe bearbeitet ein Unterthema. Mögliche Hilfsmittel sind:
   zum Thema a): Internet, Bücher der Stadtbibliothek
   zum Thema b): Anzeigen und Artikel im Programm der Volkshochschule, im Internet und in Zeitschriften zum Thema Gesundheit
   zum Thema c): Fragebogen, der Fragen zu Kenntnissen, Erwartungen, Erfahrungen mit Yoga und Ayurveda enthält. Diesen Fragebogen müsst ihr selber entwickeln.
3. Fasst eure Recherchen in Informationstexten zusammen und stellt begleitendes Bildmaterial zusammen.
4. Gestaltet mit diesen Texten und Bildern eure Wandzeitung.

Ayur

Sich wohlfühlen mit Yoga

Q 1 *Aus dem Programm* der Volkshochschule Heinsberg 2003/2004

Autogenes Training / Yoga

Hatha-Yoga

Seit mindestens 3500 Jahren ist YOGA als Übungsweg überliefert; es ist eine der ältesten Wissenschaften, die sich mit dem Menschen in seiner Gesamtheit beschäftigt. Schon längst ist die positive Wirkung von Yoga auch von der westlichen Medizin anerkannt. Diese Yogakurse richten sich an alle Menschen, die körperlich und geistig beweglicher werden wollen, Verspannungen abbauen und insgesamt ruhiger werden möchten. Es sind keine Vorkenntnisse erforderlich, lediglich Freude an ruhigen, einfachen Bewegungen, die – kombiniert mit dem Atem – das eigenen Wohlbefinden fördern. Zielschwerpunkte werden sein: Körpergefühl entwickeln, bewusstes Atmen, tiefe Entspannung.
Bitte mitbringen: bequeme Kleidung, Decke, Isomatte, festes Sitzkissen und warme Socken.

Erkelenz-Matherath, Mehrzweckhalle, Homek
Yogalehrer Johannes Georg Houcken, Erkelenz – dienstags, 16.00 Uhr – 1. Beginn: 30.09.2003 – 2. Beginn: 03.02.2004 – 12 mal 2 Ustd. – Entgelt: 31,20 Euro

Entspannung/Meditation

Ayurveda

– Wochenseminar –
In diesem Seminar können Sie anhand pratkischer Übungen die ayurvedische Gesundheitslehre kennen lernen. Neben leichten Yogahaltungen, Atemübungen, Klangerfahrungen und Massagen wird auch auf die Bioenergie (die doshas) und die Ernährung eingegangen.
Bitte mitbringen: eine Wolldecke, ein großes Handtuch, eine warme Unterlage und evtl. ein festes Kissen. Bitte ziehen Sie leichte, bequeme Kleidung und dicke Socken an. Ein Kostenbeitrag von 6,00 Euro wird für Unterlagen und Massageöl erhoben.

Wasserberg, Betty-Reis-Gesamtschule (Neubau), An der Kreuzkirche
Yogalehrerin BDY Michaela Frentzen-Millhofer, Wasserberg – Sonntag, 10.00–17.00 Uhr – Termin: 30.11./07.12.2003 – 2 mal 8 Ustd. – Entgelt: 28,00 Euro, **Voranmeldung bei der VHS erforderlich**

Leben in Balance Ayurveda

4 Im „Rad des Lebens"

Q 1 *Das Rad des Lebens* (Sonnentempel von Konarak, Mittelindien, 13. Jahrhundert). Das Rad – auch in der indischen Nationalflagge enthalten – ist Symbol für den Kreislauf von (Wieder-)Geburt und Tod. Nur persönliche Vollkommenheit erlöst den Einzelnen von diesem Kreislauf. Im Weg dahin unterscheiden sich die beiden großen indischen Weltreligionen Hinduismus und Buddhismus.

A-Z

Kaste
Aus der arischen Zeit stammende Einteilung der Hindu-Gesellschaft in einzelne Bevölkerungsgruppen, die nach Beruf und Ansehen unterschieden werden. Die indische Bezeichnung „varna" für Kaste bedeutet „Hautfarbe" und weist darauf hin, dass die arischen Mitglieder der oberen Kasten hellhäutiger waren als die Unterworfenen in der vierten Kaste. Hellhäutig zu sein gilt auch heute noch als körperlicher Vorzug.

Leben nach den Geboten der Kaste

Der wichtigste Weg zur Vollkommenheit, so glauben Hindus, besteht darin, nach den Regeln der Kaste zu leben, in die jemand durch seine Eltern hineingeboren wurde. Dass Menschen in Kasten eingeteilt sind, ist eine Besonderheit der hinduistischen Gesellschaft. Die Zugehörigkeit zu einer bestimmten Kaste wirkt sich auf das ganze Leben des Einzelnen aus: auf die Berufstätigkeit, auf das persönliche Ansehen, überhaupt darauf, was er oder sie in der Gesellschaft zu tun und zu lassen hat.

Für die Hindus ist die Kastenordnung ein wichtiger Bestandteil der Weltordnung, wie der Gott Brahma sie eingerichtet hat. Daher hat jeder mit seiner Kaste zufrieden zu sein, auch wenn es eine niedere ist. Denn wenn jemand seine Pflichten gut erfüllt, darf er hoffen, auf der Stufenleiter der Kasten emporzusteigen, bis er – vollkommen geworden – vom Kreislauf der Wiedergeburt erlöst wird.

Die Kastenordnung geht auf die arische Zeit zurück. Die arischen Eroberer unterschieden vier Kasten: drei angesehene Kasten für sich selbst, nämlich Priester (Brahmanen), Adelskrieger sowie Land- und Hausbesitzer (Bauern und Händler) und eine vierte Kaste der Knechte (Shudra) für die unterworfene Urbevölkerung. Diese Kasten bestehen noch heute. Nur sind sie im Laufe der Zeit mit der Entstehung neuer Berufe ständig weiter unterteilt worden, so dass heute zwischen ca. 4000 Unterkasten unterschieden wird.

Der „achtfache Weg" Buddhas

Immer wieder hat es fromme Hindus gegeben, die den Weg zur Erlösung außerhalb der Kastenordnung suchten. Der berühmteste von ihnen ist der indische Königssohn Siddharta Gautama, der im 5. Jahrhundert v. Chr. lebte. Wir kennen ihn heute besser unter seinem späteren Namen Buddha, was der „Erleuchtete" bedeutet. Mit 29 Jahren gab Gautama das Luxusleben als Adelskrieger am Hofe seines Vaters auf und zog als einfacher armer Mann umher, um einen anderen Weg zur Erlösung zu suchen. Endlich fand er die Lösung im so genannten „achtfachen Weg". Nach Buddha beinhaltet dieser Weg richtiges Meinen, Denken, Reden, Handeln, Geben, Sich-Bemühen, Wachsamsein und Sich-Konzentrieren. Dieser Weg, so Buddha, führe den Menschen zur Erlösung, egal welcher Kaste er angehöre.

Buddhas Lehre, der Buddhismus, fand viele Anhänger. Manche lebten als Mönche in Klöstern nach strengen Regeln. Doch der Buddhismus konnte sich in Indien selbst nicht durchsetzen. Heute ist er vor allem in Indonesien, Tibet und auf Sri Lanka verbreitet und stellt die viertgrößte Weltreligion dar.

Q 2 *Die hinduistische Kastenordnung (aus dem Mahabharata, 400 v./400 n. Chr.):*
An verschiedene Pflichten sind Priester, Krieger, Bauern, Shudras gebunden. Reinheit, Wissen, Frömmigkeit kommt der Natur des Priesters zu. Kraft, Mut im Kampf, Herrschersinn zeichnen den Krieger aus. Ackerbau, Viehzucht, Handel sind der dritten Kaste Berufe. Der Shudra in der vierten Kaste dient als Knecht (...). Doch welcher Kaste er auch sei, wer treu seinen Beruf erfüllt, erlangt einst die Vollkommenheit (...). Darum tue jeder seine Pflicht. Auch wenn ihm das nicht gefällt, wozu ihn seine Geburt erschuf (...). Denn in der Diesseits- wie in der Jenseitswelt kann niemand untergehen, der etwas Gutes getan hat. Im Jenseits lebt er bei den Frommen, von frommen Eltern wird er wiedergeboren in dieser Welt. (...) Und wer sich bei seiner Wiedergeburt (dann) stets kräftig bemüht, erlangt endlich die ewige Seligkeit (...) und wird frei vom Zwang der Wiedergeburt auf die leidvolle Welt.

Q 4 *Über das Kastenwesen berichtet der Deutsche Wolfgang Hieber (1986):*
Die heutige Wirklichkeit der gesellschaftlichen Gruppen richtet sich kaum nach den vier alten Kasten, sondern nach den 4000 Unterkasten. Das Komplizierte dabei ist, dass diese Unterkasten, die im Alltag das sind, was der Europäer so unter Kaste versteht, so ungeheuer vielfältig sind: Es gibt Vorschriften, was jemand tun und nicht tun darf, in fantastischer Menge. Wer was, wie, wo und wann zu tun hat, schreiben feste Spielregeln vor – bis in die kleinste Kleinigkeit. Und ein richtiges Leben führen, heißt für die Angehörigen einer Unterkaste: diese Spielregeln genau einzuhalten.
Was das Gemeinsame an den vielen verschiedenen Kasten ist, lässt sich gar nicht so leicht sagen. (Am wichtigsten ist wohl), dass die Kasten von ihren Mitgliedern verlangen, nur in der Kaste zu heiraten. Um das sicherzustellen, werden kunstliche Unterschiede geschaffen durch Bräuche, Gebote und Verbote. Dadurch erscheint es richtig, dass sich die eine von der anderen Kaste fernhält.
(Text vom Verfasser bearbeitet)

1. *Vergleiche die ursprüngliche und die heutige Kastenordnung auf Gleiches und Unterschiede hin (VT, Q2, Q4).*
2. *Erläutere den Zusammenhang zwischen dem Dargestellten von Q1,Q4 und Q5.*
3. *Stelle gegenüber, wie der Weg zur Vollkommenheit und Erlösung im Hinduismus und Buddhismus aussieht (VT, Q2).*
4. *Für welche der beiden Erlösungslehren würdest du dich eher entscheiden? Begründe deine Wahl.*
5. *Überlege, woran es gelegen haben könnte, dass sich in Indien der Buddhismus nicht gegen den Hinduismus behaupten konnte (VT, Q2, Q4, Lexikon).*

Q 3 *Einzelne, wie dieser Fakir,* der sich Zunge und Wange durchbohrt, streben nach Reinheit, indem sie Schmerz und Freude an sich abtöten.

Q 5 *Vollkommenheit und Erlösung von der Wiedergeburt,* das erhoffen sich Millionen von Hindus von einem Bad im Ganges. Für die Hindus ist der „Ganges" die Göttin der Reinigung.

5 Radschas, Sultane und Moguln

1 *Das Tadsch Mahal bei Agra,* 1631–1647 von dem Mogulherrscher Jahan als Grabmahl für seine Frau Mumtaz Mahal errichtet. Der Bau gilt als gelungenste Verbindung von islamischer und hinduistischer-Kunst (Moschee und Minarette mit typisch indischen Kuppeln in Form einer umgekehrten Tulpenblüte auf einem Bogenkranz) und als schönstes Bauwerk der Welt.

„Streitende Reiche"

So beschreiben Geschichtsforscher die Machtverhältnisse in Indien von 600 bis 1200. Große und kleine Reiche bestanden nebeneinander. Ihre Könige, die Radschas, die meist aus der Kaste des Kriegeradels stammten, mussten sich gegen andere Radschas sowie gegen Rivalen aus dem eigenen Land behaupten. Dadurch wechselten die Machtverhältnisse rasch, ein König wurde gestürzt und ein neuer errichtete seine Herrschaft. Diese ständig wechselnden Herrschaften waren über mehrere Jahrhunderte „normal" für die indischen Verhältnisse. Dauerhafte Großreiche waren dagegen selten, denn Indien war groß, hatte viele natürliche Hindernisse wie Berge, Flüsse und Wüsten. Außerdem war die indische „Wunderwaffe", der Kriegselefant, teuer. Daher war es für einen Radscha schwierig, seine Herrschaft über weite Entfernungen hinweg auszuüben.

Für die hinduistische Religion und die Kultur in ganz Indien wirkte sich diese Vielstaaterei allerdings sehr günstig aus. Überall umgaben sich die Radschas mit Beratern aus der Priesterkaste der Brahmanen, und überall wetteiferten sie im Bau prachtvoller Tempel. So hofften sie sich die Hilfe der Götter zu sichern.

Der Islam fasst Fuß

In den Jahren zwischen 1206 und 1236 geschah etwas Besonderes: Der Islam hielt Einzug in Indien. Muslimische Türken aus Zentralasien eroberten mit ihren Reiterheeren, die schneller und wendiger waren als die Kriegselefanten der Radschas, ganz Nordindien. Delhi wurde die Hauptstadt des neuen Muslim-Reiches. Seine Herrscher ließen sich vom Kalifen von Bagdad den Titel „Sultan" geben und zeigten damit, dass sie sich und ihr Reich als Teil der islamischen Welt verstanden. Zwar wurde das Reich der Sultane 1526 von Eindringlingen aus Afghanistan erobert, aber auch diese waren Muslime. Ihre Anführer gründeten das mächtigste muslimische Großreich der indischen Geschichte, das von 1526 bis 1857 bestand. Da sie Nachfahren des Mongolenherrschers Dschingis Khan waren, wurden sie Moguln, indisch für Mongolen, genannt.

Durch die Sultane von Delhi und die Moguln wurde der Islam neben dem Hinduismus zur zweiten großen Religion in Indien. Denn nicht nur die fremden Eroberer waren Muslime, auch viele einheimische Hindus bekehrten sich zum Islam, vor allem Angehörige der niederen Kasten. Sie fühlten sich davon angezogen, dass für Allah alle Gläubigen gleich waren. Die meisten Inder, besonders die Angehörigen der oberen Kasten, blieben aber hinduistisch. Die muslimischen Herrscher gingen zumeist duldsam mit ihren Hindu-Untertanen um, da die Hindus den Muslimen zahlenmäßig überlegen waren und Aufstände von ihnen somit gefährlich gewesen wären.

D 1 *Die muslimischen Reiche in Indien im 15. bis ins 18. Jahrhundert*

Q 2 *So sah ein muslimischer Indienbesucher um 1000 die Hindus:*

Die Hindus sind in der Religion völlig von uns verschieden. Wir können nichts von dem billigen, was bei ihnen gilt, und sie nichts von dem, was bei uns gilt. Obwohl es unter ihren Religionsgelehrten weniger Streit gibt als unter unseren, sind sie doch anderen gegenüber unduldsam in allem, was die Seele oder den Körper angeht, und sie wollen keine Gemeinschaft mit einem, der nicht völlig ihren Glauben teilt. Jeden Kontakt mit ihm halten sie aus Furcht vor Verunreinigung für unerlaubt, sei es Ehe, Zusammensitzen oder gemeinsames Essen und Trinken. (...) Außerdem unterscheiden sie sich in ihren Sitten und Gebräuchen derartig von uns, dass sie uns mit unserer Kleidung und äußeren Erscheinung für Geschöpfe des Teufels halten. (...) Ferner gibt es noch Dinge, die in ihrem Charakter liegen und nicht zu übersehen sind. Sie sind überheblich, dünkelhaft, selbstzufrieden und ungebildet.

Q 3 *Hinduismus und Islam, wie sie der Hindu-Dichter Kabir um 1500 sieht:*

(Ihr Hindus), Götter sind aus Stein gemacht; Ganges und Yamuna sind Flüsse aus Wasser; Rama und Krishna sind tot: das Kind im Mutterleib kennt weder Familie noch Kaste (...).

(Und ihr Muslime, hört), wenn euer Allah die Beschneidung gewünscht hätte, dann hätte er dafür gesorgt, dass ihr beschnitten auf die Welt kommt. Ach ihr Korangelehrten, was erklärt ihr da für Bücher! Ihr plappert und schnattert Tag und Nacht. Aber ihr habt die wahre Religion nicht gefunden (...). Hindus und Muslime, schaut doch in eure Herzen, dort werdet ihr beide, Allah und Rama (Vishnu), finden.

1 *Beschreibe, wie sich Hinduismus und Islam auf dem gesamten indischen Subkontinent ausgebreitet haben (VT, D1).*

2 *Kannst du erklären, warum es dem Islam zwar gelang, in Indien Fuß zu fassen, nicht aber, den Hinduismus zu verdrängen (VT)?*

3 *Vergleiche, wie Kabir und der Muslim (Q2, Q3) das Verhältnis zwischen Islam und Hinduismus sehen. Überlege, welche Folgerungen sich jeweils für das Zusammenleben der Menschen daraus ziehen lassen.*

4 *Zu welchem der Texte (Q2, Q3) passt das Verhältnis zwischen Islam und Hinduismus, wie es sich im Tadsch Mahal zeigt, besser? Begründe deine Meinung.*

6 Verlockender Indienhandel

D 1 *Portugiesische Karavelle* (Modell im Marinemuseum Lissabon). Diese in Portugal entwickelten Schiffe waren ca. 30 m lang und 8 m breit und die fortschrittlichsten Hochseeschiffe des 15. und 16. Jahrhunderts. Eine der wichtigsten Erfahrungen, die Vasco da Gama auf seiner Indienreise 1498 machte, war die, dass seine Karavellen seetüchtiger und vor allem kampfstärker waren als die Schiffe der muslimischen Konkurrenten.

Unter islamischer Kontrolle

Schon die Griechen und Römer kannten die Kostbarkeiten und Köstlichkeiten aus Indien, und schon damals hatte der Indienhandel den Kaufleuten ungeheuren Gewinn eingebracht. Aber seit Vorderasien und Nordafrika von den Muslimen erobert waren, beherrschten Kaufleute aus der islamischen Welt den Handel mit Indien.

Für die islamische Welt selber war der Indienhandel von großer Bedeutung. Indien belieferte die holz- und metallarmen Länder in Vorderasien und auf der arabischen Halbinsel mit Hölzern und Stahl. Aus Indien kamen zudem wichtige Nutzpflanzen wie Reis, Zuckerrohr und Baumwolle. Diese Pflanzen ließen sich auch in vielen Ländern der islamischen Welt anbauen, und ihre Erzeugnisse brachten beim Verkauf innerhalb der islamischen Welt sowie nach Europa hohe Gewinne. Vor allem aber war Indien sowohl für die islamische Welt als auch für Europa der fast ausschließliche Lieferant für hoch begehrte Waren wie die Gewürze Pfeffer, Zimt, Ingwer, Nelken und Muskat oder auch für Edelsteine aller Art sowie für Duft- und Farbstoffe. Mit diesen Luxusgütern waren im Handel Spitzengewinne zu erzielen. Das kam in erster Linie muslimischen Zwischenhändlern zugute. Aber selbst Venedig, am anderen Ende des Zwischenhandels nach Europa, wurde noch immens reich.

Die Portugiesen kommen

Um 1490 machten sich spanische und portugiesische Kaufleute und Herrscher daran, den muslimischen Zwischenhandel auszuschalten und den Indienhandel selbst zu kontrollieren. Dafür musste man auf den Atlantik hinaus. Aber damit hatten in Spanien und Portugal mehr Seeleute Erfahrung als anderswo in Europa. Der Seeweg nach Indien war zwar nicht genau bekannt, doch wogen die Gewinnaussichten das Risiko einer ungewissen Seefahrt auf.

Es begann ein richtiger Wettlauf: 1492 machte sich Kolumbus für Spanien in westlicher Richtung auf die Reise – und „entdeckte" Amerika. Den tatsächlichen Seeweg nach Indien fand 1498 ein Portugiese, Vasco da Gama, und zwar auf einer Route um Afrika herum. Portugal nutzte seine Chance: Zur See sicherten portugiesische Kriegsschiffe die Seeherrschaft im Indischen Ozean, während an den Küsten Indiens und anderer südasiatischer Länder und Inseln zahlreiche Handelsniederlassungen und Stützpunkte errichtet wurden. 100 Jahre lang beherrschte Portugal so den Handel zwischen Europa und Indien.

Q1 *Aus dem Bericht von Ibn Churdadhbih, Direktor für Post und Straßensicherheit des Kalifen von Bagdad, über den arabischen Indienhandel (844):*

Zu uns kommen (...) aus Indien Aloe, Sandelholz, Kampfer und Kampferöl, Nelken, Kardamon und Kubeben, das Aroma Nargilehs und Gewänder aus indischen Tuchen sowie aus Baumwolle. Und von Ceylon Korunde und diesen ähnliche Edelsteine und Diamanten und Perlen sowie Schmirgel, mit dem sie dort Edelsteine bearbeiten. Und von den indischen Städten Kulam Mali und Sindan führt man bei uns Pfeffer ein, aus Kallat Blei. Hingegen führt man aus dem arabischen Jemen nach dorthin gemusterte Tuche, Ambrabäume, pflanzliche Gewebefarbstoffe, vor allem aber Maultiere, Pferde und Esel aus (...).

Von Mihran nach Autakin, der ersten Stadt im indischen Land, sind es vier Tagesreisen. Hier wachsen Bambus und Getreide (...). Von hier nach Mula sind es sieben Tagesreisen. Hier wachsen Pfeffer und Bambus. Seeleute haben mir erzählt, dass an jeder Pfefferstaude ein Blatt wächst, das sie bei Regen schützt. Wenn es nicht regnet, entfaltet sich das Blatt. Wenn es gießt, umhüllt es die Früchte.

D2 *Der europäische Indienhandel im 16. Jahrhundert*

Q2 *Der Venezianer Marco Polo war einer der wenigen Europäer, die Indien selbst gesehen hatten; sein Reisebericht von 1298 wurde zu einem Bestseller in Europa. In einem Auszug daraus heißt es:*

Auf der Insel Ceylon findet man die schönsten und wertvollsten Rubine in einer Menge wie sonst nirgends auf der Welt und auch Saphire, Topase, Amethyste und andere Edelsteine findet man hier. (...) Die Provinz Maabar auf dem Festland ist die reichste und vornehmste Region der Welt. Man findet hier die schönen großen Perlen. (...) Im Reich Mutfili (Mittelindien) findet man Diamanten. Auch hat die Anfertigung von feinen weißen Tüchern gerade hier einen unvergleichlichen Grad an Vollkommenheit erreicht. (...) Im Königreich Coilu (Südindien) haben sie viel Pfeffer. Die Pfefferbäume wachsen nicht wild, sondern werden in Plantagen gepflanzt und bewässert. (...) Im Reich Melibar gibt es außer Pfeffer, Ingwer und Zimt indische Nüsse, viele andere Gewürze und die schönsten Baumwollstoffe, die man auf der Welt finden kann. (...)

Die Provinz Aden (Arabien) regiert ein Sultan. Dort sind alles Muslime. Sie sind den Christen sehr feindlich. In Aden landen alle Schiffe aus Indien mit ihren Waren. Die Kaufleute transportieren sie von da aus nach Alexandria. Von Aden aus segeln die Schiffe auch mit neuen Ladungen nach Indien zurück, vor allem mit Pferden, die in Indien so begehrt sind, weil man sie dort nicht züchten kann. In Indien zahlt man für ein Pferd den unglaublichen Preis von 100 Silbermark. Der Sultan verdient an den Abgaben der Kaufleute sehr viel. Er ist dadurch einer der reichsten Herren der Welt.

1. *Beschreibe die Haupthandelswege von Indien in die islamische Welt und nach Europa (D2, Q2).*
2. *Lege dar, warum der Indienhandel für die islamische Welt und Europa so wichtig und einträglich war (VT, Q1, Q2).*
3. *Begründe, warum die europäische „Eroberung" des Indienhandels gerade von Portugal und Spanien ausging. (VT, D1).*
4. *Zeige auf, warum die Berichte von Marco Polo (Q2) und Ibn Churdadhbih (Q1) den Indienhandel für Portugal verlockend machten.*

7 Indien wird britische Kolonie

1 *Indische Söldner der britischen Indienarmee um 1850.* Die europäisch ausgerüsteten, von britischen Offizieren ausgebildeten und geführten Truppen – erst ab 1917 gab es auch indische Offiziere – waren bis zum Ende der Kolonie 1947 eine wichtige Stütze der britischen Herrschaft.

Ein Kontinent wird unterworfen

Nach den Portugiesen kamen bald auch englische Kaufleute nach Indien, die den Subkontinent schließlich ganz für England eroberten. Das geschah durch die englische Ostindien-Kompanie. Sie wurde 1600 von englischen Kaufleuten gegründet, um europäische Konkurrenten auszuschalten und England im Indienhandel die Führung zu verschaffen.

Die Kompanie erwarb Handelsniederlassungen in Bombay, Madras und Kalkutta. Dabei blieb es, solange die Mogulherrscher stark waren. Aber um 1750 wurden sie schwach und Machtkämpfe zwischen indischen Fürsten brachen aus. Als die Kompanie ihren Handel gefährdet sah, griff sie selbst in die Kämpfe ein. Ihre Hauptwaffe waren indische Söldner, die von britischen Offizieren hervorragend ausgebildet waren.

1820 hatte die Kompanie ganz Indien unter ihre Kontrolle gebracht. Sie war damit zu einer Macht geworden, die Herrschaft über ein riesiges Gebiet ausübte. Das aber war eigentlich die Aufgabe des britischen Staatsoberhaupts, damals der Königin Viktoria. Sie übernahm daher 1858, nachdem der letzte machtlose Mogulherrscher abgesetzt worden war, die Herrschaft über Indien. 1877 erhielt sie sogar den Titel „Kaiserin von Indien". Indien war britische „Kronkolonie" geworden.

Die Briten in Indien

Die Folgen für das Land und die Menschen waren beträchtlich. Regiert wurde die Kronkolonie von einem Vertreter der Krone, dem britischen „Vizekönig". Dieser konnte mit der Armee und den Beamten der britischen Verwaltung große Macht ausüben. Indien wurde wie ein einheitlicher Staat regiert, obwohl es aus vielen unterschiedlichen Herrschaftsgebieten bestand. Durch den Ausbau des Straßen- und Eisenbahnnetzes beteiligte England Indien zwar am technischen Fortschritt der industriellen Revolution. Aber die Inder lernten auch den Egoismus ihrer Kolonialherren kennen. So war Indien bislang bekannt dafür, feine Baumwollstoffe herzustellen. Als aber in England um 1800 mit Maschinen Stoffe in riesigen Mengen hergestellt werden konnten, zwang man die Inder britische Stoffe zu kaufen. So konnten die Unternehmer in England zwar ihre Produkte verkaufen, aber die indische Stoffproduktion wurde ruiniert.

Eingriffe in die Religion und die religiösen Lebensformen der Inder vermieden die Engländer, da sie mögliche Aufstände fürchteten. Dennoch sorgten sie dafür, dass sich die britische Kultur in Indien verbreitete. Inder, die in britischen Diensten an der Verwaltung ihres Landes mitarbeiten wollten, mussten Englisch lernen sowie englische Schulen und Universitäten besuchen. Dadurch entstand eine neue indische Elite, die es mit jedem gebildeten Briten aufnehmen konnte.

D 1 *Indien als britische Kronkolonie um 1900*

Q 2 *Britische Kultur in Indien*

a) Darüber schrieb Lord Macaulay, ein hoher britischer Beamter in Indien, 1835:

Es ist besser, Englisch zu können als Sanskrit oder Arabisch. (...) Die große Masse der Bevölkerung können wir aber nicht erziehen. Wir müssen versuchen, eine Gruppe von Indern heranzubilden, die die Rolle eines Vermittlers zwischen uns und den Millionen, die wir regieren, übernehmen kann – eine Gruppe, die dem Blut und der Hautfarbe nach indisch ist, aber englisch in Lebensform und Meinung, in Sitten und Geist. Dieser Gruppe können wir es überlassen, die Sprachen Indiens zu verfeinern, (...) und der Masse der Bevölkerung englisches Wissen zu vermitteln.

b) Die Folgen beschrieb der britische Journalist E. B. Havell 1909:

Der Einfluss dieser englisch erzogenen Inder auf die Massen des Volks nimmt ständig zu, während der Einfluss der englischen Beamten ständig abnimmt. Wenn wir diesen Indern und dem indischen Volk mehr demokratische Mitspracherechte geben, wird sich ihr Einfluss noch vergrößern und die britische Lage eher verschlechtern als verbessern.

Q 3 *Über England und das indische Tuchhandwerk schrieb Karl Marx 1853:*

Es waren die britischen Eindringlinge, die den indischen Handwebern und Handspinnern die Arbeit nahmen. England begann damit, dass es den indischen Kattun (Baumwollstoff) vom europäischen Markt verdrängte. Dann führte es in England mit Maschinen gesponnenes Garn nach Indien ein und überschwemmte schließlich Indien, das eigentliche Mutterland des Kattuns, mit englischen Kattunwaren. Allein von 1818 bis 1836 stieg die Garnausfuhr von England nach Indien um das 5200-fache. Im gleichen Zeitraum sank allein die Bevölkerung des Baumwollzentrums Dakka von 150000 auf 20000 Einwohner durch Hungertod oder Abwanderung.

1. *Beschreibe, wie Indien britische Kolonie wurde und wie die Engländer die Herrschaft ausübten (VT, Q1, D1).*
2. *Stelle die Folgen der britischen Herrschaft zusammen (VT, Q1–Q3, D1).*
3. *Vergleiche die Ausführungen Macaulays und Havells (Q2). Haben sich die Erwartungen Macaulays erfüllt (VT)?*
4. *Nimm Stellung: Haben die Briten den Indern mehr Vorteile oder mehr Nachteile gebracht?*

8 Unabhängig, aber geteilt

1 *„Soldaten des Guten"*, so nennen sich die muslimischen Soldaten Pakistans an der Kaschmirfront, stets bereit, die „bösen" Hindus zu vertreiben. Ein Zwischenfall hier kann eine atomare Katastrophe auslösen.

A-Z

Pakistan
Wortschöpfung aus den Anfangsbuchstaben der Nordwest-Provinzen:
P = Panab,
A = Afghanprovinz,
Ki = Kaschmir,
S = Sindh,
Tan = Beluchistan.
Erfunden von einem Mitglied der Muslimliga (1933).

Der Weg in die Unabhängigkeit

Mit der Zeit forderten gerade die britisch gebildeten Inder, mehr an der Regierung ihres Landes beteiligt zu werden. Die britische Regierung gab ein wenig nach, indem sie ihnen erlaubte, politische Vereinigungen zu gründen. So entstanden 1885 der vorwiegend von Hindu-Politikern besetzte „Indian National Congress" (INC) und 1906 durch muslimische Politiker die „Muslimliga". Hier durften die Inder ihre Wünsche besprechen und vortragen – mehr aber nicht. Doch damit gaben sich die indischen Politiker und die Bevölkerung nicht zufrieden. Unter dem INC-Politiker Gandhi wurde der Widerstand und der Kampf gegen die britischen Kolonialherren eine Massenbewegung. Gandhis Ziel war die Unabhängigkeit Indiens. Erreichen wollte er es durch „gewaltlosen Widerstand" und „Nicht-Zusammenarbeit" mit den Briten. Allerdings konnte er nicht verhindern, dass es auch zu Gewalttätigkeiten kam, sowohl zwischen Indern und Briten als auch zwischen indischen Hindus und Muslimen.

Es dauerte lange, bis die britische Regierung endlich erkannte, dass Indien als Kolonie nicht zu halten war. 1947 erhielt Indien seine Unabhängigkeit zurück. Allerdings hatte die Muslimliga gefordert, den zahlenmäßig weit unterlegenen Muslimen einen eigenen Staat zu geben. Deshalb trennte die britische Regierung die mehrheitlich von Muslimen bewohnten nordwestlichen und nordöstlichen Provinzen Indiens von den mehrheitlich hinduistischen Provinzen ab. Diese Gebiete wurden zum neuen Staat Pakistan zusammengefasst.

Schwierige Nachbarschaft

Das Verhältnis zwischen der Indischen Union und Pakistan und ihren Bevölkerungen war von Anfang an gespannt. Die Teilung löste Vertreibungen und Flüchtlingsströme von Millionen von Menschen auf beiden Seiten der Grenzen aus. Dabei begingen sowohl Hindus als auch Muslime Grausamkeiten aneinander, an die sich die Menschen noch heute erinnern. Um die Provinz Kaschmir, die von beiden Staaten beansprucht wurde, brach sogar ein Krieg aus, auf den weitere folgten. Eine Lösung brachten sie nicht, sodass die „Kaschmir-Frage" immer noch als ständige Bedrohung zwischen Pakistan und der Indischen Union steht.
Mehrfach machte Pakistan in den Auseinandersetzungen mit seinem Nachbarn die Erfahrung, dass es militärisch unterlegen war. So musste Pakistan beispielsweise 1972 hinnehmen, dass sich unter dem Schutz indischer Truppen der Ostteil des Landes zum selbstständigen Staat Bangladesch erklärte. Das war eine schwere Demütigung. Damit sich so etwas nicht wiederholte, begann Pakistan, aber auch Indien, insgeheim mit dem Bau der Atombombe. Seit 1998 gelten beide Staaten als Atommächte – aus der schwierigen Nachbarschaft ist eine Gefahr für den Weltfrieden geworden.

Q 4 *Gandhi* (Mitte) *zu Besuch bei der britischen Regierung in London 1931.* Auch zu solchen Anlässen trug er seine handgesponnene und -gewebte indische Kleidung.

Q 2 *Gandhi erläutert als Präsident des INC 1924 seine Methode der „Nicht-Zusammenarbeit“:*

Seit 1920 hörte der Kongress auf, der britischen Regierung Bittschriften zu überreichen, weil er nicht mehr an die wohltätigen Absichten dieser Regierung glaubte. Er verweigert die von dieser Regierung verliehenen Ehrentitel, Gerichte und Schulen sowie die von ihr eingeführten britischen Stoffe. (...) Ich bin davon überzeugt, dass diese gewaltlose Nicht-Zusammenarbeit dem Volk das Bewusstsein seiner Stärke gegeben hat. Sie hat im Volk die Kräfte des Widerstands durch freiwilliges Ertragen von Strafen zum Vorschein gebracht. Sie hat ein Erwachen der indischen Massen verursacht, wie es keine andere Methode vermocht hätte. Obwohl uns die gewaltlose Nicht-Zusammenarbeit noch nicht die Freiheit gebracht hat, bin ich doch der Meinung, dass die gewaltlose Nicht-Zusammenarbeit als Mittel zur Erlangung der politischen Freiheit von dauerhaftem Wert ist und uns (jetzt schon) der Freiheit und Unabhängigkeit näher gebracht hat.

Q 3 *Dschinnah, Präsident der Muslimliga, erläutert 1940 die muslimische Zwei-Staaten-Lehre:*

Wenn die britische Regierung wirklich den Menschen dieses Subkontinents Frieden und Glück sichern will, dann gibt es für uns alle nur eine Möglichkeit: Hindus und Muslime müssen eigene Heimatländer erhalten, indem Indien in selbstständige Staaten aufgeteilt wird. (...) Islam und Hinduismus sind nicht in erster Linie Religionen, sondern völlig verschiedene Gesellschaftsordnungen. Es ist ein Wunschtraum zu erhoffen, dass Hindus und Muslime jemals zu einem Volk zusammenwachsen könnten. Die Muslime Indiens können keine Verfassung annehmen, die den Hindus, die ja nun einmal in der Mehrheit sind, die Regierung in die Hände gibt. Wenn Hindus und Muslime gemeinsam in einer Demokratie leben, wie die Herren des INC es wollen, bedeutet das, dass die Hindus herrschen werden und all das völlig zerstört wird, was dem Islam wertvoll ist. (...) Daher müssen die Muslime einen eigenen Staat haben.

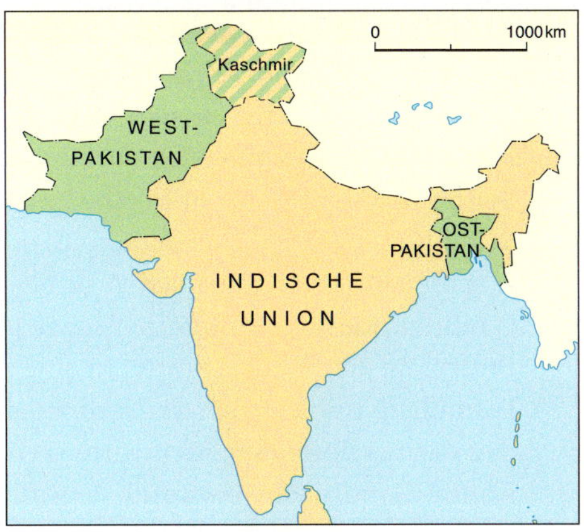

D 1 *Das geteilte Indien von 1947*

1. *Liste in Stichworten und richtiger Reihenfolge wichtige Ereignisse auf Indiens Weg zur Unabhängigkeit auf (VT).*
2. *Erläutere, in welchen Verhaltensweisen sich Gandhis Methode der Nicht-Zusammenarbeit äußerte (Q2, Q4) und was sie den Briten zeigen sollte.*
3. *Zeige auf, warum Dschinnah einen eigenen Staat für die Muslime verlangte (Q3). Sind seine Argumente einsichtig?*
4. *Vergleiche Dschinnahs Erwartungen (Q3) mit der tatsächlichen Entwicklung Indiens nach der Teilung (VT, Q1). Wie erklärst du das Verhältnis zwischen Erwartungen und tatsächlicher Entwicklung?*

TIPP

Ein spannendes Buch über den indischen Unabhängigkeitskampf: „Der schlafende Tiger“ (Shashi Deshpande, Nagel und Kimcke, 1998)

9 Methode
Eine Kurzbiografie schreiben

Q 1 *Gandhi am Spinnrad in der Kleidung der Ärmsten* (Foto, ca. 1925). Gandhi zeigt sich hier als lebendes Symbol des Kampfes gegen die britischen Kolonialherren und die britische Textileinfuhr sowie gegen die Verachtung der Ärmsten in der Kastengesellschaft.

Eine Biografie ist die „Lebensbeschreibung" eines Menschen. Um eine Biografie zu verfassen, sammelt der Schreiber, der Biograf, zuerst Informationen über das Leben der Person, z. B. wo und wann sie geboren wurde, wer ihre Eltern waren, welche Taten und Leistungen sie vollbracht hat. Interessant ist auch, welche Erlebnisse auf die Person eingewirkt haben und welche Ereignisse ihren Lebensweg beeinflusst haben. Diese Informationen bringt der Biograf in eine zeitliche Reihenfolge und beschreibt so das Leben der Person, oft von Anfang bis Ende. Dabei betont er besonders die Informationen, die erklären, warum die Person eine bekannte Persönlichkeit wurde. Bei einer Kurzbiografie, die ja nur ganz Wesentliches enthält, stehen solche Informationen ganz im Mittelpunkt.
Über bekannte Persönlichkeiten etwas zu wissen, gehört zum Fach Geschichte und auch zum Allgemeinwissen überhaupt. Es ist also nützlich, wenn du weißt, wie du eine Kurzbiografie anfertigst. Du kannst es hier an einer sehr bekannten Persönlichkeit der indischen Geschichte üben: an Gandhi, den seine Anhänger mit dem Beinamen „Mahatma" („große Seele") ehrten.

Methodische Arbeitsschritte

1. Sammle Informationen zu Taten, Ereignissen, Erlebnissen im Leben Gandhis. Schreibe sie zunächst einzeln in Stichwörtern auf Notizblätter oder Karteikarten auf; hebe dabei Angaben zu Zeit, Ort und Geschehen hervor. Dann kannst du später die Blätter bzw. Karten leicht in eine bestimmte Reihenfolge bringen. Beginne deine Sammlung mit den Informationen, die dir das Buch hier und in Kapitel 8 bietet. (Für eine Kurzbiografie reichen sie eigentlich schon. Weitere Informationen über Gandhi findest du im Internet sowie in Lexika und anderen Büchern.)
2. Bringe die Blätter bzw. Karten in eine zeitliche Reihenfolge.
3. Formuliere nun aus den so geordneten Angaben zu Zeit, Ort und Geschehen sowie den dazu gehörenden Stichwörtern einen Text. Beachte, dass er klar machen muss, warum Gandhi eine bekannte Persönlichkeit war.

TIPP

Weitere Informationen bietet auch diese interessant geschriebene Biografie: „Mahatma Ghandi. Der gewaltlose Rebell" (Volker Lange, dtv, 1990).

D 1 *So könnten deine Notizblätter oder Karteikarten aussehen:*

2. 10. 1869 Probandar / Indien
Geburt; Eltern sind fromme Hindus; Händlerkaste; Vater ist Minister des Radschas von Porbandar

1945 – 1947 / Indien
Einsatz für Frieden zwischen Hindus und Muslimen; Teilung Indiens sieht er als „Tragödie" an

1920 – 1934 / Indien
Präsident des INC; Kampf für Unabhängigkeit Indiens durch Nicht-Zusammenarbeit mit britischen Kolonialherren

1942 Indien
Organisation eines Generalstreiks gegen britische Kolonialherren; Gefängnis (bis 1944)

30. 1. 1948 Indien
Ermordung durch einen fanatischen Hindu wegen seiner Friedenspolitik gegenüber den Muslimen

1888 – 1891 London
Universitätsstudium (Recht); Rechtsanwalt

1893 – 1915 Südafrika
Rechtsanwalt in einer indischen Firma; organisiert erstmals Streiks gegen Briten im Kampf um die Rechte der Inder in Südafrika

1933 Indien
Gründung der Zeitschrift „Harigans" zum Kampf für die Ärmsten der Hindu-Gesellschaft

D 2 *So könnte deine Kurzbiografie beginnen. Vervollständige sie mithilfe der methodischen Arbeitsschritte:*

Mahatma Gandhi – eine Kurzbiografie

Gandhi wurde am 2. 10. 1869 in Porbandor / Indien geboren. Seine Eltern gehörten zur Kaste der Händler und waren fromme Hindus. Sein Vater war …

10 Eine Demokratie vor schwierigen Aufgaben

Q 1 *„Halte deine Familie in der richtigen Größe"* (Aufruf der indischen Regierung auf einem Plakat). Das rasche Wachstum der indischen Bevölkerung gilt als Haupthindernis für die Veränderung der Armutsverhältnisse des Landes und als Gefahr für die Zukunft. Zum Vergleich: Die Weltbevölkerung beträgt 6 Milliarden Menschen, davon sind 1 Milliarde Inder.

„Die größte Demokratie der Welt" nennen die Inder stolz die Indische Union, die 1947 nach britischem und irischem Vorbild eingerichtet wurde. Aber es zeigte sich, dass moderne demokratische Grundsätze wie etwa die Gleichberechtigung von Mann und Frau, religiöse Toleranz oder eine gerechte Verteilung der Güter nicht leicht durchzusetzen waren. Das lag vor allem an alten kulturellen Gewohnheiten und Konflikten, die sich nicht einfach verändern oder beseitigen ließen.

Hindus und Muslime

Gegenüber den rund 850 Millionen Hindus bilden die ca. 125 Millionen Muslime die stärkste Minderheit. Die Unterschiede und Spannungen zwischen den beiden Religionen sind alt. So lehnen die Muslime die Vielgötterei der Hindus ab, während für Hindus der Islam immer noch die Religion fremder Eroberer darstellt. Nicht selten kommt es zu blutigen Zusammenstößen wie etwa 1992, als eine Moschee in Ayodha von fanatischen Hindus zerstört wurde, oder 2001, als fanatische Muslime einen Anschlag auf das indische Parlament verübten.

Kastenunruhen

Die Kastenordnung, die tief in der hinduistischen Religion verankert ist, konnte durch demokratische Gesetze zwar nicht beseitigt werden, aber immerhin sollen Gesetze das Los der niederen Kasten verbessern. Daher reserviert die indische Regierung genau festgesetzte Anteile an Studienplätzen in Universitäten, an Arbeitsplätzen in staatlichen Betrieben und an Sitzen im Parlament für Angehörige der niederen Kasten. Ihnen soll damit der gesellschaftliche Aufstieg offen stehen. Die Angehörigen der oberen Kasten sehen in dieser Regelung aber eine ungerechte Benachteiligung für sie selbst, auf die immer wieder mit Protesten bis hin zu Gewalt geantwortet wird: So kamen bei Straßenschlachten in Ahmedabad im Jahr 1995 fast 300 Menschen ums Leben.

Benachteiligung von Frauen

Im Hinduismus wie im Islam sind Frauen benachteiligt. Das zeigt sich schon im frühen Alter: Mädchen werden eher abgetrieben und im Kindesalter schlechter ernährt und ausgebildet als Jungen. Auch können 50 Prozent der indischen Frauen gegenüber 30 Prozent der Männer nicht lesen und schreiben. Extrem benachteiligt werden Frauen auch durch die hinduistischen Heiratssitten, nach denen die Brauteltern den Eltern des Bräutigams kostspielige Geschenke machen müssen. Besonders Brauteltern der mittleren Kasten stürzen sich für die Mitgift ihrer Tochter oft langjährig in Schulden. Denn wer mit der Tradition bricht, setzt sein Ansehen aufs Spiel. Dagegen helfen Gesetze bislang nur wenig.

TIPP

Eine mitreißende Geschichte über ein junges Mädchen im heutigen Indien: „Wie Spucke im Sand" (Klaus Kordon, Beltz & Gelberg, 2002)

2 *Kino- und Fernsehwerbung in einem Slum von Bombay.* Nirgendwo werden mehr Filme – meist wirklichkeitsferne Geschichten aus der heilen Luxuswelt hinduistischer Götter- und Heldensagen – produziert als in Indien. Und nirgendwo ist die Filmleidenschaft der Menschen größer.

3 *Hindu-Religion und demokratische Gesetze aus der Sicht des indischen Abgeordneten Munshi (1948/1950):*

Es geht darum, unser Recht einheitlich zu machen, damit ganz Indien nach und nach eine einheitliche, demokratische Lebensweise annehmen kann. Wir wollen die Religion aus unserem Recht, aus unseren gesellschaftlichen Verhältnissen heraushalten (...). Unter den Hindus gibt es etliche, die gegen ein einheitliches demokratisches Recht sind. Sie meinen z. B., dass die Erbfolgegesetze Teil ihrer Religion wären. Wären sie das wirklich, dürften wir den Frauen keine Gleichberechtigung zugestehen (weil sie nach Hindu-Recht nicht erbberechtigt sind). Aber es soll bei uns keine Benachteiligung aufgrund des Geschlechtes geben. Im Hindu-Recht haben wir es mit der größten Benachteiligung der Frau zu tun, und wenn das Teil der Hindu-Religion wäre, könnten wir kein Gesetz zur Gleichberechtigung von Hindu-Frau und Hindu-Mann erlassen. Die Religion muss auf die Gebiete beschränkt bleiben, die ihr zukommen, und das übrige Leben muss so vereinheitlicht werden, dass wir uns zu einer demokratischen, einigen Nation entwickeln.

4 *Indiens Demokratie aus der Sicht indischer Studenten (nach dem Bericht von Wolfgang Hieber, 1986):*

Wie oft hatte ich mit Studenten, Kollegen an der Hochschule, Geschäftsleuten diskutiert (...): Wie steht es um Indiens Demokratie? Ist nicht alles schief gelaufen, seitdem die Engländer ihr fremdes politisches System nach Indien gebracht haben? Aus der Gesprächsrunde meldet sich spontan Widerspruch. „Nein, wir brauchen Demokratie", sagt einer der Studenten, „und zwar wirkliche Demokratie. Nur sie kann einen Ausweg für die Benachteiligten und Ausgebeuteten zeigen. Und weil wir bereits soviel Meinungsfreiheit haben, dass wir uns zu politischen Gruppen organisieren können, ist zumindest schon die Grundlage da. Frei seine Meinung sagen zu können, ist eines der wichtigsten Grundrechte. Und das können wir in Indien. Freilich ist bisher diese Meinungsfreiheit vor allem den höheren Kasten und Gesellschaftsschichten zugute gekommen. Trotzdem, es gibt keinen anderen Weg als die Demokratie."

1. *Nenne die Probleme, vor denen Indien heute steht (VT, Q1–Q4) und zeige ihre historischen Ursachen auf.*
2. *Erläutere am Beispiel der Situation der Frauen, welche Schwierigkeiten auftreten, wenn gesellschaftliche Veränderungen mithilfe von demokratischen Gesetzen erreicht werden sollen (VT, Q3).*
3. *Vergleiche, wie die Menschen in Indien Probleme lösen bzw. zu lösen versuchen (VT, Q1, Q3, Q4). Was davon hältst du für sinnvoll, was nicht?*

11 Abschluss
Ein Streifzug durch die indische Geschichte

1

2

3

4

5

6

Um die beiden Rätsel zu bearbeiten, machst du am besten eine Kopie dieser Doppelseite oder du schreibst die Lösungen in dein Heft.

„Schnappschüsse aus der indischen Geschichte"

Ordne die Bilder den Texten zu, indem du die jeweilige Bildnummer vor den passenden Tex schreibst. Richtig zugeordnet, ergeben die Buchstaben in den roten Kästen den Namen eine dir bekannten Persönlichkeit.

___ *Der Yogi sucht Erlösung von der Last der Wiedergeburt, indem er sich in Selbstbeherrschung übt und sich auf das Göttliche konzentriert.* **N**

___ *Neben Hindus und Hindu-Tempeln gehören seit 800 Jahren Muslime und Moscheen zu religiösen Lebenswelt Indiens.* **H**

___ *Siegel mit Bild- und Schriftzeichen könnten viel über die alten Induskulturen erzähle – wenn sie entziffert wären.* **G**

___ *Der Gott Brahma, mit seinen vier Köpfen als Schöpfer der vier vedischen Schriften darge stellt, ist besonders angesehen bei den Hindus.* **A**

___ *Die indische Kaiserkrone mit dem Riesendiamanten „Kohinoor" war von 1877 bis 194 das Herrschaftssymbol der britischen Monarchen.* **I**

___ *Arabische Seeleute beherrschten den Seehandel mit Indien, bis Vasco da Gama für di Europäer den Seeweg nach Indien fand.* **D**

1	2	3	4	5	6

Ein Silbenrätsel

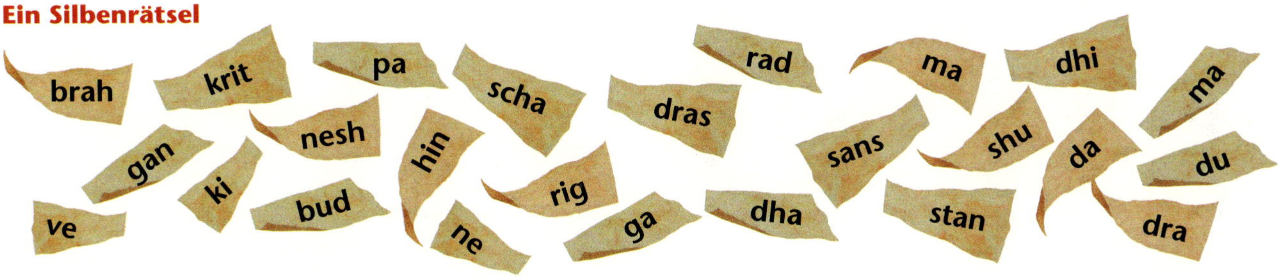

---

1. Angehöriger der obersten Kaste. (5)

---

2. Name des Gottes mit dem Elefantenkopf. (2)

---

3. Bezeichnung für ein Mitglied der indischen Religion. (1)

---

4. Indische Bezeichnung für „Fürst" oder „König". (2)

---

5. Ehrenvoller Beiname für den Lehrer des „achtfachen Weges". (1)

---

6. Indischer Name für einen Angehörigen der vierten Kaste. (2)

---

7. Eine der vedischen Schriften. (7)

---

8. Stadt, in der es früh eine Handelsniederlassung der britischen Ostindien-Kompanie gab. (4)

---

9. Politischer Führer im Kampf um Indiens Unabhängigkeit. (2)

---

10. Name des indischen Nachbarstaates, der vorwiegend von Muslimen bewohnt ist. (6)

---

11. Heilige Sprache des Hinduismus. (2)

Setze aus den oben stehenden Silben die gesuchten Namen und Begriffe zusammen.
Die Buchstaben der Lösungsbegriffe, die in Klammern angegeben sind, ergeben das Lösungswort.

1	2	3	4	5	6	7	8	9	10	11

Methodenglossar

Einen Stammbaum erstellen (Band 1, S. 12)

1. Zeichne auf einem DIN-A3-Blatt deinen Familienstammbaum. (Ganz vorne im Buch findest du auch eine Vorlage zum Kopieren.) Das oberste Feld ist für dich selbst, die zwei Felder darunter sind für deine Eltern gedacht.
2. Sammle folgende Angaben von jedem Familienmitglied: den Vor- und Nachnamen, das Geburts- (*) und gegebenenfalls das Todesdatum (†), den Geburtsort, die Kinderzahl und den Beruf. Die Daten kannst du erfragen oder im Familienbuch nachschlagen.
3. Trage die Angaben in die einzelnen Felder ein. Der Stammbaum wird für den Betrachter noch interessanter, wenn du Fotos deiner Verwandten oder andere Erinnerungsstücke neben das entsprechende Feld klebst.

Vom Fund zur Rekonstruktion (Band 1, S. 38)

1. Beschreibe den ursprünglichen Fund: Wie viel war von dem Gegenstand oder Gebäude erhalten und in welchem Zustand war der Fund?
2. Vergleiche die Rekonstruktion mit dem Fund. Was wurde originalgetreu wiedergegeben? An welchen Stellen hat der Archäologe etwas hinzugefügt?
3. Betrachte die Rekonstruktion kritisch: Was konnte der Archäologe wissen, wo musste er dagegen Vermutungen anstellen? Hat er vielleicht auch an manchen Stellen seine Fantasie spielen lassen?

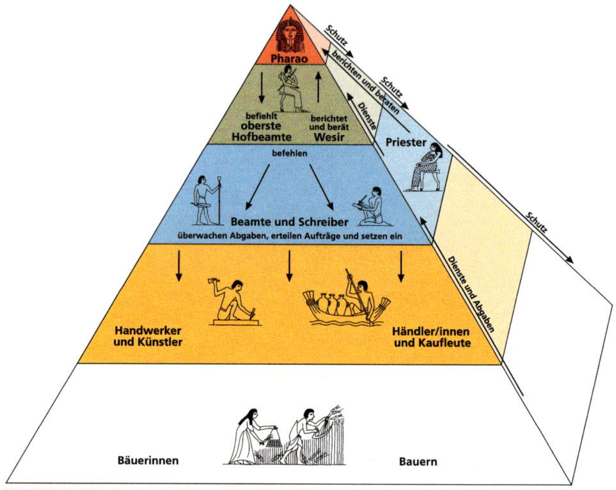

Ein Schaubild verstehen (Band 1, S. 58)

1. Stelle fest, welches Thema das Schaubild behandelt. Die Legende verrät es dir.
2. Untersuche, warum einzelne Teile des Schaubildes in verschiedenen Farben dargestellt sind.
3. An welchen Stellen werden Pfeile und Linien verwendet? Was sagen sie über die Beziehungen zwischen den Personen aus?
4. Warum eignet sich die gewählte Form des Schaubildes besonders gut, um das Thema darzustellen? Kannst du dir noch eine andere Form vorstellen?

Schriftliche Quellen auswerten (Band 1, S. 84)

Fragen zum Text:

1. Worum geht es in dem Text? Welche Orte, Personen oder Gruppen werden genannt?
2. Gibt es Wörter oder Sätze, die du nicht verstehst? Schlage in einem Wörterbuch nach oder frage deine Lehrerin bzw. deinen Lehrer.
3. Unterteile den Text in einzelne Abschnitte und verfasse für jeden Abschnitt eine kurze Überschrift.

Fragen zum Verfasser:

4. Wer hat den Text verfasst?
5. Kannst du erkennen, an wen sich der Verfasser mit seinem Text wendet?
6. Schreibt der Verfasser über Dinge, die er selbst erlebt hat, oder woher hat er seine Kenntnisse?
7. Mit welcher Absicht mag der Verfasser den Text geschrieben haben?

Geschichtskarten lesen und auswerten (Band 1, S. 102)

1. Über welches Thema gibt die Karte Auskunft? Beachte dafür die Überschrift und die Legende.
2. Welcher Raum wird gezeigt? Welche Orte werden hervorgehoben? Vergleiche mit dem Geografie-Atlas, um welches heutige Gebiet es sich handelt.
3. Über welche geschichtliche Zeit informiert die Karte? Bezieht sie sich auf ein bestimmtes Jahr, auf einen kurzen oder langen Zeitabschnitt? Werden unterschiedliche Zeitstufen dargestellt?
4. Beachte die Legende. Was bedeuten die Zeichen, Farben, Linien und Pfeile in der Karte?

Gruppenarbeit (Band 1, S. 142)

Vorbereitung in der Klasse

1. Legt genau fest, was ihr gemeinsam erarbeiten und mit welchen Schritten ihr zum Ziel kommen wollt.
2. Besprecht, wie die Ergebnisse in der Klasse präsentiert werden sollen.
3. Klärt, wie viel Zeit ihr für die Gruppenarbeit habt.
4. Teilt euch in Gruppen auf. Achtet darauf, dass nicht immer dieselben Schüler eine Gruppe bilden. Ihr könntet z. B. Zufallsgruppen auslosen.
5. Schiebt die Tische in eurem Klassenraum zu Gruppentischen zusammen, sodass alle Gruppen ungestört arbeiten können.

Durchführung in der Gruppe

6. Entscheidet zunächst, wer später als Gruppensprecher der Klasse eure Ergebnisse vorstellen soll.
7. Teilt die Arbeit dann untereinander auf. Ein schriftlicher Arbeitsplan kann hierbei hilfreich sein. Wichtig ist, dass niemand ausgeschlossen wird und jedes Gruppenmitglied eine Aufgabe übernimmt.

Präsentation der Ergebnisse

8. Die Gruppensprecher stellen die Ergebnisse vor. Wenn beim Vortrag etwas fehlt, können die anderen Gruppenmitglieder ergänzen.
9. Vergleicht die Ergebnisse der einzelnen Gruppen miteinander und fasst sie zusammen.
10. Sprecht zum Schluss darüber, wie euch die Gruppenarbeit gefallen hat: Was hat gut geklappt, was muss geändert werden? Waren alle gleichberechtigt? Müssen noch weitere Regeln vereinbart werden?

Bilder als Geschichtsquelle (Band 1, S. 160)

1. Betrachte das Bild in Ruhe und mache dir erste Gedanken:
   - Was zeigt das Bild?
   - Was fällt dir auf?
   - Welche Teile des Bildes sind besonders interessant?
   - Was verstehst du nicht?
2. Beschreibe das Bild genau:
   - Um welche Art von Bild handelt es sich?
   - Was ist dargestellt? Welche Situation bzw. Situationen sind auf dem Bild festgehalten?
   - Welche Farben und Formen tauchen in dem Bild besonders oft auf?
3. Versuche das Bild zu deuten. Vielleicht benötigst du hierfür zusätzliche Informationen.
   - Wer hat das Bild gemalt?
   - Was möchte der Künstler dem Betrachter mit diesem Bild mitteilen?
   - Warum hat der Maler gerade diese Personen und Ereignisse für sein Bild ausgewählt?
   - Ist die Darstellung naturgetreu?
   - Hat der Künstler in der Zeit gelebt, die er auf dem Bild dargestellt hat?

Schriftliche Quellen vergleichen (Band 1, S. 178)

1. Stelle möglichst genau fest, was in den Quellen steht und wer sie geschrieben hat. (Du kannst das Verfahren von Seite 84 dafür anwenden.)
2. Stelle fest, womit sich die Texte/Autoren gemeinsam befassen bzw. was beide erklären wollen.
3. Liste stichwortartig auf, worin sie übereinstimmen.
4. Liste nun für jeden Text/Autor getrennt auf, was er a) zusätzlich und b) ganz anders als der andere berichtet. So erkennst du, wo sich die Berichte ergänzen und wo sie sich widersprechen.
5. Überlege bei den Widersprüchen, welcher Text/Autor dir glaubwürdiger erscheint.
6. Fasse die Ergebnisse deines Vergleichs in einem Bericht darüber zusammen, was sich damals wahrscheinlich zugetragen hat.

Methodenglossar

Stadtpläne erzählen aus der Geschichte (Band 2, S. 35)

1. Wo liegt der älteste Siedlungskern?
2. Wie entwickelte sich die Stadt in den folgenden Jahrhunderten?
3. Welche besonderen Gebäude und Sehenswürdigkeiten erkennst du?
4. Wann wurden diese Gebäude gebaut und welche Funktion hatten sie?
5. Was sagen die Namen von Straßen, Plätzen und Vierteln über ihre (frühere) Bedeutung aus?
6. Wie verlief wohl das wirtschaftliche, kirchliche und gesellschaftliche Leben in der Stadt?

Historische Karten untersuchen (Band 2, S. 67)

1. Aus welcher Zeit stammt die Karte?
2. Welche Kontinente und Länder sind dargestellt?
3. Gibt es Einzelheiten, die besonders hervorgehoben sind?
4. Über welche Kenntnisse verfügte der Zeichner, was war ihm dagegen noch nicht bekannt?
5. Zu welchem Zweck wurde die Karte angefertigt?
6. Welche geografischen, politischen oder religiösen Vorstellungen der damaligen Zeit lassen sich aus der Karte ablesen?

Eine Pro-Contra-Disskussion führen (Band 2, S. 78)

1. Wählt einen Diskussionsleiter/-eine Diskussionsleiterin.
2. Bildet zwei Gruppen, die jeweils entgegengesetzte Meinungen vertreten.
3. Gebt den Gruppen Zeit um ihre Argumente zu sammeln.
4. Stimmt darüber ab, wer für die eine Meinung ist und wer für die andere. Haltet das Ergebnis fest.
5. Hört euch die Argumente der beiden Gruppen an und stellt ihnen anschließend Fragen.
6. Stimmt noch einmal zu den gegensätzlichen Meinungen ab.
7. Wertet die Diskussion aus:
   - Welche Argumente waren überzeugend, welche nicht?
   - Hat sich das Abstimmungsergebnis verändert und wenn ja, warum?

Ein Verfassungsschema interpretieren (Band 2, S. 95)

Das Schema nach Gruppen und Personen zerlegen

1. Wie ist das Schema gegliedert? Lassen sich verschiedene Blöcke, Farben und Symbole erkennen?
2. Wie sind die Blöcke miteinander verbunden? Welche Richtung und Bedeutung haben Pfeile und Linien?
3. Gibt es Begriffe, die du im Lexikon nachschlagen musst?

Verfassungsmerkmale Machtausübung, Gesetzgebung und Rechtsprechung

3. Wer darf Gesetze vorschlagen? Wer arbeitet sie aus? Wer erlässt sie?
4. Wer sorgt dafür, dass Regierung und Bürger sich an die Gesetze halten?
5. Wer regiert den Staat, d.h. übt Macht mithilfe der Gesetze aus?
6. Wer kann durch seinen Einspruch dafür sorgen, dass ein Gesetz vorläufig nicht in Kraft treten darf? Wer darf Gesetze sogar rückgängig machen?
7. Gibt es Grundrechte, die kein neues Gesetz verletzen darf?

Verfassungsmerkmal Wahl

8. Welche Ämter werden durch Wahl besetzt, welche nicht?
9. Wer darf wählen, wer nicht? Wer darf gewählt werden?

Verfassungsmerkmale Machtverteilung und Machtkontrolle

10. Welche Macht haben die verschiedenen Personen bzw. Gruppen im Staat?
    Wo ist besonders viel Macht konzentriert?
11. Wo sind „Sicherungen" in der Verfassung eingebaut, damit Einzelne ihre Macht nicht missbrauchen können (z.B. um eine Diktatur zu errichten)?

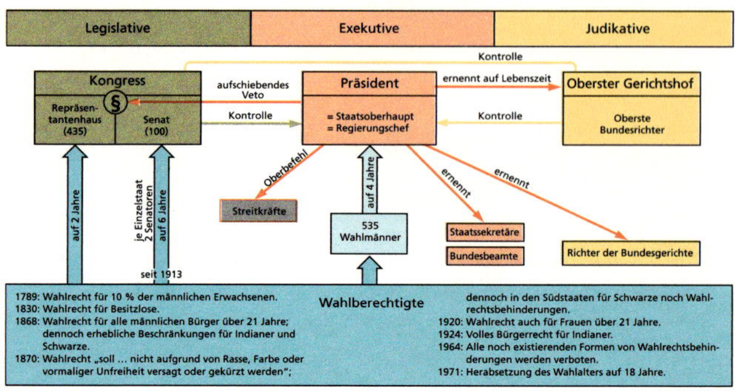

Karikaturen richtig deuten (Band 2, Seite 102)

1. Aus welcher Zeit stammt die Karikatur? Wer hat sie gezeichnet?
2. Welche Szene zeigt das Bild? Welche Gegenstände, Sachverhalte, Tiere oder Personen werden abgebildet?
3. Wo weicht der Künstler oder die Künstlerin von der Wirklichkeit ab. Was ist also übertrieben oder verzerrt dargestellt?
4. Welche Symbole erkennst du? Erkläre ihre Bedeutung.
5. Gegen wen richtet sich die Kritik? Wird zum Beispiel eine Person verspottet, oder werden gesellschaftliche Verhältnisse kritisiert?
6. Versuche die Aussage der Karikatur in einem Satz zusammenzufassen.
7. Überlege, welche Wirkung der Zeichner beim Betrachter erzielen wollte:
   Welches Publikum
   asollte angesprochen werden?
   Ergreift der Karikaturist für eine Person oder eine Sache Partei?
   Wie wirkt die Karikatur auf dich?

Politische Lieder (Band 2, S. 132)

1. Wann ist das Lied entstanden?
2. Wer hat den Text geschrieben?
3. Um welche Ereignissen und Personen geht es in dem Lied?
4. Was sagt der Titel des Liedes aus?
5. Wie klingt der Text – anklagend, ironisch, aufrührerisch oder spöttisch?
6. Wie wirkt das Lied insgesamt auf dich?
7. Was hat der Verfasser mit diesem Lied beabsichtigt?

Aus den „unpolitischen Liedern" von Heinrich Hoffmann von Fallersleben, 1841:
Wie ist doch die Zeitung interessant
für unser liebes Vaterland!
Was haben wir heute nicht alles vernommen!
Die Fürstin ist gestern niedergekommen,
und morgen wird der Herzog kommen,
hier ist der König heimgekommen,
dort ist der Kaiser durchgekommen –
bald werden sie alle zusammenkommen –
wie interessant! Wie interessant!
Gott segne das liebe Vaterland!

Historienmalerei – gemalte Geschichte? (Band 2, S.116)

Fragen zur Person des Malers und zur Person des Auftraggebers
1. Wer war der Maler des Bilde? Wann hat er gelebt?
2. Wer war der Auftraggeber? Welche Position hatte er inne?

Fragen zu den dargestellten Ereignissen und Personen
3. Was ist auf dem Gemälde zu sehen? Wie sind die Personen dargestellt?
4. Welche Personen oder Handlung stellt der Maler in den Mittelpunkt?
5. Hat der Maler das Dargestellte selbst gesehen oder haben ihm andere davon berichtet?

Fragen zur Wirkung
6. Wie setzt der Maler Farben oder den Wechsel von Licht und Schatten ein
   um eine bestimmte Wirkung zu erzielen?
7. Welchen Eindruck wollte der Maler oder Auftraggeber dem Betrachter vermitteln?
8. Wie wirkt das Gemälde auf dich selber?

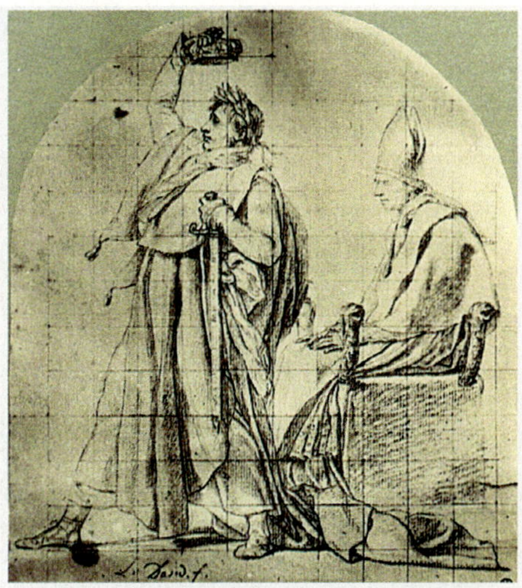

Statistiken auswerten (Band 2, S. 165)

1. Thema erfassen:
- Um welchen Sachverhalt geht es? (Meistens steht es in der Überschrift oder in der Legende.)
- Welchen Zeitraum umfassen die Zahlenangaben?
2. Inhalt und Darstellungsform beschreiben:
- Wie wird das statistische Material dargestellt: als Tabelle oder Grafik, in absoluten Zahlen oder in Prozentangaben?
- Sind die Zahlen übersichtlich zusammengestellt und vollständig (Maßstab, Datenmenge)?
3. Statistik auswerten:
- Was sagen die angegebenen Daten genau aus?
- Lassen sich Entwicklungen ablesen?
- Gibt es Zusammenhänge mit anderen Informationen oder Materialien?
- Inwiefern hat die Statistik neue Erkenntnisse hervorgebracht?
4. Statistik kritisch betrachten:
- Beruhen die Zahlen auf Schätzungen oder auf genauen Zählungen?
- Gibt es Zweifel am Wahrheitsgehalt der Aussagen?

Jahr	*in Mark (Geldwert von 1913)*	*Index (1913 = 100)*
1810	618	58
1820	698	64
1830	565	53
1840	618	57
1850	696	64
1860	639	60
1870	706	65
1880	634	58
1890	793	73
1900	945	87
1910	999	92
1913	1083	100

Fotografien als Geschichtsquellen betrachten (Band 2, S. 212)

1. Betrachte das Foto genau und beschreibe die Einzelheiten.
2. Fasse zusammen, welche konkrete Situation der Fotograf auf dem Bild festgehalten hat.
3. Überlege, zu welchem Zweck das Foto aufgenommen wurde. Ist es ein Pressefoto oder eine private Aufnahme?
4. Beschreibe die Wirkung des Fotos. Welche Einzelheiten hat der Fotograf besonders hervorgehoben; welche Stimmung herrscht auf dem Bild?
5. Betrachte das Foto kritisch. Trifft der Fotograf eine bestimmte Aussage? Will er sachlich informieren oder er eine bestimmte Wirkung beim Betrachter erzielen?

Eine Kurzbiografie schreiben (Band 2, S. 238)

1. Sammle Informationen zu Taten, Ereignissen, Erlebnissen im Leben der Person. Schreibe sie zunächst einzeln in Stichworten auf Notizblätter oder Karteikarten auf; hebe dabei Angaben zu Zeit und Ort/Geschehen hervor. Dann kannst du später die Blätter bzw. Karten leicht in eine bestimmte Reihenfolge bringen.
2. Bringe die Blätter bzw. Karten in eine zeitliche Reihenfolge.
3. Formuliere nun aus den so geordneten Angaben zu Zeit und Ort/Geschehen sowie den dazu gehörenden Stichworten einen Text. Beache, dass er klar machen muss, warum die Person eine bekannte Persönlichkeit war.

1893–1915 Südafrika
Rechtsanwalt in einer indischen Firma; organisiert erstmals Streiks gegen Briten im Kampf um die Rechte der Inder in Südafrika

1933 Indien
Gründung der Zeitschrift „Harigans" zum Kampf für die Ärmsten der Hindu-Gesellschaft

Verzeichnis der Namen, Sachen und Begriffe

Verwendete Abkürzungen:
Abb. = Abbildung; afrikan. = afrikanisch; Bay = Bayern; bayr. = bayrisch; BGB = Bürgerliches Gesetzbuch; brit. = britisch; dt. = deutsch; ehem. = ehemalig; engl. = englisch; evangel. = evangelisch; F = Frankreich; fränk. = fränkisch; frz. = französisch; germ. = germanisch; GB = Großbritannien; hinduist. = hinduistisch; Hist. = Historiker; ind. = indisch; Ing. = Ingenieur; it. = italienisch; Jh. = Jahrhundert; K = Karte; karoling. = karolingisch; kath. = katholisch; MA = Mittelalter; MV = Mecklenburg-Vorpommern; NI = Niedersachsen; NL = Niederlande; NRW = Nordrhein-Westfalen; Phil. = Philosoph; Pol. = Politiker; Rev. = Revolutionär; RP = Rheinland-Pfalz; österr. = österreichisch; portugies. = portugiesisch; preuß. = preußisch; Schriftst. = Schriftsteller; SN = Sachsen; ST = Sachsen-Anhalt; SH = Schlesweig-Holstein; span. = spanisch; Theol. = Theologe; TH = Thüringen

Hinweise:
▷ Verweis auf ein Stichwort
~ ersetzt das Stichwort bei Wiederholung
Halbfett gesetzt sind historische Grundbegriffe, die im Mini-Lexikon des Buches erläutert werden. Die halbfette Seitenzahl gibt den Fundort an.
Bei Herrschern und kirchlichen Amtsträgern werden Regierungs-/Amtsdaten, bei anderen Personen Lebensdaten angegeben.

Verzeichnis der Textquellen

Vom Leben im Mittelalter

S. 13: Q2 Geschichte in Quellen, Bd. 2, München 1970, S. 26f.
Q3 Geschichte in Quellen, Bd. 2, München 1970, S. 56f.

S. 15: Q2a Geschichte in Quellen, Bd. 2, München 1970, S. 70
Q2b Geschichte in Quellen, Bd. 2, München 1970, S. 71
Q3 Deutschlands Geschichtsquellen im Mittelalter, zit. nach: Pierre Riché, Die Karolinger, München, S. 152
Q4 Einhardi Vita Karoli Magni. zit. nach: Reinhold Rau (Bearb.), Quellen zur karolingischen Reichsgeschichte, Bd. 1, Darmstadt 1955, S. 173ff.

S. 19: Q2 zit. nach: Geschichte in Quellen, Bd. 2. München 1970, S. 76f.
Q3 übersetzt nach: J.-P. Migne, Patrologia latina 140, Sp. 908
Q4 zit. nach: Günther Franz (Hg.), Bauernschaft und Bauernstand, Limburg/Lahn 1975

S. 21: Q2 Quellen zur Geschichte der sächsischen Kaiserzeit, hg. v. Albert Bauer, Reinhold Rau, Frhr. v. Stein-Ausgabe 8, Darmstadt 1971, S. 84–89;

S. 23: Q1 zitiert nach: Arno Borst, Lebensformen im Mittelalter, Berlin 1997, S. 180f.

S. 25: Q2 zitiert nach: Udo Haupt (Hg.), Zeitschrift für deutsches Altertum, Bd. VI, 1848, S. 489ff.
Q3 Ulrich v. Lichtenstein, zit. nach: M. Wein, Ich kam, sah u. schrieb, München 1964, S. 134

S. 27: Q2 Günther Franz, Quellen zur Geschichte des deutschen Bauernstandes im Mittelalter, Darmstadt 1967, S. 81ff. (bearb. v. Verf.)
Q3 Günther Franz, Quellen zur Geschichte des deutschen Bauernstandes im Mittelalter, Darmstadt 1967, S. 73

S. 29: Q2 zitiert nach: Karl Brunner, Landherr, Bauer, Ackerknecht, Wien u. a. 1985, S. 75 f.

S. 33: Q2 zit. nach: Dieter Starke, Herrschaft und Genossenschaft im Mittelalter, Stuttgart 1971, S. 86ff. (bearb. v. Verf.)

S. 37: Q3 zit. nach: MGH LL, Constitutiones II, Nr. 439

S. 39: Q2 zit. nach: Joachim Deeters/Johannes Helmrath (Hg.), Quellen zur Geschichte der Stadt Köln, Bd. 2, Köln 1996, S. 69f.
Q3 August Jegel, Alt-Nürnberger Handwerksrecht und seine Beziehung zu anderen, Nürnberg 1965, S. 27

S. 41: Q1 zit. nach: Philippe Dollinger, Die Hanse, 5. Aufl., Stuttgart 1998, S. 538f.

S. 43: Q2 zit. nach: Geschichte in Quellen, Bd. II, München 1970, S. 733
Q3 Chronik der deutschen Städte 9, Straßburger Chronik, S. 657ff.
Q4 Chronik d. deutschen Städte XII, Bd. 1, Kölner Chronik, Göttingen 1961, S. 237f.

S. 45: Q1 H. Sievert, Die Kieler Burspraken, in: Mitteilungen der Gesellschaft für Kieler Stadtgeschichte Nr. 1953, S. 157ff. (bearb. v. Verf.)
Q2 Ruodlieb v. Fritz P. Knapp, Stuttgart 1977, S. 69

S. 47: Q2 Boccaccio, Das Decameron, Übersetzg.: Karl Witte, Frankfurt/M. 1961, S. 10ff.

Aufbruch in eine neue Zeit

S. 53: Q2 Giovanni F. Pico Della Mirandola, Über die Würde des Menschen, Fribourg/Frankfurt a. M./Wien 1949, S. 52f. (sprachlich leicht verändert)
Q3 François Rabelais, Gargantua u. Pantagruel, Bd. 1, Frankfurt/M. 1974, S. 218.

S. 55: Q3 Johan Huizinga, Europäischer Humanismus: Erasmus, Hamburg 1958, S. 77
Q6 Leonardo da Vinci, Philosophische Tagebücher, hg. v. Giuseppe Zamboni, Hambrug 1958, S. 85f.;

S. 57: Q2 zit. nach: Anna Mudry (hg.), Galileo Galilei. Schriften, Briefe, Dokumente, Bd. 1, München 1987, S. 280f., 286
Q3 zit. nach: Albrecht Fölsing, Galileo Galilei. Prozess ohne Ende. Eine Biographie, Reinbek 1996, S. 299f.

S. 59: Q2 Joachim Leuschner, Die Kirche des Mittelalters, Stuttgart 1962, S. 46f.
Q4 zit. nach: Nicolette Mout (Hg.), Die Kultur des Humanismus, München 1998, S. 101f.

S. 61: Q2 vom Autor zusammengestellt und vereinfach
Q3 zit. nach: Siegfried Streller (Hg.), Hutten, Müntzer, Luther. Werke in zwei Bänden, Bd. 2, $. Aufl., Berlin/Weimar 1982, S. 197f. (bearb. v. Verf.)

S. 63: Q2 Eberhard Schmitt, Die Anfänge der europäischen Expansion, Idstein 1991, S. 119ff.
Q3 Das Europäische Geschichtsbuch, Stuttgart 1998, S. 194

S. 65: Q3 Ernst G. Jakob (Hg.), Christoph Columbus, Bremen o. J., S. 55ff., zit. nach: Heinrich Pleticha, Christoph Kolumbus, Gütersloh 1987, S. 184ff.
Q4 zit. nach: Eberhard Schmitt (Hg.), Dokumente zur Geschichte der europäischen Expansion, Bd. 2, München 1984, S. 112ff., 119

S. 69: Q2 zit. nach: Eberhard Schmitt (Hg.), Dokumente zur Geschichte der europäischen Expansion, Bd. 2, München 1984, S. 330
Q3 Gottfried Guggenbühl/Hans C. Huber, Quellen zur Geschichte der Neueren Zeit, Zürich 1976, S. 35ff.

S. 73: Q2 Richard Konetzke, Entdecker und Eroberer Amerikas, Frankfurt/Main 1963, S. 122f.
Q3 Petery Martyr von Anghiera, Acht Dekaden über die neue Welt, übers. von Hans Klingelhöfer, Bd. 2, Darmstadt 1975, S. 53f.
Q5 Miguel León-Portilla, Renate Heuer (hg.), Rückkehr der Götter, München 1965, S. 32f.

S. 75: Q3 zit. nach: Indios in den Anden, Misereor, Aachen 1986, S. 29
Q4 Armin Bollinger, Spielball der Mächtigen, Stuttgart 1972, S. 34

S. 77: Q1 Peter Hadwiger u. a., Kaffee, Wuppertal/St. Gallen 1983, S. 38 und: Rainer Grießhammer/Claudia Burg, Wen macht die Banane krumm, Reinbek 1989, S. 56f

S. 79: Q1 zit. nach: Badische Zeitung vom 30. 7. 1991

Auf dem Weg zur Demokratie

S. 87: Q2 Geschichte in Quellen. Renaissance, Glaubenskämpfe, Absolutismus, München, S. 432

S. 89: Q3 Voltaire, Betrachtungen für die Dummen. In: Zeiten, Menschen, Kulturen, Bd. 4, S. 128
Q4 Jean-Jacques Rousseau, Der Gesellschaftsvertrag oder die Grundsätze des Staatsrechts, Stuttgart 1963, S. 20 u. 36
Q5 Denis Diderot, Artikel über politische Autorität in der Enzyklopädie, 1751, Übersetzung: Erich Stahleder, in: Erich Stahleder, Absolutismus und Aufklärung 1648–1789, Ebenhausen 1964, S. 112–114

S. 91: Q2 zit. nach: H. J. Stammel, Indianer. Legende und Wirklichkeit von A–Z, Gütersloh 1992, S. 79
Q3 Dee Brown, Begrabt mein Herz an der Biegung des Flusses, München 1976, S. 189
Q4 zit. nach: H. J. Stammel, Indianer. Legende und Wirklichkeit von A–Z, Gütersloh 1992, S. 86

S. 93: Q2 John Locke, Two Treatises on Government, 1689; aus: Lebendige Vergangenheit 3, Stuttgart 1992, S. 13
Q3 Herbert Krieger (Hg.), Handbuch des Geschichtsunterrichts, Bd. 4, Frankfurt/M., S. 200

S. 97: Q2 zit nach: H. Schambeck, H. Widder, M. Bergmann (Hg.), Dokumente zur Geschichte der Vereinigten Staaten von Amerika, Berlin 1993, S. 572f.

S. 99: Q3 Volkmar Wittmütz, Die französische Revolution, Frankfurt/M. 1983, S. 20

S. 101: Q3 Heinz Dieter Schmid, Fragen an die Geschichte, Bd. 3 „Europäische

Weltgeschichte", Frankfurt/M. 1981, S. 148
Q4 Ina u. Paul Hartig, Die Französische Revolution , Stuttgart 1984, S. 34f.
Q5 Cahier de doléances des femmes en 1789 et autres textes, zit. nach: Geschichte auch für Mädchen, hg. v. d. Landesregierung NRW, S. 20
S. 105: Q4 Olympe de Gouges, Schriften, Frankfurt 1980, S. 41.
Q6 Olympe de Gouges, Schriften, Frankfurt/Main, Basel 1980, S. 39
S. 106: Q1 Resolution der UN-Generalversammlung 217A (III.)
D1 zusammengestellt vom Verf.
S. 107: Q2 Henriette Akofa,Keine Zeit für Tränen. Mein Leben als Sklavin in Paris, München 2001
Q3 unicef-Nachrichten 3, September 2003, Thema „Kindersoldaten", Deutsches Komitee für UNICEF e.V. (Hg.), Köln, S. 7, 10 (Aus züge)
S. 109: Q2 Ulrich Friedrich Müller, Die Französische Revolution, Ebenhausen 1961, S. 65ff.
S. 111: Q2 Hans Dieter Schmid (Hg.), Fragen an die Geschichte, Bd. 3, Frankfurt/M. 1981, S. 162
Q3 Walter Grab, Die Revolution von 1848/49. Eine Dokumentation, München, 1980, S. 171f.
Q4 Michael Sauer, Historische Lieder, Stuttgart 1997, S. 25
S. 113: Q2 Jean Paul Marat, Les pamphlets, hg. v. Charles Valley, Paris 1911, S. 25, übers. v. Erich Goerlitz
Q5 Camille Desmoulins, Le vieux Cordelier, 20 décembre 1793 (übers. v. Verf.)
S. 115: Q2 Christian Daniel Erhard (Hg.), Code Napoléon, Leipzig 1908, S.105ff.
Q3 J. Godoche, Les Institutes de la France, Paris 1968, S. 752 (übers. v. Verf.) Übersetzung durch Verfasser
S. 119: D2 zusammengestellt v. Verf.
Q2 F. M. Kircheisen (Hg.), Gespräche mit Napoleon, Stuttgart 1912, Bd. 2, S. 163
S. 121: D2 zusammengestellt v. Verf.
Q2 G. Winter (Hg.), Die Reorganisation des preußischen Staates unter Stein und Hardenberg, Teil I, Bd. I, Leipzig 1931, S. 316ff.
S. 123: Q2 Klemens Wenzel Nepomuk Lothar von Metternich, Denkwürdigkeiten, Bd 1., hg. v. Otto von Brandt, München 1921, S. 246ff.
Q3 Deutschland unter Napoleon in Augenzeugenberichten, Eckart Kleßmann (Hg.), München 1976, S. 380ff.
S. 125: Q2 Hans Hohlwein, Aufbruch in die neue Zeit, Stuttgart 1969, S. 51
Q3 Denkschrift Steins vom 24. Juni 1815, zit. nach: Geschichte in Quellen. Das bürgerliche Zeitalter 1815–1914, München 1980, S. 26
S. 127: Q3 Ernst Rudolf Huber (Hg.), Dokumente zur deutschen Verfassungsgeschichte, Bd. 1, Stuttgart 1961, S. 91f.
Q4 Heinrich von Gagern, Das Leben des Generals Friedrich von Gagern, Bd. 1, Heidelberg 1856, S. 270ff.
S. 129: Q3 Karl Obermann (Hg.), Flugblätter der Revolution 1848/49, München 1972, S. 47ff.
S. 131: Q2 Ernst Rudolf Huber (Hg.), Quellen zum Staatsrecht der Neuzeit, Bd. 1, Tübingen 1949, S. 257ff.
S. 133: Q2 Lebendige Vergangenheit 3, Stuttgart 1992, S. 53
Q3 Hoffman von Fallersleben, in: Lebendige Vergangenheit 3, Stuttgart 1992, S. 64
Q5 Text: Ludwig Pfau, Melodie: „Maikäfer, flieg", in: Lebendige Vergangenheit 3, Stuttgart 1992, S. 64
S. 135: Q1 Geschichte in Quellen, Das bürgerliche Zeitalter 1815–1914, München, S. 312
Q2 Geschichte in Quellen, Das bürgerliche Zeitalter 1815–1914, München, S. 367f.
D2 zit. nach: Helmut Böhme (Hg.), Die Reichsgründung, München 1967, S. 273
S. 137: Q3 Max Schneckenburger, „Die Wacht am Rhein", in: Wolffs Poetischer Hausschatz des Deutschen Volkes, Leipzig o. J., S. 49
Q4 Das Tagebuch der Baronin Spitzemberg geb. Freiin von Varnbüler, Aufzeichnungen aus der Hofgesellschaft des Hohenzollernreiches, Deutsche Geschichtsquellen des 19. u. 20. Jahrhunderts, Bd. 43, Göttingen 1960, S. 121
S. 139: Q2 August Bebel, Die Sozialdemokratie im deutschen Reichstag, Bd. 1, Berlin 1909, S. 3f.
Q3 Heinrich von Sybel, Das neue deutsche Reich, in: H. v. Sybel, Vorträge und Aufsätze, 2. Aufl., Berlin 1875, S. 327
S. 141: Q3 zit. nach: Geschichte lernen 54/1996, S. 24
Q4 Stenographische Berichte über die Verhandlungen des Deutschen Reichstages, 13. Legislaturperiode, 1. Session 1914, Bd. 294, Berlin 1914, S. 8091
Q5 zit nach: Karl. H. Höfele, Geist und Gesellschaft der Bismarckzeit, Göttingen 1967, S. 74f.
S. 143: Q3a Stefan Zweig, Die Welt von gestern, Frankfurt/M. 1970, S. 94f.
Q3b zit. nach: Reinhard Vogelsang, Bielefelds Weg ins Industriezeitalter, Bielefeld 1986, S. 202
S. 145: Q2 zit. nach: Violet Schultz, In Berlin in Stellung, Dienstmädchen im Berlin der Jahrhundertwende, Berlin 1989, S. 20f.
Q3 Theodor Fontane, Der Stechlin, Berlin 1899
Q4 zit. nach: Gerhard A. Ritter/Jürgen Kocka (Hg.), Deutsche Sozialgeschichte, Bd. II, München 1974, S. 259
S. 147: Q2 Hellmuth von Gerlach: Von Rechts nach Links, Zürich 1937, zit. in: Christian Zentner, Illustrierte Geschichte des deutschen Kaiserreichs, München 1986, S. 192f.
Q4 Ernst Toller, Eine Jugend in Deutschland, Reinbek 1963, S. 161ff.
S. 149: Q1 zit. nach: F. Siebert (Hg.), Von Frankfurt nach Bonn, Frankfurt 1966, S. 51ff.
Q2 „Der Tag" 04.09.1928, zit. in: Friedrich Adolph Krummacher und Albert Wucher (Hg.), Die Weimarer Republik, München 1965, S. 260
S. 151: Q3 zit. nach: Gerhard Binder, Grundwissen Grundgesetz, bearb. v. Jürgen Wagner, Stuttgart 1996, S. 10f., 14, 92f.
Q4 zit. nach: Jürgen Weber, Gründung des neuen Staates 1949, München 1981, S. 32f.

Industrialisierung und Soziale Frage
S. 159: Q2 Geschichte in Quellen, Bd. 5, München 1980, S. 111f.
S. 161: D2 zit. nach: Jürgen Kocka/Bernd Müller, Wirtschaft und Gesellschaft im Zeitalter der Industrialisierung, München 1984, S. 54ff.
Q2 Dieter Bradtke, Die Industrielle Revolution in Deutschland, Stuttgart 1985, S. 20
S. 163: Q2 Alfons Thun, Die Industrie am Niederrhein und ihre Arbeiter, Teil 1, Leipzig 1879, S. 173f.
Q5 Arthur Wilke, Die Elektrizität, (ihre Erzeugung und ihre Anwendung in Industrie und Gewerbe), Leipzig 1893
S. 165: D1 R. Gömmel, Realeinkommen in Deutschland, Nürnberg 1979, S. 27ff.
D2 Friedrich-Wilhelm Henning, Die Industrialisierung in Deutschland 1800 bis 1914, Paderborn, S. 20
S. 167: D2 Essen im 19. und 20. Jahrhundert, hg. v. Vorstand der Gesellschaft Institut für Geographie, Essen o. J., S. 422f.
Q2 F. J. Pielert, Das Ruhrtal, zit. nach: Chronik des Ruhrgebietes, Dortmund 1987, S. 186
Q3 Dietrich Baedeker, zit. nach: Chronik des Ruhrgebietes, Dortmund 1987, S. 186
S. 169: D1 aus zeitgenöss. Quellen v. Verf. zusammengestellt
Q2 Aus einem Bericht von Heinrich Grunholzer von 1843, in: H. Pönicke (Hg.), Quellen zur Geschichte des 19.-Jahrhunderts: Die wirtschaftliche und soziale Entwicklung Europas, S. 18ff. (bearb. v. Verf.)
Q3 Interview des Autors mit einer Zeitzeugin von 1998
S. 171: Q3 Adelheid Popp, Jugend einer Arbeiterin, Nachdruck Berlin 1977, S. 35.
Q4 Auguste Cornu, Karl Marx und Friedrich Engels. Leben und Werk, Bd. 1, Berlin 1954, S. 185f.
Q5 zit. nach: Annette Stockmann, Fab-

rikkinder in Cromford, Köln 1989, S. 16
Q6 Süddeutsche Zeitung, April 2004
S. 173: Q2 Hans Schwab-Felisch, Gerhart Hauptmann: Die Weber. Vollständiger Text des Schauspiels. Dokumentation, Frankfurt/M., Berlin 1993, 33. Aufl., S. 153/154
Q4 Bodo Harenberg (Hg.), Chronik des Ruhrgebiets, Dortmund 1987, S. 172
Q5 Helmut Hirsch (Hg.), August Bebel, Köln/ Berlin 1968, S. 352
S. 175: D1 Jürgen Kuczynski, Die Geschichte der Lage der Arbeiter unter dem Kapitalismus, Bd. 3, Berlin 1962, S. 338.
Q2 Auszug aus dem preußischen Vereinsgesetz von 1850
Q3 Elke Frederiksen, Die Frauenfrage in Deutschland 1865–1915, Stuttgart 1981, S. 220
Q4 Der Textilarbeiter, Nr. 6, o. O., 1909
S. 177: Q3 Werner von Siemens, Briefe, ausgewählt und hg. v. Friedrich Heintzenberg, Stuttgart 1953, zit. nach: Gerhard A. Ritter/Jürgen Kocka (Hg.), Deutsche Sozialgeschichte, Bd. II, München 1974, S. 148
Q4 Wolfgang Kleinknecht u. H. Krieger, Die Neueste Zeit, Frankfurt 1965, S. 87
S. 179: D1 1., 5., 7., 18. und 25. Jahresbericht über die Diakonissenanstalt zu Kaiserswerth am Rhein, zit. nach: Ruth Felgentreff, Das Stammhaus als Teil der Geschichte des Diakoniewerkes Kaiserswerth, hg. v. Altenzentrum des Diakoniewerkes Kaiserswerth, Düsseldorf 1996, S. 14
Q2 Anna Sticker, Friederike Fliedner und die Anfänge der Frauendiakonie, Neukirchen 1961, S. 329 (bearb. v. Verf.)
S. 181: D1 zusammengestellt vom Verfasser
D2 Statistik der Steinkohlewirtschaft e. V., Essen
Q3 www.debatte-ruhrgebiet.de/politik/cdu_rede_ruettgers.shtml

Imperialismus und Erster Weltkrieg
S. 189: Q2 Peter Alter (Hg.), Imperialismus, Stuttgart 1989, S. 25f.
Q3 zit. nach: Werner Grütter, Der Imperialismus von 1870 bis 1914, Paderborn 1982, S. 53f.
Q4 Gottfried Guggenbühl, Quellen zur Allgemeinen Geschichte, Bd. IV, Zürich 1954, S.303ff.
S. 191: Q2 Hendrik Witbooi, Afrika den Afrikanern!, hg. v. W. Reinhard, Berlin 1982, S. 132f.
Q3 Peter Alter, Der Imperialismus, Stuttgart 1985, S. 67f.
S. 193: Q2 Heinz Dieter Schmid (Hg.), Fragen an die Geschichte, Bd.3, Frankfurt 1981, S. 302
Q3 zit. nach: Klaus Wohlt, „Gloire à la plus grande France". Imperialismus – das französische Beispiel, in: Praxis Geschichte, 1/1993, S. 22
S. 195: Q2 Carl Peters, Wie Deutsch-Ostafrika entstand, Leipzig 1912, S. 27ff.
Q3 Heinz Dieter Schmid (Hg.), Fragen an die Geschichte, Bd.3, Frankfurt 1981, S. 307
Q4 Heide Buhmann/ Hanspeter Haescher, Das kleine dicke Liederbuch. Lieder und Tänze bis in unsere Zeit, Darmstadt 1981, S. 512
S. 197: Q2 zit. nach: Alldeutsche Blätter, Nr. 12 vom 19. 3. 1904
Q3 Imperialimus, Weinheim/Basel 1978, S. 36
S. 199: Q3a Dirk Hansohm/Robert Kappel, Schwarz-weiße Mythen, Münster 1994, S. 16
Q3b Axelle Kabon, in: Weder arm noch ohnmächtig, Basel 1993
S. 203: Q2 Friedrich Shere, Deutschland und Europa 1890–1914, Berlin 1928, S. 180ff.
Q3 Dieter Fricke (Hg.), Dokumente zur deutschen Geschichte 1897/98 bis 1904, Frankfurt/M. 1977, S. 54f.
Q4 Die Britischen Amtlichen Dokumente über den Ursprung des Weltkriegs 1989–1914, Bd. 7/2, Berlin und Leipzig1932, S. 1199
S. 205: Q2 Franz Conrad v. Hötzendorff, Aus meiner Dienstzeit 1906–1918, Bd. 3, Wien 1922, S. 12f.

Q3 Wolfgang Kleinknecht/Herbert Krieger (Hg.), Materialien für den Geschichtsunterricht in den mittleren Klassen, Bd. 5, Frankfurt/M. 1965, S. 140
S. 207: Q2a Fritz Fischer, Griff nach der Weltmacht. Die Kriegszeilpolitik des Kaiserlichen Deutschland 1914/1918, Düsseldorf 1967, S. 82
Q2b Karl Dietrich Erdmann, „Hat Deutschland auch den ersten Weltkrieg entfesselt?", in Europa 1914 – Krieg oder Frieden, hg. v. Kultusminister des Landes Schleswig-Holstein, Kiel 1985, S. 45ff.
S. 209: Q2 Stenographische Berichte des Reichstages 1911, I, 7730
Q3 Otto Umfried, An die Adresse von Genera Keim, in: Otto Umfried u. a. (Hg.), Der Wehrverein. Eine Gefahr für das deutsche Volk, Esslingen o. J., S. 15
Q4 Dokumente zur deutschen Geschichte 1914–1917, hg. v. Dieter Fricke, Frankfurt/Main, S. 53
Q6 Heinrich Schulthess (Hg.), Europäischer Geschichtskalender, Nördlingen 1898, S. 326ff.
S. 211: Q2 Gunther Mai, Das Ende des Kaiserreiches, München 1993, S. 201
Q3 Asmut Brückmann, Historisch-politische Weltkunde: Die europäische Expansion, Stuttgart 1993, S. 151
S. 215: Q2a Geschichte in Quellen, Bd. 5, München 1980, S. 49
Q2b Geschichte in Quellen, Bd. 5, München 1980, S. 49f.
S. 217: D1 Hans Dollinger, Der Erste Weltkrieg, München 1965, S. 423
Q2 Kopiervorlage FT 2477: 1917 – Jahr der Entscheidung, Schülerarbeitsbogen 1, © Institut für Film un dbild, München
Q3 Familienarchiv des Autors
S. 219: Q3 Catherine Krahmer, Käthe Kollwitz, Hamburg 1992, S. 181

Indien – ein außereuorpäischer Kulturraum
S. 225: Q3 Aus dem Rigveda II 12, I 32, IV 23: Gedichte aus dem Rigveda, UNESCO-Sammlung repräsentativer Werke. Asiatische Reihe, erläutert und aus dem Sanskrit übertragen von Paul Thieme, Stuttgart 1999, S. 23, S. 28, S. 32
Q4 Ainslie T. Embree/Friedrich Wilhelm (Hg.), Indien, Frankfurt 1967, 11. Auf. 2002, S. 31
S. 227: Q2 Upanishaden. Ausgewählte Stücke, UNESCO–Sammlung repräsentativer Werke. Asiatische Reihe, aus dem Sanskrit übertragen und erläutert von Paul Thieme, Stuttgart 1979, S. 57, S. 63
Q3 Wolfgang Hieber, Alltag in Indien, Düsseldorf/Wien 1986, S. 102
S. 229: D1 Aus dem Programm der Anton-Heinen-Volkshochschule Kreis Heinsberg 2003/2004
S. 231: Q2 Bhagavadgita: Das Lied der Gottheit, aus dem Sanskrit von R. Boxberger, neu bearb. u. hg. v. H. v. Glasenapp, Stuttgart 1980, S. 52, S. 58, S. 99, S. 101
Q4 Wolfgang Hieber, Alltag in Indien, Düsseldorf/Wien 1986, S. 47
S. 233: Q2 Al-Biruni, In den Gärten der Wissenschaft, übersetzt und erläutert von Gotthard Strohmaier, Leipzig 2002, S. 143f., S. 146
Q3 Ainslie T. Embree/Friedrich Wilhelm, Indien, Frankfurt 1967, S. 222
S. 235: Q1 Marek Meissner, Das goldene Zeitalter Arabiens unter den Abbasiden, Hanau 1988, S. 72/73
Q2 Die Reisen des Marco Polo, deutsch von Ulrich Köppen, Frankfurt/Berlin/Wien 1983, S. 139, S. 143, S. 145, S. 150, S. 152, S. 159
S. 237: Q2 Dietmar Rothermund, Der Freiheitskampf Indiens, Stuttgart 1966, S. 10, S. 14
Q3 Marx-Engels Studienausgabe, Bd. 4, hg. von Iring Fetscher, Frankfurt 1966, S. 133
S. 239: Q2 Dietmar Rothermund, Der Freiheitskampf Indiens, Stuttgart 1966, S. 45
Q3 Dietmar Rothermund, Der Freiheitskampf Indiens, Stuttgart 1966, S. 70
S. 243: Q3 Dietmar Rothermund, Der Freiheitskampf Indiens, Stuttgart 1966, S. 76
Q4 Wolfgang Hieber, Alltag in Indien, Düsseldorf/Wien 1986, S. 342–344

Verzeichnis der Bildquellen

Cover Deutsche Bahn Museum im Verkehrsmuseum, Nürnberg
S. 10, um 500 Bridgeman Art Library, London
800 AKG, Berlin (Erich Lessing)
8./9. Jahrhundert BPK, Berlin
936 AKG, Berlin
S. 11, Burg Sonja Halliday, Buckinghamshire
Rittersleute AKG, Berlin
um 1000 AKG, Berlin
1150–1350 AKG, Berlin
1347/48 AKG, Berlin
1356 AKG, Berlin
S. 12, Q1 Bridgeman Art Library, London
S. 13, Q4 Stiftsbibliothek St. Gallen, St. Gallen
S. 14, Q1 British Museum, London
S. 16, D1 Klett-Archiv, Stuttgart
S. 17, Q1 AKG, Berlin (Erich Lessing)
Q2 Bildarchiv Steffens, Mainz
S. 18, D1 Klett-Archiv, Stuttgart
S. 19, Q3 BPK, Berlin
S. 20, Q1 Evangelische Domgemeinde, Magdeburg
S. 21, Q3 AKG, Berlin
S. 22, D1 Dorling Kindersley Ltd., London
S. 23, Q2 F. G. Zeitz KG, Königssee
S. 24, Q1 Bibliothèque nationale de France, Paris
S. 25, Q5 AKG, Berlin
S. 26, Q1 AKG, Berlin
S. 27, D1 Klett-Archiv, Stuttgart
S. 28, D1 aus: „Das Dorf der Salierzeit“ von Norbert Wand, Thorbecke Verlag, Sigmaringen 1994, Illustration: Fanny Hartmann
S. 29, Q1 AKG, Berlin
Q3 Bayerische Staatsbibliothek, München
S. 30, Q1 AKG, Berlin
S. 31, D3 Klett-Archiv, Stuttgart
S. 32, Q1 AKG, Berlin
S. 33, D2 Klett-Archiv, Stuttgart
S. 34, D1 Klett-Archiv, Stuttgart
S. 35, D2 Klett-Archiv, Stuttgart
S. 36, Q1 AKG, Berlin
S. 37, Q3 BPK, Berlin
Q4 dpa, Stuttgart
S. 38, Q1 AKG, Berlin
S. 39, Q5 Scala, Antella (Firenze)
Q4 Germanisches Nationalmuseum, Nürnberg
S. 40, Q1 AKG, Berlin
S. 41, D2 AKG, Berlin
S. 42, Q1 Superbild, Unterhaching / München
S. 43, Q5 BPK, Berlin/Bayerisches Nationalmuseum, München
S. 45, Q4 Bridgeman Art Library, London (Giraudon)
S. 46, Q1 AKG, Berlin
Ratten Klett-Archiv-Stuttgart
S. 47, Q4 AKG, Berlin
S. 48/49 Zeichnungen Klett Archiv Stuttgart (Katja und Steffi Kassler, Leipzig)
S. 50, um 1450 Lutz-Erich Müller, Leipzig
1452–1519 AKG, Berlin
1492 AKG, Berlin
1519–1521 AKG, Berlin
S. 51, Erde AKG, Berlin
1519–1533 Corbis, Düsseldorf
um 1520 AKG, Berlin
1543 ullstein bild, Berlin (Archiv Gerstenberg)
S. 52, Q1 AKG, Berlin
S. 53, Q4 Scala, Antella (Firenze)
S. 54, Q2 Brillenmuseum Wilke, Hamburg
S. 55, Q4 AKG, Berlin
Q5 Dorling Kindersley Ltd., London
Q7 ÖNB, Wien
S. 56, Q1 AKG, Berlin
S. 57, Q4 FOCUS, Hamburg
Q5 ullstein bild, Berlin (Archiv Gerstenberg)
S. 58, Q1 AKG, Berlin
S. 59, D1 Klett-Archiv, Stuttgart (Lutz-Erich Müller, Leipzig)
S. 60, Q1 AKG, Berlin
S. 61, Q4 AKG, Berlin
S. 62, Q1 AKG, Berlin
S. 63, D1 Mauritius, Mittenwald (Rosenfeld)
S. 64, Q1 AKG, Berlin
Q2 AKG, Berlin;
S. 66, Q1
S. 67, Q2 Scala, Antella (Firenze)/(Biblioteca Nazionale)
S. 68, Q1 AKG, Berlin
S. 69, D1 AISA Archivo Iconográfico, S. A., Esplugues de LI. Barcelona
S. 70, Freundschaftsbänder Klett-Archiv, Stuttgart
Freundschafsband knüpfen, Mädchen mit Freundschaftsband am Handgelenk Ulrich Niehoff, Bienenbüttel
S. 70, Anleitung Klett-Archiv, Stuttgart (Lutz-Erich Müller, Leipzig)
S. 72, Q1 AKG, Berlin
S. 73, Q4 Corbis, Düsseldorf
S. 74, Q1 BPK, Berlin
Q2 Archivo Fotografico Oronoz, Madrid
S. 77, Q2 terre des hommes Deutschland e.V., Osnabrück
Q3 7. Station „Bodenlos“ aus: Der Misereor-Kreuzweg und das Misereor-Hungertuch aus Lateinamerika von A.P.Esquivel © MVG Medienproduktion, Aachen 1992
S. 78, D1 Klett-Archiv, Stuttgart (Klaus-Ulrich Meier, Petersberg)
S. 79, Q2 AP, Frankfurt am Main
Buchseite ADAC Reiseführer Dominikanische Republik, ADAC Verlag, München 2003
Cover Reiseführer (beide) MairDumont, Ostfildern
S. 80/81, Karte mit Spielfeldern Klett Archiv Stuttgart (Katja und Steffi Kassler, Leipzig)
S. 82, 1776 Picture-Alliance, Frankfurt (dpa)
1789 AKG, Berlin
1804 Bridgeman Art Library, London (Giraudon)
1848 AKG, Berlin
S. 83, Ballhausschwur AKG, Berlin
1848/1849 BPK, Berlin
1871 BPK, Berlin
1919 DHM, Berlin
S. 84, Q1 Vario-Press, Bonn (bonn sequenz)
S. 85, D1 Erich Schmidt Verlag, Berlin
Q2 Picture-Alliance, Frankfurt (dpa/Uli Deck)
Q3 Picture-Alliance, Frankfurt (dpa/epa/Keystone/Engeler)
Q4 Picture-Alliance, Frankfurt (dpa/Tim Brakemeier)
Q6 Picture-Alliance, Frankfurt (dpa/Wolfgang Kumm)
S. 86, Q1 AKG, Berlin
S. 87, Q3 Bridgeman Art Library, London
Q4 Picture-Alliance, Frankfurt (dpa/Horst Ossinger)
S. 86, Q1 Deutsches Museum, München
S. 89, Q2 AKG, Berlin
S. 86, Q1 Corbis, Düsseldorf (Bettmann)
S. 91, Q5 The Granger Collection, New York
S. 92, Q1 AKG, Berlin
S. 93, D1 Klett-Archiv, Stuttgart (Sandy Schygulla, Leipzig)
Q4 Corbis, Düsseldorf (Bettmann)
Q5 BPK, Berlin
S. 96, Q1 Picture-Alliance, Frankfurt (dpa)
S. 97, Q3 Süddeutscher Verlag, München
Q4 Süddeutscher Verlag, München
S. 98, Q1 AKG, Berlin
S. 99, Q2 AKG, Berlin (Erich Lessing)
S. 100, Q1 Bridgeman Art Library, London (Giraudon)
S. 101, Q2 AKG, Berlin
S. 103, Q1 Bridgeman Art Library, London
S. 104, Q1 AKG, Berlin
S. 105, Q2 AKG, Berlin
Q3 AKG, Berlin
Q5 AKG, Berlin
S. 107, Q4 Beate Diergardt/ ati-design, Rodenbach
S. 108, Q1 Bridgeman Art Library, London (Musee Carnavalet)
S. 109, Q3 Bridgeman Giraudon, Paris
S. 110, Q1 Bridgeman Giraudon, Paris
S. 111, Q5 Bridgeman Art Library, London
S. 112, Q1 AKG, Berlin
S. 113, D1 Klett-Archiv, Stuttgart
D2 BPK, Berlin
Q4 Bridgeman Giraudon, Paris
S. 114, Q1 Bridgeman Giraudon, Paris
S. 115, Q4 Bridgeman Art Library, London
Q5 Agence France-Press, Paris (Jan Ayissi)
S. 116, Q1 Bridgeman Art Library (Giraudon)
S. 117, Q2
S. 119, Q1 Mary Evans Picture Library, London
S. 120, Q1 AKG, Berlin
S. 122, Q1 AKG, Berlin
S. 123, Q4 BPK, Berlin
S. 124, Q1 AKG, Berlin
S. 126, Q1 AKG, Berlin
S. 127, Q2 AKG, Berlin
S. 128, Q1 Bridgeman Art Library, London (Archives Charmet)
S. 129, Q2 AKG, Berlin
S. 131, Q3 BPK, Berlin
S. 132, Q1 mauritius, Mittenwald

S. 135, Q3 BPK, Berlin
S. 136, Q1 DHM, Berlin
S. 137, Q2 Picture-Alliance, Frankfurt (dpa)
Q5 AKG, Berlin
S. 139, Q4 BPK, Berlin
Q5 AKG, Berlin
S. 140, Q1 AKG, Berlin
Q2 Klett-Archiv, Stuttgart
S. 141, Q6 BPK, Berlin
Q7 BPK, Berlin, VG Bild-Kunst, Bonn 2004
S. 142, Q1 aus: Winfried Mogge, Bilder aus dem Wandervogel-Leben. Die bürgerliche Jugendbewegung in Bildern von Julius Groß, Köln 1986
S. 143, Q2b BPK, Berlin
Q2c AKG, Berlin
Q2d BPK, Berlin
S. 144, Q1 AKG, Berlin
S. 145, Q5 BPK, Berlin
Q6 Deutsches Kochbuchmuseum der Stadt Dortmund/Museum für Kunst und Kulturgeschichte der Stadt Dortmund
Q7 Landesarchiv Berlin, Berlin
S. 146, Q1 Muzeum Okregowe w Torunie, Torun
S. 147, Q3 Karl Stehle, München
S. 149, Q3 DHM, Berlin
Q4 Rolf Ballhausen, Plauen
S. 150, Q1 AKG, Berlin
S. 151, Q2 AKG, Berlin (Ulrich Zillmann)
Q5 ullstein bild, Berlin
S. 152/153, Zeichnungen Klett Archiv Stuttgart (Katja und Steffi Kassler, Leipzig)
S. 154, 1834 Schapowalow, Hamburg (Atlantide)
1835 Deutsche Bahn Museum im Verkehrsmuseum, Nürnberg
1844 BPK, Berlin
S. 155, Gemälde Bridgeman Art Library, London
1863 BPK, Berlin
1881 Deutsches Museum, München
1960 ullstein bild, Berlin
S. 156, Q1 BPK, Berlin
S. 157, Q2 Heritage-Images, London
Q3 BASF AG, Ludwigshafen
S. 158, Q1 AKG, Berlin
S. 159, Q3 Bridgeman Art Library, London
S. 160, Q1 Deutsche Bahn Museum im Verkehrsmuseum, Nürnberg
S. 161, Q4 Werkbild von Krauss-Maffei
S. 162, Q4 AKG, Berlin
S. 163, Q4 BPK, Berlin
Q6 AKG, Berlin
S. 164, Grafiken Klett-Archiv, Stuttgart
S. 165, D3 Klett-Archiv, Stuttgart (Sandy Schygulla, Leipzig)
S. 168, Q1 Ruhrlandmuseum, Essen
S. 169, Q4 Bayerisches Landesamt für Arbeitsschutz, Arbeitsmedizin und Sicherheitstechnik
S. 170, Q1 BPK, Berlin
Q2 Picture-Alliance, Frankfurt (dpa/Tim Brakemeier)
S. 171, Q7 ullstein bild, Berlin
S. 172, Q1 BPK, Berlin
S. 173, Q6 DHM, Berlin
S. 174, Q1 BPK, Berlin
S. 176, Q1 BPK, Berlin
S. 177, D1 Klett-Archiv, Stuttgart (Sandy Schygulla, Leipzig)
Q2 BPK, Berlin
S. 178, Q1 Fliedner-Kulturstiftung, Düsseldorf
S. 179, Q3 Fliedner-Kulturstiftung, Düsseldorf
Q4 Kaiserswerther Diakonie, Düsseldorf
S. 180, Q1 ullstein bild, Berlin
S. 181, Q4 ullstein bild, Berlin (Oberhauser/CARO)
S. 182/183, alle Bilder Klett-Archiv, Stuttgart (Helmut Heimbach, Duisburg)
S. 184/185, Spiel Klett Archiv Stuttgart (Katja und Steffi Kassler, Leipzig)
Gasometer Caro Fotoagentur, Berlin (Dobiey)
Villa Hügel Caro Fotoagentur, Berlin (Oberhäuser)
Jahrhunderthalle Werner Otto, Oberhausen
S. 186 ab 1880 BPK, Berlin
1890 Friedrich-Ebert-Gedenkstätte, Heidelberg
1904 ullstein bild, Berlin
1912/13 Klett-Archiv, Stuttgart
S. 187 Ansichtskarte Wilhelm Stöckle, Filderstadt
1914 ullstein bild, Berlin
1917 Imperial War Museum, London
1918 Süddeutscher Verlag, München
S. 188, Q1 BPK, Berlin
S. 189, Q5 AKG, Berlin
S. 190, Q1 AKG, Berlin
S. 191, Q4 Punch Library, London
S. 192, Q1 Bridgeman Art Library, London
S. 193, Q4 Basler Mission/Johannes Leimenstoll
Q5 ullstein bild, Berlin;
S. 194, Q1 Friedrich-Ebert-Gedenkstätte, Heidelberg
S. 195, Q5 AKG, Berlin
Q6 ullstein bild, Berlin
S. 196, Q1 ullstein bild, Berlin;
S. 197, Q4 ullstein bild, Berlin
S. 199, Q1 Stiftung Menschen für Menschen, München
Q2 STUDIO X, Limours (GA/Chatin Jérome)
Q4 Picture-Alliance, Frankfurt
S. 200, D1 Museum Wustrow, Wustrow
Q1 Stollwerck AG, Köln
Q2 AKG, Berlin
S. 201, D2 Klett-Archiv, Stuttgart (Siegfried Gommel)
Q3 Klett-Archiv, Stuttgart (Henry Zeidler, Leipzig)
Q4 TransFair e.V., Köln
Kaba-Dose Kraft Foods, Bremen;
S. 202, Q1 BPK, Berlin
S. 204, Q1 AKG, Berlin
S. 205, Q4 BPK, Berlin
S. 206, Q1 AKG, Berlin
S. 207, Q3 ullstein bild, Berlin (Gerstenberg)
Q4 ullstein bild, Berlin;
S. 208, Q1 links BPK, Berlin
Q1 rechts AKG, Berlin
S. 209, Q5 ullstein bild, Berlin
S. 210, Q1 BPK, Berlin
S. 211, Q4 ullstein bild, Berlin
S. 212, Q1 AKG, Berlin
S. 213, Q3 ullstein bild, Berlin
Q4 ullstein bild, Berlin
S. 214, Q1 Imperial War Museum, London
S. 215, Q3 Süddeutscher Verlag, München
Q4 Corbis, Düsseldorf (Bettmann)
S. 216, Q1 BPK, Berlin
S. 218, Q1 Gabriele Klimek, Hildesheim
S. 219, Q2 Käthe Kollwitz Museum, Köln
Q4 VG Bild-Kunst, Bonn
S. 220/221 Spiel Klett Archiv Stuttgart (Katja und Steffi Kassler, Leipzig)
Start-Bild AKG, Berlin
Ziel-Bild Süddeutscher Verlag, München
S. 222, 2055–1700 v. Chr. Corbis, Düsseldorf (Archivo Iconografico, S.A.)
1400 v. Chr.–500 n. Chr. BPK, Berlin/Staatliche Museen zu Berlin, Museum für Indische Kunst
16.–18. Jh. Corbis, Düsseldorf (RF)
S. 223, Parade Corbis, Düsseldorf (Lindsay Hebberd)
1910–1949 AKG, Berlin
1947 Comstock (RF), Luxemburg;
S. 224, Q1 Corbis, Düsseldorf (Archivo Iconografico, S.A.)
S. 225, Q2 Bridgeman Art Library, London
S. 226, Q1 Corbis, Düsseldorf (Chris Lisle)
S. 227, Q4 BPK, Berlin/Staatliche Museen zu Berlin, Museum für Indische Kunst, Berlin
S. 228, Lotusblüte images.de digital photo GmbH, Berlin (Kristina Jentzsch)
S. 228, Yoga laif, Köln (Markus Kirchgessner)
Ayurveda laif, Köln (Dieter Klein)
S. 230, Q1 Corbis, Düsseldorf (Charles & Josette Lenars)
S. 231, Q3 Corbis, Düsseldorf (Patrick Ward)
Q5 AP, Frankfurt am Main (Aijaz Rahi)
S. 232, Q1 Corbis, Düsseldorf (RF)
S. 234, D1 AKG, Berlin;
S. 236, Q1 Geschichte mit Pfiff 2/95, S. 12, Nürnberg 1995
S. 238, Q1 FOCUS, Hamburg (Steve McCurry/Magnum)
S. 239, Q4 AKG, Berlin
S. 240, Q1 AKG, Berlin
S. 242, Q1 aus: The Cambridge Encyclopedia of India, Cambridge 1989, S. 51
S. 243, Q2 Corbis, Düsseldorf (Patrick Ward)
S. 244/245, Zeichnungen Klett Archiv Stuttgart (Katja und Steffi Kassler, Leipzig)
S. 246, Familienfoto Klett-Archiv, Stuttgart (Helmut Heimbach, Duisburg)
Sichel © Südtiroler Archäologiemuseum, Bozen (Italien), www.iceman.it
Grafik Klett-Archiv, Stuttgart
S. 247, Schüler Klett-Archiv, Stuttgart (Sven Christoffer, Duisburg)
Bonifatius AKG, Berlin
heilige Lanze Terry Jones/Alan Ereira, Die Kreuzzüge, München 1995, S. 58
S. 248, Grafiken Klett-Archiv, Stuttgart
Karte AKG, Berlin
Schülerinnen Klett-Archiv, Stuttgart (Klaus-Ulrich Meier, Petersberg)
S. 249, Karikatur Bridgeman Art Library, London
Skizze Bridgeman Art Library (Giraudon)

Nicht in allen Fällen war es uns möglich, den Rechteinhaber der Abbildungen ausfindig zu machen. Berechtigte Ansprüche werden selbstverständlich im Rahmen der üblichen Bedingungen abgegolten.